21 世纪高等院校财经类专业核心课程规划教材

现代广告理论与实务

主编 许云斐

经济科学出版社

图书在版编目（CIP）数据

现代广告理论与实务/许云斐主编. —北京：经济科学出版社，2013.2

21世纪高等院校财经类专业核心课程规划教材

ISBN 978-7-5141-2627-3

Ⅰ.①现… Ⅱ.①许… Ⅲ.①广告学-高等学校-教材 Ⅳ.①F713.80

中国版本图书馆CIP数据核字（2012）第262608号

责任编辑：杜　鹏
责任校对：苏小昭
版式设计：代小卫
责任印制：邱　天

现代广告理论与实务

主编　许云斐

经济科学出版社出版、发行　新华书店经销
社址：北京市海淀区阜成路甲28号　邮编：100142
总编部电话：88191217　发行部电话：88191537
网址：www.esp.com.cn
电子邮件：esp@esp.com.cn
北京市季蜂印刷有限公司印装
710×1000　16开　26.75印张　520000字
2013年2月第1版　2013年2月第1次印刷
印数：0001—3000册
ISBN 978-7-5141-2627-3　定价：38.00元
（图书出现印装问题，本社负责调换。电话：88191502）
（版权所有　翻印必究）

前　言

现代广告学是揭示如何进行成功广告活动的一般规律性及其方法与技巧的学科。它最早创建于美国。从19世纪末到20世纪初，资本主义从自由竞争过渡到垄断阶段。为了适应资本家垄断市场和牟取最大利润的需要，美国一些经济学家开始对垄断经济条件下市场变化的规律进行科学研究，并于1912年推出市场学。当时，广告是市场学的重要研究内容，广告营销是市场学的重要组成部分。随着人们对市场研究的逐步深入，广告学逐渐从市场学中分离出来，形成一门独立的学科。

我国对广告学的研究起步较早，由于我国经济长期处于落后状态，广告学的发展一直很缓慢。改革开放以来，我国迎来了经济腾飞的黄金时期，广告事业飞速发展，广告学也迎来了大发展的历史机遇。经过多年的发展，现代广告学已经发展成为涵盖广告基础理论研究、广告职能活动研究和广告监管研究三大部分的一门完整而成熟的科学。目前，国内的很多高校都开设了广告专业，其他一些专业也纷纷开设《现代广告理论与实务》课程，特别是对于工商管理专业，鉴于广告在企业经营活动中的重要地位，都把《现代广告理论与实务》作为专业必修课。开设本门课程的目的是，为了使学生能够进行一般的广告策划、创意和文案写作，能够从事广告活动，胜任广告业务中的一般工作，进行简单的市场调查及广告效果评估，对广告理论和实务有一定的了解，增强对广告市场的适应性，提高自身的业务能力。

我们结合现代广告学的特点，编写了这本《现代广告理论与实务》。我们希望通过现代广告理论与实务的教学，使学生在掌握现代广告基本理论、基础知识和方法的同时，提高学生对企业广告活动的分析、判断和决策能力。

本教材在编写过程中主要突出以下特色：

1. 针对性强。根据现代广告实践教育的特点，以理论难度适中、体系健全为原则，在内容上进行必要的整合，以最大限度地发挥学生的潜能。

2. 应用性强。以培养学生应用能力为目的，在学生掌握最基本的现代广告理论的基础上，着力培养学生应用现代广告的基本知识和基本原理去分析、解决实际问题的能力。

3. 实用性强。在完整的理论框架下，加入了复习思考题和案例分析题，习题难度适中、典型性强、灵活多变，以帮助学生对所学知识的理解、消化。

4. 新颖性强。增加导入案例、课后案例分析，以强化理论与实践的结合、强化课堂学习与课后思考的结合。本教材以生动的案例为引子，以问题为导向，以热点为话题，以前沿理论为切口，具有充实、丰富的信息资源，赋予单调的理论以生动的活力。

本教材在编写过程中得到国内专家郭国庆教授、万后芬教授、李先国教授、熊银解教授、董原教授、黄怡教授、马钦援副教授、赵玉田副教授、雷燕副教授、郭晓云副教授、张林副教授、王亚炜副教授、陈刚副教授和燕宏老师的指导，同时也得到中国十大策划人余明阳教授以及陈放、崔秀芝、李光斗、廖灿、张大林等老师的支持。兰州外语职业学院徐清泉老师、兰州石化职业技术学院孙永建老师对编写内容提供了支持。专家学者对我们的提携，是我们前进的动力。

本教材由许云斐副教授主编。由许云斐负责全书总体构架的设计、总纂，由许云斐、李金峰、王丽君定稿。参与编写的人员具体分工如下：孙振兴编写第一、第二、第五章，许云斐编写第三、第四、第六章，王丽君编写第七、第十章，李金峰编写第八、第十二章，丁亚鸽编写第九、第十一、第十三章。

由于作者水平有限，研究不够深入，本教材中存在许多不足之处，衷心希望专家、读者批评指正。

编　者

2012 年 11 月

目 录

第一章 广告学导论 1
   【案例导入】广告，想说爱你并不容易 1
   第一节 广告的基本概念 1
   第二节 广告的分类 10
   第三节 现代广告学与其他学科 15
   第四节 现代广告学的研究对象和方法 23
   复习与思考题 31

第二章 中外广告简史 33
   【案例导入】百年 Coca-Cola 广告宣传口号 33
   第一节 古代广告简况 34
   第二节 近现代广告的发展 48
   第三节 现代广告业发展的特点及趋势 54
   第四节 各国广告发展简况 59
   复习与思考题 66

第三章 广告策划 73
   【案例导入】"农夫山泉有点甜" 73
   第一节 广告策划的含义及程序 74
   第二节 广告策划的内容 76
   第三节 广告策划书的撰写 82
   第四节 整合营销传播策略 90
   复习与思考题 101

第四章 广告调研 106
   【案例导入】速溶咖啡调研 106

第一节　广告调研的基本内容 …………………………………………… 107
第二节　广告调研的基本模式 …………………………………………… 115
第三节　常用的广告调查方法 …………………………………………… 120
复习与思考题 ………………………………………………………………… 133

第五章　广告与消费者心理 …………………………………………………… 136
【案例导入】脑白金广告的心理分析 …………………………………………… 136
第一节　广告与消费者心理概述 ………………………………………… 137
第二节　广告与消费者认知心理 ………………………………………… 139
第三节　广告与消费者购买行为 ………………………………………… 153
第四节　广告宣传的社会心理 …………………………………………… 161
复习与思考题 ………………………………………………………………… 171

第六章　广告主题、创意与表现 ……………………………………………… 174
【案例导入】M&M's 巧克力豆："只溶在口，不溶在手" ……………………… 174
第一节　广告主题 ………………………………………………………… 175
第二节　广告创意 ………………………………………………………… 182
第三节　广告表现 ………………………………………………………… 188
复习与思考题 ………………………………………………………………… 193

第七章　广告设计与制作 ……………………………………………………… 196
【案例导入】伊莱克斯的吸尘器广告 …………………………………………… 196
第一节　广告文案的设计 ………………………………………………… 197
第二节　广告设计的视觉构成 …………………………………………… 218
第三节　平面广告的设计与制作 ………………………………………… 225
第四节　电子广告的设计与制作 ………………………………………… 234
第五节　电脑设计技术的运用 …………………………………………… 241
第六节　其他技术手段的运用 …………………………………………… 245
复习与思考题 ………………………………………………………………… 247

第八章　广告媒体策略 ………………………………………………………… 249
【案例导入】手机广告媒体 ……………………………………………………… 249
第一节　广告媒体研究导论 ……………………………………………… 250
第二节　各类广告媒体研究 ……………………………………………… 255

第三节 广告媒体的评估和整合 …………………………………… 281
第四节 广告新媒体发展 …………………………………………… 287
复习与思考题 ……………………………………………………… 295

第九章 广告预算 ………………………………………………… 299
【案例导入】某运动品牌广告费用预算 …………………………… 299
第一节 广告预算概述 ……………………………………………… 300
第二节 广告预算的编制 …………………………………………… 306
第三节 广告预算的分配与管理 …………………………………… 314
复习与思考题 ……………………………………………………… 319

第十章 广告效果评估 …………………………………………… 325
【案例导入】苹果 iPod 广告歌曲——听出来的广告效果 ……… 325
第一节 广告效果概述 ……………………………………………… 327
第二节 广告效果评估的方法 ……………………………………… 333
第三节 网络广告效果的测定 ……………………………………… 342
复习与思考题 ……………………………………………………… 346

第十一章 广告公司 ……………………………………………… 349
【案例导入】奥格威的广告准则 …………………………………… 349
第一节 广告公司概述 ……………………………………………… 351
第二节 广告公司组织结构 ………………………………………… 357
第三节 广告公司业务运作流程 …………………………………… 364
复习与思考题 ……………………………………………………… 372

第十二章 广告管理 ……………………………………………… 374
【案例导入】"贝芙美"涉嫌虚假广告 …………………………… 374
第一节 广告管理概述 ……………………………………………… 375
第二节 广告法规管理 ……………………………………………… 385
第三节 广告行业自我管理 ………………………………………… 389
第四节 国外广告管理 ……………………………………………… 390
复习与思考题 ……………………………………………………… 395

第十三章　国际广告策略·· 398
【案例导入】高露洁牙膏的标准化广告策略 ·································· 398
第一节　国际广告概述·· 399
第二节　国际广告标准化与本土化策略······························ 408
第三节　国际广告的发展趋势·· 410
复习与思考题·· 413

参考文献·· 417

第一章 广告学导论

【学习目标】
1. 了解广告的基本概念和性质。
2. 熟悉现代广告的构成要素和分类。
3. 熟悉现代广告学与其他学科的关系。
4. 掌握现代广告学的研究对象和学习方法。

【案例导入】

广告，想说爱你并不容易

一切皆有可能（李宁）；不走寻常路（美特斯邦威）；鹤舞白沙，我心飞翔（白沙集团）；山高我为峰（红塔山）；钻石恒久远，一颗永流传（德比尔斯）；大行德广，伴您成长（中国农业银行）；农夫山泉有点甜（农夫山泉）；爱的就是你（娃哈哈）；就是这个味儿（康师傅）；怕上火，喝王老吉（王老吉）……

不论你喜欢还是不喜欢，我们每天就在这一声声、一幅幅广告中沐浴生活。你喜也好，烦也罢，广告已是我们当今生活中不可或缺的重要组成部分，它时时刻刻、随处各地，无孔不入、扑面而来。有人说我们正处在信息爆炸的年代，而广告信息就是这个信息时代最强劲的节拍。根据对这个活跃节拍，有的企业和个人跳出了华美的市场舞姿，而有的企业和个人却因跟不上节奏而舞姿难看，有的甚至因广告而败走麦城。也有人说，他的一半广告费用浪费了，但却不知道哪一半广告费用浪费了。广告到底是什么样的神秘事物？有人爱它、宠它，凭借广告而扶己上青天；有人恨它、恼它，觉得天天面对广告实在令人生厌。一方面，广告给我们带来无限的资讯，帮助企业和个人提升了价值，带来利益；另一方面，广告也耗去了企业和个人的大量资金与时间，让人头疼，而那些低俗广告更是张牙舞爪地不断污染着我们的视听。

广告啊，想说爱你真地不是容易的事。

第一节 广告的基本概念

广告是现代企业发展的利器，这是商品经济发展验证了的不争事实。随着我国经济改革不断深入发展，广告所起到的作用将更加明显。特别是进入21世纪以来，伴随着全球经济一体化的加速进程，新媒体、新语境、新产品层出不穷，产地和销售全球变迁，不同文化之间相互渗透等，使得人们对广告也有了更深刻的认知和理解。现代广告早已不是"大喊大叫"的吆喝而使人注意所售为何物，现代广告逐渐在变成人们与社会交流、沟通的有效桥梁。通过这个桥梁，各种社会组织和个人互通消息、获知资讯、展现形象、提升价值，从而在信息化的时代潮流中搏击前进。

一、广告的概念

（一）"广告"一词的来源和含义

广告的出现非常早，但对广告的理论研究时间并不长。在我国古汉语中没有广告这个独立词汇。汉语中的"广告"一词，是大约在20世纪初被翻译引入我国，所以汉语中"广告"一词是对英文"Advertising"意译外来词。据考证，英文"Advertising"来源于拉丁语——Advertere，其意为"大喊大叫，以引起别人注意"。到了中古英语时代（公元1300~1475年），演变为Advertise，其含义衍化为"使某人注意到某件事"，或"通知别人某件事，以引起他人的注意"。直到17世纪末，英国开始进行大规模的商业活动。这时，广告一词便广泛地流行并被使用。此时的"广告"已不单指一则广告，而是指一系列的广告活动。静止的表示广告作品的概念名词——Advertise或Advertisement被赋予了现代意义，转化成为Advertising，强调其广告活动的过程。也有人考证说，英文"Advertising"来源于法语，意思即为通知或报告。无论源于何处，广告（Advertising）这个词作为社会的基本概念，已经得以牢固确立，并被广泛地运用于各种社会活动之中。

（二）不同角度的广告概念

广告的定义随着历史的进程而不断发生着一定的变化，历史上给广告下定义的学派和个人很多，横看成岭侧成峰，各有侧重，目前国内外较为流行的主要有以下三种。

1. 劝说型广告观。这是一种非常普遍的广告观念，也是广告作为特殊沟通信息的最基本作用体现，即说服消费者。

"广告是一种说服性的武器"。

"广告是一种传播信息的说服艺术"。

"广告是被法律所许可的个人或组织，以有偿的、非个人接触的形式介绍商品、事件和人物，借此影响公众意见，发展自己的事业"。

"广告是一项销售信息，指向一群视听大众，为了付费广告主的利益，去寻求经由说服来销售商品、服务或观念。"（哈佛《企业管理百科全书》）

这种理论揭示了广告的本质意图，即说服顾客、劝导消费，同时突出了广告主在广告过程中的主导、支配地位，强调了广告主的主观需要和动机，但却忽略了公众的能动性，没有强调信息的双向性，容易造成"里头热，外面冷的热水壶"效应。

2. 传播型广告观。这种观点认为，广告是一种以商业活动为主阵地的传播宣传工作，是将商业信息进行传达的过程。

"广告是传播商品信息的活动"。

"广告是广告主有计划地通过媒介传播商品或服务的信息，以促进销售的大众传播手段"。

"广告是被明确表示出的信息发送方，作为一种信息活动，针对想要呼吁（诉求）的对象，所进行的有偿信息交流。"（日本广告行业协会（JAAA））

这种观念以主观假定为前提，即以公众能够理解、接受并发出共鸣为前提。事实上，人有社会差异、文化差异、心理差异，甚至还有逆反心理，因此，有效的传播必须是有具体针对性的传播，而不是没有市场细分和目标定位的传播。

3. 促销型广告观。该观点认为广告是一种促销、营销手段。广告的目的非常明确，就是兜售相关产品。

"广告是一种销售形式，它推动人们购买商品、服务或接受某种观点"。

"广告是一种获得市场的手段"。

从促销来看，广告帮助广告主获得利益是商业广告的经济本质。然而，由于它过于强调商业色彩，而使广告陷入某种局限之中，忽视了广告发展的社会营养和文化营养。

此外，还有从广告外延来理解广告概念的，那就更广了，例如公益广告、个人广告、政府广告、品牌广告……所以从一个宽泛的角度看，或曰广义上讲，一切为了沟通信息、促进认知的广告传播形式都包括在广告的广义范畴之内。但这样没有边际的研究是没有实际意义的，本教材中研究的是现代商业广告，或者说是狭义的广告概念。故此我们的广告定义为：

广告是广告主通过有偿取得的，凭借可以控制的宣传媒介和形式，对商品、服务和观念进行社会化、群体化的沟通传播，从而有效影响公众，促成整体营销计划的活动。

关于这个定义需注意以下六个要点：

（1）广告主。广告的主体一定要明确，要有明确的发起者，需告知清楚广告是谁的广告。

（2）非人际传播。凭借可控的多种媒体，以便与人员推销作区别。

（3）付费。商业广告是有偿的，不是免费的新闻资讯。

（4）内容丰富。广告的内容多种多样，既有有形的产品，也包括无形的服务、理念。

（5）形式多样。广告的形式丰富多彩，特别是现代媒体的进步和制作技术的进步，更使广告绚烂多姿。

（6）注意沟通的双向性，讲求效果。商业广告要有效配合企业的营销计划，不但从整体上促进企业的利益增进，还要达到双方利益的共进。

二、广告的构成要素

从形成整个广告活动的过程来看，广告是由多方面因素共同构成的结果，至少包括广告主、广告媒介、广告对象、广告信息、广告管理这五大组成部分（如图1-1所示）。这五部分相互衔接、互动配合，完成了广告的基本活动过程。

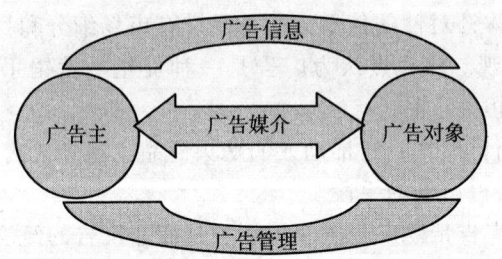

图1-1 广告的构成要素

（一）广告主

广告主是指付费购买媒体的版面或时间，以促进产品销售、树立企业形象或传达消费观念的组织或个人。广告作为广告主营销中的重要传播推广形式而被纳入广告主的营销系统，越来越受到广告主的重视。一般来讲，广告主会把监督的责任交给本公司的广告组织，而把策划、创意、制作等业务委托给外界的专业广告公司，这是因为，广告是一项复杂的工作，需要各方面专业知识的配合，特别是现代社会的分工要求使广告更加专业化、市场化。

广告主对广告工作的管理不同于其他广告机构的广告管理，企业广告部在广告管理上的任务主要是：制定不同时期、不同产品的广告计划，根据市场营销需要策划广告活动，并负责与有关广告公司联络，选择广告公司，评价广告公司所提供的广告策划、创意方案，最后呈报总经理批准后负责签订广告合同，并监督广告实施。具体来说，广告主广告管理的基本任务可以归纳为制定广告决策、控制广告成本和协调广告规划三个方面。

1. 制定广告决策。当一个企业向市场进行营销选择时，通常意味着它已经基本确定了自己的营销战略。在这个比较全面的战略中，包含了营销组合的各个方面，并且给定了企业营销的具体目标，其中对广告也提出了一个方向性的选择，包括对广告预算的明确限定。这个最基本的选择和预算就是广告决策。

2. 控制广告成本。为了保证广告活动按照既定策略有序地进行，广告主的广告管理部门依循确定的广告计划对广告预算加以分配，保证广告费用的充分支付，同时确保广告投入能够发挥相应的效益。在这里，控制广告成本的一个重要内容就是科学合理地投放经费，使广告投入真正地与其他营销成本一样发挥效益。

3. 协调广告规划。在一个比较充分的广告活动中，往往单纯依靠企业自身的广告人员无法完成任务，所以在大多数情况下需要依赖专业广告公司的业务支持。这使企业广告管理的一个很重要的任务就是在中间进行协调。有时大型广告主要同时运用不止一家广告公司，或者在不同区域进行广告操作，此时就需要对各个服务机构之间的工作加以协调，以保证有机配合。即使只运用了一家广告公司，但由于广告运作要涉及不同机构、不同媒介，因而也需要根据广告主的要求加以协调。除此之外，广告协调还包括了委托代理中对有关财务要求等多方面关系的协调。

（二）广告媒介

"媒介"又称"媒体"，属于典型的外来语，即英语 Media。媒体为 Media 的意译，媒介为 Media 的音译，在应用中，两个词基本通用不加区分。其意为："中间的"、"手段"或"工具"等。

所谓广告媒介就是指能够借以实现广告主与广告对象之间信息传播的物质工具。

广告媒介在整个广告活动中的作用非常重要，特别是媒体技术和种类日益加速进步、激增的今天，消费者更是掌握着更强的媒体主动权，用好广告媒体的时代意义更加突出。

1. 广告媒介的择用直接决定广告目标能否实现。企业广告目标是塑造企业与商品形象，促进并扩大商品销售。在广告媒介的选择和组合上，版面大小、时间长短、刊播的次数、媒介传播时机等都对广告有一定的影响。

延长广告时间，包括广告时间的绝对延长和相对延长。一般而言，时间长比时间短更易引人注意，但是，绝对延长时间即时间过长而内容枯燥乏味，反而会降低注意力。相对延长时间即广告反复重现，增加广告的频率也易引人注意。但是，反复出现广告也有一定界限，过分长久的反复会使受众感到厌烦甚至产生对抗心理。因此，在广告媒介的选用上，采用媒介空间大小和时间的长短，会直接影响到广告目标的实现。

2. 广告媒介决定广告是否能够有的放矢。任何一则广告其目标对象只能是一定数量或一定范围内的社会公众。广告目标对象是广告信息传播的"终端"，也是信息的"接受端"，社会公众或消费者又称为"受者"、"受众"。撇开"受者"也就无所谓传播，广告也就无效。如果在广告活动中对广告目标对象把握住了，但是对媒介把握不当，那么整个广告活动也就前功尽弃。也就是说，要充分分析媒体的目标群体，或说媒体时段的受众对象，这样才能有效展示广告，做到有的放矢。

3. 广告媒介决定广告内容与采用的形式。在任何广告中都包含"说什么"的问题，在不同的传播媒介上，"说的内容"和"说的形式"有着很大不同，这是由不同的广告媒介的特点所决定的。对于某些广告活动，在其广告内容上要注意分析和把握不同传媒的价值功效，以相适应的传播媒介去完成特定广告信息的传播。

4. 广告媒介决定广告效果。任何一个企业做广告都希望以尽可能少的广告费用取得较好的效果，或者以同样的广告费用取得最好的效果，由于广告费用中的绝大部分用于媒介，从这个角度来分析，与其说广告效果的大小，倒不如说媒介费用决定广告效果的大小。按照国际惯例，在一种正常的经济运行状态中，企业用于广告媒介的费用占广告费用的80%以上。

（三）广告信息

广告信息是指广告中所要传达的主要内容，是广告主通过广告媒介向公众传递的经济信息和观念信息的总称。丰富的信息内容，精彩的表达手法，魅力的吸引效果，这些共同构成了最绚烂的广告信息。

从广告信息的形式来看主要由直接信息（亦称显性信息）和间接信息（亦称隐性信息）两大部分组成。其中，直接信息是广告表达内容的重点，而间接信息既可以烘托、强化直接信息也可能喧宾夺主甚至扭曲直接信息，因而不容忽视。

1. 直接信息。直接信息是指由通用符号传达的广告信息。文字、语言、企业与商品名称、包装及外观识别等大家一看就懂、一听就明白的信息都属于直接广告信息。简单地说，广告所要直接传达的关于产品、服务或企业形象方面的信息构成直接信息的主要内容。

2. 间接信息。间接信息是指广告作品具体的表现形式所带来的感觉上的信息。

从最原始，最古老的叫卖广告开始，到综合运用声、光等多种高科技手段大制作的现代广告，每个广告都通过一定的表现形式和承载物质来传递直接信息。虽然形式本身似乎并不构成什么具体信息，但它们却能形成某种感觉信息，影响广告直接信息的传达。以平面广告为例，其间接信息至少包括以下几种：构图的平衡、比例、虚实、韵律和分割等都会使人形成不同的感觉；不同色彩的应用引起不同心理感受；由广告发布的载体所形成的不同感觉。广告在不同的媒体或者同一媒体的不同位置或不同时段发布，受众对此会产生截然不同的感觉；为突出广告信息而附加的元素形成的不同心理冲击，如房地产广告为了突出楼盘的高质量特征，通常会聘请成功人士作为形象代言人，并常常与名车、高尔夫球场等贵族生活场景联系起来，以期吸引受众的注意，引发崇拜与仰慕，进而影响他们的消费心理与消费行为等。

间接信息具有很大的价值，通常表现为：

（1）引导视线，增加广告的吸引力，强化关注度。

（2）强化企业形象、品牌形象或商品特性，突出广告主题。

（3）营造某种氛围，引发消费者的联想。

（4）使广告更富人情味，拉近与消费者的距离。

间接信息有时很容易被忽视。而实际情况是没有任何广告只有单纯的直接信息。因为直接信息总是需要借助某种形式来表达，而适当的形式必然会锦上添花，有利于直接信息的顺利传播。如果缺乏专业的培训和周密的思考，导致形式上的缺陷，可能会分散受众的注意力，甚至会同直接信息形成矛盾与冲突，例如，用粗制滥造的广告表现高档商品，必然会影响受众对于商品的认知。

总体来说，无论是直接信息还是间接信息，都是以广告主题为核心，都为准确充分地表达广告主题这个目的服务。所以，区分直接信息与间接信息，合理安排两者的关系，对于具体的广告运作意义重大。

（四）广告对象

在广告传播过程中，广告信息的接受方、广告的诉求对象即广告的"目标受众"（目标消费者）。在进行广告活动时要充分掌握广告对象的消费心理和行为，需注意以下三方面。

1. 广告对象的主动性。广告对象对信息作品有自己的选择、理解和判断，不为传播者所任意左右和支配；也能积极做出反馈，向传播者暗示或建议某些信息内容、传播方式等的改进。特别是广告对象的理性思维不断上升的今天，更要尊重并平等地与广告对象沟通。任何企图愚弄广告对象智商的做法，都最终会搬起石头砸自己的脚。

2. 广告对象的归属性。广告对象会把自己有意无意地划归于某些社会类型，形成特定的信息接受群体，从而对信息的需求不同。这种归属，需要媒体进行相应的信息服务，如开辟专题节目、专版等。

3. 广告对象的自主性。广告对象对接收的信息并不会全盘接受，往往做出自己的理解和阐释，而后进行再次传播。特别是属于意见领袖的受众，其自述的影响甚至超过媒体的力量。

（五）广告管理

广告管理是国家管理经济的行为，是中国工商行政管理的重要组成部分。一般来说，广告管理有广义的广告管理和狭义的广告管理之分。

广义的广告管理包括广告公司的经营管理和广告行业及广告活动的社会管理两方面的内容。前者是广告公司对自身内部及经营活动的管理；后者则是政府职能部门、广告行业自身和社会监督组织对广告行业及广告活动的指导、监督、控制和查处，是对广告本身的管理。

狭义的广告管理专指对广告行业及广告活动的社会管理。

1. 广告主的广告管理。广告主在生产、经营活动中，对内部广告业务部门予以管理，制定广告战略和确定广告投资方向。

2. 广告行业自我管理，又称行业自律。它是指广告主、广告经营者和广告发布者通过自行制定广告章程、公约和会员守则等方法，进行自我约束、自我限制、自我协调和自我管理，符合国家的法律、职业道德和社会公德的行为。

3. 广告经营者对广告的经营管理。依法取得广告经营权的广告经营者在法律规定的范围内对所从事的广告经营活动实施经营管理。

4. 社会对广告的监督。主要是消费者监督，也包括社会舆论、新闻媒介对广告业的监督。

5. 国家对广告的管理。国家授权的行政机关，依据法律、法规及有关规定进行广告监督管理，保护合法经营，取缔非法经营，查处违法行为。

三、广告的性质

现代商业广告作为特殊的市场资讯，通过不同的形式源源不断地向受众传达着各种市场动态。其作为一种独立的市场存在形式，有其自身的独特性质。

1. 现代广告是一种大众传播活动。传播信息要借助一定的载体。在各种媒介载体中,有些是面向全社会大众的媒介,例如电视、广播、杂志、报纸、互联网等,我们称为大众媒介;有些媒介却具有群体指向性或单一针对性,例如,某小区的电梯间广告绝大多数情况下只有该小区居民看到,手机的定制信息只有定制者阅读,我们将这种性质的媒介称为分众媒介。广告作为一种特殊的信息,是面向全社会公众对象的,更大程度上依赖于大众传播媒介向公众传播信息,以此来实现信息的交流与沟通。所以,现代广告是一种大众传播活动。

既然广告是大众传播活动,所以在进行信息传达时需注意两个基本要求:

首先,沟通不能是单方面的,不能是一厢情愿的独角戏,要通过调查研究摸清诉求对象的心理和脾气来投其所好,有的放矢地进行双向互动式沟通。

其次,广告面对的是社会公众,因而其信息就要为大众的共同利益负责。企业广告除了传递企业信息之外,还要注意增进社会的整体利益。最基本的是不能损害社会利益。也就是说,现代广告在讲求经济效果的同时还要讲求社会效果。

2. 现代广告是一种商业促销活动。广告是一种商业促销活动,作为商家最为关注的当然是广告刊播后能否带来滚滚的商业利益,这也是现代商业广告的本质要求。今天的经济时代,要求这种促销活动应该是企业整体营销的直接体现和有力配合,广告不单单是孤立的宣传行为,要和其他沟通工具一起形成整合的力量来共同促进营销的完成。广告成功与否直接同营销计划的成功与否紧密相连,企业通过广告而不断地同市场进行多方位沟通从而实现商业目标。

要实现广告的这一根本的商业要求,在具体操作中需注意:

首先,广告要告之消费者一个确定、清晰的购买理由。对价值的追求是人类永恒的期望,消费者不会对没有实际效用的废品感兴趣,更不会购买没有用处的商品。没有意义的空洞说辞,形式大于内容的广告编排,最终只是在盲目地烧钱。

其次,现代广告是一种商业促销活动,但不是急功近利地强买强卖,更不是挂羊头卖狗肉的坑、蒙、拐、骗,不能一味地追求经济利益而欺骗愚弄消费者。这样只能是搬起石头砸自己的脚,最终被市场淘汰。

3. 现代广告是一种心理征服活动。广告要很好地实现其效果,一定是感染和打动消费者心理的过程,隔靴搔痒、清风掠过的广告根本不可能影响消费者,更谈不上激起消费者强烈的购买欲望了。一则成功的广告,往往让我们回味无穷,会情不自禁地购买其宣传的产品。只有征服了消费者的心理才有可能改变其行为,让其产生商家最想看到的购物过程。而消费者心理又是最难捉摸、最复杂多变的。特别是当代,产品流动的国际化趋势日益频繁,这使得广告在满足不同消费群体的接受心理上难度变得更大。

征服消费者心理,就要符合消费者心理。

首先，客观全面地研究消费者心理。每一则广告绝不是设计者的一厢情愿，也不是广告商家的自我夸耀。走进消费者心理的广告是从消费者的角度来考虑问题、提出解决方案的广告。广告需想消费者所想，给消费者所求。从消费者心理出发，投其所好，避其所恶，从而先设法走进消费者心中，再用高超的技法征服消费者。

其次，要符合消费者的一般心理规律，不能违背这些经由长时间形成的一般性规律。例如，不少外国品牌的广告在我国采用夸张的表达手法，其效果就很不理想。因为孔子在几千年前就已经规定了炎黄子孙不谈论怪、力、乱、神的心理素养。所以要想在我国做广告，就要避开那些我们并不欣赏和喜爱的表达方式。征服消费者心理，既要考虑共性心理，更要考虑个体或某些群体心理，做到真正的对症下药。

4. 现代广告是一种实用艺术活动。广告是通过人的感官被我们感觉从而认知的。我们的感觉器官都愿意接触到美好的事物。广告的色彩形象、音乐音响甚至味道等信息因素源源不断地刺激着我们的感官。这些信息元素应该是美妙的、令人愉悦的。这就是广告的艺术性。但这种艺术性绝不是纯粹的艺术创作，而是商业实用的、符合艺术规律的美好事物的表现而已。所以有人说，广告的艺术就好比"带着镣铐的舞蹈家"。舞蹈家要跳舞，这是艺术的表现，但她被商业的利益目标这个准绳约束着，所以不能为美而美地创作，只需符合艺术规律让消费者感到广告具有美感即可。

在这方面的要求中有两点需注意：

首先，不要制作粗制滥造、没有水准的广告，现代人的鉴赏力在不断提高，大家都有不错的欣赏水平，而且多元化的信息刺激早已使我们的感觉阈值提高，所以广告的元素刺激既要悦人又要有一定的力度，否则激不起任何心理的浪花。

其次，不要做成艺术的精品而忽视了所要传递的产品。这样往往使消费者只记住了画面和音乐，是什么产品倒没觉察到，喧宾而夺主，舍本而逐末。

第二节 广告的分类

根据不同的需要和标准，广告可以划分为不同的类别。例如，根据广告产品的生命周期，可以将广告分为产品导入期广告、产品成长期广告、产品成熟期广告、产品衰退期广告；根据广告内容所涉及的领域可以将广告划分为经济广告、文化广告、社会广告等类别。不同的标准和角度有不同的分类方法，对广告类别的划分并没有绝对的界限，主要是为提供一个切入的角度，以便更好地认识广告的功效，更有效地制定广告策略，从而正确地选择和使用广告媒介。

一、根据广告的目的分类

1. 营利性广告：以营利为目的，传达商业信息。
2. 非营利性广告：着眼于免费服务，用于宣传观念和事实。

二、根据广告的内容分类

1. 商业广告。商业广告是指商品经营者或服务提供者承担费用通过一定的媒介和形式直接或间接地介绍所推销的商品或提供的服务的广告。商业广告是人们为了某种利益而制作的广告，是为了宣传某种产品而让人们去喜爱并购买它。

2. 劳务广告。劳务广告介绍商品化的劳务，促使消费者使用这些劳务，如银行、保险、旅游、家电维修等。

3. 企业广告。又称企业形象广告，是以树立企业形象、宣传企业理念、提高企业知名度为直接目的的广告。虽然企业广告的最终目的是为了实现利润，但它一般着眼于长远的营销目标和效果，侧重于传播企业的信念、宗旨或是企业的历史、发展状况、经营情况等信息，以改善和促进企业与公众的关系，增进企业的知名度和美誉度。它对产品的销售可能不会有立竿见影的效果，但由于企业声望的提高，使企业在公众心目中留下了较为美好的印象，对加速企业的发展具有其他类别的广告所不可具备的优势，是一种战略意义上的广告。具体还可以分为企业声誉广告、售后服务广告等。

4. 品牌广告。品牌广告是以树立产品的品牌形象、提高品牌的市场占有率为直接目的，突出传播品牌的个性以塑造品牌的良好形象的广告。品牌广告不直接介绍产品，而是以品牌作为传播的重心，从而为铺设经销渠道、促进该品牌下产品的销售起到很好的配合作用。

5. 观念广告。即企业对影响到自身生存和发展并且也与公众的根本利益息息相关的问题发表看法，以引起公众和舆论的关注，最终达到影响政府立法或制定有利于本行业发展的政策与法规，或者是指以建立、改变某种消费观念和消费习惯为目的的广告。观念广告有助于企业获得长远利益。

6. 文化广告。文化广告是由实战派营销专家史光起先生开创的一种受众乐于接受甚至主动寻找的广告形式；一种可以以润物无声地将商品信息深刻地植入受众思想中并影响深远的广告形式；一种可将广告内容长期展示甚至终生展示的广告形式。因为该种广告的制作与传播涉及企业战略、企业文化、市场营销、文化艺术等诸多方面，操作复杂，但具有低投入高回报、效果深入持久、受众乐于接受等特点，又称其为高级广告。

7. 社会广告。这是以为社会大众提供小型服务为主要内容、非营利为主的广告形式，如招生、征婚、寻人、换房、支票挂失、对换工作、迁址等。

8. 公益广告。公益广告是以为公众谋利益和提高福利待遇为目的而设计的广告，是企业或社会团体向消费者阐明它对社会的功能和责任，表明自己追求的不仅仅是从经营中获利，而是过问和参与如何解决社会问题与环境问题这一意图的广告。它是指不以营利为目的而为社会公众切身利益和社会风尚服务的广告。它具有社会的效益性、主题的现实性和表现的号召性三大特点。

三、根据广告媒介的使用分类

根据广告媒介的使用进行分类是较常使用的一种广告分类方法。使用的媒介不同，广告就具有不同的特点。在实践中，选用何种媒介作为广告载体是制定广告媒介策略所要考虑的一个核心内容。传统的媒介划分是将传播性质、传播方式较接近的广告媒介归为一类，因此，一般有七种广告。

1. 印刷媒介广告，也称为平面媒体广告，即刊登于报纸、杂志、招贴、海报、宣传单、包装等媒介上的广告。它具有信息发布快、可经常修改、费用低、可反复阅读等优点；缺点是时效性差，注目率较低，读者常对此熟视无睹。它适用于色彩影响较小的机械、电子、交通工具等产品的广告宣传。

2. 电子媒介广告，指以电子媒介如广播、电视、电影等为传播载体的广告。它具有生动、形象、突出等特点，但易消失，保持时间短，费用高，适用于日用品的广告宣传。

3. 户外媒介广告，指利用路牌、交通工具、霓虹灯等户外媒介所作的广告，还有利用热气球、飞艇甚至云层等作为媒介的空中广告。这类广告的优点是成本低、持久性强；缺点是覆盖范围小，不易更改，只有其色彩鲜艳、明快、和谐时才能引起人们的注意。

4. DM 广告。DM（direct mail）亦称邮寄广告、直接投递广告、通信广告、明示收件人广告等。根据美国 DM 广告联合会（Direct Mail Advertising Association）的定义，所谓 DM 或 DM Advertising，"是针对广告主所选择的对象，以直接邮寄的方式，通过印刷及其他途径制成的广告作品，作为传达广告信息的手段。"因此，凡是信函、明信片、小型印刷品等都属于 DM 范畴。甚至通过三明治人（sandwich man）[①] 分发小礼品或传单都属于 DM 范围。更进一步而言，凡是经过邮寄并具有广告功能的，都属于 DM 范围。例如，实物样品亦属 DM 范围。再如，挨户推销产品的销售人员当场分发的广告品等，都属于广义的 DM。

---

① 所谓三明治人是指在身体前后挂上广告牌，在街道上行走的人，犹如三明治。

即使不借邮递人员之手，由广告主雇佣临时人员分发的广告，也属于 DM 范围，这种 DM 称为"手送 DM"。

DM 广告的优点是成本低、灵活性强；缺点是广告的关注率低，容易被人们忽视。

5. 销售现场广告，又称为售点广告或 POP 广告（Point of Purchase），是指以产品陈列、布置、装饰为主要形式的广告，例如，商品柜台陈列、橱窗陈列、门面广告、模特广告、标语条幅广告等。其优点是形象、直观、持久、突出、费用低、见效快；缺点是影响面小、新鲜感容易消失等。这类广告适合商业零售企业经常使用，但在陈列、布置时要注意基准格调的艺术性与协调性。

6. 数字互联媒介广告，是利用互联网作为传播载体的新兴广告形式之一，具有针对性、互动性强，传播范围广，反馈迅捷等特点，发展前景广阔。

7. 其他媒介广告，指利用新闻发布会、体育活动、年历、各种文娱活动等形式而开展的广告活动。

以上这七种根据媒介来划分广告的方法较为传统。在当今整合营销时代，以整合营销传播的观点，针对目标受众的活动区域和范围，还可将广告分为：家中媒介广告，如报纸、电视、杂志、直邮等媒介形式的广告；途中媒介广告，如路牌、交通、霓虹灯等媒介形式的广告；购买店点媒介广告；等等。

随着科学技术水平的不断提高与发展，媒介的开发和使用也在日新月异地变化着，新兴媒介不断进入人们的视野，成为广告形式日益丰富的催化剂。

四、根据广告传播区域分类

根据营销目标和市场区域的不同，广告传播的范围也会有很大的不同。根据广告媒介的信息传播区域，可以将广告分为地区性广告、全国性广告和国际性广告等。

1. 地区性广告。地区性广告多是为配合企业的市场营销策略而限定在某一地区传播的广告，可分为地方性广告和区域性广告。地方性广告又称零售广告，为了配合密集型市场营销策略的实施，广告多采用地方报纸、电台、电视台、路牌等地方性的传播媒介，来促使受众接触广告并促使其购买该广告的产品。它以联合广告的形式，由企业和零售商店共同分担广告费用。常见于生活消费品的广告，其广告主通常为零售业、地产物业、服装业等地方性企业。区域性广告是限定在国内一定区域或是在某个省份开展的广告活动。开展区域性广告的产品往往是地区选择性或是区域性需求较强的产品，如加湿器、防滑用具、游泳器材等。它是差异性市场营销策略的一个组成部分。

2. 全国性广告。即面向全国受众而选择全国性的大众传播媒介的广告。这种广告的覆盖区域大，受众人数多，影响范围广，广告媒介费用高。较适用于地区差异小、通用性强、销量大的产品。因全国性广告的受众地域跨度大，广告应注意不同地区受众的接受特点。

3. 国际性广告，又称为全球性广告，是广告主为实现国际营销目标，通过跨国传播媒介或者国外目标市场的传播媒介策划实施的广告活动。它在媒介选择和广告的制作技巧上都较能针对目标市场的受众心理特点和需求，是争取国外消费者并使产品迅速进入国际市场和开拓国际市场必不可少的手段。

五、根据广告诉求方式分类

广告诉求方式就是广告的表现策略，即解决广告的表达方式——"怎么说"的问题。它是广告所要传达的重点，包含着"对谁说"和"说什么"两个方面的内容。通过借用适当的广告表达方式来激发消费者的潜在需要，促使其产生相应的行为，以取得广告主所预期的效果。根据诉求方式可以将广告分为理性诉求广告和感性诉求广告两大类。

1. 理性诉求广告。理性诉求广告是一种采用理性说服方法的广告形式。这种广告说理性强，有理论、有材料，虚实结合，有深度，能够全面地论证企业的优势或产品的特点。现代化社会的重要标志是，既能给顾客传授一定的商品知识，提高其判断商品的能力，促进购买，又会激起顾客对广告的兴趣，从而提高广告活动的经济效益。

2. 感性诉求广告。感性诉求广告采用感性的表现形式，以人们的喜怒哀乐等情绪、亲情、友情、爱情以及道德感、群体感等情感为基础，对受众诉之以情、动之以情，激发人们对真善美的向往并移情于广告物，从而使广告物在受众的心智中占有一席之地，使受众对广告物产生好感，最终发生相应的行为变化。如日用品广告、食品广告、公益广告等常采用这种感性诉求的方法。

六、根据广告的传播对象分类

各个不同的主体对象在商品的流通消费过程中所处的地位和发挥的作用是不同的。为配合企业的市场营销策略，广告信息的传播也要针对不同的广告受众采用不同的策略。根据广告所指向的传播对象，可以将广告划分为工业企业广告、经销商广告、消费者广告、专业广告等。

1. 工业企业广告。工业企业广告又可称为生产资料广告，主要是向工业企业传播有关原材料、机械器材、零配件等生产资料的信息，常在专业杂志或专用媒体上发布广告。

2. 经销商广告。经销商广告就是以经销商为传播对象的广告。它以获取大宗交易的订单为目的，向相关的进出口商、批发商、零售商、经销商提供样本和商品目录等商品信息，比较注重在专业贸易杂志上刊登广告。

3. 消费者广告。消费者广告的传播对象直接指向商品的最终消费者，是由商品生产者或是经销商向消费者传播其商品的广告。

4. 专业广告。专业广告主要是针对职业团体或专业人士的广告。他们由于专业身份、社会地位的特殊性和权威性，具有对社会消费行为的一定影响力，是购买决策的倡议者、影响者和鼓动者，如医生、美容师、建筑设计人员等。此类广告多介绍专业产品，选择专业媒介发布。

总之，广告分类是我们认识广告、充分发挥广告作用的一种方法，不同的广告分类方法具有不同的目的和出发点，但它们最终都取决于广告主的需要或是企业营销策略的需要。特别是对于企业而言，广告是其市场营销的有力配合手段和工具，而且广告实践的发展也会使广告的分类不断地发展变化。

第三节 现代广告学与其他学科

广告学是在多门学科基础上发展起来的综合性边缘应用型学科，其他学科的相关知识输送给广告学丰富的营养。为了更好地学习广告学，我们非常有必要了解广告学与其他相关学科之间的关系。

一、广告学与市场营销学

（一）广告学与市场营销学的关系

广告活动和市场营销都是商品经济发展到一定程度的社会产物。市场营销学是在19世纪末20世纪初资本主义经济迅速发展时期创建的，广告学亦在这一时期兴起。从一开始，这两门学科就紧密地结合在一起，相互影响，密不可分。现代广告学就其理论基础而言，是建立在市场营销学、消费行为学和传播学研究之上的，对现代广告学的研究必须以市场营销为基本出发点，通过对消费者的有效传播和沟通帮助实现营销目标。

（二）市场营销学理论在广告中的运用

1. 市场营销观念与广告诉求。无论广告的理念如何发展演变，一个不可更改的事实是，广告是营销的重要组成部分。市场营销观念的变化必然在广告中得以充分体现。市场营销观念是企业进行经营决策、组织和管理市场营销活动的基本指导思想。它是一种态度，是企业的思维方式。近百年的营销指导思想经历了一个漫长的演变过程，伴随着这个过程，广告的诉求体现得充分而恰当。

（1）生产观念指导下的广告诉求。西方市场在19世纪末20世纪初还是典型的卖方市场，需求大于供给。企业的观念是重生产、轻营销的指导思想。其广告诉求的核心思想为："我们生产什么，就卖什么"。

当时的美国福特汽车公司曾傲慢地宣称："不管顾客需要什么颜色的汽车，我只有一种黑色的。"得益于生产效率的提高、成本的降低，到1921年福特T型车在美国汽车市场上的占有率达到56%。

（2）产品观念指导下的广告诉求。20世纪20～30年代，随着竞争的加剧和生产力的提高，西方很多企业都普遍提高了生产率。企业开始关注产品的优质生产，并不断精益求精，日益完善。这时的广告诉求核心思想为："我们能够生产最优质的产品"。

下一代电脑（Next），在1993年投资花费了2亿美元，出厂一万台后便停产了。它的特征是高保真音响和带CD－ROM甚至包含桌面系统。然而，谁是感兴趣的顾客？定位却是不清楚的。因此，产品观念把市场看做是生产过程的终点，而不是生产过程的起点；忽视了市场需求的多样性和动态性，过分重视产品而忽视顾客需求。当某些产品出现供过于求或不适销对路而产生积压时，却不知产品为什么销不出去。最终导致"市场营销近视症"。

（3）推销观念指导下的广告诉求。20世纪30～40年代，资本主义经济由"卖方市场"向"买方市场"过渡。在推销观念的指导下，企业相信产品是"卖出去的"，而不是"被买去的"。企业致力于产品的推广和广告活动，以求说服甚至强制消费者购买。企业收罗了大批推销专家，做大量广告，对消费者进行无孔不入的促销信息"轰炸"。这时的广告诉求核心思想为："我卖什么，就设法让人们买什么"。

当时，美国皮尔斯堡面粉公司的口号由原来的"本公司旨在制造面粉"改为"本公司旨在推销面粉"，并第一次在公司内部成立了市场调研部门，派出大量推销人员从事推销活动。

（4）市场营销观念指导下的广告诉求。20世纪50年代，西方经济进入买方市场阶段。消费者在市场中的作用越来越明显，企业生产的起点从企业自身转向消费者。企业诸目标的关键在于正确确定目标市场的需要和欲望，一切以消费者为中心，并且比竞争对手更有效、更有利地传送目标市场所期望满足的东西。

市场营销观念的产生是市场营销哲学的一种质的飞跃和革命，它不仅改变了传统的旧观念的逻辑思维方式，而且在经营策略和方法上也有很大突破。它要求企业营销管理贯彻"顾客至上"的原则，将管理重心放在善于发现和了解目标顾客的需要，并千方百计去满足它，从而实现企业目标。这时的广告诉求核心思想为："顾客需要什么，我们就生产什么"。

当时，美国贝尔公司的高级情报部所做的一个广告称得上是以满足顾客需求为中心任务的最新、最好的一个典范："现在，今天，我们的中心目标必须针对顾客。我们将倾听他们的声音，了解他们所关心的事，我们重视他们的需要，并永远先于我们自己的需要，我们将赢得他们的尊重。我们与他们的长期合作关系，将建立在互相尊重、信赖和我们努力行动的基础上。顾客是我们的命根子，是我们存在的全部理由。我们必须永远铭记，谁是我们的服务对象，随时了解顾客需要什么、何时需要、何地需要、如何需要，这将是我们每一个人的责任。现在，让我们继续这样干下去吧，我们将遵守自己的诺言。"

（5）社会营销观念指导下的广告诉求。从 20 世纪 70 年代起，随着全球环境破坏、资源短缺、人口爆炸、通货膨胀和忽视社会服务等问题日益严重，要求企业顾及消费者整体利益与长远利益的呼声越来越高。在西方市场营销学界提出了一系列新的理论及观念，如人类观念、理智消费观念、生态准则观念等。其共同点都是认为，企业生产经营不仅要考虑消费者需要，而且要考虑消费者和整个社会的长远利益。这类观念统称为社会营销观念。

社会营销观念的基本核心是：以实现消费者满意以及消费者和社会公众的长期福利作为企业的根本目的与责任。理想的营销决策应同时考虑到：消费者的需求与愿望的满足，消费者和社会的长远利益，企业的营销效益。

这时的广告诉求更注重与消费者的双向沟通过程，广告信息不再是单一地传递企业内容，通过沟通双向性达成多方共同利益的实现，真正做到企业、消费者、社会整体利益的统一。

2. 市场细分与广告定位。市场细分是在实际操作中确定"目标市场"和明确"广告诉求对象"经常采取的方法。所谓市场细分，就是调查和分析不同消费者在需求、资源、地理位置、购买习惯等方面的差别，然后把基本特征相同的消费者归入一类，使整体大市场变成若干"细分市场"的过程。

最早的市场细分是根据性别、年龄、职业、收入等人口统计学的分类指标进行划分的。随着市场情况日益复杂，又加上了心理特征、生活态度和生活方式等高级的分类指标。

市场细分是定位的基础和前提，没有市场细分就不可能有广告定位。产品定位是企业在经营过程中，为适应消费者的不同需求，在市场细分化的基础上，努力使产品差别化，从而在消费者心目中占据位置、留下印象的新的营销方法。广告定位的含义是广泛的，定位是对潜在顾客心智所下的工夫，其目的是为了能在潜在顾客心中得到有利的定位。进行市场细分和产品定位，是企业实施营销战略的组成部分。广告定位策略则是为了配合企业的市场营销战略。广告定位也就是通过广告的沟通，使企业、产品、品牌在消费者心中确定位置的一种方法。

3. 产品生命周期与广告策略。这一理论是广告实践活动成功策划的前提和基础。产品生命周期是指产品进入市场，经历发展、衰退直至被市场淘汰的全部持续时间。对于广告活动来说，产品生命周期的概念之所以重要，是因为广告主可以根据产品不同的生命周期调整可控制广告费的投入。在导入期，广告费的投入最大；进入成长期，广告投入稍稍减少；进入成熟期后，广告投入再度增加；直到衰退期，广告投入逐步减少。

根据产品生命周期的不同阶段，可以把握广告的不同作用。在产品导入期，广告的作用是告知产品功能，打开知名度；进入成长期和成熟期，广告主要为"差别化战略"和产品的"多样化战略"服务；而在衰退期，广告的作用主要是减少损失，确保品牌形象，为新产品的上市打下基础。

产品生命周期理论最集中地体现了广告与市场营销之间不可分割的关系，体现了广告是营销的一部分。

4. 整合营销传播与广告传播。菲利普·科特勒曾说过：在营销学的发展史中，每十年就产生一些新概念。而毫无疑问每一次营销理念的更新都会推动广告理论的前进。从4Ps到4Cs，广告理念经历了以产品为中心到以消费者为中心的嬗变。整合营销传播理论是20世纪90年代初首先在美国提出的。20世纪90年代中期开始陆续引到中国台湾和中国大陆。

整合营销传播以消费者为中心，重在与传播对象的沟通。整合营销传播的目的就是影响特定受众的行为，建立起品牌与消费者之间稳固、双向的联系，强调各种传播手段和方法的一体化运用。广告、公关、促销、企业形象、包装、新媒体等都是传播信息的工具，但要注意进行最佳的组合，发挥整体效应，使消费者在不同的场合、以不同的方式接触到同一主题内容的信息。

整合营销传播的理念强化了广告是营销的一部分的观念，并且广告传播作为营销传播的一部分，不仅其自身要始终坚持以一个声音说话，更要与整体的营销理念保持一致。不论采用何种形式、何种媒体，都要统一、一致，使消费者接触到的信息单一、明晰。这使得广告传播进入了一个系统化的时代，那种靠狂轰滥炸的广告和几句假大空的呐喊就想征服消费者的时代已经一去不复返了。

二、广告学与公共关系学

（一）广告学与公共关系学的关系

公共关系是研究社会组织与公众之间传播和沟通的行为、规律、方法的一门综合应用型学科。在现代社会中，广告和公共关系可谓是市场营销大车的两个轮子，都服务于企业的营销。在成功的营销策划中，广告与公共关系各司其职，相得益彰。但是，广告与公共关系有着本质的区别：广告是企业通过各种媒体来宣传自己的产品特色，刺激消费者产生购买欲望的营销手段，直接以推销产品为目的；而公共关系则是通过形式各异的公关活动来展示企业或产品形象，从而使公众对其产生好感，以树立企业形象为目的。广告是"自己说自己的好话"，而公共关系则是"让别人说自己的好话"。

（二）公共关系学在广告中的应用

1. 确定广告的宣传主题。公共关系专业人员可以从企业公共关系的需要出发，确定广告的目标是增加消费者对产品形象的好感还是扩大企业的影响，确定每个阶段的广告主题，使之同公共关系的计划相互配合、相互促进。

2. 确定广告的宣传对象。根据公共关系的民意测验、市场调查结果，确定广告的宣传对象及其分布范围，确定广告宣传对象的意见、要求、嗜好。

3. 确定广告的传播工具。针对不同的广告主题、内容和对象等选择最恰当的新闻传播工具，既要避免广告的覆盖面太窄，又要避免浪费不必要的广告费用。

4. 确定广告的传播周期。公共关系专业人员通过对社会环境的分析，可以帮助确定广告的出现周期，例如，是一次推出还是分段进行？是连续递进还是均匀重复？

三、广告学与心理学

（一）广告学与心理学的关系

心理学是一门古老的学科，广告学的形成离不开心理学的奠基。心理现象是人们对物质世界的"复写、摄影、摹写、镜像"，心理学是研究人的一般心理现象和心理规律的科学。人的心理活动可以概括为群体心理过程和个性心理两大方面。心理活动过程又分为认识活动过程与意向活动过程。各种心理活动在每个人身上表现各有不同，因而形成不同的兴趣爱好、气质能力和性格，这就是个性心理特征。广告活动是一种视听活动,就是通过视觉和听觉刺激引起人们的心理感应,而消费者的心理历程同广告活动的成功与否密切相关。要提高广告效果,实现广告目标,就要使广告符合人的心理活动规律。从这个角度来看,广告学可以说是研究消费者心理活动及其变化规律的科学。广告如何与消费者的心理活动发生交互作用,是广告学与心理学的交互点。

(二) 心理学在广告中的运用

1. 刺激反应原理。刺激反应原理是心理学中的一个基本原理。它强调人的心理活动过程是受客观世界的刺激而引起人们心理活动反应的过程。它主要是由外在的客体刺激因素、内在的主体个人因素以及社会环境的影响因素三部分所组成。它们三者之间是相互联系、不可分割的有机体。任何有目的的广告活动都是通过这三者有机体的结合而实现的。广告信息,通过文字、图案、画面、音响等刺激因素,来刺激和影响在一定家庭、阶层、团体和文化状况等社会背景下具有一定需求、兴趣、信念等心理特征的个人,引起其认识、购买等一系列心理反应。因此,刺激反应原理不但是心理学中的基本原理,也是广告心理活动的根本原理。

2. 消费者认知心理。广告的本质是一种信息沟通的过程。消费者首先是从媒体那里获得相应的信息刺激,进而开始认知广告。心理学揭示了人类正常的对外界信息的认知过程,广告遵从这种规律过程才能有效地影响消费者。广告信息通过消费者的感觉器官进入我们的大脑,大脑再对这些信息进行加工,利用以往的知识和经验以及个人的喜好形成一种理性认知。这个过程就是一般性的消费者认知过程。每个环节都是非常客观的规律过程,广告的制作和活动充分体现着这个规律过程。只有这样才可以使广告信息一开始就吸引住消费者,才可以使广告信息给消费者留下较为深刻的印象,才可以使广告信息极大化地激发消费者的购买欲望。

3. 广告媒体心理。世界上从来不缺少媒介,只是缺少发现和应用媒介的头脑。广告借助于各种媒介的作用,使其信息得以广泛传播并被消费者知晓。由于各种媒体的特点不一样,在调动消费者感官方面各有差异,所以广告创意要充分全面地研究消费者的媒体心理,选择最适宜的媒体传播所要沟通的信息。特别是手机、互联网这些新媒体的出现,在调动消费者兴趣方面的特征更为明显,广告创作不仅要抓住成熟媒体的作用,更要把这些新兴媒体对新兴人类的作用充分发挥出来。人们之所以要不断点击互联网网页,其中一个原因就是消费者的心理驱动效应非常强。换句话说,你为什么要点击,是因为你想看嘛。而互联网可以非常方便地实现你的心理欲求。

四、广告学与社会学

（一）广告学与社会学的关系

社会学是从变动着的社会系统的整体出发，通过人们的社会关系和社会行为来研究社会的结构、功能、发生、发展规律的一门综合性的社会科学。社会学研究的领域涉及社会生活的群体单位，如家庭、团体、城镇、民族等；涉及社会的各种制度，如政治制度、法律制度、经济制度、宗教制度、教育制度等；涉及社会各种活动变化的过程，如社会冲突，社会舆论的沟通、形成和变化，社会价值观念的变动，社会组合或社会一体化等；涉及各种现实的社会问题及其解决办法，如婚姻问题、就业问题、人口问题、移民问题、社会生态问题等。

广告活动是一种综合性的信息传播活动。它不仅传递商品信息，而且还搜集和传递各种政治信息、经济信息、社会信息和文化信息等。因此，如果从广义的广告活动来看，广告可以说是一种大众性的社会信息传播活动。作为研究广告活动及其发展变化规律的广告学，就必然与社会学发生不解之缘。如果从狭义的广告活动来看，商业广告和经济广告活动也必须以广大的社会为背景，以特定的社会制度、社会文化、社会生活习惯与民族风俗等为依据，才能制作出符合社会条件的广告作品。因此，社会学的基本原理与规律也必然是指导广告理论研究与实践活动的基本原理和依据。

（二）社会学原理在广告中的运用

1. 参照群体。参照群体是指消费者在购买活动中受到影响的群体。个人的行为会受到各种群体的影响。这些群体直接或间接地影响着消费者个人的态度和行为。故参照群体可分为直接参照群体和间接参照群体。直接参照群体是某人所属的群体或与其有直接关系的群体，也就是具有成员属性的群体，可分为首要群体和次要群体。与个人直接、经常接触的群体，如家庭成员、亲戚朋友等，其影响时间较长，有的是终生影响，此为首要群体。工作、学习组织、宗教组织、职业协会等对其成员的影响不很经常，则为次要群体。人们处于不同的社会团体之中，将受其制约而形成不同的消费观念和购买行为。

在参照群体中，有些群体不是消费者的成员群体，我们称为间接群体。包括个人期望归属的群体，即向往群体。如歌星、影星、体育明星、权威人士等，都会对消费者个体产生较大的影响。这正是名人广告经久不衰的重要原因。但除了向往群体，还有一种是个人讨厌或反对、拒绝认同的群体，称为厌恶群体。一般来说，一个人总是不愿意与厌恶群体发生任何关联，在各方面都希望与之保持一定距离，当然对于与此有关的品牌和商品也不会接受。广告传播也要注意到这一现象，避免目标受众产生反感和排斥心理。

参照群体能够展示新的行为模式和生活方式，以及对某些事物、某些产品的态度和看法等方面对消费者产生的影响。参照群体还会形成个人的压力，促使人们的行为趋向一致化，在产品、品牌等的实际选择上发挥作用。因此，对消费者行为进行分析的，要能准确判断出目标消费者的参照群体，从中还要能够发现生活在社会各个阶层的、在不同方面的观念指导者，有重点地与他们进行沟通和交流，使参照群体能发挥更大的影响。

2. 家庭。家庭是社会的细胞，是社会的基本组成单位；介于社会和个人之间，包容了个人，组成一个消费体。家庭成员是最具影响的首要群体。更重要的是，很多商品是以家庭为购买单位的。因此，在广告策划时，对现有家庭的模式和影响消费的诸种情况要作深入的探讨和研究。

一般来说，家庭有一个成长周期，从组成家庭到户主病老死亡，经过单身、新婚、空巢、鳏寡就业和鳏寡退休等阶段。在每一个阶段，其家庭的特点不同。尤其是现代家庭结构发生了一些新的变化。传统家庭结构的解体，核心家庭和丁克家庭的出现，都使消费观念发生新的变化。企业的营销经常把目标市场确定在某一阶段的家庭群体上。从广告的角度来说，也需要准确定位、把握机会。

3. 亚文化。文化是人类在社会发展过程中所创造的物质财富和精神财富的总和，是人类创造社会历史的发展水平、程度和质量的状态。现代社会是一个多元化社会，多元化分工带来多元职业文化，多元利益关系带来多元价值观。因此，现代社会必然存在丰富的亚文化现象。现代生活方式的多元化也使亚文化的现象到处存在。每一个复杂的社会都包含着许多亚文化，社会成员常常是在一个以上的亚文化中发挥作用；反过来，他们一生也会经历许多种亚文化。

如果说文化因素对消费者行为有着广泛而深远的影响，那么亚文化对于消费者行为的影响更为明显。亚文化为定位的实现提供了更多的渠道，也增加了其实现的难度。亚文化的分类不同于一般意义上按照政治及经济地位区分的社会分层。亚文化群既包括宗教、民族和地域这样的群体，也包括按性别划分的男性和女性这样的群体以及按年龄划分的青少年、中年、老年等群体。这些群体都有可能形成他们独特的亚文化。广告的诉求如果能够契合其目标受众的亚文化特质，引起其目标群体的共鸣，则能够更好地传达其产品信息。反之，如果不了解其目标受众的亚文化特质，不了解某个亚文化群特有的符号系统，则很难得到目标受众的认可。

在这些亚文化群中，值得一提的是女性群体和青少年群体。因为广告诉求对象中女性和青少年这两个群体占很大比例。青少年群体中往往会形成与主流文化不重合的亚文化。如何准确地把握和表现某些亚文化特质，打动这些目标消费者，是广告非常值得探讨的命题。特别是当今青年消费群体在全球范围迅速崛起，已经引起了商业领域广泛的关注。他们年轻、活力、消费意愿强烈，广告界正在积极引导这些年轻群体的消费理念和行为。

第四节 现代广告学的研究对象和方法

一、研究对象

广告作为一门学科，虽然历史较短，但是和其他学科一样，也有自己特殊的研究对象。简而言之，广告学是研究广告活动的过程及其规律的科学，包括广告传播的演进、广告运作的基本原则和规律、广告活动的管理等多方面的内容。

从时间上说，广告学是一门年轻的学科。虽然广告现象出现得较早，但直到20世纪才形成独立的广告学科。

从内容上说，广告学是综合了多门学科的边缘学科、交叉学科。广告学是在许多边缘学科的基础上发展起来的一门综合性的独立的社会科学。它研究的是人类社会中大量存在的一种现象——信息传播现象，广告的本质不是经济性的，而是一种广泛的信息传达。广告实际上在做三件事——传播一种信息、提供一种服务、倡导一种理念。从传播学理论的角度来说，传播学的具体研究对象是包括广告在内的所有大众传播手段，传播学的许多理论也就完全适用于广告学的研究。无论是市场学中的广告，还是各种广告的艺术表现形式，都是在传达一种信息，都具备了信息传播过程的五要素：谁—通过什么媒介—对谁—说了什么—取得了什么效果。广告的信息传播就包括：广告发布者（包括广告主、广告制作者和传播者，即信息源）、广告信息内容、广告媒介、广告受众、广告效果等要素。

也就是说，广告学要解决的实际问题不是从经济优先的观点出发，而是从传播信息的立场出发，研究各种信息传播的过程、效果及其运动规律，其侧重点在于经济、市场信息的传播规律。因此，广告活动和广告事业的产生与发展规律是广告学的研究对象。

现代广告学的研究视野已经从一个较为狭窄的领域走向一个更为开阔的空间，即在"营销"和"传播"两个层面上开始对广告的功能和作用重新进行审视。20世纪90年代，舒尔茨等人提出了"整合营销传播"的新概念，在广告整体运作中，整合营销传播被广泛运用于广告实践，并被视为广告学理论体系的有机组成部分。在广告实践中，整合营销传播被描述为：企业或品牌通过发展与协调战略传播活动，使自己借助各种媒介或其他接触方式与员工、顾客、利益相关者以及普通公众建立建设性的关系，从而建立和加强与他们之间的互利关系。传播在这里成为营销组合中的一个驱动性力量。广告的营销特性和传播特性在广告的运作过程中实现了高度的统一。广告是一种营销传播活动。对广告的"营销"与"传播"的交互式双重理论研究建立了广告是营销传播的认识。

以广告活动和广告事业为研究对象的广告学，根据具体研究对象的不同可分为理论广告学、历史广告学、应用广告学三个广告学研究的分支，不同的分支有不同的研究内容。

理论广告学是运用科学方法对广告活动中的根本性问题进行研究，例如，广告的概念，广告的分类，广告在社会和经济发展中的作用、地位，广告活动的基本规律、原则，广告研究的基本方法等。理论广告学的研究内容主要有广告活动与社会政治、经济、文化等的关系，广告者的关系，广告在社会和社会发展中的地位与作用等，其根本任务是揭示广告活动的最一般规律。作为广告学体系中具有指导意义的核心部分，理论广告学为广告活动和其他分支的广告学研究提供了理论基础。

历史广告学侧重研究广告产生、发展以及广告事业变迁的规律。它的研究范围很广，内容主要有广告媒介发展史、广告组织发展史、广告设计制作风格（表现技法、工具等）演变史、广告学说史等。历史广告学的研究，可以揭示广告发展的历史规律，把握广告活动的发展趋势，从而指导、调整广告实践。

应用广告学是广告学的主体，它以广告实践为研究对象，旨在探讨和揭示广告在商品促销中的活动规律。现代广告业之所以能够得到迅速发展，就是因为它自觉地以应用广告学为指导，使广告活动日益科学化、规范化。应用广告学的研究内容是广告活动的业务规律和具体运作方式，如广告策划、广告设计、广告制作、广告管理等。作为一门应用性学科，广告学的理论研究最终要为广告实践服务，而应用广告学正是体现了广告学研究的目的性，是贯穿于整个广告学的中心问题。

广告学的研究领域在不断拓宽，广告学本身也在发展和变化之中。通过了解传统广告学的研究视野和现代广告学的研究现状，就能大概认识广告学发展变化的规律和发展趋势。

二、广告学的构成体系

（一）广告学的基本理念

广告形成独立的学科，就必然存在其构成的学科理论体系。在广告学的理论研究方面，需要从宏观层面探讨广告的基本性质、社会功能、分类、表现形式与方法、结构关系、构成要素、运作过程、规律、原则等。在此基础上，需要着重研究现代广告的基本运作原理与方法，其中包括创意理论、策划理论、设计理论、公众理论、媒体理论、效果理论以及定位理论、诉求理论、承诺理论、目标市场理论、广告文案理论、广告文化理论、广告心理理论、广告传播理论等，这些基本理论是把握现代广告学研究对象的基本依据。

1. 广告创意。广告创意是指广告人根据调查结果、产品特性、受众心理以及广告策略等因素，选择最佳的信息表达方式，用艺术的手法创造出核心的主题和意境结构并以此指导广告作品的制作，以期达到最佳效果的创造性思维过程。

2. 广告设计。所谓广告设计是指从创意到制作的这个中间过程。广告设计是广告的主题、创意、语言文字、形象、衬托五个要素构成的组合安排。广告设计的最终目的就是通过广告来达到吸引眼球的目的。

3. 广告公众。广告的公众到底是谁，广告到底为谁而做。每一则广告都要根据产品的营销对象投其所好地进行恰当的信息传达。广告明确而具体的目标对象就是广告有效的公众，把所有社会公众都当成广告的目标对象是没有意义的。

4. 广告定位。广告定位是现代广告理论和实践中极为重要的观念，是广告主把自己的广告产品确定于某一市场位置，使其在特定的时间、地点对某一阶层的目标消费者出售，以利于与其他厂家的产品竞争。它的目的就是，要在广告宣传中为企业和产品创造、培养一定的特色，树立独特的市场形象，从而满足目标消费者的某种需要和偏爱，以促进企业产品销售服务。

5. 广告文案。广告文案是指广告作品的语言文字部分。所有能传达特定的广告构思和广告诉求的语言文字符号都是广告文案。其中，语言包括书面语言和叫卖口头语言，文字包括电视脚本文字。

6. 广告传播。当发送者与接受者双方都分享到被传播的思想，传播的意义才完整。这就决定了广告怎么运作才能有效传播。"5W + H"就是基本的要求。

7. 广告心理。关于广告传播方式及其内容对受众产生影响，导致其一系列心理活动反应，以致引起其消费态度变化的过程，是广告信息传播和受众在广告策划、广告传播中相应的心理活动。

8. 广告媒体。广告媒体是用于向公众发布广告的传播载体，是指传播商品或劳务信息所运用的物质与技术手段。广告的五大广告媒体分别为电视、电台、报纸、杂志和网络，它们各具特点，助力于广告的传播。

（二）广告学的发展过程

现代广告学的发展经历了三个阶段，即创立阶段、成熟阶段和创新阶段。

1. 创立阶段。从19世纪末至20世纪30年代为广告学的创立阶段。

1900 年，美国心理学家哈洛·盖尔（Harlow Gale）在多年广泛调查研究的基础上写成《广告心理学》一书，强调商品广告的内容应该使消费者容易了解，并应适当运用心理学原理以引起消费者的注意和兴趣。1901 年，美国西北大学校长、社会心理学家瓦尔特·狄尔·斯科特（Walter D. Scott）在西北大学做报告时，系统地提出心理学如何应用于广告宣传诸要点。随后，他连续发表有关论文 12 篇，并整理成册出版《广告论》（又译为《广告原理》）一书。1903 年问世的《广告论》认为，心理学应用十分广泛，不仅在广告业范围，各种产业莫不可行，为广告学的建立奠定了基础。之后，美国经济学家席克斯编著了《广告学大纲》，对广告活动进行了较为系统的探讨。《广告论》和《广告学大纲》被视为世界上最早的广告学著作。

自 19 世纪末到 20 世纪 30 年代，研究广告的理论出现并有了一定程度的发展。这个时期广告理论研究的特点是提出问题、简单论证，理论比较零散，未形成完整的学科体系。但是，广告学作为一个学科已经出现。

2. 成熟阶段。自 20 世纪 30 年代到 60 年代为广告学成熟发展时期。

在 20 世纪 20 年代，传播学和市场学开始出现，尤其是市场营销活动的开展及其理论的发展和完善，推动了广告学的进一步成型。1929～1933 年的世界性经济危机带来的经济大萧条，客观上对广告学提出了理论要求。因此，这一时期出现了一大批广告专家和学者，他们研究现实问题，利用广告影响和推动现实经济的发展。

20 世纪前期美国最有影响的文案撰稿人约翰·肯尼迪（John Kennedy）创立了情理广告派，他为广告定下了"纸上推销员"的著名定义。克劳德·霍普金斯发展了约翰·肯尼迪的情理广告，成为情理派的代表人物。他认为，广告之于商品，犹如戏剧之于人生，它既是商品又高于商品。他的著作《科学的广告》一书是美国修学广告的学生的必读书。李奥·贝纳建立和发展了"芝加哥广告学派"，在广告表现上"我们力求更为坦诚而不武断，我们力求热情而不感情用事"。罗瑟·瑞夫斯首创了广告是"独具特点的销售说辞"（Unique Selling Proposition）的理论，明确"广告的艺术是用可能最低的费用把一项资讯灌输到最大多数人的心中"。大卫·奥格威（David Ogilvy）创立了"形象设计"理论，被誉为"形象设计时代的建筑大师"，他的《一个广告人的自白》一书总结了自己从事广告实务的经验和体会。乔治·葛里宾认为，"写好广告与写其他任何东西的要点，都是写作者要做到了解别人，对别人洞察入微，并对他们有同情心。"

这一时期，在美国纽约曼哈顿区的麦迪逊大道出现了许多著名的广告公司总部，因而这条街道成为美国广告业的代名词。

3. 创新阶段。20世纪70年代以后，随着新技术革命席卷全球，广告的现代化手段及技巧有了大幅度的革新，广告调研预测技术、媒体策划技术、广告表现技术出现电脑化趋势，广告理论出现了不断创新的趋势。

60年代末70年代初，艾·里斯（AL Rise）和杰·特劳特（Jack Trout）提出"定位"（Positioning）概念，并发表了一系列名为"定位时代"的文章。广告定位理论迅速传播到许多国家。后来，杰·特劳特在总结25年来的经验基础之上出版了《新定位》（The New Positioning）一书，提出了更符合时代要求的定位策略。与此同时，广告媒体的研究、广告心理的研究、广告运动策略、广告经济学、广告社会学、广告文化学与传播学如雨后春笋般开始涌现，丰富、促进了广告学基本理论，又同时推动了广告事业的发展。

（三）广告运作的基本原理和策略

广告运作是指在现代广告中广告发起、规划、执行的全过程，是广告主体的主要行为。它是一种动态的过程，是一种按一定顺序接续的行为。它由各种必要的环节构成，各个环节都包含丰富的内容。广告运作是广告主、广告公司、广告媒体三者密切合作，明确分工，按照一定的顺序共同参与的过程。

1. 广告调查。即广告主委托调查公司或广告公司进行调查，调查的内容包括市场构成、产品和竞争对手的情况、消费者和环境动态等内容。客观细致的调查是整个运作的良性基础。

2. 广告策划。广告策划是广告活动的核心。广告公司负责在调查的基础上进行广告活动的整体策划，包括依据广告主的营销策略、总体广告策略和广告计划制定具体的广告战略以及具体的广告活动计划。

3. 广告表现。即根据广告战略的需要和广告战术的安排进行广告作品的设计、制作。广告设计和制作人员的水平决定了广告表现的冲击力，广告表现是专业的广告水准的最直接体现。

4. 广告发布。广告发布是指将已经形成的广告作品通过一定的媒体刊播出去。广告发布的媒体策划、媒体选择和组合以及发布时机的选择由广告公司具体操作，形成媒体策划书，交给媒体落实具体的发布事宜。

5. 广告效果测定。按照时间阶段，广告效果测定分为事前测定、事中测定和事后测定三种类型。

在广告运作中，应该在充分考察市场、产品、消费者、竞争者的前提下，依据科学的理论对其进行准确的分析，在此基础上制定正确的广告策略，以一种客观严谨的态度进行广告运作，并且将正确的观念贯穿于广告运作的始终。

(四）广告业的管理

1. 广告主的广告管理。广告主是广告的发起者，是广告最终利益的获益者。广告是广告主的经济活动之一，所以广告主进行广告管理的终极意义就是其管理效率的直接体现。通过广告主的广告管理实现一定的广告目标，从而配合主体的其他经济业务顺利开展。

2. 广告公司的广告管理。广告公司是沟通广告主和广告媒介的桥梁，代理着双重广告任务。广告公司的广告管理视其代理广告业务的多少而有任务的大小之分。通过广告公司的广告管理，快捷、有效、专业、系统地建立起广告的社会运作体系。

我国广告代理制度还不很成熟，还存在不少的实际问题，这需要市场的进一步发展来不断完善。

3. 广告媒体的广告管理。广告媒体是广告作品的传播机构。广告在什么时间、以什么方式传播出去后才有更大的效果等都是媒体管理的活动内容。特别在我国，一直以来，媒体的作用特殊而影响巨大。广告依托于这个平台，更要深入研究，这样才能借风使力，取得良好的效果。

4. 广告的行政管理。广告的行政管理，是指国家通过一定的行政干预手段，或者按照一定的广告管理的法律、法规和有关政策规定，对广告行业和广告活动进行监督、检查、控制和指导。它是一种运用有关行政法规、命令、指示、规定、政策对广告进行管理的方法和手段。

在我国，广告的行政管理是由国家工商行政管理部门按照广告管理的法律、法规和有关政策规定来行使管理职权的，而且是我国现阶段进行广告管理的一种主要方法。

从整体上来看，广告行政管理可自成一个系统，并且主要由四个子系统构成，即广告行政管理机构、广告行政管理法规、广告验证监督管理和广告行政管理对象。

5. 广告的社会管理。随着我国社会主义法制建设的深入进行以及消费者的法制观念和维权意识的提高，广告的社会监督管理将是一种普遍而有效的形式。全社会逐渐形成理性、法治、积极正面的风尚，不断提高社会责任感和社会参与意识，从而真正达到企业、消费者和全社会共同利益的和谐统一。

（五）广告法规与伦理

1. 广告法规。广告法规是保证广告健康发展的刚性力量。

广告管理法规是我国政治、法律制度的一个组成部分，属于行政法规的范畴，它由国家制定或认可，体现国家意志，是以国家强制手段来保证实施的行为规范。在我国，广告管理法规主要被用于调整广告主、广告经营者、广告发布者和消费者在广告活动中的经济关系。

我国广告管理法规主要由法律、法规、规章等组成。

法律是指由全国人民代表大会及其常务委员会依照立法程序制定的规范性文件，具有普遍的约束力和强制力。例如《中华人民共和国广告法》、《商标法》等。

法规是指国务院依据宪法、法律、法令制定的规范性文件的总称。例如《广告管理条例》及其《实施细则》等。

规章是指国务院各部门依据法律、法规制定的有关行政管理、行业管理等方面的各种规则、章程、制度的总称。例如《奶粉广告自律规则》、《中国报纸广告行业自律公约》等。

2. 广告伦理。广告伦理是保证广告健康发展的柔性力量。

伦理学以道德现象为研究对象，不仅包括道德意识现象（如个人的道德情感等），而且包括道德活动现象（如道德行为等）以及道德规范现象等。伦理学将道德现象从人类活动中区分开来，探讨道德的本质、起源和发展，道德水平同物质生活水平之间的关系，道德的最高原则和道德评价的标准，道德规范体系，道德的教育和修养，人生的意义、人的价值和生活态度等问题。

其中最重要的是道德与经济利益和物质生活的关系、个人利益与整体利益的关系问题。对于这些问题的不同回答形成了不同的甚至相互对立的伦理学派别。马克思主义伦理学将道德作为社会历史现象加以研究，着重研究道德现象中带有普遍性和根本性的问题，从中揭示道德的发展规律。马克思主义伦理学建立在历史唯物主义基础之上，强调阶级社会中道德的阶级性及道德实践在伦理学理论中的意义。

教育我国人民千年之久的伦理观念莫过于"仁者爱人"。这里既有伦理的现象（仁者），也有伦理的做事准则（爱人）。广告运作的主体者们最终的经济行为是为了增进全社会整体利益的实现，这才是做长久生意的立足点与出发点。不要"过把瘾就死"，不要"玩的就是心跳"，不要做一锤子的买卖。"己所不欲勿施于人"，请传递有效的信息，请解决切实的问题，请以"爱人"的行为运作广告。

三、广告学的研究方法

首先，广告学的研究必须做到理论与实践相结合，即"学理论，找感觉"。学理论就是把前人对广告的研究成果、实践经验、发展趋势仔细研读，找出这些理论的规律所在。这样可以较快地掌握现代广告的基本知识，从而有效地指导自己的广告行为。但这样的学习并不是臆想的空洞过程,是要结合现实生活中的广告实例来具体学习,这就是找感觉的过程。特别是我国市场经济的发展还很不成熟,广告的发展更具我们自己的特殊表现。国外的广告理论不见得都适用于我国的实际情况,我们更要结合自己的发展实际来学习广告。不盲目、不急躁、不拔苗助长,也不生搬硬套,在理论和实际运转中找到平衡,促使广告的学习行之有效。

其次,广告学的研究必须采用案例分析的方法,即"熟读唐诗三百首,不会作诗也会吟"。学习广告,脑海中不积累成百上千的广告作品,简直就是空中楼阁。事物总是从量变到质变地进行发展。王国维在《人间词话》中说:"古今之成大事业、大学问者,必经过三种之境界:先是'昨夜西风凋碧树。独上高楼,望尽天涯路'。而后是'衣带渐宽终不悔,为伊消得人憔悴'。最后是'众里寻他千百度,蓦然回首,那人却在灯火阑珊处'。"学习广告也是这样的积累过程,前期从无到有建立广告的意识可能是艰苦的,但只要持之以恒,加上必要的灵气,日积月累终会达到"会当凌绝顶,一览众山小"的境界。

最后,运用比较学习的方法。比较对于广告的学习非常重要。信息量大是现代经济生活的基本特征之一。广告作为一种特殊的信息,在学习过程中应该运用比较的学习方法。现代商品的同质化非常严重,广告的同质化现象在我国不发达的广告市场中更是体现得充分。但个性化、差异化是市场发展的趋势之一。因此,通过比较,把构成广告的定位、制作、风格、元素、表现等各个方面进行全方位比较学习才能较快掌握广告的内涵。通过比较,找出成功的广告到底是哪个方面做得更好,不成功的广告到底粗陋在什么地方。比较是直接而具体的,是快速而有效的,通过比较可以从大量的广告作品中找到成功的、规律性的东西,通过比较可以牢固掌握广告的有效运行法则。

本 章 小 结

广告学是在多门学科基础上发展起来的综合性边缘应用型学科。

现代商业广告是广告主通过有偿取得的,凭借可以控制的宣传媒介和形式,对商品、服务、观念进行社会化和群体化的沟通传播,从而有效影响公众,促成整体营销计划的活动。

现代广告活动构成包括广告主、广告媒介、广告对象、广告信息、广告管理五个方面的内容。

现代广告是一种大众传播活动,是一种商业促销活动,是一种心理征服活动,同时也是一种实用艺术活动。

根据不同的实际需要和标准，现代广告可以划分为不同的类别。

市场营销学、公共关系学、心理学、社会学对广告学的建立起到了良好的理论支撑作用。

现代广告学的发展经历了三个阶段，即创立阶段、成熟阶段和创新阶段。

广告学的研究须采用理论与实践相结合的方法、案例分析的方法、比较学习的方法。

关 键 概 念

广告　广告的构成要素　广告的性质　感性诉求广告　公益广告

复习与思考题

一、选择题

1. （　　）是付费购买媒体的版面或时间，以促进产品销售、树立企业形象或传达消费观念的组织或个人。

　　A. 广告媒体　　　B. 广告主　　　C. 广告公司　　　D. 广告协会

2. （　　）是以为公众谋利益和提高福利待遇为目的而设计的广告。

　　A. 电视广告　　　B. 观念广告　　　C. 公益广告　　　D. 产品广告

3. DM 广告指的是（　　）。

　　A. 媒体广告　　　B. 现场广告　　　C. 直邮广告　　　D. 文化广告

4. 广告学成熟阶段是（　　）。

　　A. 20 世纪 20 年代　　　　　　B. 20 世纪 30～60 年代

　　C. 20 世纪 80 年代　　　　　　D. 21 世纪

5. 现代广告是一种（　　）。

　　A. 大众传播活动　B. 商业促销活动　C. 心理征服活动　D. 实用艺术活动

二、思考题

1. 不同营销观念下的广告诉求特点是什么？
2. "POP" 广告的作用是什么？
3. 我国传统文化思想对广告伦理的要求是什么？

三、案例分析

"中国制造" 广告

跑步者在林间跑过，跑鞋上印有糅合"美国科技"的"中国制造（Made in China）"；家庭主妇取出冰镇果汁，她的冰箱是融合欧洲风格的"中国制造"；不仅如此，女孩腰间使用

"硅谷软件"的 MP3，"法国设计师设计"的时装，都可以看到"中国制造"的字样……

上述是以"中国制造"为主角的广告。这则广告由商务部提供资金，于 2009 年年底在北美、欧洲和亚洲的电视与网络上播放，其中，在美国有线电视新闻网络（CNN）播放了 6 周、在英国广播公司（BBC）播放了 5 周。商务部并未给出这则广告的播出费用，但据凤凰卫视时事评论员曹景行估计，仅在 CNN 的广告投入就可能高达上千万美元。

耗资甚巨，这则广告的效果如何？欧美观众是否买账？香港浸会大学传理学院孔庆勤博士在 2011 察哈尔公共外交年会上公布了她的调查报告。孔庆勤博士认为，这一广告总体有效，而带来这一结果的主要原因是"广告踏实，用事实说话"。

孔庆勤博士介绍，中国商品在外国的整体形象并不理想，常被贴上质量差、低端等标签。对此，商务部在欧美媒体上推出"中国制造，携手世界共同制造"的广告，目的就是为改善国际消费者对中国商品差的印象。

这则广告时长为 30 秒，画面文字和旁白全部为英文。广告中出现的产品有运动鞋、家用电器、MP3、时装和大型客机，但没有出现任何一个国际知名的中国品牌。

参与广告制作的中国商务广告协会常务副主任刘立宾接受媒体采访时介绍，这则广告并非产品广告，而是将"中国制造"的商品作为一个整体形象加以诠释。如果说品牌，那么希望树立的是"中国制造"的整体品牌。

广告投放后，孔庆勤博士与察哈尔学会对广告的效果联合展开研究。该研究涉及美国、英国、澳大利亚 3 个国家，每个国家 400 名，共 1 200 名受访者。调查结果显示，这三个国家五成多的受访者认为广告对他们没造成任何影响。

孔庆勤博士介绍说，从广告学角度分析，这一结果不算差，相反，还是个"不错"的结果。

有八成左右的受访者认为广告令消费者"很好"地记住这是"中国制造"的商品。而且受访者看过广告后，对"中国制造"产品的反思也较强烈。孔庆勤博士认为，能引起消费者反思，是该广告最有意义的影响。

三个国家的消费者在看完广告后购买意图的分数为 3.22，总分为 5 分。

孔庆勤博士解释说，这个分数意味着受访者倾向于购买和尝试购买。

（资料来源：http：//www.cnad.com/html/Article/2011/1117/20111117151857394.shtml）

案例思考

1. 广告在现代经济生活中的作用是什么？
2. 我国如何通过广告进行全球竞争？

第二章　中外广告简史

【学习目标】
1. 了解广告的产生和发展。
2. 了解中外近代广告的发展。
3. 掌握现代广告的特点和发展趋势。
4. 了解不同国家广告的特点。

【案例导入】

百年 Coca-Cola 广告宣传口号

1886 年：请喝可口可乐。
1907 年：可口可乐——带来精力，使你充满活力。
1911 年：尽享一杯流动的欢笑。
1925 年：六百万一天（人次）。
1926 年：口渴与清凉之间的最近距离——可口可乐。
1928 年：可口可乐——自然风韵，纯正饮品。
1935 年：可口可乐——带来朋友相聚的瞬间。
1937 年：美国的欢乐时光。
1938 年：口渴不需要其他。
1942 年：只有可口可乐，才是可口可乐。永远只买最好的。
1943 年：美国生活方式的世界性标志——可口可乐。
1945 年：充满友谊的生活　幸福的象征。
1948 年：哪里好客，哪里就有可乐。
1949 年：可口可乐——沿着公路走四方。
1950 年：口渴，同样追求品质。
1953 年：充满精力——安全驾驶　仲夏梦幻。
1955 年：就像阳光一样带来振奋。
1956 年：可口可乐——使美好的事情更加美好　轻轻一举，带来光明。
1957 年：好品味的象征。
1958 年：清凉，轻松喝可乐。

1959年：可口可乐的欢欣人生，真正的活力。
1961年：可口可乐，给你带来最佳状态。
1965年：充分享受可口可乐。
1966年：喝了可口可乐，你再也不会感到疲倦。
1968年：一波又一波，一杯又一杯。
1970年：这才是真正的，这才是地道货 可口可乐真正令你心旷神怡。
1971年：我愿拥有可乐的世界。
1972年：可口可乐——伴随美好时光。
1975年：俯瞰美国，看我们得到什么？
1976年：可乐加生活。
1980年：一杯可乐，一个微笑。
1982年：这就是可口可乐。
1985年：一踢；一击；可口可乐。
1989年：挡不住的感觉。
1993年：永远是可口可乐。
1994年：永远是可口可乐。
1995年：这是可口可乐。
2000年：心在跳！我们努力活出真精彩！
2000年：Coca-Cola. Enjoy.
2001年：Life tastes good！
2003年：激情在此燃烧。
2010年：你想和谁分享新年第一瓶可口可乐。

（资料来源：http：//baike.baidu.com/view/5842.htm#8_1）

百年 Coca-Cola 的发展，伴随着其鲜明而富有活力的广告口号发展。广告的历史悠久，在人类生活的不同时代扮演着不同的重要历史角色。研究和学习广告历史，可以使我们获得有益于当代广告事业发展的知识和经验，帮助我们在实际经济生活过程中有效运营广告。

第一节 古代广告简况

一、古代中国广告

（一）中国原始社会的广告概况

中国原始社会原始群时期的人们尚处于旧石器时代，低下的生产力使人们无法创造出剩余物品交换，故此时尚无广告可言。在新石器时代初期，黄河流域的仰韶文化标志着母系氏族公社的繁荣。人们使用磨制的石工具从事生产，提供了大量超出社会必要消费的剩余物，这就为社会大分工打下了坚实的物质基础，于是便发生了农业与畜牧业的第一次社会大分工。分工之后的部落要取得自己需要的然而并非是自己所生产的产品，就必须进行交换。据《易·系辞》记载："神农氏作，列廛于国，日中为市，致天下之民，聚天下之货，交易而退，各得其所"（廛：chán，古代指一户居民所住的房屋，市廛）。这样物物交换的活动，所使用的广告形式，就是最原始的实物广告。这说明，当时为了交换的方便，已经有了市场的产生。当时，人们为了将自己的产品交换出去，必须要将其物品陈列于市并大声叫喊，实物陈列与叫喊应该是此时期主要的广告形式。

新石器时代后期，我国黄河流域、长江流域的氏族部落进入父系氏族公社阶段，随着生产力的发展，手工业从农业中分离出来，第二次社会大分工后出现的手工业者专门以交换为目的而进行商品生产，这就使得交换范围、交换品种日益扩大。此时期的广告形式仍以实物陈列和叫喊为主，但新兴的酿酒业和制陶业可能在这两种形式外注入了新的广告内容。酿酒者在出售其产品时，为了招徕顾客，很有可能会请顾客品尝。制陶者充分利用了刚刚萌芽的绘画和象形文字，他们制作的器皿上用赤铁矿和氧化锰作颜料，画上一些几何图案例如驰鹿、飞鸟、游鱼、大龟、人头像等形象。这固然是为了器皿的美观，但是否也有告诉顾客只有我的产品才有这样的图画和文字请您认准之类的含义呢？这种意义我们还是不能排除的，从这个角度看，在父系氏族公社时期，我国的图画广告便萌芽了。

（二）夏朝至唐朝的广告概况

以宋朝发明印刷术为界，中国古代的广告可分为前后两个阶段。宋朝以前，广告多以实物展示、叫喊、招牌、幌子、旗帜、展销会为主。宋朝以后，在原来广告的基础上又增添了印刷广告这种崭新的形式。

1. 夏商时期的广告。夏朝是中国奴隶社会的初始阶段，在农业发展的条件下，酿酒、制陶、纺织、冶铜等工业也有了不同程度的发展，使商品交换较原始社会进一步提高。特别是与夏朝同时存在的商部落祖先在商品交换中扮演着极为重要的角色。夏朝的手工业者和商人在出售自己商品的时候还在沿用古老的叫喊与实物陈列的广告形式。

商朝是我国奴隶社会兴盛的时期。农业在奴隶的劳动之下可以生产出禾、麦、稷、稻、丝、麻等品种，手工业也分成青铜制造、酿酒、纺织等专门行业各产业部门分工越精细，就越需要专门的人为其交换，以达到以其所有易其所无之目的,于是商业便从农业、畜牧业、手工业中独立出来,出现了第三次社会分工,这就进一步促进了交换的发展。再加上商朝自盘庚至商纣 273 年从未迁都,使城市建设颇具规模,也为商业的发展创造了条件。此时商品经济的广告活动仍以叫喊与实物陈列为主。《古史考》曾说姜太公吕望在未出山前曾"屠牛朝歌,卖炊于孟津"。吕望的广告手法是鼓刀扬声,这无疑是借助于杀牛之刀和叫喊在推销他的牛肉和食品,其摆放的牛圈和食品是极好的实物广告。在商朝,奴隶也像商品一样可以买卖。在卜辞中就有关于"旅即次,怀其资,得童仆"的记载。商朝在出卖奴隶时是否像古罗马那样在其脖子挂有年龄、出身、价格的广告牌还不敢断言,但向人展示时叫喊出卖当无可置疑。中国封建社会出卖人口常插以草标,在商代用这种形式出卖奴隶亦大有可能。

西周与商朝相比商业更为发达,并且还专门在王宫后面设置了固定市场,规定每天早、中、晚三个时间开市。西周比较注重对商业的管理,据《礼记·王制》记载,圭壁金璋之类的玉器,标志着等级制度的服装、车辆,用于祭祀的宗庙物品,武器、布帛精粗不够标准,五谷果实未熟、禽兽鱼鳖尚幼小等物品,都不准上市。此类规定要让人们知晓,必然要以各种形式做政府广告。西周时期还规定,凡是上市的商品必须由专门人员定价,然后根据不同价格陈列在不同的地段出售。这其实也是在利用市场的位置做广告,摆放在高价格地段的商品无疑在告知顾客这是优质高档产品;摆放在低价格地段的商品昭示是一般产品,顾客不言自明。

春秋战国时期是我国由奴隶社会向封建社会转变的时期,工商业亦打破了官府垄断的"工商食官"制,出现了不少著名的个体工商业者,广告亦越来越丰富多彩。实物展示仍为人们所沿用,《诗经》中的"氓之蚩蚩,抱布贸丝"讲的就是卖布的和卖丝的看到对方展示的产品而相互交换的情景。春秋时郑国的大商人弦高带着十二头牛一路浩浩荡荡去洛阳经商,这群牛就是最好的实物广告。有些商人为了告知人们他在店铺之内出售的是什么商品,往往在店外悬挂与该商品直接联系的物品。如《晏子春秋说》中"君使服之于内,犹悬牛首于门而卖马肉于内也"。这段话就反映,卖牛肉就在门外挂个牛头,卖马肉就在门外挂个马头。这可视为一种发展了的实物广告——悬物广告。叫喊广告更是长盛不衰,著名的"自相矛盾"的故事说明,当时的人们为了推销自己的产品而大做口头广告,并且在做口头广告时将其产品的优点吹嘘到无以复加的地步,甚至自相矛盾。有些手工业者为了宣传自己的产品,还在其产品上留有产地的名字。如在河南省登封县告城镇出土的东周陶器上都印有篆体"阳城"字样,这似乎是在告诉人们只有阳城产的陶器上才能达到如此高的水平。因此,人们认为中国最早的文字广告亦于此时诞生。《韩非子·外储说右上》曾记载,"宋人有沽酒者,升概甚平,遇客甚谨,为酒甚美悬帜甚高。"这反映出春秋战国时期已有不少酿酒作坊为了引人注意,悬挂高高的旗帜以招徕顾客,在不太多的广告形式中又增加了旗帜广告。战国时期的商人还发明了名人广告,据《战国策·燕策》记载:人有卖骏马者,比三旦立市,人莫知之。往见伯乐曰:"臣有骏马,欲卖之,比三旦立于市,人莫与言,愿子还而视之,去而顾之,臣请献一朝之贾。"伯乐乃还而视之,去而顾之,一旦而马价十倍。同样是一匹马,在伯乐来看之前无人理睬,经伯乐一视一顾就身价倍增。当时的人们亦由此总结出了名人在广告中的作用。作为宣传自身形象的公关广告,亦为此时的政治家们创造出来,商鞅变法前为了在民众中树立自己说话算数的形象,曾出一告示,悬赏人们将一木头从北门搬到南北,起到了极好的宣传效果。

2. 秦汉时期的广告。秦朝是以法治国的朝代,其广告活动也充分体现了法治的特点。进入市场经营的商人,只要是出售超过一个小钱以上的商品,必须用小竹片写明其价格系在商品上,并要做到明码实价。这显然是一种强制的价格广告,说明秦朝已涉及广告管理了。秦始皇为了宣传自己的功德,在泰山等地大刻石碑,做尽公关广告。

两汉时期,中国的城市和工商业确实有了很大发展,但工商业多为国家政府所控制,缺乏经营的竞争性,所以广告水平并无多大进展。三国两晋南北朝时,战乱频繁,经济衰败,广告活动亦无多少新意可行。值得庆幸的是,有的经营者在实物示范、实物品尝广告方面颇下了一番工夫。据记载,北魏时期,"河东人刘白堕者,善酿酒,季夏盛暑,以罂(瓶子)贮酒,暴日中旬,酒味不动,饮之为美。"于是,出现了京师的贵族皆以此馈赠亲友的良好广告效果。

3. 隋唐时期的广告。隋文帝开皇三年(公元583年)取消了盐酒专卖制度,并开挖了通济渠、邗沟、江南河、永济渠等水上运输渠道,极大地促进了工商业的发展,使长安、洛阳等地成为世界闻名的城市。在诸少数民族首领和外籍客商要求进入京城经商的情况下,隋炀帝大做公关广告,令东市店铺的房檐造型如一,里面设有纬帐,将上好的商品陈列其中,经营饮食的全部将饭菜放在龙须席上,凡外籍商人就餐,皆不收钱,这无疑是在宣传隋朝的繁荣,想方设法吸引外商前来经营。

唐朝前期政通人和,农业、手工业和商业都发展到中国历史上的空前水平,广告亦因此而繁荣。据《清泉录》记载,有一名人携带的碧金仙牌铜镜背面刻有"大中元年(公元847年)十二月,铜坊长老白九锋造"的字样。这说明,在激烈的市场竞争中,手工业者已注意到在制造的产品上刻上自己的名字,通过产品进入千家万户来扩大自己的知名度,以此来制造名牌和保护名牌。旗帜广告亦极为盛行,诗人杜牧就给我们留下了"千里莺啼绿映红,水村山郭酒旗风"

的著名诗句。叫喊广告仍然存在，并且还发展到利用某种乐器的声音招徕顾客的音响广告，如卖饧（同糖）之人用吹箫来吸引买主。唐代对市场管理极为严格，《关市令》载："凡市，以日中击鼓三声而众以会，日入前七刻，击钲三百声而众以散。"对于手工业者出售的器物，由政府检查样品属实后，题上制作者的姓名，然后卖之。这虽然是政府防止假冒伪劣产品的措施，但客观上却为制作者做了广告。为了防止商人哄抬物价牟取暴利，政府对上市的商品每月估价三次，然后由经营者悬牌销售，如有违反，定有重罚。这说明，唐朝的价格悬牌广告已经形成严格的制度。唐朝是中国封建社会高度发展的时期，为了显示社会的繁荣富强，唐玄宗也曾搞过类似今天商品展览会的活动。《旧唐书·韦坚传》记载，天宝年间韦坚曾将各地的商船集中于宫宛墙外，供唐玄宗欣赏。各地商船满载本地名优产品，并挂上牌子大肆宣传。如广陵郡船满载锦、镜铜器、海味，会稽郡船满载铜器、越罗吴绫，南海郡船多载玳瑁、珍珠、象牙、沉香，其热闹景象可想而知。皇帝贵为天子，其产品经他看上一眼就增值不少，若是赞美两句选为贡品，更是身价无限增长。因此，这种活动既有展览会广告的性质又有名人广告之意义。

（三）宋朝至清朝的广告概况

1. 宋、元时期的广告。宋代采取了许多有利于工商业发展的措施，如多次下令对经营细小产品的不予征税，对城市的商人不再严令集中经营，交税后可随意设店，同时增设夜市，这就促使商业迅速发展兴旺。另外，宋代已由刻字印刷改进为活字印刷，印刷术日臻成熟。商品经济与印刷术的发展，使中国古代广告水平有了惊人的进步。

现存于上海博物馆的"济南刘家功夫针铺"雕刻铜版，被认为是我国最早的印刷广告，标志着我国的广告已进入了印刷广告时代，如图 2-1 所示。

广告上端写有"济南刘家功夫针铺"字样。广告中间是小白兔的图案，在图案两旁是"认门前白兔儿为记"。广告下端是一些文字说明，"收买上等钢条，造功夫细针"是对其产品质量的宣传；"不误宅院使用"是对其产品质量和信誉的宣传；"客转为贩别有加饶"是对拓展其销售渠道的宣传。这充分说明，中国的印刷广告在其初期就具有了相当的水平。

南宋时由汴梁南迁于临安的荣六郎书铺在刻印的《抱朴子》一书书后印上了如下广告："旧日东京大相寺东宋六部家，现寄居于临安府中瓦南街东，开印经史书籍铺，今将京师旧本《抱朴子内篇》校正刊行的无一字差讹，请四方收书好事君子，幸赐藻鉴。绍兴壬二十二年六月旦日。"这表明宋朝时的印刷广告并非星星点点，而是已经普遍了。

第二章 中外广告简史 39

图 2-1

除了印刷广告，图画广告在南宋也被人们广泛使用，有一幅关于宋代杂剧《眼药酸》的绢画，如图 2-2 所示。

图 2-2

宋代称读书人为酸，本杂剧反映了两个读书人买卖眼药的故事，就是有力的证明。画面由两个身穿戏装的演员组成，一人用手指着右眼扮演眼疾患者，扮演卖眼药的演员头戴高儒巾身穿长袍，腋下挂一布囊，其巾上、袍上、囊上、身上画满了大大的眼睛。此帛画虽有夸张之处，但艺术是对现实生活的反映，说明图画广告在宋代已广为流行。

　　元朝时，政府禁止汉族人经商，由蒙古贵族垄断了国内外的商业，这在很大程度上影响了商品经济的发展，而从《马可·波罗游记》等史料记载来看，元代工商业虽不如宋代繁荣但也较为可观，所以广告亦不是一片沙漠。考古工作者曾在一座元代墓葬中发现了当时长沙城一家油漆店的印刷广告，其广告如下：谭州升平坊内白塔街大尼寺相对住，危家自烧无比鲜红紫艳上等银朱，水花二朱……买者请将油漆试验，便见颜色与众不同。四方主顾请认清门首红字高牌为记。右边竖印："主顾收买银朱，请认元日祖铺内外图书印号为记"两段话均加黑框，下面盖有红色图章印号。此广告以简明扼要的语言介绍了店铺地点、产品种类、产品特点、检验方法及标牌、产品识别等，这表明元代广告主在广告内容上亦极尽推敲之能事。此外，本广告还较注重广告外在设计，用的纸张是质地较好的黄色毛边纸，下面的背面都印有清晰的图案和花边。在有些资料中还可以看到不少工商业者在做夸张性实物广告，例如，卖剪刀的就在店外陈列一把特制大剪刀，卖药酒的就在店外陈列一特制的大药酒瓶。元代的叫喊广告、招牌广告、旗帜广告也不胜枚举，因无突出特色，此不赘言。

　　2. 明清时期的广告。明清时期中国封建社会的商品经济得到高度发展，甚至在某些地区出现了资本主义萌芽的制度，故各种传统的广告形式亦发挥到淋漓尽致的程度。明人冯梦龙编写《警世通言·玉堂春落难寻夫》中就有"却说庙外街上，有一小伙子叫云：本京瓜子，一分一桶；高邮鸭蛋，半分一个"的语言，此即是形象的叫喊广告语。清人李斗在《扬州画舫录》中曾说，"苏州人以五色粉糍状人形貌，谓之捏像，鬻者如市，手不停作"，这是捏面人像者在做现场操作广告。都市里经商的人们，在大做招牌广告的同时，已逐渐发展到请政界、书法界名流为其书写招牌文字，借名人之势来壮自己之声势。同时，招牌的制作亦日趋艺术化，增加了描金写红、图案等工序。从有关资料来看，有的商人在做招牌广告的时候为显示自己是某一方面的正宗，已在招牌广告中增加了攻击竞争对手的言辞。如清朝北京经营雨衣油纸的店铺招牌使用了"雨衣油纸家家卖，但看招牌只一家。你也窦家我也窦，女娼男盗只由他"，从中我们似乎嗅到了古代广告战的火药味。宋代发明的印刷广告，在明清时期亦大有发展，特别是一些书商刻印的书籍，为推销方便，也大做印刷广告。

二、古代巴比伦、古代埃及的广告

（一）古代巴比伦的广告

底格里斯河（Tigris）和幼发拉底河（Euphrates）同发源于西美尼亚山岭，俗称两河（主要在今天的伊拉克），最初流向相反的方向，最后几乎平行，一同流入波斯湾。两河之间土地肥沃，史称美索不达米亚平原。这是一个希腊名词，意思是"两河之间的地方"。古巴比伦就在幼发拉底河下游地区。

早在公元前3000~前2000年，古代巴比伦已经有了楔形文字，并能用苇子、骨头、木棍等物在潮湿的黏土版上刻文字，然后晒干成为瓦片保存起来，其中记载着国王修筑神殿、战胜碑以及国王的丰功伟绩等。这些虽然不是纯粹的商业广告，但对社会生活、政治变化、经济发展已经有了事实的记录和信息的宣告。

1. 战胜碑。记录国王战争胜利的石碑，在苏美尔时代就已经实现了。巴比伦王尼布甲尼撒一世颁告战争胜利的石灰石石碑，据推测产生于公元前1120年左右，此碑上半部是战胜碑，下半部为地界标，碑文内容如下："众神之王玛而达库命令尼布甲尼撒召集军队向阿卡德报仇，国王尼布甲尼撒一世是个非常英勇的神箭手，他从阿努的得鲁城出发，传过沙漠，行进了60个小时。当时是6月，所有的泉水、井水、小河都干涸，因而无法汲取到一滴水。太阳如火一样燃烧，连最强壮的马和士兵也失去了力气。他们扬起的灰尘使得太阳都变得暗淡。尼布甲尼撒所要征讨的敌人包括四邻的诸王国，敌人的数量无法估量。当国王同这些敌人打仗时，利兹德伊率领军队征服了亚兰王，并收回了这片领土。国王胜利后回到阿卡德，赞扬了利兹德尹的功绩，并确认了他家族拥有的权利。"在碑文的最后，还罗列了许多神的名字，并附有咒语。

2. 地界标。大英博物馆中陈列的最具有代表性的地界标之一是巴比伦王赐封土地的告示。碑文的内容除了赐封土地的公告内容外，还有出告示的年代（公元前1100年左右）、勘测土地者的姓名、出席公告仪式的16位证人的名字等。碑文中最后说道，如果谁移动或破坏标示，或者触犯土地所有者正当权利，将被诸神诅咒，并列出了15个神祇的名字。

3. 印章。埃及和巴比伦在公元前4500年左右开始制作印章。在石头或用火烧过的黏土上刻上图画或文字，把它压在柔软的黏土上，再用火烧成印章。刻在印章上的素材有神像、历史故事、传说等。作为石刻材料的有大理石、水晶、绿松石、紫水晶、玉等。将图案或文字雕刻在圆筒上，就是圆筒印章。圆筒形的印章一般用细绳穿过，作为装饰品或护身符挂在脖子上。印章在古代埃及、希腊、罗马是压在葡萄酒栓上的，可以说是商标的祖先。那时，刻印有当地土特产图案的货币也起到了广告宣传的作用。

4. 招徕者。巴比伦商人的经商能力闻名于世，他们曾雇佣招徕者（barker）向过往的行人吆喝他们的商品，并在商店门口悬挂所从事行业的标志（symbol）。当时，文字广告之所以没有人使用，是因为书写体系极为复杂，只有极少数受过教育的上层人士和富裕的商人才能看懂。

（二）古代埃及的广告

埃及位于非洲东北部，在尼罗河流域。它北临地中海，东濒红海，南邻努比亚（今埃塞俄比亚和苏丹），西接利比亚。只有苏伊士运河以东的西奈半岛位于亚洲西南角。英语中"埃及"一词是从古希腊语演变而来的。阿拉伯人则将"埃及"称为"米斯尔"，在阿拉伯语中意为"辽阔的国家"。埃及又称为金字塔之国、棉花之国。在地理上，古埃及分为两大区：孟菲斯以南的尼罗河谷地叫做上埃及；孟菲斯至地中海海岸的三角洲地带叫做下埃及。

早在公元前4000年，埃及人就发明了文字。最初的文字是图案文字，是原始的象形文字。因现实生活特别是经济生活的需要，文字由繁趋简，从象形、表意向字母过渡，记录着社会生活和经济生活的信息。

1. 劳塞他石。1799年8月，拿破仑一世远征埃及时，一位炮兵士官在尼罗河的劳塞他发现了一块玄武岩石碑，后被史学界称为"劳塞他石"（Rosetta Stone）。据石碑记载，当时国王托勒密五世减免了祭司们的一些税款，这些祭司为感谢国王，便制作了许多玄武岩石碑，歌颂托勒密五世的功德。

巴比伦的石碑一次只做一个，而埃及却成批制作了同样内容的石碑，遍布于各地。因此，可以推测石碑的批量生产有可能使石碑成为发布广告或布告的媒体。

2. 方尖碑。方尖碑（Obelisk）是在巨大的神庙前立着的方尖形的纪念碑。在埃及许多神庙前部都立着这种方尖形的纪念碑，它是神庙的一种标志物。古埃及方尖碑上都有复杂的象形文字，可以认为这是最早的户外广告。

3. 最早的文字广告。据历史研究证明，世界上最早的文字广告是现存于英国博物馆中写在莎草纸上的、尼罗河畔的古城底比斯的文物——公元前1550年至公元前1080年的遗物，距今已有3000年的历史。文物记载了一名奴隶主悬赏缉拿逃跑的奴隶的广告，同时奴隶主也为自己作了广告。内容如下：

"奴仆谢姆从织布店主人处逃走，坦诚善良的市民们，请协助按布告所说的将其带回。他身高5英尺2寸，面红目褐，有告知其下落者，奉送金环一只；将其带回店者，愿奉送金环一副。——能按您的愿望织出最好布料的织布师哈布。"

这则广告是手抄的"广告传单",它在悬赏奴隶的同时也为广告发布者的织布技艺做了宣传。

4. 叫喊人。古代埃及,商业广告主要的手段是利用叫喊人(crier)。叫喊人的职责主要是告知船只的进港和出港以及船上运载货物的名称。那些运载葡萄酒、香料、金属工艺品以及其他杂货的船主们像现在的百货公司一样,让叫喊人告诉人们"东方风格的地毯刚刚到货",到处宣传新到货品的妙处。

5. 标签。埃及、希腊、罗马都有在储存葡萄酒的容器上贴标签的习惯,并在容器的栓上有刻印。埃及在第一王朝以前就有这种做法,第十八王朝国王的宫殿里储藏酒的容器栓上就有"上等的葡萄酒"、"极上等的葡萄酒"、"极极上等的葡萄酒"的标签。这是现代用于表示品质、起分类作用的标签产生以前的一个雏形。

三、古代希腊、罗马的广告

(一)古希腊的广告

古代希腊并不只是今天我们从地图上看到的巴尔干半岛南段的希腊半岛这块地方。早在公元前1000多年,希腊人就向海外移民,在东方和西方建立了许多殖民城邦,在现在的意大利南部即亚平宁半岛及西西里半岛建立了"大希腊"殖民地。总体来说,古希腊人生活在包括今天希腊半岛本土、爱琴海东岸的爱奥尼亚地区、南部的克里特岛以及今天意大利南部地区在内的这块地方。

随着生产的发展,希腊的商业也发展起来。每个城市都有市集,各种商品在专门地点出售,一些城邦的海外贸易也很发达。

1. 叫喊人。广告最初的媒体是人的声音,然后是有文字的布告。希腊人追求完善和美,对叫喊人的挑选非常严格,他们要有美妙的声音和朗诵的才能,有时他们会和音乐家一同出行,遇到语音不正确的人还要予以纠正。一位名叫埃斯可里普陀(Aesclyptoe)的雅典化妆品商贩就曾雇佣叫喊人来兜售他的商品,在他的叫卖词中,现代化商品广告中所强调的基本诉求已经体现出来了:

为了两眸晶莹,

为了两颊绯红,

为了人老珠不黄,

为了合理的价钱,

每一个在行的女人都会购买埃斯可里普陀制造的化妆品。

2. 布告。将丢失的物品、被盗的物件、逃亡的奴隶以及待出售的商品等内容贴在集市的墙壁上,这在古希腊时期已经成为一般的常识。有一名青年,将母亲临终时遗留的戒指丢了。第二天一早他就立刻传招仆人，命他急速将寻找戒指的布告带到市场上，贴在任何人都能够看到的地方。然后雇佣一些叫喊人到城镇中心和市场上到处行走，喊着"凡是发现镶着蓝色宝石金戒指的人，赠送金币两个"。

3. 海港别致的广告。在古希腊那些规模较大的海港，通常都有很多妓院，妓女们通常喊着"海达伊拉"或"海达哎啦"，意思是"女人"或"说话的伴"，以招徕生意。克林斯是当时非常具有异国情调的小城，在它与海港接壤的地区，妓院林立。每当妓院里的女子走出来，沙滩上就会留下"跟我来"的字样。近代的土地开发商曾挖掘出鞋底刻有如此文字的女鞋，并将其保存在博物馆中。这可以说是一种非常别致的广告形式。

4. 刻印广告。在英语中，印刷为 print，在货币上刻印也叫 print。在古代，在货币上刻印东西作为宣传的一种手段，是非常盛行的做法。在希腊，货币从国王的私人藏品逐渐演变成方便一般人生活的日常用品。在初期，希腊各城邦发行各自设计的货币，为了宣传，还经常变换图案。根据货币研究家们的研究，今天我们的货币刻印比较浅，而希腊时刻的刻印却比较深。

5. 有签名的标签。刻印制造者名字的最早例证是古代埃及的出土文物，现藏于大英博物馆。这是一块炼瓦，上面写着"阿蒙拉神的宝库看守人多多梅斯"的字样，据估计是公元前 1450 年制造的。在巴比伦、亚述、腓尼基出土的工艺品中，刻有制造者名字的也不少。到了希腊时代，在纪念像或宝石加工品上刻印制作者签名的习惯开始流行。在希腊出土的壶上，除了制造者的签名外，还刻有神杖、酒壶、蜜蜂、狮子头等图案。后来在特殊商品上贴商标的习惯正是从希腊普及开来的。

（二）古罗马的广告

罗马是一个农业民族，崇尚武力。大约在公元前 265 年，罗马军队征服了整个意大利半岛。但罗马并不以征服意大利为满足，它的强大又促使它与地中海地区的另一强国迦太基发生了冲突。经过三次大规模的战争（史称布匿战争），罗马吞并了迦太基，同时还侵占了其他广大地区。到了公元前 2 世纪，罗马已成为地中海地区独一无二的霸主。

随着罗马成为地中海地区的强国，它先在意大利，进而辐射到各行省，向四面八方修筑道路。虽然其主要目的是为了军事用途，但是，对沟通各地贸易、促进地中海地区商业网的形成也起到了重要作用。

1. 招牌。酒店的招牌可以说是各种招牌中历史最悠久的。西方有句谚语"good wine need no bush"，意思是"好卖的葡萄酒无需系上葡萄藤"，类似于我国的"酒香不怕巷子深"。在公元 1 世纪左右高卢论农业的书以及同时代的其他书中都出现过这句谚语。

恺撒时期的各种招牌还有：两只手托着鞋的天使（鞋店的标记）；卖奶人的奶牛（奶店的标记）；面包房里拉磨的骡子（面包房的标记）；水壶的把手（葡萄酒店的标记）。除了葡萄藤和水壶的把手外，其他葡萄酒店的招牌在那个时期也很普遍，如奴隶用一根木杆扛着酒桶的图画、酒神从一串葡萄中榨出汁来的图画等。

2. 商业标记。在古罗马的地下陵墓中，考古学家发现了很多与行业有关的标记。例如，医生的家在紧挨着门的墙上画着玻璃放血杯；工匠们则在房子的白墙壁上画上那个行业的工具；一个学校的墙壁上画着正在被鞭子抽打、接受处罚的学生，它暗示着孩子在这里不会被惯坏。

3. 叫喊人。在罗马，受雇于政府和个人的叫喊人被统称为"praeco"，"praeco"的前缀"pra"相当于英语的"pre"。叫喊人从事的职业范围非常广泛，例如，传唤原告、被告出庭，通知法庭宣判的结果；在选举的时候唱票；在拍卖会上喝标，在竞技场上播报出场者姓名，公布优胜者；主持葬礼并劝导人们参加送葬仪式；受个人委托做寻物广告。

4. 庞贝废墟中的广告。

（1）广告的职业书写人。庞贝城废墟墙壁上有许多具有说服性质的公告。有一些公告做得十分认真，在离地面 12 英尺高的地方用黑色或红色的文字书写，显然是想引起一定距离外的人们的注意。这种工作由叫做"scriptores"的一种职业书写员负责，他的两个助手，一个负责撑着梯子使它稳固，另一个则举着火把。庞贝城废墟中发现的这些公告说明，在古罗马，随着书写能力的普及，书写广告出现了，商业广告也已经发展起来了。

（2）格斗表演广告。比较典型的格斗表演广告内容如下："阿迪尔的格斗士们将在 5 月 3 日进行格斗表演，其中三个格斗士将与野兽进行角斗，有遮阳棚。"在道路两旁的墙壁上，甚至在陵墓中，格斗广告也随处可见。

在人口流量大的交叉路口和大型公共浴池门口，墙壁上都写有大量的演出、拍卖等公告。在 2000 年前，这些公告受关注的程度与今天户外广告牌应该是差不多的。

（3）房屋出租广告。在庞贝，数量上居格斗广告之后排第二位的就是房屋出租广告了。例如，"在阿里安的玻利安住宅区，格纳维斯的不动产从 7 月 15 日开始出租。房子是带有住宅的店铺和供骑士们居住的房间，如要租用时，向格纳维斯的奴隶提出申请。"待出租房屋的门上或墙壁上也要写明此房要出租，同时还要标明房主的职业和身份。

（4）旅店广告。庞贝人充分认识到了向游客做宣传的必要，例如，"从这儿去往12号塔的游客们，塞利努斯在此开了旅店，请住下来吧，祝您一路平安。"

（5）政治选举广告。庞贝城废墟中遗留下来的与选举相关的告示有600多个，这可以看做是最早的政治广告。其中，年代稍久远的显然不是职业书写员所写，文字很简单，仅记录了被推荐者的姓名，比较典型的是"推荐某某做修建官"。后来出现的选举广告中就开始出现褒奖候选人和评价性的语句，比如"适于公职"、"廉直的青年"、"谦逊的青年"、"他是一个善良的人"，甚至还使用了"他是公积金的看门狗"这样的修辞手法。这一时期的政治广告应该是雇佣专门的人书写的，文笔比较流畅。

四、中西古代广告的共性与个性

（一）中西古代广告的共性

1. 因地制宜的适应性。首先，中西古代广告都产生于人类经济文化活动的中心地带。在西方，古代围绕着地中海这个伟大的内海而诞生。它们凭借地中海互相沟通，并且四处传播自己的思想和商业，故而服务于贸易活动的广告宣传也从这里产生——地中海沿岸各民族创造了人类历史上最原始的广告。而在东方中国，黄河流域孕育了华夏民族，成为东方"大文明"的心脏地带，经济文化十分繁荣，故而也随着商品生产和交换产生并发展起丰富多彩的广告形式。其次，顺应地利而传播的机灵性。在西方，根据史书记载，古代的腓尼基人把贩卖的物品刻画在贸易场地两旁的山岩上，用于招徕顾客。而在中国，无论是古老的敦煌莫高窟，还是历史悠久的大雁塔的千古记载，我们都可将其理解为一种古人用于传播文化信息的形式广告。

2. 传播形式上的窄播性。从总体上说，由于生产力及其科技发展水平的限制，古代的中西方广告媒介都受到很大的局限，人们更多地运用窄播如人际传播为基本广告形式。

公元前700年至公元前146年期间，古代埃及的亚历山大理亚逐渐成为地中海沿岸各民族的商业中心，有的船主雇专人在码头上大声叫喊船只泊岸时间。这种信息通知不能像今天借助发达的广播、电视媒介进行广泛的声像传播，而只能采取纯朴、原始的方式。同样，在中国古代，无论是大街小巷的吆喝，还是磨刀霍霍的鼓动，都只能对以自我为中心的人群和地域奏效。这也是古代广告与现代广告的本质区别所在。

3. 标志性质广告语言的流行性。我们不得不感叹人类思维发展的共性。几乎所有的民族，都在发展中创造了自己的语言。同时，难能可贵的是，在落后而漫长的古代广告阶段，中西方也都创造出了既具有艺术性又具有趣味性并为大众所认知与流行的丰富的广告语言。

在西方，人们从维苏威火山熔岩下挖掘的古罗马城镇史迹表明，为招徕顾客，卖葡萄酒的店铺门前挂着常青藤枝；牛厂前画着牛；饮料店前挂着水罐的把手。而异曲同工的中国古代广告中，幌子可以说就是源远流长的中国传统广告语言。幌子的造型一般取自商品或借代物形象，使人望知取义、一目了然。烟袋铺前挂木制烟袋，鱼店前挂大木鱼，酒店挂葫芦，客店挂扫帚，诸如此类，都成为约定俗成的标志语言。

4. 对于广告形式及表现的创造性与艺术性。艺术性与创造性是人类文明的推动力，也是广告的发展与效能的指数。无论是爽朗开放的西方人，还是含蓄深沉的中华祖宗，都在不自觉的广告实践中为了引人注目而激活着广告的形式与内容，姑且称为古代的"广告创意"吧。例如前面介绍的"埃斯可里普陀制造化妆品"广告词句和我国的"伯乐相马"的"名人效应"显然都是"广告创意"的成功手笔。

（二）中西古代广告的个性

不同的发展历程、不同的政治文化制度和历史氛围的熏陶，以及不同的民族性格特征，也造就了中西古代广告的显著差别与个性。

1. 西方古代广告的张扬性与中国古代广告的含蓄性。我们完全有理由认为，专职的广告人员最早是在西方而不是在孕育大文明的中国产生。如前例提到的古埃及亚历山大里亚被船主雇来喊话的人员，同时更有船主雇人穿上前后都写有船舶靠岸时间和船内所载货物名称的背心，让他们到街上来回走动。这些受雇者，被研究者认为是世界上最早的夹身广告员。而同时这种活动的广告方式也更多地体现了古代西方广告活动的张扬性。这种张扬性也可以从古埃及所保留下来的搜寻谢姆男奴的传单上体现出来。

与雇专人四处奔波宣传和公然散发传单所对应的中国古代民间广告则显然具有更多的东方式的含蓄。中国的行商一般都有本行业的特定广告方式，但一般都是商人自行间隙传播，而未曾见到任何雇专人做广告的记载。至于公开散发传单，于中国统治者更是大逆不道，于中国伦理道德也是避之不及。即使在革命起义前，起义者为了凝聚力量、集合信徒，也只能偷偷将清单塞进鱼腹、肉包子，悄悄流传。对于不敢也不能采取传单散发的商人来说，他们将酒幌挂在巷子口期待借助酒的美誉度的传播造成"酒香不怕巷子深"、"桃李不言，下自成蹊"的效应。

2. 西方古代文字广告的纯粹性与中国古代文化广告的艺术性。西方字母与中国汉字在结构、书写上有显著的差别,中国文字更具有艺术性。如果说西方古代广告中人们更多地运用文字来叙述与说理,以达到告知的目的,那么,中国古代广告中的文字则具备更丰富的艺术造型及文化张力。"鸿儒"们往往对店铺酒肆所悬幌子的书法艺术有更多的注意。所以在中国的民间传说中往往有大书法家向饭店老板赠字作匾的喜剧性结局,至于被乾隆皇上赐字一幅,高悬堂上,则不仅酒家代代兴隆,而方圆几里也会沾光。

第二节 近现代广告的发展

一、西方近现代广告的发展

西方近现代广告的发展是以英美为中心的。我国的印刷术传入西方后,德国人古登堡于1445年创造了铅活字印刷,大大地提高了印刷的质量和速度,成为近代广告变革中最重要的因素。过去西方书籍都用手抄在皮革上,所以读书写字的权利垄断在少数人手中。纸张和印刷术的发明与应用,使文化传播往大众化方向发展有了具体的物质技术手段的保证。古登堡的铅活字印刷得到广泛应用以后,为印刷广告的发展提供了条件,使人类广告活动由原始的口头、招牌、文字广告传播进入到印刷广告的时代。

1472年,英国一个出版人威廉·坎克斯顿(William Caxton)印制了推销宗教书籍的广告,张贴在伦敦街头,这标志着西方印刷品广告的开端。广告内容有:"倘任何人,不论教内或教外人士,愿意取得使用于桑斯伯来大教堂的仪式书籍,而其所用字体又与本广告所使用者相同,请移驾至西斯敏特附近购买,价格低廉,出售处有盾形标记,自上至下有一条红色纵贯为标识。"这则广告被大多数广告专家认定为现存最早的印刷广告,目前在英国还保存了两张。除印刷广告之外,13~14世纪的欧洲出现了最早的报纸雏形"新闻信",其内容是报道市场行情和商品信息。这种新闻信息实际上就是一种商业广告。到了15~16世纪,在地中海沿岸的威尼斯出现了最早的手抄报纸,上面提供了一些商业与交通信息。这些都已初步具备了报纸广告的模式。

16世纪以后,欧洲经历了文艺复兴的洗礼和工业革命的风暴,资本主义经济得到了进一步的发展,德、英、美、法等经济发达国家陆续出现了定期印刷报刊。报刊使广告的影响大为扩大,头脑机敏的商人很快发现并开始大力使用这一最佳的广告媒介。

1609年,德国出版了世界上最早的定期印刷报纸《报道式新闻报道》。1631年,法国最早的印刷周报《报纸》出版。1622年,英国的托马斯·阿切尔创办了《每周新闻》，并在报纸上刊登书籍广告，这被认为是世界上最早的报纸广告。世界上最早的报纸广告究竟从何时何地出现，目前尚有争议。有的认为是1625年英国的《信使报》刊载的一则图书出版广告，有的认为是1650年英国《新闻周报》在"国会诉讼程序"里登载的"寻马悬赏启事"。1666年，《伦敦报》正式在报纸上开辟了广告专栏，这是第一个报纸广告专栏，各报竞相效仿，报纸广告从此占据了报纸的一席之地，并成为报纸的重要经济来源。1675年，英国《Public Aduice》报纸上刊登的"咖啡"食品广告，反映了当时人们对食品状况的了解："旧交易所后边的巴少鲁密街上，有一种叫咖啡的饮料，这是一种医学上认为对健康非常有益的饮料。它具有助消化、治疗感冒、身体衰弱、头痛、水肿、风湿、坏血病、淋巴腺肿等疗效。每日早晨及下午3时出售。"此后，不仅商人登报纸广告，一般市民也开始利用广告，如法国的《时事要闻》报上有佣仆寻职业、主妇雇佣仆的广告。

除了报纸广告之外，这一时期，杂志广告也开始出现。1631年，英国书商凯夫在伦敦创办了《绅士杂志》，内容从文学到政治无所不包，并第一次采用《magazine》作为刊名，这是世界上最早的杂志。1645年1月15日，《The Weekly Account》杂志第一次开辟了广告专栏，刊登广告。该杂志首次使用了"advertisement"来表述"广告"。

除了报纸、杂志广告以外，还出现了类似广告代理的机构，是1610年詹姆斯一世让两个骑士建立的。1612年，法国的雷纳德创立了名为"高格德尔"的广告代理店。

在印刷术使用的初期，世界广告兴起的中心在英国。广告业的发展使英国政府加强了对广告的管理，英国政府于1712年对报馆开征了广告特税，无论广告大小，见报便收3先令6便士。这并没有使当时广告大量减少。《泰晤士报》在1800年平均每天刊登100件广告，到1840年增加到400件。18世纪中期，英国及欧洲其他国家已经出现了一批广告画家，周刊报纸上不断出现插图广告。广告代理商也是17世纪在英国首先出现的。1729年富兰克林在美国创办了《宾夕法尼亚时报》，并兼出版商、编辑、广告作家和广告经纪人于一身。

19世纪末20世纪初，是世界经济空前活跃的时期。资本主义从自由竞争走向垄断，使海外市场的开辟成为现实。这一方面刺激了当时经济的发展；另一方面也刺激了对新的科学技术的需要。这种需要大大地刺激了科学技术的发展，新发明、新创造不断涌现，使资本主义经济走向现代化。

广告业在这一时期的重大进展之一是，广播、电视、电影、录像、卫星通讯、电子计算机等电讯设备的发明创造使广告进入到现代化的电子技术时代。新的广告形式不断产生以及新技术的采用，提高了广告的传播效益。世界上最早开办广播电台的是美国，1902年第一家领取营业执照的广播电台——匹兹堡西屋电器公司的商业电台开始播音（实际上底特律的经营试验台SMK比它还早几个月成立）。继美国之后，其他国家也相继建立了广播电台。这些电台都设有商业节目，主要播放广告。

20世纪30年代，英国广播公司在伦敦设立了世界第一座电视台。美国在1920年开始试验电视，但在1941年才有商业电视正式播出。在第二次世界大战后，电视得以迅速发展。尤其是在50年代美国首创彩色电视之后，由于电视广告集语言、音乐、画面于一体，电视成为最理想的传播媒介，因而在其后的广告业中独占鳌头。

除了电视和广播外，报纸杂志以及其他形式的印刷广告也因电子技术的应用而得以迅速发展。广告已成为报纸杂志的生命主宰和收入来源。此外，各种博览会也成为重要的广告形式。

现代广告的第三个重大发展就是广告管理水平的提高。广告公司的专业水平和经营管理水平均大有改进，而政府部门也通过立法等形式规范和约束广告公司的行为，规定广告业的发展方向。同时，政府还设立专职管理机构从事广告管理。

现代广告事业的进步，最重要的还是表现在广告理论方面。由于广告发展的需要，广告理论的研究工作得以深入开展，从而使广告学成为一门独立的具有完整体系的系统的综合学科。

二、中国近现代广告发展

19世纪上半叶，许多资本主义国家都进行了工业革命，生产的高速发展使资本家感到了市场的压力。为了积累巨额资本，开辟新的商品市场，掠夺劳动力和廉价的原料，地大物博、人口众多的中国就成为它们的掠取对象之一。1840年爆发的鸦片战争就是这种全面的政治、经济和文化入侵的开始。资本主义的侵入，一方面使中国社会的性质发生了变化，闭关自守的封建社会开始解体，以农业和家庭手工业相结合的自然经济被瓦解，我国社会逐渐沦为半封建半殖民地社会；另一方面，外国资本和商品的大量涌入，也为我国的商品生产提供了推动力，促进了工商业的发展。尤其是民族工商业与远洋资本之间相互争夺市场的竞争，刺激了广告的发展。

鸦片战争后，在帝国主义强权下，中国政府签订了《南京条约》，允许开放广州、福州、厦门、宁波、上海等五大城市为通商口岸，并且准许中国商人将外国洋货从上述口岸运往全国各地销售，从而使资本主义贸易的入侵合法化。从此，外国货如破堤之水涌入内地，并在我国出现了专为外国资本家服务的买办商人。外商外资的大量涌入带来了商业发达，现代广告业也就在这几个通商口岸城市迅速发展起来。

在各类输入品中，使用广告最多的首推药品和香烟。在五个通商口岸中，广告最发达的首推上海，这当然跟上海有广阔的腹地和长江方便的水上运输有关。当时的广告主要靠路牌和招贴。路牌是画在墙上的，蓝底白字，十分简单。招贴则多在国外印制，带回中国张贴。这些路牌广告和招贴广告曾经从城市扩展到广大的农村。在这一时期，现代形式的报纸、杂志开始在我国出现。

1853年，英国人在五大通商口岸出售刊物《遐迩贯珍》。该刊经营广告业务，为沟通中外商情服务。该刊在1854年曾刊出一则广告，寻求广告刊户："若行商租船者等，得借此书以表白事款，较之遍贴街衢，传闻更远，获益至多。"史学家认为，该刊是在我国出现的最早的刊物之一。

历史证明，以报刊为标志的现代广告是由外商引入的。1858年，外商首先在香港创办了《孖剌报》，在1861年后成为专登船期物价的广告报。在这期间，外国人除了创办一些综合性报纸外，还创办了一些专业广告报刊，如《东方广告报》、《福州广告报》、《中国广告报》等。当时的广告业务主要以船期、商品价格为主，这同五口通商之后国外商船往来频繁、货物进出类多量大不无关系。1872年3月23日，《申报》创刊，这是我国历史最久、最有名望的中文报纸。同期创办的还有《上海新报》、《中国教会新报》等。这些报纸都刊登大量的广告，几达三分之二版面。在这一时期，机械设备广告开始出现。这说明，国内已有人开办现代化的工业生产厂家。

早在鸦片战争以前，我国就已经孕育了资本主义的萌芽。鸦片战争后所发生的外国资本的入侵，促进了中国社会经济的分化，导致了中国自然经济体系的解体，加速了城乡手工业的衰亡，同时也刺激了工业生产，加强了工业产品对世界市场的依赖性和农产品的商业化。商品经济的发展，为民族资本主义的发展创造了有利的条件。自19世纪中叶始，我国已有一些商人、地主、官僚开始采用机械，招雇工人，开办新式工业。至1895年，已出现70多家华资工厂。1894年，中方在甲午战争中的失败，导致了《马关条约》的签订，中国被迫开放沙市、重庆、苏州、杭州为商埠，并允许日商在各通商口岸开设工厂。《马关条约》适应了帝国主义在华的利益需要，从而使其商业势力从沿海城市伸向内地，外资在华办厂也合法化了。日商在内地口岸通过广告宣传，掠夺性地大量收购我国的猪鬃、桐油、棉花、生丝等农副产品，或设厂生产，或做转口生意，对我国农村经济和民族工业起了严重的破坏作用。《马关条约》也刺激了民族工业的发展和农产品的进一步商品化。许多爱国志士针对日商的掠夺，纷纷设厂自救。1912～1919年中国近代工业的新建厂矿即已增加到470多个。在与洋商洋货的对抗性竞争中，民族工业也逐渐利用广告作为竞争工具。

19世纪末，华人报纸陆续创刊，1895～1898年间全国创办了32种主要报纸。由于资本竞争的加剧，报刊数和广告版面迅速增加。1899年《通俗报》的六个版面中广告即占其四个半版。到1922年，我国的中外文报纸达1 100多种。报纸广告的广泛出现，标志着我国近代广告的发展进入一个新的历史时期。报刊广告的发展造就了一个新的行业——广告代理商在我国的产生。

广告代理商是由报纸广告代理人演变而来的。我国早期的报纸广告代理人是做拉广告生意兼卖报纸的，后来逐渐演变为专业代理人，单纯依靠给报纸、杂志拉广告为业。1872年，《申报》广告刊中就有"苏杭等地有欲刊告白者，即向该报店司人说明……并须作速寄来该价，另加一半为卖报人饭资"。这里的所谓告白，就是广告，"卖报人"就是最初的广告代理人，"饭资"为广告代理费。广告代理人开始时只是四处奔走，为报纸承揽广告业务，从中收取佣金，后来报纸广告业务不断扩大，报馆内设置了广告部，广告代理人则演变为报馆广告部的正式雇员，以后又出现了专营广告制作业务的广告社和广告公司。

20世纪30年代，广告公司的兴起是我国广告发展史上的又一个里程碑。在这一时期，广告媒介开始变得多样化，出现了多种多样的广告形式。抗日战争前充斥上海的外商外企为了推销其所生产的洋货，许多大型企业中都设有广告部。如英美烟草公司的广告部和图画间，就从中外各方邀请画家绘制广告。在激烈的商战中，民族工业也开始向广告事业投资，在企业内设置广告部门。同时，由于市场竞争的需要，广告业务不断增加，专业广告公司由此应运而生。30年代初，上海已有大小广告公司一二十家，广告公司的业务以报纸广告为主，其他形式的广告，如路牌、橱窗、霓虹灯、电影、幻灯片等，大体都各有专营公司。

在这段时间，报纸是主要的广告媒介。最大的报纸是《新闻报》，该报在1923年即以"日销15万份"作为招徕广告的号召。此外，杂志的发行量也不低，如邹韬奋主编的《生活周刊》在1923年的每期销数也超过15万份。一些主要杂志，如《生活周刊》、《东方杂志》和《妇女杂志》等，也都登有较大篇幅广告。路牌广告在早期是广告的主要形式，后来虽然让位于报纸，但在整个广告业务中还是占有相当份额。由于在大城市里简陋的、刷在民墙上的路牌广告已不能引人注目，有的广告公司就开始将五彩印制的招贴贴在台面上，后来又改为用木架支撑、铅皮装置以及用油漆绘画的广告。有不少公司，如法兴、克劳、美灵登、华商、交通等，把路牌广告作为主要收入来源。

电波广告的引进是在1922年以后。美国人奥斯邦在上海造了一座50瓦特的电台，从而揭开了我国电波广告的序幕，但广播电台正式开播广告是在1927年，由新新公司办了一座50瓦特的电台，播送行市、时事与音乐。同年，天津、北京也相继开设电台。到1936年，上海已有华资私人电台36座、外资4座、国民政府电台1座、交通部电台1座，这些电台都主要依靠广告维持。

上海最早的霓虹灯广告引进于1926年。其后有外商在上海开设霓虹灯厂，规模较大的有丽安电器公司，华资电器公司也在此后相继出现，并为广告公司制作霓虹灯广告。

此外，新出现的广告形式还有车身广告、橱窗广告等。同期，印刷广告也得到进一步发展，相继出现了产品样本、企业内部刊物（免费赠阅）、企业主办专业性刊物、月份牌和日历等形式的印刷广告。

在1936年全国运动会期间，《上海新闻报》借机搞了一次空中广告，把写着"新闻报发行量最多，欢迎客选"的广告条幅用气球放入空中。这是我国首次出现的空中广告，对扩大《上海新闻报》的影响起了相当积极的作用。同年在上海还举行了全国性的商业美术展览会，为提高广告的艺术水平、更加积极地发挥广告的社会效益和经济效益起了相当好的作用。同时，国民政府也开始对广告实施管理。在当时的民法、刑法、交通法、出版法中均有涉及广告的条款，并开始征收广告税。在广告界也出现了同业公会。1927年"中华广告公会"在上海成立，是广告同业的最早组织，后几经改名，1933年改名为"上海市广告业同业公会"。

抗日战争爆发后，由于市场受到战争冲击，广告业受到严重影响。上海沦陷后，主要的广告公司相继歇业，剩下的广告业务也大多是介绍日货的广告，虽然在后期广告业务和广告公司都有一定恢复，但未有长足进步。

抗日战争时期，国民政府内迁重庆。当时南京、上海、汉口和天津等地的多家报纸也相继内迁。1937年，在重庆出版的除原有的《商务日报》等外，还有《新华日报》、《扫荡报》、《大公报》、《新民报》等，也刊登各类广告。同时，在解放区创刊的共产党报纸也有小量广告业务。

抗日战争胜利后，各类报纸等媒介单位相继迁回原地复刊，广告公司重新活跃起来。当时的广告中，有很多是"寻人启事"。此外，美货也大量充斥市场，广告业务量很大。由于美货对中国民族工业的冲击过甚，致使民族工业几达崩溃边缘。当时的国货机制工厂联合会在其主持人的倡导下，发起了一次"用国货最光荣"的旨在抵制外货、挽救民族工业的宣传运动。当时设计了一个标志，在本、外埠报纸和路牌上登载广告，号召人们使用国货。但是，1947年以后，由于连年内战，导致经济崩溃，中国的广告事业又重新跌入低谷。

第三节　现代广告业发展的特点及趋势

一、现代广告业发展的特点

（一）广告信息标准化

标准化是现代工业社会的突出特点之一，持有标准化观点的人认为国家之间的差异只是程度上的不同而非方向上的本质不同，因此，广告主必须关注全球消费者的相似点。例如高露洁牙膏的标准化广告策略，高露洁棕榄（中国）有限公司的知名品牌高露洁牙膏在全球实行标准化的广告策略。为了在全球范围内树立和维护"口腔护理专家"的品牌形象，高露洁一直采取在全球统一投放广告的做法。它在中国市场使用的儿童代言广告和对比式广告与欧洲市场使用的广告几乎没有什么差别，只是相应地将英文转换为中文。这种做法不但维护了高露洁全球统一的品牌形象，同时节省了广告成本。该公司在 40 多个国家中销售高露洁牙膏，在每个采用统一广告的国家，广告制作成本能够降低 100 万～200 万美元。

（二）广告传播本土化

广告传播本土化是当今广告的另一特点，对广告持有适应性或当地化观点的人认为，广告主必须认真对待国与国之间的差异。广告成功与否，在很大程度上取决于广告是否符合受众的文化心理。广告是营销组合中最难以标准化的部分，文化差异越大就越应该采用当地化的适应性广告策略。例如，肯德基在日本的广告。尽管肯德基在日本市场的接受程度很高，但是，在这个东方国家肯德基仍然有很多困难要克服。日本人对快餐和连锁店经营的观念感觉不舒服。他们认为快餐店非自然食品，用机械手段制造，不利于健康。肯德基在日本的广告代理麦肯—艾里克森公司为了解决这个问题，拍摄了山德士上校创始肯德基的真实场景。为了展示肯德基的哲学——南方式的热情、美国古老的传统以及真正的家庭烹制方法，广告代理公司第一次创造了富有南方特色的母亲形象。广告名为"我那古老的肯德基家乡"，广告展示了山德士上校的母亲在后院为她的孙儿们制作炸鸡的情景。

（三）广告的权变理念

持权变观点的人认为，应该采取一种折中的办法。他们认为，没有绝对标准化的广告,也没有绝对适应性或当地化的广告。广告要有所改变以便与不同地区、国家群体和细分市场的品味匹配,但是,一致性又在该地区、国家群体或者细分市场内被保留。如图2-3所示。

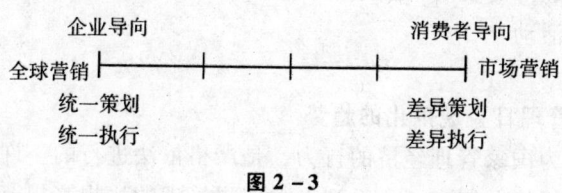

图 2-3

广告就是在企业导向和消费者导向之间合理地运筹,以便产生良好的广告效果。

二、现代广告业发展趋势

(一)传播媒体的多样化趋势

广告传播媒体已经变得多种多样,任何一种实体都有可能成为传播广告的媒体。例如,美国底特律的城郊,有一块食品公司建造的高20英尺,长100英尺的推销面包的巨型广告牌,行人走近它时,不仅能听到介绍面包的声音和优美的轻音乐,还能使行人闻到一阵阵诱人的混合面包香味。坐落在旧金山市中心高达52层的美国银行办公大楼,所有的厕所都已经安装上了广告牌,大楼的经营人仅此一项每月便可获得10万美元。据调查,在办公大楼办公的工作人员,每天平均去3次厕所,以每次4分钟计算,则每人每天要有12分钟时间面对墙壁。厕所里广告牌子收看率极高,其效果也相当好。进入20世纪90年代以后,美国在厕所里安置的11×8.5英寸的广告牌,租价每年775美元。

(二)广告服务的综合化趋势

现代广告不断地运用现代理论和技术,推动广告活动朝着全方位、立体性、综合化方向发展。广告公司和调查公司、公共关系公司及其他类公司出现了日益融合的趋势。例如,世界上最著名的两大公共关系咨询公司——博雅公司和伟达公司就分别隶属于美国J. W. 汤逊广告集团和扬·罗比凯广告集团。

(三)广告活动国际化的趋势

广告的国际化有两个意义:一是跨国广告业对跨国资本的服务,以全球标准化同时又适应目标市场特定的社会文化环境的方式促销跨国企业产品；二是跨国广告业的全球化标准的协调的大规模作业，实现了对目标市场的广告份额的攫取。任何一个国家的广告活动都属于世界广告活动的重要组成部分，随着世界上各个国家和地区经济的发展，全球市场也向统一的市场方向发展，因此，出现了大量的国际广告活动。

（四）广告管理日益规范化的趋势

广告管理作为国家管理经济的行为，是严格依法进行的。许多国家都设置了专门的广告管理机构并制定了一系列有关广告管理的法规来规范和约束广告行业的发展，使广告行业做到有章可循、有法可依和违法必究。1963年国际商会通过了《国际商业广告从业准则》，促进了广告管理的规范化。在我国，国家通过行政立法对广告行业和广告活动进行管理，其目的就在于使广告行业适应国家宏观经济形势发展的需要，促进广告业健康、有序的发展，保护合法经营，取缔非法经营，查处违法广告，杜绝虚假广告，保护消费者的合法权益，有效地减少广告业的负面影响。

（五）广告理论研究不断创新的趋势

在广告理论的发展上，广告学的分支和边缘交叉学科越来越多。数理的方法越来越多地被引入广告分析之中，心理学、神经病理学被应用于广告理论的研究，各类艺术形式与广告进一步结合，从而出现了一系列广告理论研究方向和课题。

三、我国当前广告业发展的特点及问题

（一）当前我国广告业发展的特点

1. 广告代言明星化。广告需要明星代言，但广告的表现手法不只有明星代言。自20世纪80年代以后，我国各领域明星纷纷加入商品宣传行业中。于是乎，广告代言明星化就成了当前我国广告业的突出特点。大多数产品的广告都通过明星代言来进行宣传，很多产品也借助明星的宣传效应来走进千家万户。但广告的表现手法是多种多样的，不仅只有采用明星代言这种形式。

2. 广告传播高频化。当前我国广告的传播频率无论在哪种媒体上用"高频化"来概括都不为过。广告传播从空间上无孔不入、铺天盖地，从时间上争分夺秒、全天候直播。老百姓感知信息时代的资讯全覆盖，在广告上是体验得最为充分的。所以某晚会有台词云：不要在广告时段插播电视剧！

3. 广告制作高科技化。广告语言不再是简单的口号宣传，广告画面不再是粗糙的卡通形象，广告音乐不再是单一的歌词再现。今天的广告创作，随着广告专业人员素养的提高，借助于电子技术和各类专门制作软件的帮助，广告语言丰富多彩，广告画面绚烂纷呈，广告音乐活泼动听。高科技化使得广告更加吸引消费者，广告的传播更加明显。可以说，当前广告正是借助了高科技的力量使广告真正变成了有翅膀的老虎。

4. 广告媒体多样化。当前广告的媒体除了已有的电视、广播、报纸、杂志、路牌、张贴、橱窗、霓虹灯、网络外，一切可以承载信息的载体都几乎被广告业开发起来，气体广告、人体广告、虚拟广告等，形形色色、五花八门的媒体异彩纷呈地刺激着消费者的感官。

5. 版面彩扩化、篇幅增大化。近年来，我国广告的版面不断增大，整版广告、几版连载广告、广告增刊形式已不再是新鲜的形式。无论哪种媒体，都在篇幅上想尽办法，以吸引消费者的眼球。版面的彩扩化也成为广告的一大特点，五彩缤纷、万紫千红。过去的黑白表现、单调形式已经渐渐成了旧时的回忆，怀旧之风俨然已经成了某种心理的情调需求。

6. 广告手段新奇化。随着广告大战不断升温，广告竞争日趋激烈。广告表现手段花样翻新，奇思妙想创意无穷。轰动效应的产生，眼球经济的发展，广告起着巨大的推波助澜作用。在湖北武汉，曾被誉为"亚洲桅杆"的湖北广播电视塔，在其巨大的塔身上赫然显示着"中国电信"四个巨型广告大字，总面积1 800平方米，每个字都有两个宽银幕大，白底蓝字的广告气势恢宏，9 000米外清晰可见。

（二）当前我国广告业发展中存在的问题

1. 一般化。当前我国仍有不少广告没有特色，缺少文采，平淡无味，只是记流水账似地交代自己能生产什么产品，活像一份产品说明书，让人读起来味同嚼蜡，听起来毫无美感和吸引力。

2. 雷同化。东施效颦、千人一面，让人似曾相识、毫无特色，甚至"山寨"遍地，盗版抄袭。这也是当前我国广告制作中的突出问题。认为模仿可以起到市场轰动效应，却不知越是这样越让自己的产品没有价值。

3. 粗糙化。不少广告画面平庸、剪辑粗陋、设计单调、语言呆板、表演做作、让人看了倒胃口，甚至产生厌恶感。不是消费者不喜欢看广告，也不是因为广告太多，是因为有些广告太没意思、太难看了。

4. 夸大化。原本我们的文化基因就强调不讨论怪、力、乱、神。但随着时代的发展，夸张已逐渐成了我们的广告表达常规。广告的生命是真实性，可以用夸张的艺术表现手法，但绝不能吹嘘、欺骗消费者。匪夷所思的神奇效果、怪异离奇的惊人特点使得广告信息变成了我们的精神垃圾。

5. 烦琐化。成功的广告简洁明了、干净利索。但当前我国一些广告拖泥带水、烦琐冗长，使消费者感到莫名其妙，不知所云何物。

四、我国当前广告业发展的趋势

中国广告业目前正处于转折时期，值得关注的是，随着中国企业的成长，广告主也在追求更高、更长远的目标。回顾近年来广告业的发展历程，结合对市场、传播等环境变化因素的分析，可以看出，当前中国广告业的发展主要呈现以下三大趋势。

（一）"品牌一体化服务"的公司正在崛起

其特点是以建立和发展品牌为广告的目标，追求长期的广告效果，重视形成差异化的优势；广告公司的价值是提升产品为品牌，典型说法是"品牌管家"，这样的广告公司在客户的眼中就具有不可替代的高价值。

中国未来应该有全方位的品牌整合机构，能够把各专业的力量融合在一起，共同为客户提供全方位的品牌服务。广告公司不仅能为客户提供品牌整合服务，同时也应整合自身的资源。如调研公司、影视制作公司、印刷公司、服装厂、工程承包商等。在中国不缺专家，但中国缺整合资源的专家；用先进的文化、理念和运行机制统一合作伙伴的思想，一道为客户提供全方位的品牌服务，使客户尽享完美的品牌超值服务。

（二）广告服务"更加专业化"

服务内容向纵深延展，广告与营销界限模糊，广告公司向顾问咨询型公司转变。部分广告公司开始更多地介入企业的营销和管理领域；或者在继续提供传统广告业务的同时，开始介入企业的产品研发、通路设计、品牌管理等领域；或者直接选择营销及广告运作的前端，基本上不再介入末端具体的执行。由于专业化分工，出现了营销策划型、客户代理型、媒介代理型、专业制作型（又分为影视广告制作和平面广告制作）、技术服务型、信息咨询型、综合服务型等专业公司。

（三）广告更加"细分化"市场

细分是现代营销的基础，也可以说细分是广告公司发展的必由之路。每个广告公司基于专业化服务，都拥有自己立足的行业。专业化的一个很重要的特征就是要有鲜明的行业背景，从而形成广告服务的独特性，因此，寻找独特的细分市场是首先要解决的问题。如果市场定位准确，可以起到事半功倍的效果。

需要指出的是，寻找独特的细分市场之后，亟须建立专业化综合服务的配套机制。因为专业化服务要求广告公司有所放弃。专业化要求不同专业广告公司之间业务经常协作，需要完善的业务流程、利益分配机制，形成规范的标准化服务，需要相应的资源支持。制度中的每一项都需要精心的设计和严格执行，从而确保专业化综合服务的顺利实施。

第四节 各国广告发展简况

一、美国广告简况

（一）演变过程

美国是世界上广告业最发达的国家，但其广告历史却很短暂。美国广告最早起源于沿街叫卖的小贩。在美式英语里，"小贩（hawker）"与"广告员"、"撰写广播和电视的商业广告者"用的是同一词汇。1704年出版的《波士顿新闻信札》在第三期内页上刊登了三条告示，这是已知的美国第一份付费广告。1728年，创办《宾夕法尼亚报》的本杰明·富兰克林，在创刊号的第一版上就刊登了一则肥皂的广告。杂志广告也于1741年在一份叫《民众杂志》的5月号上第一次出现。

但当时美国是英国的殖民地，经济还很不发达，广告也是可有可无，主要集中在买卖土地、捉拿逃奴和车辆运输方面，信息内容也比较简单。

随着大众化报纸的发展，广告活动特别是报纸广告投放量急剧增加，使广告代理业应运而生，逐渐走向成熟。

20世纪50年代以来，美国一直处于世界头号强国的地位，广告发展也是这样，世界上最强的广告公司（集团）分布在美国的比例最大，也最先进入综合服务时代。美国广告业实际上成为世界广告业发展的旗帜和标志。

（二）广告公司

1841年帕默创立了广告代理店，1869年艾耶父子成立了广告公司，到现在美国广告业发展一直走在世界的前列。据不完全统计，美国现有各类广告公司6 000多家，有相当规模的达600多家。1998年世界前10名广告公司排名，美国有8家入列。世界前10大广告组织，美国占了6家。美国麦肯、BBDO环球、智·威·汤逊等10大广告公司,1998年的全球营业额达到96.9亿美元。

纽约是公认的世界广告中心,位于纽约的麦迪逊大道曾有10多家美国著名的广告公司,成为美国广告业的代名词。这两年,芝加哥、洛杉矶等也逐步发展成为广告业的重镇。

随着经济全球化的进程,美国广告业加快了集团化、国际化的步伐,积极向海外扩展业务,大型跨国公司纷纷建立起来。如智威·汤逊广告公司在50多个国家和地区建立了分支机构,麦肯环球公司在近70个国家和地区有分公司。经营理念也有所变化,加强了为客户进行整合传播的服务。

(三) 广告媒体

随着资本主义垄断形成的少数报业集团更加大型化、综合化。美国现有报纸1 520多家,发行量超过百万份的有《华尔街日报》、《今日美国》、《纽约时报》和《洛杉矶时报》。报纸也办杂志、通讯社以及电台、电视台。美国广播公司(ABC)、哥伦比亚广播公司(CBS)、美国有线广播公司(CNN)等,通过资本重组、产业联合等方式,进一步增强了广告传播服务的能力。

美国的网络传播也发展迅猛。截至1997年11月,美国在万维网上的报纸已有近2 500份,将近1 000个广播电台在万维网上建立了主页。几大广播公司也上网开播新闻,CNN每天有350多万访问者。网络广告业务发展很快,1998年网络广告收入近20亿美元,正处于直线上升之势。雅虎1999年第一季度广告收入2 500多万美元,一年就是1个亿。

(四) 广告创作表现

美国广告一般比较直接地表现商品信息,在形式上往往追求新奇,风格较为粗犷,竞争性较强。这是因为美国商品丰富、种类繁多,广告直接介绍商品的特性、使用方法、主要优点,能有效地帮助消费者选择商品。

美国又是一个多民族的国家,人们在语言、宗教、生活习惯、风俗等方面都有很大的差异,为使广告信息传播能被更多的人接受,广告语言多力求简练、准确,以免产生歧义。

美国经常采用比较广告的形式,如商品使用前后的比较、一种商品和另一种商品的比较等。最典型的是可口可乐与百事可乐的广告战,这两种商品经常与对方作比较,显示本产品的竞争力。

二、英国广告简况

英国现有1 600多家广告公司,雇员在500人、营业额在5 000万英镑以上的公司有 6 家。最大的国际性广告公司是萨奇·萨奇（WPP）集团，现排名世界第三，在世界各地都设有办事处。伦敦是世界三大广告中心之一。

英国更重视报纸对广告的宣传作用，报纸是英国的广告第一媒体。英国现有 11 家全国性日报，著名的如《泰晤士报》、《镜报》、《太阳报》、《每日邮报》等。

广播电视最早诞生在英国。1920 年英国就开始了无线广播电台的试验。1922 年马克尼等六家公司合资成立广播公司，正式播出节目。1927 年改建为英国广播公司，英国的广播业发展很快。

广播广告在英国的广告收入中所占比例很小，且有严格的规定，每小时不得播出超过 9 分钟的广告。英国广播公司是公共广播电视机构，主要靠政府拨款，所以不播广告。

电视播放广告要求每小时只能分三次插播 6 分钟的广告节目，每周的广告时间约为 600 分钟。

英国的广告管理做得比较成功，主要通过政府管理和行业自律两个方面来进行，起较大作用的是广告行业内自我管理系统，由于成效显著，得到广大公众的信赖。

英国广告的总体风格是表现比较细腻，具有传统性和较强的趣味性，与法国等欧洲国家一样，电视广告创意比较注意应用电影创作技巧和拍摄技术，欣赏价值也很高。户外广告注意图文并茂、画面主体突出、文案简洁生动。

三、法国广告简况

19 世纪 30 年代，法国就出现了广告代理商店。第二次世界大战后，报刊业广告发展较快，广告收入几乎占总收入的 1/2。但总体上看，法国广告业发展不如英、德等国家。广告营业额现在一般排在世界第五或第六。

据 1995 年统计，法国有广告公司 1 000 多家，从业人员 3 万多人，在世界上有影响的广告公司不多，全球前 50 家广告集团（机构）中，法国有 5 家，但排名靠后。

法国现有各类报纸 87 种，发行量最大的《世界报》销售数近 50 万份。报纸广告收入不如电视。

1968 年法国才开始播出电视广告，之后电视广告收入急剧增长，位居媒体的第一位。法国严格禁止中断正在播出的节目插播广告，不准播放香烟和含酒精的饮料广告。商业电视台广告播出的时间，每小时平均不能超过 6 分钟。

法国广告注重艺术美，显得风趣、迷人。特别是电视广告，注意运用电影艺术，画面非常精美。法国还经常举办各类广告评奖活动，如法国戛纳世界广告节，每两年评一次，是世界最高的广告奖，可以与法国戛纳电影节相媲美。

四、日本广告简况

（一）明治维新以前

据记载，日本最早的广告出现于公元 701 年。该年设市司，规定集市商品要有一定的标志，这实际上就是招牌广告。

17 世纪末，日本出现采用木版印刷的单页广告，类似于传单。起初只是在上面印上店名和商品目录，分发给特定的主顾，后来逐渐注意在广告的文稿构思和创意上下工夫，也因此出现了一些广告名人。1853 年，美国佩利舰队闯入横滨，打破了日本的闭关锁国政策，外国报纸开始在日本出现。1867 年，英国牧师贝里创办《万国新闻》报，最早报道日本国内新闻，插登广告。

（二）明治、大正时代

这一时期（1868～1926 年）是日本政治、经济、文化等诸方面发生重大变革的阶段。日本在与中国的甲午战争、与沙俄争夺远东的战争中，以及在第一次世界大战中，倒卖军火，捞取了巨额赔款、钱财和大片地盘，促使经济上了一个新台阶，为广告业发展创造了良好的条件。

19 世纪 70 年代初，日本一批近代报纸面世。1870 年，《横滨每日新闻》创刊；1872 年，《邮政报知新闻》、《东京日日新闻》创办；1874 年，《读卖新闻》创刊；1879 年，《朝日新闻》创办；1882 年，《时事新闻》创刊。这些报纸大力宣传广告的必要性，在经营上主要依靠广告收入办报，起到了很好的带动作用。

这一时期的商品广告以药品、化妆品、书籍、食品等类别的比例较大。像仁丹、味素、宇津救生丸等，往往持续刊登广告；"花王香皂"、"狮牌牙膏"等投放的广告量都较大。

（三）现代当代的广告

20 世纪 30 年代以后，受战争影响，日本经济发展陷入困境，广告活动几乎进入停滞状态。20 世纪 50 年代以后，日本经济迅速复苏，很快进入高速发展阶段。日本广告业也因此得到快速发展，进入世界广告大国的行列。

日本现有广告公司约 4 500 多家，年营业额在 100 亿日元以上的约有 60 家，排名前几位的广告公司主要是电通和博报堂。其中，电通年营业额在 1.2 兆亿日元左右，排名世界第一位。电通 1998 年广告收入为 17.86 亿美元，美国的麦肯占世界第二位，是 16.4 亿美元。而 1998 年我国排行第一的盛世长城国际广告有限公司广告收入是 16.3 亿元人民币。

20世纪五六十年代以后，日本广告行业学习欧美的经营理念，引进市场学、公共关系学、传播学等理论，使全年广告费仅次于美国而处于世界第二位。

日本的大众传播媒体和广告的关系比较密切，日本民营广播电视机构都是在电通广告公司的扶持下成立的，因此，在广告经营上往往是互为依托。日本共有报纸110多家，50%的版面允许刊登广告。全国性报纸有5家，最大的是《读卖新闻》，1998年发行量已达到1 100万份。

日本全国性的电视台有5家，电视广告收入超越报纸居于第一位，这几年差距进一步拉大。杂志在日本比较发达，全国约有5 000多家。由于杂志传播的针对性强，越来越被广告客户看好，年增长幅度相对较大。其他媒体如霓虹灯广告、交通广告、直接广告等也较活跃。

日本广告从总的方面看，以诉诸消费者的情感为主，着力塑造商品的形象，语言相对含蓄，力求避免强加于人。

东京是世界十大广告城市之一，排名于美国纽约之后、英国伦敦之前，居第二位。著名的广告公司有电通、博报堂，皆在世界十大广告公司或者广告集团之列。电通公司尤列十大广告公司首位。

五、新中国广告简况

新中国成立以后，逐步对旧的广告业进行了改造，国营广告公司也组建起来。但是，20世纪50年代末60年代初，广告被认为是资本主义的产物，甚至被当做政治运动的工具，加上商品供应短缺，广告已逐步失去了意义。"文化大革命"结束前，商业广告被完全停止，中国广告处于空白和断档时期。党的十一届三中全会以后，当代广告事业才进入新的发展时期。

当代广告业的恢复和发展始于1979年。这一年，中共中央宣传部发出"关于报刊、广播、电视台刊播外国商品广告的通知"。1月28日（农历正月初一），上海电视台首次播出人参桂酒的广告，中央电视台3月15日播出西铁城手表的首例外商广告。从此，我国广告业进入了正常发展阶段。

20世纪末的20年，可分为两个阶段，前10年是恢复调整阶段，后10年为高速发展时期。主要表现在以下五个方面。

（一）广告费持续增长

1979年全年广告收入仅有1 500万元，而到1989年，广告收入已达19.99亿元，10年间增长了100多倍。2000年广告收入为712多亿元。与广告业发达的国家相比，年人均广告费，美国约为707美元，日本约为265美元，我国还不到55元人民币。这也说明，我国存在着巨大的广告市场潜力。

(二）广告公司在发展中成长

1979年以前，全国广告专业公司不到10家。1989年广告公司为11 142家，增加了10倍。现在有各类广告经营单位70 700多家。

广告公司的业务能力也有了较大的增强。20世纪80年代中期以后，占主导地位的有关专业广告公司提出"以创意为中心，以策划为主导，为客户提供全面服务"的经营理念，以提供广告策划、市场调查、开展咨询等全面的综合性服务为重点。广告代理制也逐步推广、规范化。一批有实力的广告公司如中国广告联合总公司、上海广告公司、广东省广告公司等都形成了自己的经营特色，具备了一定的竞争能力。

海外广告机构陆续进入我国。1986年，电通、扬·罗必凯公司与中国国际广告公司联合成立了我国第一家合资广告公司电扬广告公司。到目前为止，合资合作广告公司有几百家。国际上的大跨国广告公司和集团纷纷来我国成立合资公司或办事处，如盛世长城国际广告公司、上海奥美广告公司、精信广告公司、麦肯光明广告公司等。这些公司资金雄厚、经验丰富，具有较高的专业水准和先进的管理模式，同时也加剧了行业竞争。

（三）广告媒体空前繁荣

目前我国有2 000多家报纸经营广告业务。到2000年3月，已有15家报业集团成立，电视台800多家，杂志8 000多种。

广告活动的增加，使大众传播媒体经营状况发生了根本性的改变，原来单纯靠国家财政拨款，现在变为主要通过自身经营收入来生存和发展，这些收入主要来自广告。

路牌广告、霓虹灯广告、灯箱广告等户外广告也得到充分的开发利用，各类交通广告如车体广告、地铁广告以及车站、码头、机场等公共场所的广告等，形式变化很快。近年来又出现了夹报广告。这些都为广告业的发展提供了良好条件。

（四）广告管理不断完善

1982年，国务院颁布了《广告管理暂行条例》。这是我国第一部全国性的广告管理法规。1995年，《中华人民共和国广告法》正式实施，标志着我国广告管理进入新的阶段。

广告自律也在逐步完善，20世纪80年代以后，全国成立了中国广告协会、中国对外经济贸易广告协会，各地方也相继成立了广告协会，制定自我约束的条例。

(五) 广告研究、教育进步较快

早在20世纪初,我国高等院校里就开设了广告方面的课程,并有了这方面的研究成果。

20世纪80年代初,我国先后翻译出版了不少日本和美国广告方面的著作,后来,台湾地区大批广告学论著被介绍到大陆。

20世纪80年代偏重于广告概论普及性研究,到20世纪90年代以后广告研究的范围和内容向深广发展,广告学与经济学、市场学、传播学等学科进一步融合,使广告学趋于完善。

全国许多高等院校也纷纷开设广告学系(专业)。厦门大学率先设立了广告学专业,在1984年开始招收本科学生。北京广播学院、深圳大学等也于1990年前后成立广告学系(专业)。之后,新闻传播类、工商贸易类、艺术类等院系都竞相设立广告学专业。

据不完全统计,目前我国高等院校广告专业教学点已达90多个,在校生5 000多人。广告学研究方向列入传播学二级学科,已培养出一批研究生。北京广播学院2002年还招收博士生。

我国广告业发展还并不平衡。广告经营基本上是以北京、上海、广东为中心。这三地的广告额约占全国总量的1/2。广告经营体制这几年有所改进,但不够规范,广告代理制仍然停留在形式上。四大广告媒体过度扩展广告业务的问题也没有彻底解决,不是媒体依靠广告,而是媒体控制广告。广告作品质量较差,连续几次参加法国戛纳广告节,每次都空手而归。企业的市场意识和广告意识还有待于加强,对广告活动中的主导和协调作用还不够明显等。

本 章 小 结

广告是历史的产物,它随着社会生产力的进步而不断发展,在人类社会生活和经济发展中扮演着重要的角色。随着历史的演进,广告已渗透到我们生活的各个层面,已经成为我们经济生活中不可缺少的组成部分。

广告历史源远流长,在中国古代、古巴比伦、古埃及还有古希腊和古罗马等其他文明古国,广告都在生活中起着重要作用。那时广告的性质和内容多是从政治生活、社会生活逐渐向经济生活过渡,广告的形式也多为叫喊、悬置物告知、实物演示等,都起到了社会知晓、讯息告知、促进社会发展的作用。

现代广告已经成为促进经济发展的重要力量,是全世界经济发展的重要组成部分,广告呈现出新的特点和发展趋势。特别是当代中国的广告,由于起点低、发展时间短,现代广告还显得很稚嫩,还存在着不少问题和不足,研究这些广告现象,对于我们更准确地把握广告规律、指导广告实践都有积极的借鉴意义。

他山之石,可以攻玉。本章最后对当代广告业比较发达的几个国家的广告现状作了简单的介绍,从中我们可以看到不同国家的不同广告风格和发展特色,这对于发展我国社会主义特色广告业也具有一定的现实参考价值。

关键概念

广告叫喊人　广告悬置物　广告发展趋势

复习与思考题

一、选择题

1. 1979年3月15日,(　　)电视台播出西铁城手表的首例外商广告。
   A. 上海　　　　B. 天津　　　　C. 中央　　　　D. 北京
2. 我国最早的印刷广告是(　　)的"济南刘家功夫针铺"雕刻铜版广告。
   A. 汉朝　　　　B. 唐朝　　　　C. 宋朝　　　　D. 明朝
3. "千里莺啼绿映红,水村山郭酒旗风。"描写的是我国(　　)时期的社会生活。
   A. 秦汉　　　　B. 唐朝　　　　C. 宋朝　　　　D. 明清
4. 现代广告业最发达的国家是(　　)。
   A. 美国　　　　B. 英国　　　　C. 中国　　　　D. 日本
5. 在英国首选的广告第一媒体一般是(　　)。
   A. 电视　　　　B. 广播　　　　C. 互联网　　　D. 报纸

二、思考题

1. 我国现代广告的突出问题有哪些?
2. 现代广告业的发展趋势是什么?
3. 美国广告和我国广告的不同之处有哪些?

三、案例分析

老上海广告

王家卫的电影《花样年华》获得了多项大奖,深得广大观众的赞赏。虽然故事发生在香港地区,但是,影片中还是用了20世纪30年代经典的场景与造型。电车与黄包车,卖报童与卖花女,旗袍与洋装,都是30年代上海的代表。有人说,"只有30年代的老上海,才能够象征品位、格调、优雅、浪漫、摩登、经典"。30年代的上海,如霓虹灯一样的色彩斑斓,又如咖啡般的柔和典雅。30年代上海的广告，就如那时的女士旗袍一样充满着优雅风情和摩登的气息。

1909年，吴兴人王梓濂在上海三马路设立了第一个由华人开办的"维罗广告社"。这标志着华人广告职业和职业广告人的诞生。

第一个广告公司的广告是"生生美术公司"。1917年开张时，为求得在广告市场上站稳脚跟，它精心策划了一个为本公司创业作宣传的广告。该广告第一天在《新闻报》上刊出了"各商家欲谋营业发达者请注意明日此报纸"的一行文字。该广告一出立即吸引了许多商人的注意，大家都想一睹它的庐山真面目，看看它到底有些什么发财新花样。谁知第二天刊出的却是"生生美术公司营业要目"，内容是介绍生生美术公司将怎样为大家做广告。由于这个广告采用了奇巧招人的标题，配上精彩的图案，出奇制胜地唤起了工商业者的关注，促使他们对广告产生了兴趣，这就成功地达到了自我推销的目的。

随着商家对广告的认识不断地提高，商品广告越来越受到工商企业的青睐，广告组织也日渐发展成熟。1921年王万荣创办了"荣昌祥广告社"。王万荣原名王兰生，刚开始到上海开设荣昌祥广告社，专营路牌广告。由于王万荣做事认真、业务精通、质量过硬、服务周到、对客户讲究信誉，几乎上海周边城市每块大型路牌广告都是"荣昌祥"包办的。随着营业发达，王万荣把广告社改为"荣昌祥广告公司"。此时上海的广告行业已经相当发达，可以说是中国的广告中心。外地的广告企业也纷纷迁到上海。1924年胡一记老广告社把分社开到上海。1926年美国哥伦比亚大学经济学硕士林振彬也把广告公司开到上海。到1935年，中外广告公司已经有100多家。查1948年10月上海市广告商业同业公会的会员登记，还有91家广告公司。

1. 路牌广告和车辆广告

路牌广告是一种古老而又具有生命力的传媒。公路边、飞机场、火车站、汽车站、闹市区，在街道与乡村的墙壁、建筑、支架上，都可以见到它。路牌广告面积大，形象稳定，使用长久，受众主要是过往行人，广告只在这些人的眼前一晃而过但又要在瞬间把信息传递给他们，这就必须做到图案创意新颖独特、画面绚丽多彩、文字简洁易懂。商品名称、企业商标、广告语等主要元素一定要安排在非常醒目的位置，方能引起往来观者注意，易于记忆，而这些正是其他类型的广告难以与之匹敌的。旧上海著名的"人丹"、"五洲固本皂"、"冠生园糖果饼干"、"三和酱菜"、"先施化妆品"等路牌广告，都没有作任何刻意的装饰，而是运用了醒目、精练的两三个字，就使观众很快地接受了它们（见图1）。它的文字达到了一字千金、一望而知的效果。所以，路牌广告一直沿用至今。

车辆广告最早可以追溯到20世纪初，那时汽车刚刚来到上海不久，就有一些聪明的厂商利用自己运送货物的汽车，在车厢两侧绘上企业名称、商标、品牌等做不花钱的广告，向过路的行人和客户传递商品信息，沟通与客人的感情联系。

1908年3月5日，上海第一条有轨电车线路正式通车营业，该线西起静安寺，东至外滩，贯穿上海最繁华的闹市中心。1914年11月15日，上海第一条无轨电车在福州路上正式通车，横贯上海最热闹的南京路与北京路。在旧上海，每当开辟一条新线路，新闻界都会对此作一番报道，这引来了广告商标新立异的创意，策划了电车广告的新形式。此后，广告便随着公

图 1

共车辆在川流不息的人群中运动展示有关"药品"、"饮料"、"化妆品"、"香烟"的文字和图案，给顾客留下了深刻的印象。

2. 月份牌广告

月份牌是由中国特有的民间传统美术形式年画演变而成的。因其观赏与实用俱佳，颇受民间的欢迎，渐渐风靡于大江南北，流行于全国各地，成为一个拥有广泛群众基础的年画分支。这种附有年历表、岁时节气的新式年画，突出了月份的作用，以后称它为"月份牌"。关于"月份牌"一词，年画史研究专家王树村考证说，它最早出现于1896年，上海四马路上有家鸿福来吕宋大票行，随彩票奉送了一种"沪景开彩图，中西月份牌"画片，此图出现之后，"月份牌"这个名词就沿用了。

其实，1876年1月3日，上海棋盘街海利号就已经在销售华英月份牌了，该号的广告说："启者，本店新印光绪二年华英月份牌发售，内有英美法轮船公司带书信来往日期，该期系照英字译出并无错误，……如蒙光顾，其价格外公道，此布。"在1884年《字林沪报》上也刊登了"出售华英合璧月份牌"的广告，"本字林馆常年印售华英合璧月份牌，素蒙仕商购取，悬壁间，日换一纸，眉目豁然，兹又印出1884年月份牌与前一律每副七角五分，诸君欲购请至本字林馆写字房购买可也，此布，字林告白。"1886年《申报》刊登了"分送月份牌"的广告："本馆年例新正初印就中西月份牌，随报分送。明年之月份牌现已遣工镌制，四周之人物、花卉均报玲珑工细，中用红绿字以分界限并以外洋洁白坚细纸张，印成愈觉鲜艳夺目，其式样较今正所送者格外放大，故悬贴画壁颇足饰观……先此布闻。申报馆主人启。"

老上海月份牌上的广告几乎都是美人图像。简单地说，英美烟草公司在19世纪末期开始做月份牌的时候，它所运用的也不过是杨柳青、桃花坞木刻基础上的一些绘画。这些绘画里的美人多半面带微笑，一大堆美人共同述说一个故事，不是《金陵十二钗》就是《甘露寺》。这些图像嫁接在一般通俗小说的流传上而间接得到它的宣传效果。到了20世纪30年代，则反过来了，所有的美人看起来几乎都长得一模一样，都是所谓的"脸如银盆，目若秋水，唇若涂朱"。这是艺术史上的又一个大题目了，简单地说，月份牌以及工艺广告在形象塑造上糅合了中国和西方的美术工艺技能。另外，从主题上看，以前的月份牌都是一大堆美人在共同叙述一个故事，可是到了30年代，典型的月份牌往往是美人在中间，美人的周围是各种各样的广告标语、商标，或者说是各种各样的商品。也就是说，如果有一大堆美人的形象，美人的独特性不是来自于美人本身，而是来自于周围千变万化的商品。以当时的可口可乐广告为例。可口可乐有个广告：当中是一个美人，穿着象牙色旗袍，坐在红屋里一个半床半沙发的东西上。那美人手拿一杯可口可乐，笑容可掬地邀请大家共饮。我们知道，"可口可乐"的商标是红白两色。红是中国的洞房颜色，白是西洋的新娘颜色。美人拿着可口可乐邀请大家和她共饮，其蕴涵着美人邀请人家喝的不只是可乐，更是秀色可餐，可乐与美人合二为一。透过广告，美人、洋货与商品彻底结合成一个"现代性的消费"。如果拿这个广告意象与20年代初女学生在茶馆里和他人吵架的场景来作对比，20世纪初美人、洋人、商品的结合可能会造成"骇怪"的场面，而30年代可口可乐的广告却是非常新潮、"辉煌"的一种中产阶层消费表征。

当时，赠送月份牌已经蔚然成风，特别是销售吕宋彩票的"鸿福来"、"一定中"、"快得利"等票行都推出了"附送月份牌得彩，年内兑洋"的广告，吸引了许多彩民，使彩票销路甚畅。辛亥革命以后，月份牌为越来越多的中外企业所青睐，它直接反映社会各阶层生活，符合社会各企业的需要，使它发展到一个全新的水平，其标志是1914年既善工笔人物画和西洋水彩画又掌握了擦炭画照相技法的郑曼陀发明的擦笔水彩画月份牌。其特点是，在人物的面部先擦上一层炭精粉，轻轻揉擦阴影部位，使其稍具淡淡素描的架子，然后再涂上水彩晕染。这样人的脸在白皙中呈现一抹淡红，显出立体感，同时能保持工笔画仕女造型的神韵。这种技法立刻得到社会的承认，受到人们极大的欢迎，其他月份牌画家也竞相使用。这种风格的月份牌被中外工商企业所青睐，改变了把它当做一般赠品的做法，而是直接把它当成商品广告，介绍商品。它那新颖的画面、精美的彩印、广泛的题材直接反映了变化中的社会生活，达到了最佳的宣传效果。当时，《良友画报》报道著名的月份牌画家谢之光一人创作的月份牌，每年都要发行十几万张，风靡全国，占据了庞大的市场，创造了辉煌繁盛的局面。

3. 书刊广告的普及

1857年1月26日，西方传教士伟烈亚力（Alexaner Wylie）在上海主编了第一份综合性中文杂志《六合丛谈》，内容有宗教、科学、文学、史地、新闻与商业货价等栏目。自8月20日出第8期起，该刊新增了"新出书籍"栏目，专门刊载新书广告。

1862年11月25日，上海第一份中文报纸《上海新报》111号头版首次出现了售书广告：《新刻英话正音》出售，内称"大英麦先生翻译，语音句读，斟酌尽善。"自此以后，上海的图书宣传推广工作渐渐兴起，各种新颖独特、富有创意的表现形式也随之出现，增强了广告的效果。

到了20世纪30年代，图书、杂志刊登广告已经屡见不鲜，报纸头版、杂志封面上的图书广告更是不足为奇，而号称出版重镇的"良友图书公司"一年四季宣传自己的图书、杂志广告更是琳琅满目。1930年，该公司出版了由伍联德、梁得所、明耀五、陈炳洪编辑的精装

本《中国大观》,邀请了著名画家万籁鸣绘制了一张"书中之巨著"的招贴广告。该广告宣传此书为我国出版界最为华丽的一本巨著,全书用精美铜版纸印刷了全国的政治、军事、文化等方面的一千多幅图画、照片,其中彩色版有三十多幅,使每个文史工作者得此一书,犹如身临其境地了解到全国的详细情况,出版后为读书界所必备,短短三个月已经销去数千册。良友图书公司不但肯花钱为图书发行做广告,还肯为公司的特色——《良友》、《新银星》、《今代妇女》、《中国学生》、《体育世界》五大杂志做广告,设计了读者喜闻乐见的漫画及摄影等形式来宣传,给读者留下了良好的视觉印象,提高了读者对杂志的兴趣和注意力,使杂志的发行量有了大幅度的增长。

20世纪30年代是上海出版事业最繁盛的时期,为了争取读者,各出版社都非常注重广告的宣传。商务印书馆就构思了这样一则提问式的广告:

诸位感觉到知识的缺乏吗?唯有读书可以增长知识。

诸位感觉到技能薄弱吗?唯有读书可以改善技能。

诸位感觉到枯寂或无聊吗?唯有读书可以慰藉人生。

诸位感觉到买书的困难吗?唯有商务印书馆可以帮助您解决一切。

另外,商务印书馆出版的"幼童文库"的宣传广告也很有特色,除了醒目的"幼童文库"几个大字外,还创作了六个小朋友聚精会神地阅读"文库"的画面。该文库全用彩色精印,纸张特别坚厚,非常适合小朋友阅读。

(资料来源:http://www.people.com.cn/GB/14677/21966/36358/2958912.html)

案例思考

1. 结合历史情况,分析旧上海广告的特点。
2. 旧上海广告对于我们今天的营销有哪些启示?

第三章 广告策划

【学习目标】
1. 理解广告策划的含义及基本原则。
2. 掌握广告策划的内容。
3. 掌握广告策划书的撰写。

【案例导入】

"农夫山泉有点甜"

  2000年左右,中国水市竞争格局基本上已经成为定势。营销策划案例分析以娃哈哈、乐百氏为主导的全国性品牌基本上已经实现了对中国市场的瓜分与蚕食!同时,很多区域性品牌也在对水市不断进行冲击,但是往往很难有重大突破。当时,比较有代表性的水产品有深圳景田太空水、广州怡宝和大峡谷等,还有一些处于高端的水品牌,如屈臣氏、康师傅等。但是,中国水市竞争主导与主流位置并没有改变。正是在此时,海南养生堂开始进入水市,农夫山泉的出现改变了中国水市竞争格局,形成了中国市场强劲的后起之秀,而且,随着市场竞争的加剧,农夫山泉在一定意义上逐渐取代了乐百氏成为中国市场第二大品牌,从而创造了弱势资源品牌打败强势资源品牌的著名战例。在具体操作过程中,首先,农夫山泉买断了千岛湖五十年水质独家开采权,在这期间,任何一家水企业不可以使用千岛湖水质进行水产品开发,不仅在瓶盖上创新,利用独特的开瓶声来塑造差异,而且打出"甜"的概念,"农夫山泉有点甜"成为差异化的卖点;其次,为了进一步获得发展和清理行业门户,农夫山泉宣称将不再生产纯净水,而仅仅生产更加健康、更加营养的农夫山泉天然水,并且做了"水仙花对比"实验,分别将三株植物放在纯净水、天然水与污染水之中,然后发现放在纯净水与污染水中的植物的生长速度明显不如放在天然水中的生长速度快。由此,农夫山泉得出一个结论:天然水才是营养水。其"天然水比纯净水健康"的观点通过学者、孩子之口不断传播,因而赢得了影响力,农夫山泉一气呵成,牢牢占据瓶装水市场前三甲的位置。

  农夫山泉的成功,在于其策划与造势,一方面,对卖点不断提炼,从瓶盖的开盖声音到有点甜,从有点甜到而今的 PH 值测试,宣称弱酸弱碱性;另一方面,善于炒作和造势,通过对比来形成差异,进而提升自己。

(资料来源:http://wenku.baidu.com/view/)

从农夫山泉的成功策划可以看出,在激烈的市场竞争中,成功的广告策划是企业取得竞争优势的来源之一。在现代社会,随着经济的发展和广告活动的不断深入,广告策划在各个国家特别是经济发达国家的广告活动中无疑是最重要的一环。作为广告人和企业营销部门的相关人员,理所当然地要掌握广告策划的知识和技巧。

第一节 广告策划的含义及程序

一、广告策划的含义

广告策划这一概念出现于 20 世纪初。美国著名公共关系专家艾维·莱特贝特·李创办了美国第一家专门从事公共关系业务的企业——宣传顾问事务所。1955 年,爱德华·伯纳斯在《策划同意》一书中提出了"策划"这一概念。20 世纪 60 年代,伦敦 BMB 广告公司创始人斯坦利·波利坦在广告领域率先使用了这一概念。很快,策划成为一种具有方法论意义的思维方式和运作方式,迅速在西方广告界和公共关系界普及开来,成为现代广告运作科学化、规范化的标志之一。在现代社会中,任何组织的活动要想取得预期的效果,都必须经过周密的计划,按照科学、合理的步骤进行。因此,从这个意义上讲,任何具有计划性质的活动都可以被称为策划,策划是进行所有活动时都需要的一种具有指导意义的思维方法。当然,在这里讲的策划不同于一般的计划活动,它具有一定的特性,是按照特定的程序和运作方法进行的一种广告运作活动。

在这里,广告策划是指广告人在市场调查和系统分析的基础上,为实现广告目标,整合已经掌握的知识、情报和手段,对广告活动进行系统的统筹规划,即对包括市场调查、广告战略、广告策略、经费预算、效果评估在内的各运作环节所进行的总体决策。

广告策划在整个广告活动中处于指导地位,贯穿于广告活动的各个阶段,涉及广告活动的各个方面。

二、广告策划的原则

广告策划作为一种决策活动必须遵循一定的原则。

1. 目标性。广告策划是帮助广告主通过广告的形式解决其面临的市场问题以及与市场有关的一系列问题。因此,在进行广告策划时,应该先明确要达到什么目标,该目标能否解决实际问题。一般来说,广告策划的目标是帮助广告主更好地实现广告目标,取得期望的广告效果和效益。

广告目标在不同时期具有不同的内容,因为企业面临的具体问题在不同时期有差异,例如,不同的市场、不同的产品、不同的竞争对手以及消费者等。企业要么为了提高企业和产品的知名度;要么提高销售额和销售量;要么提高市场占有率或树立企业的良好形象;等等。广告策划的目标明确是保证策划顺利进行的关键所在。

2. 系统性。在形式上,广告策划是由广告策划主体、广告策划对象、广告策划依据、广告策划书和广告策划效果等要素构成的一个完整的系统。在内在逻辑上,策划是一门系统科学。它要求在广告活动中整体把握、系统运作,即对策划对象的一切有形与无形的资源进行梳理,最终形成一个整体系统方案。广告策划包含很多环节的内容,各环节之间不是孤立存在的,而是有一定的逻辑关系,它们共同构成协调统一的整体。

3. 可操作性。可操作性贯穿于广告策划的全过程,即在进行每一项策划时都要充分考虑所形成的策划方案的可操作性。一般情况下,对若干策划方案要进行筛选,可操作性是其中一个筛选标准。

广告策划的目的是为了帮助广告主更好地实现广告目标,广告策划的内容应便于执行。因此,广告策划要在企业战略的指导下制定出可以操作的方式和方法,使广告策划的思想和意图能真正落到实处,使广告效果和效率得以真正实现。

4. 灵活性。虽然广告战略具有一定的稳定性,但是,广告战术可以具有一定的灵活性。因为商场就如没有硝烟的战场,竞争激烈,变化多端,广告主应根据实际情况以及竞争对手的反应情况对广告战术作适当的调整,以适应环境的变化。也就是说,广告策划要有一定的弹性,不可定得太死板。

5. 创造性。广告策划是一系列集思广益的复杂的脑力劳动,是一系列围绕广告战略、策略而展开的研讨活动和决策活动,是一个内容多元化的动态过程。创造性是广告策划的核心,高明的策划都是由高超的奇思妙想所构成的,缺乏创造性就不能称之为策划。做别人未做的事情,想别人未想的点子,这才是真正的广告策划。

6. 真实性。广告策划的真实性是指广告的信息和文稿内容要真实准确，不要浮夸、伪造，这是广告策划的最基本原则。真实性是广告的生命，在多如牛毛的广告海洋中，只有真实的广告才会赢得受众的信任。相反，一个不真实、夸夸其谈、虚假的广告所推广的产品不仅难以有忠诚的消费群，而且还会使企业声誉受损。

例如，1993年，"蒙妮坦奇妙换肤霜"向全国各大商场推出一份印刷并不精美的小纸片。"一次使用，更换老化皮肤。八次使用，彻底换了模样。适用一切皮肤，有效率为100%。"可是不久消费者发现"换肤霜"并不像所宣传的那样能换肤，言过其实的广告打碎了多少少男少女的美梦，甚至被告上了法庭，最终以赔偿损失600多万元了结。北京市工商局叫停该产品的广告宣传。①

三、广告策划的程序

一个完整的广告策划一般要经过一定的程序。具体如图3-1和表3-1所示。

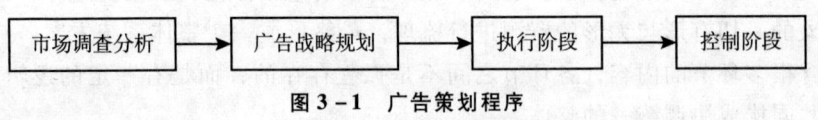

图3-1　广告策划程序

表3-1　　　　　　　　　广告策划的四个阶段

阶段	内容
分析阶段	市场调查：对营销环境、产品、消费者、企业的竞争对手、竞争对手的广告进行分析
规划阶段	广告目标、目标市场策略、产品策略、广告诉求策略、广告表现策略、广告媒介策略、促销组合策略的研究与决策。制定广告计划，确定广告费用预算，确定广告效果评估的方法，撰写广告策划书
执行阶段	广告表现计划的实施，广告媒介计划的实施，其他活动的实施
控制阶段	广告效果的监测与评估，最后的总结

第二节　广告策划的内容

广告策划的内容，涉及广告活动的基本过程，下面对策划内容作简单的介绍和分析。

---

① 资料来源：http://zhidao.baidu.com/question/1461274.html

一、市场调查分析

市场调查是广告公司为了了解市场信息、编制广告方案、提供广告设计资料和检查广告效果而进行的广告调查。一般情况下，市场调查的内容包括以下方面。

（一）市场环境调查与分析
市场环境调查包括宏观环境和微观环境的调查。
1. 宏观环境。
（1）企业目标市场所处区域的宏观经济形势。如总体的经济形势、总体的消费态势以及产业的发展政策。
（2）市场的政治、法律背景。如是否具有有利或不利的政治因素可能影响产品的市场，是否具有有利或者不利的法律因素可能影响产品的销售和广告。
（3）市场的文化背景。如企业的产品与目标市场的文化背景有无冲突之处，目标市场的消费者是否会因为产品不符合其文化而拒绝产品。
2. 微观环境。
（1）企业的供应商与企业的关系。
（2）产品的营销中间商与企业的关系。

（二）市场概况分析
1. 市场规模。
（1）整个市场的销售额。
（2）市场可能容纳的最大销售额。
（3）消费者总量。
（4）消费者总的购买量。
（5）未来市场规模的发展趋势。
2. 市场的构成。
（1）构成这一市场的主要产品的品牌。
（2）各品牌所占据的市场份额。
（3）市场上占有主要地位的品牌。
（4）与本品牌构成竞争的品牌。
（5）未来市场构成的变化趋势。
3. 市场构成的特性。
（1）市场有无季节性。

（2）有无暂时性。

（3）有无其他突出的特点。

（三）消费者分析

1. 现有消费者群的构成。

（1）现有消费者的总量。

（2）现有消费者的职业。

（3）现有消费者的收入状况。

（4）现有消费者的受教育程度。

（5）现有消费者的分布情况。

2. 现有消费者的消费行为。

（1）购买的动机。

（2）购买的时间。

（3）购买的频率。

（4）购买的数量。

（5）购买的地点。

3. 现有消费者的态度。

（1）对产品的喜爱程度。

（2）对本品牌的偏好程度。

（3）对本品牌的认知程度。

（4）对本品牌的指名购买程度。

（5）使用后的满足程度。

（6）未满足的需求。

4. 潜在消费者。

（1）潜在消费者的特性，包括总量、年龄、职业、收入以及受教育程度。

（2）潜在消费者现有的购买行为，包括：购买哪些品牌的产品；对这些产品的态度如何；有无新的购买计划；有无可能改变计划购买的品牌。

（3）潜在顾客被本品牌吸引的可能性，包括对本品牌的态度和潜在需求的满足程度。

（四）产品分析

1. 产品特征分析。

（1）产品的性能。

（2）产品的质量。

（3）产品的价格。
（4）产品的材质。
（5）生产工艺。
（6）产品的外观与包装。
（7）与同类产品比较有哪些不同之处。
2. 产品生命周期分析。
3. 品牌形象分析。
（1）企业赋予产品的品牌形象如何。
（2）企业是否向消费者准确传达品牌形象。
（3）消费者对品牌形象的认知。
4. 产品定位分析。
（1）企业对产品的预期定位。
（2）消费者对产品定位的认知情况。
（3）产品定位的效果。

（五）竞争状况分析
1. 企业在市场竞争中的地位。
2. 企业的竞争对手是谁？各有哪些优劣势？
3. 竞争对手的主要战略及策略是什么？

（六）企业与竞争对手的广告分析
1. 企业与竞争对手以往的广告活动的概况，包括开展的时间、目的和投入的费用以及主要内容。
2. 企业和竞争对手以往广告策略分析。包括广告诉求策略、广告表现策略、媒介策略以及广告效果的情况。

通过对市场相关内容的调查与分析，提出广告策划的重点问题，为成功的策划准备一切信息和依据。

二、广告目标

广告目标是指广告活动在一定时期内要达到的、可以事后测定的、用数字表示的终点，即广告主通过广告活动所要达到的预期目的。广告目标有产品推广目标、市场扩展目标、销售增长目标和企业形象目标，最直接的目标是增加销售进而获得利润。在充分了解企业的营销计划之后，广告规划工作需要对市场、产品、消费者等进行分析，在此基础上确立一个广告战略运动的目标。广告目标是整个广告活动中的核心目标。整个广告的策划工作将以广告目标为中心制定出一套目标体系，包括确定文本创作的目标、媒介选择及组合目标、广告效果评估目标和广告的社会效益目标等。

广告目标有长期目标、中期目标、短期目标之分。通过不同目标的实施，传播一定的信息，达到预期的效果。广告目标力求简洁、明确、主题突出。

三、广告对象

广告对象，是指广告信息的传播对象，即信息接收者。广告对象的策划目的是解决把"什么"向"谁"传达的问题，这是广告活动中极为重要的问题。没有对象，就是无的放矢。但一个广告不可能打动所有的人，而应当找准具有共同消费需求的消费者群。

陈培爱先生认为，分析广告对象要从四个方面入手[①]：

一是社会职业层，例如知识分子阶层、工人阶层、农民阶层、学生阶层、国家干部阶层、个体户阶层、企业家阶层等。

二是家庭状况，例如家庭结构、家庭人口、家庭收入、家庭住址等。家庭是社会职业阶层的组成部分。

三是个人情况，例如年龄、性别、职业、文化程度、业余爱好、婚姻状况等。

四是用户关心点分析。每个人都有自己所关心的重点，即使在同一商品上人们也会有不同的追求和企望。

广告应针对用户的关心点而发，以求与用户的关心点相吻合，任何一个广告都不能追求过多。如"活力'28'"的广告对象是：打工族，年轻的、未婚的上班族，25~45岁的家庭主妇。

四、广告主题

广告主题是广告的中心思想，是广告内容和目的的集中体现与概括，是广告诉求的基本点，是广告创意的基石。广告主题在广告的整个运作过程中处于统帅和主导地位。广告设计、广告创意、广告策划、广告文案、广告表达均要围绕广告主题来进行。广告主题使广告的各种要素有机地组合成一则完整的广告作品。

广告主题在很大程度上决定着广告作品的格调与价值。它是广告策划、设计人员经过对企业目标的理解，对产品个性特征的认识，以及对市场和消费者需求的观察、分析、思考，而提炼出的诉求重点。广告主题必须是真实的、可靠的，必须服务于广告目标，必须蕴涵商品和服务的信息，必须保证消费者的利益，必

---

① 陈培爱：《广告策划与策划书撰写》，厦门大学出版社1993年版，第7页。

须鲜明而具体，使人一目了然。广告主题有三个基本组成部分——广告目标、信息个性和消费心理，三者相辅相成。广告主题是广告的核心与灵魂，所以广告主题要深刻、独特、鲜明、统一，要防止广告主题同一化、扩散化、共有化。

五、广告创意

广告创意简单来说就是通过大胆新奇的手法制造与众不同的视听效果，最大限度地吸引消费者，从而达到品牌传播与产品营销的目的。广告创意在英语中的表达是 idea & creative。

广告创意是指广告中有创造力地表达出品牌的销售讯息，以迎合或引导消费者的心理，并促成其产生购买行为的思想。广告创意由两大部分组成：一是广告诉求；二是广告表现。广告定位是广告创意的前提。广告定位所要解决的是"做什么"，广告创意所要解决的是"怎么做"，只有弄明白做什么，才可能发挥好怎么做。一旦广告定位确定下来，怎样表现广告内容和广告风格才能够随后确定。由此可见，广告定位是广告创意的开始，是广告创意活动的前提。

六、广告媒体渠道

广告媒体渠道决策是现代广告策划的重要内容，对广告宣传的得失成败有重要的影响。选择广告媒体应注意考虑媒体本身以及媒体以外很多的因素。首先，要考虑媒体本身的因素，如费用、效益、适用性、寿命、灵活性等；其次，要考虑媒体之外的因素，如产品特点、目标市场、营销策略以及竞争对手的特点；最后，要考虑广告作品的特点以及广告预算等因素。媒体计划也是广告发布能否成功的关键，因而广告公司要通过调查制定周密的媒体计划。

七、广告预算

广告预算是企业广告计划对广告活动费用的匡算，是企业投入广告活动的资金使用的计划和控制。它规定在广告计划期内从事广告活动所需的经费总额、使用范围和使用方法，是企业广告活动得以顺利进行的保证。

八、广告效果评估

广告效果是广告活动或广告作品对消费者所产生的影响。狭义的广告效果指的是广告取得的经济效果，即广告达到既定目标的程度，就是通常所包括的传播效果和销售效果。从广义上说，广告效果还包含了心理效果和社会效果。心理效果是广告对受众心理认知、情感和意志的影响程度，是广告的传播功能、经济功能、教育功能、社会功能等的集中体现。广告的社会效果是广告对社会道德、文化教育、伦理、环境的影响。良好的社会效果也能给企业带来良好的经济效益。广告效果的评估一般是指广告经济效果的评估。广告效果的评估就是检验广告活动成败、提高广告活动水平的重要手段，也是广告主最关心的部分。

以上广告策划内容仅仅是一些比较重要的内容，在具体的策划过程中，根据实际情况可以择其重要部分使用，也可以删减或增加一些内容，以实用为主。

第三节 广告策划书的撰写

广告策划在对其运作过程中的每一部分做出分析和评估并制定出相应的实施计划后，最后要形成一个纲领式的总结文件，我们通常称为广告策划书。广告策划书是根据广告策划结果而写的，是提供给广告主加以审核、认可的广告活动的策略性指导文件。

广告策划书有两种形式。一种是表格式的。这种形式的广告策划书上列有广告主现在的销售量或者销售金额、广告目标、广告诉求重点、广告时限、广告诉求对象、广告地区、广告内容、广告表现战略、广告媒体战略、其他促销策略等栏目。其中，广告目标一栏又分为知名度、理解度、喜爱度、购买愿意度等小栏目。一般不把具体销售量或销售额作为广告目标，因为销售量或销售额只是广告结果测定的一个参考数值，它们还会受商品（劳务）的包装、价格、质量、服务等因素的影响。这种广告策划书比较简单，使用的面不是很广。另一种是以书面语言叙述的广告策划书，运用广泛。这是一种把广告策划意见撰写成书面形式的广告计划，因而又称广告计划书。人们通常所说的广告计划书和广告策划书实际是一回事，没有什么大的差别。一份完整的广告策划书至少应包括如下内容。

第一部分 前言

广告策划书的前言部分应简明概要地说明广告活动的时限、任务和目标，必要时还应说明广告主的营销战略。这是全部计划的摘要，它的目的是把广告计划的要点提出来，让企业最高层次的决策者或执行人员快速阅读和了解，使最高层次的决策者或执行人员对策划的某一部分有疑问时，能通过翻阅该部分迅速了解细节，这部分内容不宜太长，以数百字为佳，所以有的广告策划书称这部分为执行摘要。

第二部分 市场分析

一、营销环境分析

（一）宏观环境

1. 企业目标市场所处区域的宏观经济形势。包括总体的经济形势、总体的消费态势和产业的发展政策。

2. 市场的政治、法律背景。一般包括：有利或者不利的政治因素可能影响产品的市场；有利或者不利的法律因素可能影响产品的销售和广告活动。

3. 市场的文化背景。一般包括：企业的产品与目标市场的文化背景有无冲突之处；这一市场的消费者是否会因为产品不符合其文化背景而拒绝产品。

（二）微观环境

企业在市场营销活动中，企业的供应商与企业的关系，产品的营销中间商与企业的关系。

（三）市场概况

企业的市场概况一般包括：（1）影响市场规模大小的因素，例如，当前市场的销售额、市场可能容纳的最大销售额、消费者总量、消费者总的购买量、未来市场规模的趋势等；（2）市场的构成要素，例如，当前市场上主要产品的品牌、各品牌所占据的市场份额、市场上居于主要地位的品牌、与本品牌构成竞争的品牌是什么、未来市场构成的变化趋势如何等；（3）市场构成的特性，一般包括市场有无季节性、有无暂时性、有无其他突出的特点等。

（四）营销环境分析总结

1. 机会与威胁分析。
2. 优势与劣势分析。
3. 提出重点问题。

二、消费者分析

（一）消费者的总体消费态势分析

1. 现有的消费时尚。
2. 各种消费者消费本类产品的特性。

（二）现有消费者分析

1. 现有消费群体的构成，一般包括现有消费者的总量、现有消费者的年龄、现有消费者的职业、现有消费者的收入、现有消费者的受教育程度、现有消费者的分布等内容。

2. 现有消费者的消费行为，一般包括购买的动机、购买的时间、购买的频率、购买的数量、购买的地点等内容。

3. 现在消费者的态度，一般包括对产品的喜爱程度、对本品牌的偏好程度、对本品牌的认知程度、对本品牌的指名购买程度、使用后的满足程度、未满足的需求等内容。

（三）潜在消费者分析

1. 潜在消费者的特性，一般包括潜在消费者的总量、年龄、职业、收入以及受教育程度等内容。

2. 潜在消费者现在的购买行为，一般包括潜在消费者现在购买哪些品牌的产品、他们对这些产品的态度如何、有无新的购买计划以及有无可能改变计划购买的品牌等内容。

3. 潜在消费者被本品牌吸引的可能性，一般包括潜在消费者对本品牌的态度、潜在消费者需求的满足程度等内容。

（四）消费者分析的总结

1. 通过对现有消费者的分析，分析出本企业面临的机会与威胁、优势与劣势，提出具体的重要问题。

2. 通过对潜在消费者的分析，同样分析出本企业面临的市场机会与威胁、优势与劣势，提出具体的重要问题。

3. 目标消费者分析，一般要分析目标消费群体的特性、目标消费群体的共同需求以及企业如何满足他们的需求等内容。

三、产品分析

（一）产品特性分析

1. 产品的性能，一般包括产品的一般性能、产品最突出的性能以及自己产品的哪些方面还不能满足消费者的需求等内容。

2. 产品的质量分析。

3. 产品的价格分析。

4. 产品的材质分析。

5. 生产工艺分析。

6. 产品的外观与包装分析。

7. 与同类产品的比较，在性能、质量、价格、材质、工艺以及消费者的认知和购买方面有什么优势，有什么不足。

（二）产品生命周期分析

1. 产品生命周期的主要标志。
2. 产品处于什么样的生命周期。
3. 企业对产品生命周期的认知。

（三）产品的品牌形象分析

1. 企业赋予产品的形象分析，一般包括企业对产品形象有没有考虑、企业为产品设计的形象怎么样、企业为产品设计的形象有没有不合理之处、企业是否将产品形象向消费者传达等内容。
2. 消费者对产品形象的认知分析，一般包括消费者认为产品形象、消费者认知的形象与企业设定的形象符合情况、消费者对产品形象的预期情况以及产品形象在消费者认知方面的问题。

（四）产品定位分析

1. 产品的预期定位。
2. 消费者对产品定位的认知。
3. 产品定位的效果，如产品的定位是否达到了预期的效果、产品定位在营销中是否有困难等。

（五）产品分析总结

通常要分析和总结各项要素对企业来说面临的机会和威胁、优势与劣势，同时提出主要的问题是什么。

四、企业与竞争对手的竞争状况分析

（一）企业在竞争中的地位

1. 市场占有率。
2. 消费者认识。
3. 企业自身的资源和目标。

（二）企业的竞争对手

1. 主要的竞争对手是谁。
2. 竞争对手的基本情况。

3. 竞争对手的优势与劣势。
4. 竞争对手的策略。

（三）企业与竞争对手的比较

分析面临的机会与威胁有哪些？优势与劣势是什么？同时提出主要的问题在哪里。

五、企业与竞争对手的广告分析

（一）企业与竞争对手以往广告活动的概况
1. 开展的时间。
2. 开展的目的。
3. 投入的费用。
4. 主要内容。

（二）企业与竞争对手以往广告的目标市场策略
1. 广告活动针对什么样的目标市场进行。
2. 目标市场的特性如何。
3. 有什么合理之处。
4. 有什么不合理之处。

（三）企业与竞争对手的产品定位策略

（四）企业与竞争对手以往的广告诉求策略
1. 诉求对象是谁。
2. 诉求重点如何。
3. 诉求方法如何。

（五）企业与竞争对手以往的广告表现策略
1. 广告主题如何，有什么合理之处，有什么不合理之处。
2. 广告创意如何，有什么优势，有什么不足。
3. 企业和竞争对手以往的广告媒介策略。
（1）媒介组合如何，有什么合理之处，有什么不合理之处。
（2）广告发布的频率如何，有什么优势，有什么不足。

（六）广告效果分析

1. 广告在消费者认知方面的效果。
2. 广告在改变消费者态度方面的效果。
3. 广告在消费者行为方面的效果。
4. 广告在直接促销方面的效果。
5. 广告在其他方面的效果。
6. 广告投入的效益情况。

（七）总结

1. 竞争对手在广告方面的优势。
2. 企业自身在广告方面的优势。
3. 企业以往广告中应该继续保持的内容。
4. 企业以往广告突出的劣势。

第三部分　广告策略

一、广告的目标策略

1. 企业提出的目标。
2. 根据市场情况可以达到的目标。
3. 广告目标的表达。

二、目标市场策略

（一）市场细分

首先，确定市场细分的标准，一般市场细分的标准有地理变量、人口变量、心理变量和行为变量。可以用单一因素也可以用多因素对一种产品的市场进行细分。

其次，勾画出各个细分市场的轮廓，详细描述各个细分市场的特性。

最后，对各个细分市场进行评估，评价对企业最有价值的细分市场。

（二）企业的目标市场策略

1. 目标市场选择的依据。一般来说，一个有效的目标市场应具备以下条件：第一，有足够的市场需求；第二，市场上有一定的购买力；第三，在被选择的目标市场上本企业具有竞争优势；第四、企业必须有能力满足目标市场的需求。

2. 目标市场选择的策略。在目标市场选择好之后，企业必须决定如何为自己确定的目标市场设计营销组合策略，即采取怎样的方式使自己的营销力量到达并影响目标市场。由于目标市场不同，市场营销策略也不一样，一般可供企业选择的目标市场策略有以下三种。

其一，无差异性市场营销策略。无差异性市场营销策略就是将整个市场视作一个整体，不考虑消费者对某种产品需求的差别，致力于顾客需求的相同之处而忽略不同之处。为此，企业设计一种产品，施行一种营销组合计划来迎合最大多数的购买者。它凭借单一的产品和统一的包装、价格、品牌，以及广泛的分销渠道和大规模的广告宣传，树立该产品长期稳定的市场形象。

其二，差异性市场营销策略。差异性市场营销策略与无差异性市场营销策略截然相反，它充分肯定消费者需求的不同，并针对不同的细分市场分别从事营销活动。企业根据不同的消费者推出多种产品并配合多种促销手段，力图满足各种消费者不同的偏好和需求。

其三，集中性市场营销策略。集中性市场营销策略是指企业集中所有力量，在某一细分市场上实行专业生产和销售，力图在该细分市场上拥有较大的市场占有率。企业运用此策略是遵循"与其四面出击，不如一点突破"的原则。

（三）产品定位策略
1. 对企业以往定位策略的分析与评价。
（1）企业以往的产品定位。
（2）定位效果。
（3）对以往定位的评价。
2. 产品定位策略。
（1）进行新的产品定位的必要性。
（2）对产品定位的表述。
（3）新的定位的依据与优势。

三、广告诉求策略
1. 介绍广告的诉求对象，以及广告对象的特性与需求。
2. 表述广告的诉求重点。
3. 诉求方法策略。

四、广告表现策略
1. 广告主题策略。

2. 广告创意策略。

3. 广告表现的其他内容。

五、广告媒介策略

1. 对媒介策略的总体表述。

2. 媒介的地域。

3. 媒介的类型。

4. 媒介的选择。

5. 媒介组合策略。

6. 广告发布时机策略。

7. 广告发布频率策略。

第四部分　广告计划

广告计划是企业对于即将进行的广告活动的规划，它是从企业的营销计划中分离出来并根据企业组织的生产与经营目标、营销策略和促销手段而制定的广告目标体系。

1. 广告目标。

2. 广告时间。

（1）在各目标市场的开始时间。

（2）广告活动的结束时间。

（3）广告活动的持续时间。

3. 广告的诉求对象。

4. 广告发布计划。

（1）广告发布的媒介。

（2）各媒介的广告规格。

（3）广告媒介发布排期表。

5. 其他活动计划。

（1）促销活动计划。

（2）公共关系活动计划。

（3）其他活动计划。

6. 广告费用预算。

（1）广告的策划创意费用。

（2）广告设计费用。

（3）广告制作费用。

（4）广告媒介费用。

(5) 其他活动所需要的费用。
(6) 机动费用。
(7) 费用总额。

第五部分　广告活动的效果测定

1. 什么时间进行广告效果的测定，广告效果的性质及时间依据。
2. 广告效果测定的指标体系。
3. 如何进行测定，测定的内容与范围是什么。

以上内容可根据企业具体情况进行选择。广告策划书的撰写一般要求：第一，简明扼要；第二，少用代词；第三，不要推论；第四，说明资料的来源；第五，完整全面又重点突出；第六，要注重可操作性，切忌空谈。

第四节　整合营销传播策略

一、整合营销传播的含义

整合营销传播（Integrated Marketing Communications，IMC）的观点源于20世纪80年代中期，但是直到90年代才得到广泛的关注。IMC的意思是，将与企业有关的所有市场营销活动用一个统一的声音、一样的形态传达出去。IMC的核心是，从消费者的角度出发，通过对他们欲望和需求的分析，用最小的代价给他们带来购买方便和心理满足，并且通过顾客资料库对他们进行持续的沟通，建立一种忠诚的关系，最终占领市场取得长期的经济利益。

整合营销传播的基本思想是，围绕基本促销目标，将一切促销工具与活动一体化，打一场总体战。如将广告、有冲击力的社会公关活动、现场促销与直销、产品与包装等一切消费者能够感受到的资源整合为一体，使企业的价值形象和信息以最快的速度传达给消费者。

整合营销传播理论是随着营销实践的发展而产生的一种概念，因此，该概念的内涵也随着实践的发展不断丰富和完善。在过去几年内，整合营销传播在世界范围内吸引了营销人员、传播从业者和专家学者的广泛注意。一直以来，整合营销传播实践者、营销资源提供者和营销效果评价者以各种方式从不同的角度来给整合营销传播进行定义和研究。

美国广告公司协会（American Association of Advertising Agencies，4As）给整合营销传播的定义是："整合营销传播是一个营销传播计划概念，要求充分认识用来制定综合计划时所使用的各种带来附加值的传播手段——如普通广告、直接反映广告、销售促进和公共关系——并将之结合，提供具有良好清晰度、连贯性的信息,使传播影响力最大化。"

美国南卡罗莱纳大学教授特伦奇·希姆普认为:"整合营销传播学是制定并执行针对顾客或未来顾客的各种说服性传播计划的过程。整合营销传播学的目标在于影响或直接影响有选择的受播者的行为。"整合营销传播学认为,一个顾客或一个未来顾客在产品或服务方面与品牌或公司接触的一切来源均是未来信息潜在的传播渠道。进而,整合营销传播利用与顾客或未来顾客相关的并有可能被接受的一切形式的传播。总之,整合营销传播学开始于顾客或未来顾客,然后反馈,以期明确规定说服性传播计划的形式与方法。

美国学者舒尔茨·唐列巴姆和劳特鲍恩也给出了他们的观察结论:"整合营销传播是一种看待事物整体的新方式,而过去人们只看到其中的各个部分,例如广告、销售促进、人员沟通、售点广告、人员沟通等,它是重新编排的信息传播,使它看起来更符合消费者看待信息传播的方式。它像一股从无法辨别的源泉流出的信息流。"

整合营销传播理论的先驱、全球第一本整合营销传播专著的第一作者唐·E. 舒尔茨教授根据对组织应当如何展开整合营销传播的研究,并考虑到营销传播不断变动的管理环境,给整合营销传播下一个新的定义。他认为,它将包含整合营销传播当前及可以预见的将来的发展范围。"整合营销传播是一个业务战略过程,它是指制定、优化、执行并评价协调的、可测度的、有说服力的品牌传播计划,这些活动的受众包括消费者、顾客、潜在顾客、内部和外部受众及其他目标。"

这一定义与其他定义的不同之处在于,它将重点放在商业过程上。这最终将形成一个封闭的回路系统,它深入地分析消费者的感知状态及品牌传播情况,最重要的是它隐含地提供了一种可以评价所有广告投资活动的机制,因为它强调消费者及顾客对组织的当前及潜在的价值。

唐·E. 舒尔茨分别对内容整合与资源整合进行了表述。他认为,内容整合包括:

(1) 精确区分消费者——根据消费者的行为及对产品的需求来区分。
(2) 提供一个具有竞争力的利益点——根据消费者的购买诱因。
(3) 确认目前消费者如何在心中进行品牌定位。
(4) 建立一个突出的、整体的品牌个性,以便消费者能够区别本品牌与竞争品牌之不同。关键是"用一个声音来说话"。

他认为,资源整合应该发掘关键"接触点",了解如何才能更有效地接触消费者。传播手段包括广告、直销、公关、包装、商品展示、店面促销等,关键是"在什么时候使用什么传播手段"。无论是内容整合还是资源整合,两者都统一到建立良好的"品牌—顾客"关系上来。内容整合是资源整合的基础,资源整合推动内容整合的实现。奥美"360度品牌管家"和智威汤逊"品牌全行销计划"把品牌创建的焦点放到了资源整合;而电通蜂窝模型则把焦点放到了内容整合。

二、整合营销传播的发展阶段

整合营销传播理论源于组织对适应已经变化了的和正在变化着的市场环境的需要。开始时,整合营销传播的重点是如何通过各种传播活动(如广告、公共关系、直邮等)创造一个统一的组织形象,也就是营销人员希望能为其组织和品牌创造"一种形象和一个声音"。但是,理论的进一步发展,IMC已经涉及了更为广泛的领域,并变得更为复杂。本质上,它已经从一种通过传播管理来协调和联合各种传播要素的战术方法转变为一种不同的标杆体系,围绕该标杆体系,组织能够制定战略计划并执行所有的市场传播活动。整合营销传播理论已经被很多的企业所应用,成为一种可有效指导人们营销实践的理论工具。为了理论研究的需要,人们将整合营销传播理论的发展过程分为三个阶段。

(一)孕育阶段:20世纪80年代以前

为了更好地理解整合营销传播理论,有必要对20世纪80年代以前的市场营销和营销传播的发展作简要回顾。

1. 营销理论中的4P。密西根大学教授杰罗姆·麦卡锡于1960年提出4P理论,即产品(Product)、价格(Price)、通路(Place)、促销(Promotion)。4P理论的提出最为有价值的地方在于它把营销简化并便于记忆和传播,这一理论的提出本身就体现了人们开始把营销的一些要素综合起来去研究现代营销。

由于服务业在20世纪70年代迅速发展,传统的组合不能很好地适应服务业的需要,有学者又增加了第5个"P",即"人"(People);又因为包装在包装消费品营销中的重要意义,而使"包装"(Packaging)成为又一个"P";70年代,菲利普·科特勒在强调"大营销"的时候,又提出了两个"P",即公共关系(Publicrelations)和权力(Power)。

在70年代,当营销战略计划变得重要的时候,菲利普·科特勒又提出了战略计划中的4P过程,即研究(Probing)、划分(Partitioning)即细分(Segmentation)、优先(Prioritizing)、定位(Positioning)。

随着营销实践和营销理论的发展,人们逐渐开始认识到对促销工具进行策略性整合的必要,并开始进行了整合营销传播的尝试。营销理论中的4P使得人们在进行营销规划和营销传播的过程中将营销的相关要素按照有效合理的方式整合起来。

2. 定位理论。在竞争日趋激烈的市场中，如何创造出与对手有别的差异是公司营销中的一大焦点，营销大师提出了有效的理论和策略。

20世纪70年代的定位理论本身就意味着企业应围绕自己的定位来进行组织传播活动，通过"统一的形象、统一的声音"来实现和强化产品的定位。因此，定位论不仅以更大的创意提供了新的思路和方法，而且成为整个营销活动的战略制高点，是决定诸多策略的出发点和依据。这同样为整合营销传播思想的产生提供理论基础。

（二）产生阶段：20 世纪 80 年代

在20世纪80年代及90年代，整合营销传播部门用于向顾客、潜在顾客及股东传递信息的工具和技术得到了迅速发展。在早期市场上，营销传播只有几种基本的方法可供选择：电台广告、报纸广告、杂志广告、户外广告牌、公共关系及其他类似的方法。然而，当媒体变得更加专业化后，每种媒体都必须予以特别重视。有时候甚至需要进行专门的活动以将差异化的信息传递给不同的受众。同时，其他新型工具也有了巨大的发展，比如直销、促销、特别事件促销法、宣传手册法、竞争联盟、担保，当然还有电子的和其他互动性的工具。

许多学者预感到具有战略意义的"传播合作效应"时代的到来，开始从自己的观点出发提出了传播合作效应的定义，并逐渐发展出整合营销传播这一概念。20世纪80年代中期在西北大学梅蒂（MEDILL）学院首次尝试对整合传播进行定义。

对许多组织而言，要进行整合营销传播意味着有必要协调各个产品、分部、地区及国家的营销活动。这一时期，整合营销传播最基本的目标是通过制定统一的架构来协调传播计划，从而使组织达到"一种形象、一个声音"的效果。有时，营销传播活动集中化的目的是希望通过整合各种活动以获得更大的协同效应。在另外一些情况下，它一方面使得公司制定严格的信息发布政策；另一方面却让那些对经营业绩负责的主管自行决定计划的执行。

本时期整合的另一个特点是跨职能（Cross-functionality）。不同的组织使用不同的跨职能形式，其潜在的目标是为了获得更高的能力。这种能力不仅包括管理单个的传播活动，也包括如何使各种活动显得更有生气并获得协同效应。有时候，营销传播部门要建立由广告专家、公关专家及其他传播领域的专家组成的跨专业小组，这些小组要负责特定的产品多媒介、多维度的传播活动。另外，对各个传播媒介的雇员进行培训，从而使该部门的每个人都精通最有效的实施方法及各种传播渠道的运用战略。

在20世纪80年代，整合营销传播理论研究的重点在于对这一理论进行描述和定义，并把整合营销传播放在企业营销战术的角度上去研究，研究的出发点仍然是从企业的角度来考虑。企业对整合营销传播也持有一种狭义的观点，把它当做协调和管理营销传播（广告、销售推广、公共关系、人员销售和直接营销）、保持企业讯息一致的一种途径。

（三）发展阶段：20世纪90年代

自20世纪80年代后期形成以来，IMC的概念和结构已经有了很大的变化。到20世纪90年代，已经形成许多清晰的关于整合营销传播的定义。AGORA公司作为APQC研究的主题专家，提出了一个更为清楚的关于IMC实践操作的定义：整合营销传播是一个业务战略过程，它用于计划、制定、执行和评估可衡量的、协调一致的、有说服力的品牌传播方案；它以消费者、顾客、潜在顾客以及其他内部和外部的相关目标为受众（APQC标杆研究，1997）。而且，90年代美国4A协会对整合营销传播的定义很大程度上推动了整合营销传播的研究和发展。90年代整合营销传播理论的发展主要表现在以下两个方面。

第一，理论界开始把营销和传播紧密结合在一起进行研究，4C理论成为整合营销的支撑点和核心理念。整合营销传播开始强调营销即传播，运作应摆脱粗放的、单一的状态，走向高效、系统和整体。美国营销传播学专家特伦希·希姆普甚至提出"90年代的营销是传播，传播亦是营销。两者不可分割"。随着消费者个性化日益突出，加之媒体分化、信息过载，传统4P渐被4Cs所挑战。

第二，将"关系利益人"这一概念引入整合营销传播理论的研究体系。随着整合营销传播理论的发展，逐渐产生了一种更成熟、更全面彻底的观点，把消费者视为现行关系中的伙伴，把他们作为参照对象，理解了整个传播体系的重要性，并接受他们与企业或品牌保持联系的多种方法。科罗拉多大学整合营销传播研究生项目主任汤姆·邓肯引入了"关系利益人"的概念来研究整合营销传播，他认为，整合营销传播指企业或品牌通过发展与协调战略传播活动，使自己借助各种媒介或其他接触方式与员工、顾客、投资者、普通公众等关系利益人建立建设性的关系，从而建立和加强他们之间互利关系的过程。

（四）成熟阶段：21世纪

整合营销传播理论远远没有成熟，进入21世纪，随着营销实践发展和传播工具的创新，人们相信整合营销传播理论会走向成熟和完善。人们无法凭空给整合营销的明天描绘出一个清晰的蓝图，但是，人们认为一个成熟的整合营销传播理论应该具备以下两点特征：

第一，更具有操作性。人们认为一个成熟的理论能够更好地、有效地指导人们的实践活动，才能算是一个成熟的理论。

第二，能够有效地监测和评估绩效。运用技术来测量和评估传播规划对传播者们来说是一个巨大的挑战。的确，像数据库形式、收入流测量等技术的使用使得大多数传播专业人员面临许多问题，它对人们的历史、工具方法、经验和管理能力都形成了挑战。

三、整合营销传播的两个特性

战术的连续性是指所有通过不同营销传播工具在不同媒体传播的信息都应彼此关联呼应。战略的导向性强调在一个营销战术中所有包括物理和心理的要素都应保持一贯性。

（一）战术的连续性

战术的连续性是指在所有营销传播中的创意要素要有一贯性。例如，在一个营销传播战术中可以使用相同的口号、标签说明以及在所有广告和其他形式的营销传播中表现相同行业特性等。心理的连续性是指对该机构和品牌的一贯态度，它是消费者对公司的"声音"与"性格"的知觉，这可通过贯穿所有广告和其他形式的营销传播的一贯主题、形象或语调等来达成。

（二）战略的导向性

战略的导向性是设计来完成战略性的公司目标。许多营销传播专家虽然制作出超凡的创意广告作品，能够深深地感动受众甚至获得广告或传播大奖，但是未必有助于本机构的战略目标，例如销售量市场份额及利润目标等。能够促使一个营销传播战术整合的就是其战略焦点，信息必须设计来达成特殊的战略目标，而媒体则必须通过有利于战略目标考虑来对其进行选择。

四、整合营销传播的七个层次

1. 认知的整合。这是实现整合营销传播的第一个层次，要求营销人员认识或明确营销传播的需要。

2. 形象的整合。第二个层次牵涉确保信息与媒体一致性的决策，信息与媒体一致性，一是指广告的文字与其他视觉要素之间要达到的一致性；二是指在不同媒体上投放广告的一致性。

3. 功能的整合。这是指把不同的营销传播方案编制出来，作为服务于营销目标（如销售额与市场份额）的直接功能，也就是说，每个营销传播要素的优势劣势都经过详尽的分析，并与特定的营销目标紧密结合起来。

4. 协调的整合。第四个层次是人员推销功能与其他营销传播要素（广告公关促销和直销）等被直接整合在一起，这意味着各种手段都用来确保人际营销传播与非人际形式的营销传播的高度一致。例如，推销人员所说的内容必须与其他媒体上的广告内容协调一致。

5. 基于消费者的整合。营销策略必须在了解消费者的需求和欲求的基础上锁定目标消费者，在给产品以明确的定位以后才能开始营销策划，换句话说，营销策略的整合使得战略定位的信息直接到达目标消费者的心中。

6. 基于风险共担者的整合。这是营销人员认识到目标消费者不是本机构应该传播的唯一群体，其他共担风险的经营者也应该包含在整体的整合营销传播战术之内。例如本机构的员工、供应商、配销商以及股东等。

7. 关系管理的整合。这一层次被认为是整合营销的最高阶段。关系管理的整合就是要向不同的关系单位做出有效的传播，公司必须发展有效的战略。这些战略不只是营销战略，还有制造战略、工程战略、财务战略、人力资源战略以及会计战略等，也就是说，公司必须在每个功能环节（如制造、工程、研发、营销等环节）发展营销战略以达成不同功能部门的协调，同时对社会资源也要做出战略整合。

五、整合营销传播的基本思路与基本方法

（一）基本思路

整合营销传播是以整合企业内外部所有资源为手段，重组再造企业的生产行为与市场行为，充分调动一切积极因素，以实现企业目标的全面的、一致化的营销。简而言之，就是一体化营销。整合营销传播主张把一切企业活动，如采购、生产、外联、公关、产品开发等，不管是企业经营的战略策略、方式方法，还是具体的实际操作，都要进行一元化整合重组，使企业在各个环节达到高度协调一致，紧密配合，共同进行组合化营销。其基本思路如下。

1. 以整合为中心。整合营销重在整合，从而打破了以往仅仅以消费者为中心或以竞争为中心的营销模式，着重企业所有资源的综合利用，实现企业的高度一体化营销。其主要用于营销的手段就是整合，包括企业内部的整合、企业外部的整合以及企业内外部的整合等。整合营销的整合，既包括企业营销过程、营销方式以及营销管理等方面的整合，也包括对企业内外的商流、物流及信息流的整合。总而言之，整合、一体化、一致化是整合营销最为基本的思路。

2. 讲求系统化管理。区别于生产管理时代的企业管理，那种将注意力主要集中在生产环节和组织职能的，以及混合管理时代那种基本上以职能管理为主

体、各个单项管理的集合的"离散型管理",整合营销时代的企业由于所面对的竞争环境复杂多变,因而只有整体配置企业所有资源,企业中各层次、各部门和各岗位,以及总公司、子公司、产品供应商、与经销商及相关合作伙伴协调行动,才能形成竞争优势。所以,整合营销所主张的营销管理必然是整合的管理、系统化的管理。

3. 强调协调与统一。整合营销就是要形成一致化营销,形成统一的行动。这就要强调企业营销活动的协调性,不仅仅是企业内部各环节、各部门的协调一致,而且也强调企业与外部环境协调一致、共同努力以实现整合营销,这是整合营销与传统营销模式的一个重要区别。

4. 注重规模化与现代化。整合营销是以当代及未来社会经济为背景的企业营销新模式,因而十分注重企业的规模化与现代化经营。规模化不仅能使企业获得规模经济效益,而且也为企业有效地实施整合营销提供了客观基础。与此同时,整合营销依赖于现代科学技术、现代化的管理手段,现代化可为企业实施整合营销提供效益保障。

(二) 基本方法

1. 建立消费者资料库。这个方法的起点是建立消费者和潜在消费者的资料库,资料库的内容至少应包括人员统计资料、统计消费者态度的信息和以往购买记录等。整合营销传播和传播营销沟通的最大不同在于,整合营销传播是将整个焦点置于消费者、潜在消费者身上,因为所有的厂商、营销组织,无论是在销售量还是在利润上的成果,最终都依赖于消费者的购买行为。

2. 研究消费者。这是第二个重要的步骤,就是要尽可能使用消费者及潜在消费者的行为方面的资料作为市场划分的依据,相信消费者"行为"资讯比其他资料如"态度与意想"的测量结果更能够清楚地显现消费者在未来将会采取什么行动,因为用过去的行为推论未来的行为更为直接有效。在整合营销传播中,可以将消费者分为三类:对本品牌的忠诚消费者、他品牌的忠诚消费者和游离不定的消费者。很明显,这三类消费者有着各自不同的"品牌网路",而想要了解消费者的品牌网路就必须借助消费者行为资讯。

3. 接触管理。所谓接触管理,就是企业可以在某一时间、某一地点或某一场合与消费者进行沟通。这是 20 世纪 90 年代市场营销中一个非常重要的课题。在以往消费者自己会主动找寻产品信息的年代里,决定"说什么"要比"什么时候与消费者接触"重要。然而,现在的市场由于资讯超载、媒体繁多,干扰的"噪声"大为增大,目前最重的是决定"如何、何时与消费者接触",以及采用什么方式与消费者接触。

4. 发展传播沟通策略。这意味着什么样的接触管理之下该传播什么样的信息，而后，为整合营销传播计划制定明确的营销目标。对大多数企业来说，营销目标必须非常正确，同时在本质上也必须是数字化的目标。例如，对一个擅长竞争的品牌来说，营销目标就可能是以下三个方面：激发消费者试用本品牌产品；消费者试用后积极鼓励继续使用并增加用量；促使其他品牌的忠诚者转换品牌并建立起本品牌的忠诚度。

5. 营销工具的创新。营销目标一旦确定之后，就决定要用什么营销工具来完成此目标。显而易见，如果我们将产品、价格、通路都视为是与消费者沟通的要素，整合营销传播企划人将拥有更多样、广泛的营销工具来完成企划，其关键在于哪些工具、哪种结合能够最有效地协助企业达成传播目标。

6. 传播手段的组合。最后一步就是选择有助于达成营销目标的传播手段，这里所用的传播手段可以无限宽广，除了广告、直销、公关及事件营销以外，事实上，产品包装、商品展示、店面促销活动等只要能协助达成营销及传播目标的方法，都是整合营销传播中的有力手段。

学习案例：麦当劳的整合营销传播

麦当劳是世界上规模最大的快餐连锁集团之一，在全球 120 多个国家有 29 000 多家餐厅。1990 年，麦当劳来到中国，在深圳开设了中国的第一家麦当劳餐厅；1992 年 4 月，在北京的王府井开设了当时世界上面积最大的麦当劳餐厅，当日的交易人次超过万人。自 1992 年以来，麦当劳在中国迅速发展。1993 年 2 月，广州的第一家麦当劳餐厅在广东国际大厦开业；1994 年 6 月，天津第一家麦当劳餐厅在滨江道开业；1994 年 7 月，上海第一家麦当劳餐厅在淮海路开业。数年间，麦当劳已在北京、天津、上海、重庆四个直辖市以及广东、广西、福建、江苏、浙江、湖北、湖南、河南、河北、山东、山西、安徽、辽宁、吉林、黑龙江、四川和陕西等 17 个省的 74 个大、中城市开设了 460 多家餐厅，在中国的餐饮业市场占重要地位。

作为世界首屈一指的快餐连锁集团，麦当劳近年来在全球各地市场受到了多方面的挑战。2002 年 11 月 8 日，麦当劳宣布从 3 个国家撤出，关闭 10 个国家的 175 家门店，迅速扩张战略受阻。在中国大陆，麦当劳的门店数仅为肯德基的 3/5。品牌定位上逐渐"品牌老化"。肯德基主打成年人市场，麦当劳 50 年坚持走小孩和家庭路线，"迎合妈妈和小孩"。但近年来人们的婚姻和婚育观念改变，晚婚和单身的现象日渐平常，消费核心群体由家庭群体向 24～35 岁的单身无子群体转变，麦当劳的定位以及品牌的概念恰与此偏离。投资策略上，麦当劳在中国一直坚持自己独资开设连锁店。截至 2003 年 7 月底，麦当劳都没有采取肯德基等快餐连锁的特许经营的扩张方式。公司管理上，迅速扩张的战略隐患逐渐暴露。麦当劳最引以为豪的就是其在全球的快速而成功的扩张，在2002年麦当劳缩减扩张计划之前，麦当劳在全球新建分店的速度一度达到每8小时一家，而这种快速扩张也使得麦当劳对门店的管理无法及时跟进，比如一些地区正在恶化的劳资关系以及滞后的危机处理能力。在广州麦当劳消毒水事件中，店长反应迟缓，与消费者争执，损坏了企业的品牌形象。民族和文化意识上的隔阂也给麦当劳带来了麻烦。与可口可乐、万宝路一样，麦当劳与"美国"这一概念捆绑在一起，其效应就如一把双刃剑，既征服了市场，也引来了麻烦。从中东掀起的抵制美国货运动，到"9·11"事件后麦当劳餐厅的爆炸事件，都说明了"美国"品牌的负面效应。现代社会，快餐食品对健康的影响逐渐被越来越多的人重视，这成为麦当劳的又一难题。2003年3月5日的"两会"上，全国政协委员张皎建议严格限制麦当劳、肯德基的发展；世界卫生组织（WHO）也正式宣布，麦当劳和肯德基的油煎、油炸食品中含有大量致癌毒素病毒。

在各种因素的综合作用下，2002年10月麦当劳股价跌至7年以来的最低点，比1998年缩水70%，并在2002年第四季度第一次出现了亏损。为改变这种情况，2002年年初，麦当劳新的全球首席营销官拉里·莱特（Larry Light）上任，并策划了一系列整合营销传播方案，实施麦当劳品牌更新计划。

2003年，麦当劳在中国台湾、新加坡等地推出了"和风饭食系列"、"韩式泡菜堡"，在中国大陆推出了"板烧鸡腿汉堡"，放松标准化模式，发挥本地化策略优势，推出新产品，顺应当地消费者的需求。2003年8月，麦当劳宣布，来自天津的孙蒙蒙女士成为麦当劳在内地的首个特许加盟商，打破了中国内地独资开设连锁店的惯例。2003年9月2日，麦当劳正式启动"我就喜欢"品牌更新计划。麦当劳第一次同时在全球100多个国家联合起来用同一组广告、同一种信息进行品牌宣传，一改几十年不变的"迎合妈妈和小孩"的快乐形象，放弃坚持了近50年的"家庭"定位举措，将注意力对准35岁以下的年轻消费群体，围绕着"酷"、"自己做主"、"我行我素"等年轻人推崇的理念，把麦当劳打造成年轻化、时尚化的形象。同时，麦当劳连锁店的广告海报和员工服装的基本色都换成了时尚前卫的黑色。配合品牌广告宣传，麦当劳推出了一系列超"酷"的促销活动，例如，只要对服务员大声说"我就喜欢"或"I'm Loving It"，就能获赠圆筒冰激凌，这样的活动很受年轻人的欢迎。2003年11月24日，麦当劳与"动感地带"（M-Zone）宣布结成合作联盟，并在全国麦当劳店内同步推出了一系列"我的地盘，我就喜欢"的"通信+快餐"的协同营销活动。麦当劳还将在中国餐厅内提供WiFi服务，让消费者可以在麦当劳餐厅内享受时尚的无线上网乐趣。2004年2月12日，麦当劳与姚明签约，姚明成为麦当劳全球形象代言人。姚明将在身体健康和活动性、奥林匹克计划以及"我就喜欢"营销活动和客户沟通方面发挥重要作用。2004年2月23日，麦当劳推出"365天给你优质惊喜、超值惊喜"活动，推出一项"超值惊喜、不过5元"的促销活动。在2004年2月23日到8月24日期间，共有近10款食品价格降到了5元以内。2004年2月27日，麦当劳宣布，将其全球范围内的奥运会合作伙伴关系延长到2012年。此举一次性地将其赞助权延长连续四届奥运会。这一为期八年的续约延续了麦当劳在餐馆和食品服务领域向2006年意大利都灵冬季奥运会、2008年中国北京奥运会、2010年加拿大温哥华冬奥会以及2012年奥运会的独家销售权利，还可以在全球营销活动中使用奥运会的五环标志，并获得对全球201个国家和地区的奥运会参赛队伍的独家赞助机会。

经过一系列的努力，麦当劳2003年11月份销售收入增长了14.9%，亚太地区的销售收入增长了16.2%。公司的股价逆市上涨，创下了16个月以来的新高。2003年12月JP摩根集团称，麦当劳在全球经营已经有了很大的改变，并将麦当劳的股票评级从"一般市场表现"调升至"超出市场表现"。

（资料来源：http://wenku.baidu.com/view/ca16c4a6f524ccbff121840a.html）

本 章 小 结

广告策划是指广告人在市场调查和系统分析的基础上，为实现广告目标，整合已经掌握的知识、情报和手段，对广告活动进行系统的统筹规划，即对包括市场调查、广告战略、广告策略、经费预算、效果评估在内的各运作环节进行的总体决策。广告策划在整个广告活动中处于指导地位，贯穿于广告活动的各个阶段，涉及广告活动的各个方面。

一个完整的广告策划一般要经过以下程序：市场调查分析、广告战略规划、控制阶段、执行阶段。

广告策划的内容涉及广告活动的基本过程。一般包括：市场调查分析、制定广告目标、确定广告对象、选择广告主题、进行广告创意、确定广告媒体和广告预算以及广告效果评估。

在广告策划中，广告目标说明广告策划人与企业想做什么广告、达到什么目的；而广告预算则限制广告策划人能做什么，要求以尽可能少的经费达到尽可能好的广告效果。确定广告预算是广告策划的重要内容，不仅直接影响到广告产品的效益，而且影响到企业的整体效益。

整合营销传播的意思是，将与企业有关的所有市场营销活动用一个统一的声音、一样的形态传达出去。整合营销传播的核心是从消费者的角度出发，通过对他们欲望和需求的分析，用最小的代价给他们带来购买方便和心理满足，并且通过顾客资料库与他们进行持续的沟通，建立一种忠诚的关系，最终占领市场，取得长期的经济利益。

关 键 概 念

广告策划 整合营销传播 广告目标 广告对象 广告主题 广告创意 广告媒体渠道 广告效果评估 市场细分 目标市场 市场定位 广告计划书

复习与思考题

一、多项选择题

1. 广告策划的核心内容是（   ）。
   A. 广告调查与分析   B. 广告决策与计划   C. 广告宣传与实施   D. 广告效果评估与测定
2. 广告策划的原则包括（   ）。
   A. 目标性   B. 系统性   C. 可操作性   D. 灵活性
   E. 创造性和真实性

二、思考题

1. 广告策划包括哪些基本的内容？
2. 进行广告策划时应该注意文化上的哪些制约作用？
3. 为什么说广告调查给广告策划提供了科学的依据？
4. 对竞争对手广告形式的调查有哪些内容？
5. 作为整合传播的广告，其特性具体体现在哪几个方面？
6. 整合营销传播的内涵包括哪几个方面？
7. 整合营销传播的基本思路是什么？

三、案例分析

王老吉广告策划

1. 问题的提出

2002年以前，从表面来看，红色罐装王老吉（以下简称"红罐王老吉"）是一个很不错的品牌，在广东、浙南地区销量稳定，盈利状况良好，有比较固定的消费群，红罐王老吉饮料的销售业绩连续几年维持在1亿多元。发展到这个规模后,加多宝的管理层发现,要把企业做大,要走向全国,就必须克服一连串的问题,甚至原本的一些优势也成为困扰企业继续成长的障碍。

而在所有困扰中,最核心的问题是企业不得不面临一个现实难题——红罐王老吉当"凉茶"卖还是当"饮料"卖?

问题表现一:广东、浙南消费者对红罐王老吉认知混乱。在广东,传统凉茶(如颗粒冲剂、自家煲制、凉茶铺煲制等)因下火功效显著,消费者普遍当成"药"用,无需经常饮用。而"王老吉"这个具有上百年历史的品牌就是凉茶的代称,可谓说起凉茶就想到王老吉。因此,红罐王老吉受品牌固有认知所累,并不能很顺利地让广东人接受它作为一种可以经常饮用的饮料,销量大大受限。

从另一个角度来看,加多宝生产的红罐王老吉配方源自中国香港王氏后人,其气味、颜色、包装都与广东消费者观念中的传统凉茶有很大区别,因口感偏甜,按中国"良药苦口"的传统观念,消费者自然感觉其"降火"药力不足,当有"降火"需求时,往往买其他苦味凉茶。所以对消费者来说,在讲究"功效"的凉茶中,它也不是一个好的选择。

在广东区域,红罐王老吉拥有凉茶始祖王老吉的品牌,却长着一副饮料化的面孔,让消费者觉得"它好像是凉茶,又好像是饮料",陷入认知混乱之中。

在加多宝的另一个主要销售区域浙南,消费者将"红罐王老吉"与康师傅茶、旺仔牛奶等饮料相提并论,没有不适合长期饮用的禁忌。加之当地海外华人众多,经他们的引导带动,红罐王老吉很快成为当地最畅销的产品。企业担心,红罐王老吉可能会成为来去匆匆的时尚,如同当年在浙南红极一时的椰树椰汁,很快又被新的时髦产品替代,一夜之间在大街小巷消失得干干净净。

面对消费者这些混乱的认知,企业急需通过广告提供一个强势的品牌信息引导,明确红罐王老吉的核心价值,并与竞争者区别开来。

问题表现二:红罐王老吉无法走出广东、浙南。在两广以外,人们并没有凉茶的概念,甚至在广告调查中频频出现"凉茶就是凉白开"、"我们不喝凉的茶水,泡热茶"这些看法。树立凉茶概念显然费用惊人。而且,内地的消费者"降火"的需求已经被填补,他们大多是通过服用牛黄解毒片之类的药物来解决。

做凉茶困难重重,做饮料同样危机四伏。如果放眼整个饮料行业,以可口可乐、百事可乐为代表的碳酸饮料,以康师傅、统一为代表的茶饮料和果汁饮料,更是处在难以撼动的市场领先地位。

而且,红罐王老吉以"金银花、甘草、菊花等"草本植物熬制,有淡淡的中药味,对口味至上的饮料而言,的确存在不小的障碍,这使得红罐王老吉面临一个尴尬境地:既不能固守两地,也无法在全国范围推广。

问题表现三:推广概念模糊。如果用"凉茶"概念来推广,加多宝公司担心其销量将受到限制,但作为"饮料"推广又没有找到合适的区别,因此,在广告宣传上不得不模棱两可。

在红罐王老吉前几年的推广中,消费者不知道为什么要买它,企业也不知道怎么去卖它。企业要想发展,就必须搞清楚一个问题:消费者为什么买我的产品?

2. 解决策略

2002年年底,加多宝找到成美营销顾问公司,初衷是想为红罐王老吉拍一条以赞助奥运会为主题的广告片,要以"体育、健康"的口号来进行宣传,以期推动销售。成美营销顾问公司经初步研究后发现,红罐王老吉的销售问题不是通过简单的拍广告片可以解决的——这种问题目前在中国企业中特别典型:一遇到销量受阻,就赶快搞出一条"大创意"的新广告。成美认为,红罐王老吉首先要解决的是品牌定位问题。

红罐王老吉虽然销售了7年,其品牌却从未经过系统、严谨的定位,企业都无法回答红罐王老吉究竟是什么,消费者就更不清楚为什么要买它——这是红罐王老吉缺乏品牌定位所致。这个根本问题不解决,拍什么"有创意"的广告片都无济于事。加多宝公司接受了建议,决定暂停拍广告片,委托成美先对红罐王老吉进行品牌定位。

按常规做法,品牌的定位都是以消费者的需求为基础展开,但仅仅符合消费者的需求并不能让王老吉与其他竞争品牌形成鲜明差异。成功的品牌定位,一是要满足消费者的需求;二是要顺应消费者的认知概念,提出与竞争者不同的主张。

3. 调查分析

为了解消费者的认知,成美公司的调研人员首先调查了红罐王老吉及竞争者在市场上既往传播的信息;其次对加多宝员工、经销商、零售商进行大量访谈调查;最后又请市场调查公司对其消费者进行多形式调查。以调查信息为基础进行综合分析,理清红罐王老吉的目标市场,即红罐王老吉应当在哪个细分市场中参与竞争。

调查发现,广东的消费者饮用红罐王老吉主要在烧烤、登山等场合,原因是感觉"吃烧烤容易上火,喝一罐先预防一下"、"可能会上火,但这时候还没有必要吃牛黄解毒片"。

在浙南,饮用场合主要集中在"外出就餐、聚会、家庭"。在对当地饮食文化作进一步了解后,研究人员发现,该地区消费者对于"上火"的担忧比广东有过之而无不及。如消费者座谈会桌上的话梅蜜饯、可口可乐都被说成了"会上火"的危险品而无人问津。

后面的跟进研究也证实了这一点,发现可乐在温州等地销售始终低落,最后两乐几乎放弃了该市场,一般都不进行广告投放。而他们对红罐王老吉的评价是"不会上火","健康,小孩老人都能喝,不会引起上火"。这些观念并没有科学依据,但这就是浙南消费者对红罐王老吉的认知,这是调查研究得到的最有价值的"市场事实"。

消费者的认知和购买行为均表明,消费者对红罐王老吉并无"治疗"要求,购买红罐王老吉的真实动机是用于"预防上火",如希望在品尝烧烤时减少上火情况发生等,真正上火以后可能会采用药物如牛黄解毒片、传统凉茶类治疗。

进一步调查消费者对竞争对手的看法,则发现红罐王老吉的直接竞争对手如菊花茶、清凉茶等由于缺乏品牌推广,仅是低价渗透市场,并未有"预防上火的饮料"的定位。而可乐、茶饮料、果汁饮料、水等明显不具备"预防上火"的功能,仅仅是间接的竞争。

4. 广告目标

如何实现"进军全国市场"的战略目标,成为研究品牌定位的下一步工作的出发点。通过二手资料、专家访谈等研究表明,中国几千年的中医概念"清热祛火"在全国广为普及,"上火"的概念也在各地深入人心,这就使王老吉突破凉茶概念地域局限成为可能。如果能成功地传播"预防上火的饮料"这个品牌定位,让消费者接受这个认知,那么,只要有中国人的地方,红罐王老吉就能活下去。

5. 品牌定位

任何一个品牌的定位,都必须依据该品牌占据优势的概念。研究人员的调查表明,红罐王老吉的"凉茶始祖"身份、神秘中草药配方、175年的历史等传统概念,都是其定位"预防上火的饮料"的优势概念。

至此,品牌定位的研究完成。一个月后,成美公司向加多宝集团提交了品牌定位研究报告:

(1) 明确红罐王老吉是在"饮料"行业中竞争,竞争对手应是其他饮料。

(2) 品牌定位——"预防上火的饮料",独特的价值在于——喝红罐王老吉能预防"上火",让消费者无忧地尽情享受生活:吃煎炸、香辣美食、熬夜看足球……

这样定位益处有四:

其一,有利于红罐王老吉走出广东、浙南。由于"上火"是一个全国普遍性的中医概念,而不再像"凉茶"那样局限于两广地区,这为王老吉走向全国扫除了障碍。

其二,避免红罐王老吉与国内外饮料巨头直接竞争,形成独特的区隔。

其三,成功地将红罐王老吉产品的劣势转化为优势,淡淡的中药味,成功转变为"预防上火"的有力支撑,3.5元的零售价,因为"预防上火"的功能不再"高不可攀"。

其四,有利于加多宝企业与国内王老吉药业合作。

由于红罐王老吉定位在功能饮料,区别于王老吉药业的"药品",因此,能更好地促成两家合作共建"王老吉"品牌。

成美在报告中还提出,在消费者的认知中,"辛辣"、"煎炸"饮食是上火的一个重要原因,因此,建议在维护原有销售渠道的基础上,加大力度开拓餐饮渠道,重点选择大中型湘菜馆、川菜馆、火锅店、烧烤场打造旗舰店的形象。

凭借在饮料市场上的丰富经验和敏锐的市场直觉,加多宝董事长陈鸿道当场确定全部接受报告的建议,立即根据品牌定位对红罐王老吉展开以广告领先的整合营销传播。到此,王老吉广告上场的时机成熟了!

6. 广告主题与创意(诉求策略)

明确了品牌定位,接下来重要的是通过传播手段让消费者接受并认同这种定位概念,从而持久、有力地影响消费者的购买决策。接着,成美为红罐王老吉制定了广告主题"怕上火,喝王老吉",在传播上尽量凸现红罐王老吉作为饮料的性质,开始以轻松、欢快、健康的形象出现,避免出现对症下药式的负面诉求,从而把红罐王老吉和"传统凉茶"区分开来。

为了更直观地唤起消费者的需求,电视广告选用了消费者认为日常生活中最易上火的五个场景:吃火锅、通宵看球、吃油炸食品、吃烧烤和夏日阳光浴,画面中人们在开心享受上述活动的同时纷纷畅饮红罐王老吉。结合时尚动感十足的广告歌反复吟唱"不用害怕什么,尽情享受生活,怕上火,喝王老吉……",促使消费者在吃火锅、吃烧烤、吃油炸食品和熬夜时自然联想到红罐王老吉,从而促成购买。

红罐王老吉的电视媒体选择主要锁定覆盖全国的中央电视台,结合原有广东、浙南销售区域的强势地方媒体,在2003年短短几个月,一举投入4 000多万元广告费,销量立竿见影,得到迅速提升。同年11月,企业乘胜追击,再斥巨资购买了中央电视台2004年黄金广告时段。正是这种急风暴雨式的投放方式保证了红罐王老吉在短期内迅速进入人们的头脑,并迅速红遍全国大江南北。

2003年年初,企业用于红罐王老吉推广的总预算仅1 000万元,这是根据2002年的实际销量来划拨的。当时红罐王老吉的销售主要集中在深圳、东莞和浙南这三个区域。随着定位广告在全国的第一轮投放,销量迅速上升,给企业极大的信心,于是不断追加广告费用。到2003年年底,仅广告投放累计超过4 000万元,年销售额达到了6亿元——这种量力而行、滚动发展的模式非常适合国内许多志在全国市场但实力暂时不足的企业。

7. 整合营销传播

为配合餐饮新渠道的开拓,企业设计制作了电子显示屏、灯笼广告等餐饮场所乐于接受的免费广告。在传播内容上,充分考虑终端广告应直接刺激消费者的购买欲望,将产品包装作为主要视觉元素,集中宣传一个信息:"怕上火,喝王老吉",餐饮场所的POP最有效地配合了电视广告。

8. 营业推广配合

在频频的消费者促销活动中,同样是围绕着"怕上火,喝王老吉"这一传播主题进行。如公司举行了"炎夏消暑王老吉,绿水青山任我行"刮刮卡活动,中奖者可获避暑胜地门票两张等。这样的促销,既达到了即时促销的目的,又有力地支持了红罐王老吉"预防上火的饮料"的品牌定位。

9. 商业推广配合

针对中间商促销,加多宝除了巩固传统渠道的"加多宝销售精英俱乐部"外,还加强餐饮渠道的开拓与控制,推行"火锅店铺市"与"合作酒店"的计划,选择主流火锅店、酒楼作为"王老吉诚意合作店",投入资金与它们共同进行节日的促销活动。由于商家得到了实惠的促销利益,红罐王老吉迅速进入餐饮渠道,成为主要推荐饮品。

红罐王老吉成功的品牌定位和传播,给这个有175年历史的、带有浓厚岭南特色的产品带来了巨大的效益:2003年红罐王老吉的销售额比2002年同期增长了近4倍,由2002年的1亿多元猛增至6亿元,并以迅雷不及掩耳之势冲出广东;2004年,尽管企业不断扩大产能,但仍供不应求,订单如雪片般纷至沓来,全年销量突破10亿元;2005年再接再厉,全年销量稳过20亿元;2006年销量40亿元;2007年销量达90亿元;2008年高达120亿元。

(资料来源:http://www.chddh.cn/wenzi/6454.html)

案例思考

1. 结合案例总结广告策划的流程。
2. 你觉得王老吉广告策划成功的关键原因有哪些?
3. 结合案例指出广告策划书的撰写内容。

第四章 广告调研

【学习目标】
1. 明确广告调研的目的和意义。
2. 掌握广告调研的基本内容。
3. 了解广告调研的基本模式。
4. 掌握常用的广告调查方法。

【案例导入】

速溶咖啡调研

20 世纪 40~50 年代，随着生活节奏的加快，咖啡市场上推出了一种不用费力、费时去煮和洗的速溶咖啡。速溶咖啡在美国投入市场后，销路与原来预料的大相径庭，于是厂家请了心理学家对消费者进行了关于为什么不喜欢速溶咖啡的调查。在最先采用的问卷调查中，由于采用直接询问法，很多被调查者都回答是因为不喜欢速溶咖啡的味道，而实际上速溶咖啡的味道是经过测试的，与人们习惯使用的豆煮咖啡并没有什么差别，后来心理学家改用了间接的测量方法，才找出了消费者不喜欢速溶咖啡的真正原因，即家庭主妇担心购买使用速溶咖啡会被人认为是懒惰的人，是不称职的妻子。得到这个结论后，厂家委托广告代理公司在广告策略上立即进行改变，不再单纯地诉求速溶咖啡的方便和纯正的味道，而是告诉家庭妇女，购买速溶咖啡，能节约更多时间做其他事情，比如插花等，让她做个更称职的妻子。这样调整后，经过广告宣传，市场状况得到很大的改变。由此可见，一个产品包括新产品的推广和老产品的市场拓展都离不开对市场、消费者的调研。

(资料来源：http://www.lanbowh.com/NewsView.asp？ID=330)

由上述案例可以看出，广告调研对于企业产品的销售有着至关重要的作用，通过调研可以了解消费者的实际需求和潜在需求，借助广告宣传符合消费者需求的产品，有利于满足消费者的需求，促进产品销售。因此，分析市场、分析产品、分析竞争者、分析消费者等都是取得营销成功和广告成功的基础工作。

本章主要介绍广告调研的基本内容、广告调研的基本模式以及常用的广告调查方法。

第一节 广告调研的基本内容

一、广告调研的含义及特点

（一）广告调研的含义

广告调研是指企业为有效地展开广告活动，利用科学的调查、分析方法，对与广告活动有关的资料进行系统的收集、整理、分析和评价，以期获取真实可靠和具有权威性、客观性的第一手资料。广告调研是广告计划、广告预算、广告组织以及广告效果等一系列广告活动的开端。只有通过广告调研，才能在广告策划过程中确立正确的广告目标，制定科学的广告策略，企业的广告活动才能达到预期的目的。

（二）广告调研的特点

1. 明确的目的性。任何广告活动都是针对某一特定的企业和产品，因此，开展每一项广告调研都要有明确的目的，这样才能制定相应的调研计划和方案，采取相应的调研方法，实现广告目的。

2. 调研方法的科学性和全面性。广告调研是对市场状况进行分析和判断，不能凭借个人经验或主观猜测，而是要借助现代化科学技术手段，经过一系列严密的程序，在科学分析和论证的基础上得出结论。具体包括：运用抽样调查方法、观察法、实验法和态度测量表法等现代调查技术进行市场调查；运用计算机分析、整理市场情报资料；建立反映市场需求结构及其变动的调查模型；对调查结果进行误差分析。其中，每项程序或环节都必须建立在科学、严密、准确无误的基础上，这样才能得出准确可靠的结论。

3. 资料收集的经济性。广告调研展开之前，需要根据广告的目的收集相关的资料，这些资料主要包括以下四个方面：

（1）已有资料，主要来自广告主市场调查。

（2）广告公司已积累的资料，一般来自公司资料库。

（3）所需进行实地调查的资料。

（4）根据费用与效果之比决定是委托调查还是自行调查。

4. 系统性。广告调研在指导思想上坚持从系统观念出发，把影响广告策划的各种因素视为一个有机的系统，研究各种因素之间的内在联系，从因素之间的联系制约和相互作用中把握市场需求的变化趋势与运动规律。同时，广告调研把某种产品或某个局部市场的需求调查作为子系统，形成一个完整有序的广告调研系统。

二、广告调研的基本原则

在广告活动中，广告调研是决定广告策划成功的关键。原因在于它能够在错综复杂的市场变幻中把握市场的规律和本质、了解消费者的需求。因此，必须遵循三个基本原则。

（一）科学性原则

科学性原则是指广告信息必须是通过科学的方法获取的。它要求市场研究人员在调查设计、抽样设计及资料采集、数据分析和统计处理等一系列过程中都必须遵守科学规律，尤其要注意科学地运用抽样设计方法、资料采集方法和统计方法。

（二）客观性原则

客观性原则是指在调查过程中尊重客观事实，真实准确地反映客观情况，避免主观偏见或人为地修改数据结果。在市场调查中，研究人员通常会假设或预测调查结果，这种先入为主的看法会影响调查结果。有时调查结果与客户的预测不一致，甚至对客户不利。在这种情况下，只要整个调查过程是科学的，结果是可靠的，应该坚持不为迎合客户而擅自修改数据结果。

（三）保密性原则

广告调研的保密性原则体现在两个方面：一是为客户保密。许多广告调研有委托人，因此，市场调查公司以及从事市场调查的人员必须对调查获得的信息保密。在激烈的市场竞争中，信息是非常重要的，一旦将信息泄露出去，将可能损害客户的利益，同时也会影响市场调查公司的信誉。二是为受调查者所提供信息保密，不管受调查者提供什么信息，也不管受调查者所提供信息的重要程度如何。如果受调查者发现自己提供的信息被暴露出来，一方面可能给他们带来某种程度的伤害；另一方面即使不会给他们带来任何不利，也会使他们对调查失去信任。

三、广告调研的基本内容

广告调研作为广告运作不可或缺的分析工具，已经渗透到各个环节。相应的广告调研的内容也十分丰富，涉及广告环境、广告企业、广告产品、消费者、广告媒体、广告效果等方面。通过市场调研所获得的资料，除了可供了解目前的市场情况外，还可以对市场变化趋势进行预测，充分利用市场的变化，从中谋求企业的利益。广告调研的范围和内容主要有以下方面。

（一）广告环境调研

广告环境可以分为宏观环境和微观环境。其中，宏观环境的调研主要是影响广告活动的地理环境和人文环境等；微观环境主要是指广告的市场环境，包括市场态势、产品情况、消费者分析、广告主及竞争者的优劣势。了解和分析市场环境对广告运作有着直接的作用。立邦漆的广告显然是没有对广告经营环境作足够的调研，以象征中华民族兴旺和发达的中国龙为衬托突出立邦漆的产品特色（见图4-1），"盘龙滑落"忽略了对广告环境的调研，伤害了中国人民的感情，从广告调研的角度来看，立邦漆的广告调研是失败的。

图4-1

1. 地理环境调研。主要是指调研不同地理位置的消费群体的消费需求及消费习惯、对广告媒体的选择、商品的类型和商品需求总量等。

2. 人文环境调研。

（1）政治法律环境调研。调查了解政策法规及重大政治活动等，是制定产品政策、市场销售策略和进行广告决策的依据。

（2）经济环境调研。即对社会经济形势、工业发展状况、商业布局、经济发展潜力以及涉及经济生活的各方面进行的调研。

（3）社会文化环境调研。主要包括整个社会文化背景、人口状况、家庭结构、民俗风情、文化特点、生活方式、流行时尚、民间节日和宗教信仰等内容。通过对这些内容的分析，可以为确定广告的表现方式和广告日程提供事实依据。

（4）人口统计分析。主要包括目标市场的人口总数、性别、年龄、受教育程度、职业分布、收入情况以及家庭人口、婚姻状况等，通过这些数据的统计分析，可以为产品细分市场提供依据，进而确定广告诉求对象和诉求重点。

（二）广告主体调研

广告主体是指广告信息传播活动中的传送者，也即广告活动的提议者、策划者、创意者和实施者。对于广告主体的调查有利于了解广告主体最终的要求，便于设计出有创意的广告。如图4-2所示。

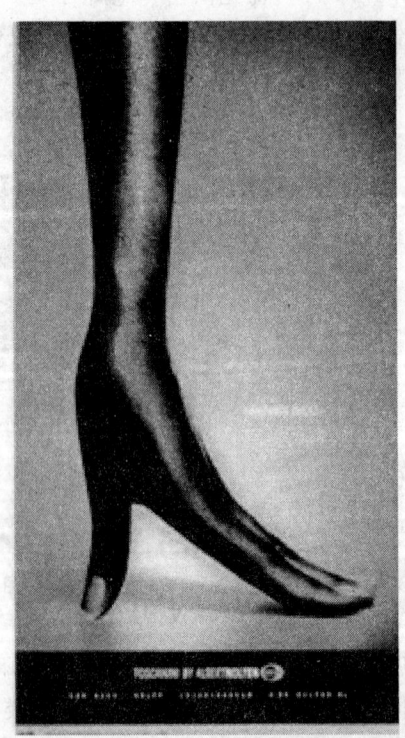

图 4-2

1. 企业经营情况调研。广告企业经营情况调研是指对企业的发展历史与现状、企业规模和行业特点、行业竞争能力等情况的调研。其目的在于为广告策划和创意提供依据,从而有的放矢地实施广告策略,强化广告诉求。主要包括以下四个方面。

(1) 企业历史。主要了解企业是何时创立的,在历史上有过什么成绩,其社会地位和社会声誉如何等情况。

(2) 企业资产实力和科技开发水平。主要了解企业的产值、利润、资产负债情况、生产设备和操作技术是否先进以及科技开发水平如何。

(3) 企业人员素质。主要了解企业人员的学历构成、技术构成、年龄构成、业务水平、工作态度和工作作风等情况。

(4) 企业经营管理状况。主要了解企业经营业绩、企业管理组织和制度、企业文化建设情况、企业在同行中的地位如何等。

2. 企业产品调研。企业产品调研是广告市场调研的重要内容,只有准确全面地了解产品信息,才能为企业的营销战略和广告策划提供依据。美国广告大师威廉·伯恩巴克说过:"广告最重要的成功因素就是商品本身。无论你怎样有技巧,也不能为商品发明一个根本不存在的优点,广告的魔术就在商品之中。"可见,如果对产品的情况不甚了解,是不可能设计制作出成功的广告。产品调研主要包括以下四个方面的内容。

(1) 产品生产历史。主要了解广告产品的开发典故、生产历史、生产过程、生产设备等信息。

(2) 产品个性信息。主要了解广告产品与同类产品相比的突出优势,包括产品的外形特色、价格、包装设计、基本规格等。

(3) 产品生命周期。产品生命周期是指从产品进入市场销售到被市场所淘汰的整个时间过程。它一般经历投入期、成长期、成熟期和衰退期四个阶段。在每个不同的阶段企业应采取不同的营销策略和广告策略。

(4) 产品服务信息。在现代市场经济中,产品服务是影响销售的重要内容。产品服务包括售前服务、售中服务和售后服务以及其他服务制度和措施。产品服务信息能够增强消费者对广告产品的信任感。

(三) 竞争环境调研

竞争环境调研是指要查明市场竞争的结构和趋势,列举现实的和潜在的竞争对手,按目标市场的占有份额、交叉覆盖率以及消费者在不同品牌之间的流向情况,确定竞争等级和重点竞争对手,并收集竞争对手在产品和营销方面的信息,从地域、季节、媒体等多角度考察竞争对手在广告投放的比重分配,推测相关重点区域市场、营销对象及营销进展状况等方面的情况。竞争环境调研主要包括以下三个方面的内容。

（1）市场的总体情况。市场的总体情况包括该类产品的市场容量、不同产品的市场容量、主要销售渠道以及不同销售渠道的市场份额等。

（2）竞争对手。收集和分析该类市场优势品牌的基本情况，包括它们各自的生产经营管理水平、所占市场份额、产品结构、广告投放、媒体组合选择、促销活动设计，尤其是销售的组织状况、规模与力量，销售渠道选择的方式，以及它们的产品特色、销售服务、售后服务方式和消费者评价。另外，分析竞争对手在不同地区、不同季节、不同媒体的广告投放情况以及广告类型和广告效果，详细分析竞争对手的优势和劣势，以便更好地制定有效的营销和广告策略。

（3）消费者对品牌的认知度和对产品的评价。分析各品牌在不同阶层消费者心目中的形象以及与此相对应的产品的优势和弱点，消费者在购买该类产品时对品牌、产品形式、价格、质量、渠道等因素的影响程度，消费者对产品的期望值以及不同媒体广告对消费者的影响力等。

通过上述调查，可以把握竞争的现状，预测市场动向，并确定广告产品的主要竞争对手，以此发现新的市场机会，从而使企业在市场竞争中始终处于主动地位。

（四）消费者调研

广告的目的是促使消费者购买，要使消费者成为忠诚的购买者，必须对消费者进行调研，了解消费者的需求，从众多的消费者中确定产品购买者，实现产品价值。

消费者调研主要包括以下两个方面。

（1）消费者行为调研。

谁是购买者：通过调研掌握购买者的资料，可以有针对性地策划广告、开展促销活动。

何处购买：通过调研可以分析出不同场合的购买人数，以及选择该地方的理由和购买特征，从中寻找最佳的销售方式组合。

何时购买：通过调研可以了解消费者什么时候购买以及购买的频次是多少。

如何购买：主要是消费者在购买时关注的产品利益点是什么，比如价格、品牌、服务、包装等，通过调研可以较为精细地把握市场策略的制定。

购买动机：广告活动是将产品销售给目标顾客，调研购买动机是寻找广告诉求的原点。

通过以上基本资料的分析，可以明确产品或品牌在消费人群中的知名度以及他们购买的原因,为制定市场策略和广告策略提供科学的依据。

在制定广告策略时不仅需要关注消费者自然属性的因素,还需要考虑其社会的、文化的、主观的因素,主要有消费者生活方式和价值观的调研。

生活方式是特定人群的特定生活形态,是一个人所表现出的有关其活动兴趣和看法的生活模式。通过调研了解目标人群的文化价值观念和消费观念的基本资料,从而分析他们购买行为和消费行为的深层心理动机,以便制定正确的广告策略。

(2) 消费者决策调研。消费者决策是一个复杂的心理过程,可以通过以下方式的调研来获取相关资料。

参与购买的角色:通过调研,要分析出在该产品购买过程中被调研对象是发起者、影响者、决策者、购买者还是使用者,以此有针对性地组织营销活动。

购买的行为:购买行为随着购买产品或服务的类型而变化,比如产品概念、产品价格、式样等,通过调研分析判断对该产品的购买是复杂购买行为、简单购买行为、习惯性购买行为还是随意性购买行为,以便针对不同的产品设计合理的营销策略,对消费者产生导购效果。

购买决策的各个阶段:主要包括认识问题阶段、收集信息阶段、评价信息阶段、购买决策阶段和购后行为阶段。在各个不同的阶段应该采取不同的广告促销策略,从而促进广告效果。

(五) 广告媒体调研

媒体调研是指对各种广告传播媒体的特征、效能、经营状况、覆盖面、收费标准等进行的调研。图4-3是2010年上海、北京、广州、深圳、南京、武汉、东莞七大城市广告媒体的选择情况,总体来看,选择电视作为投放媒体的比重较高,这与电视这一广告媒体的优势是分不开的。广告媒体的选择与媒体各自的优势以及广告目标的确定有关,广告媒体的调研主要包括以下三个方面。

(1) 印刷类媒体的调研。印刷类媒体的调研其重点在报纸杂志和直邮等媒体。一要调查其性质,是日报还是晚报,是机关报还是行业报,是专业报纸还是知识性、趣味性报纸,是邮寄送达还是零售或直接送达。二要调查其发行量。发行量越大覆盖面就越广,千人广告费用就越低。三要调查读者层次。如年龄结构、性别、职业、收入等,是否读多种报刊,以及花多少时间读等。四要调查其发行周期,即报刊发行日期的间隔数。例如,是日报还是周报,是周刊还是旬刊、月刊、季刊等。

(2) 电子类媒体调研。重点放在广播、电视、互联网等媒体上。一要调查其传播范围。二要调查其节目的编排与组织。比如,哪些节目比较有特色,节目

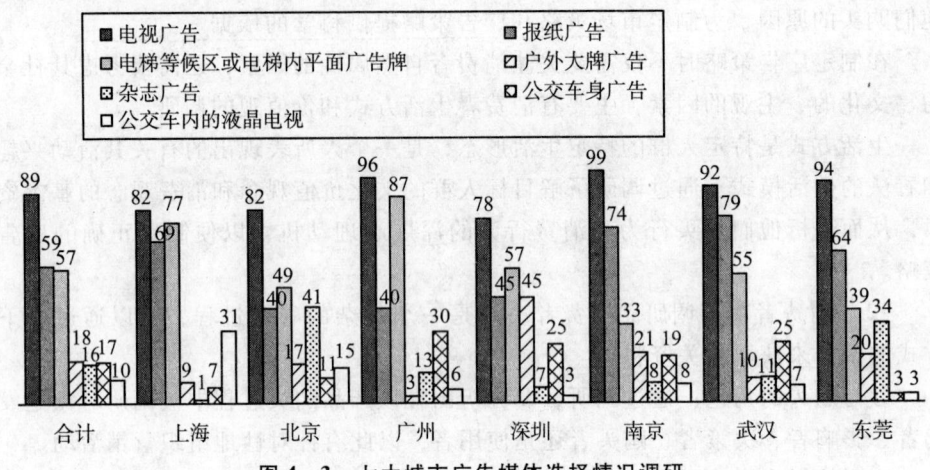

图 4-3　七大城市广告媒体选择情况调研

的质量如何等。三要调查其收听收视率及点击率,要精确到各个节目的收听收视率。例如,某商品要做电视广告,首先,要弄清楚哪一个电视台影响最广、范围最大;其次,调查拟做广告的电视台覆盖范围、收视的户数和人数;最后,调查收看该台电视节目的人们喜欢什么样的节目,多在哪一时间段内收看电视,对电视及其广告的态度如何。

(3) 其他媒体调研。除了大众媒体之外,户外、交通、特制品、POP 等均属于该类媒体。主要调查其功能特点、影响范围、广告费用等。如调查交通广告、路牌广告、POP 广告,一般是通过调查交通人数、乘客人数、进出商店人数等来测算这些广告的接触率,接触率越高,广告传播范围越广。

(六) 广告效果调研

广告效果调研是对所开展的广告活动的全部效果的调研,是一种采用各种调研手段进行的综合调研。图 4-4 是五粮液酒在《建国大业》前的贴片广告效果的评估。

广告效果调研主要包括广告的事前、事中和事后调研。

(1) 事前调研。广告事前调研除前面所提到的广告环境调研、企业调研、竞争者调研之外,还要调查广告信息在传播过程中可能引起什么样的心理反应,用于考察广告作品对广告意图的表达是否准确到位、表达方式是否具有冲击力和创造性,以便根据消费者的客观反应选择最佳的广告作品。

(2) 事中调研。主要是调研广告战略与战术计划的执行情况,以便及时发现问题,随时予以纠正。

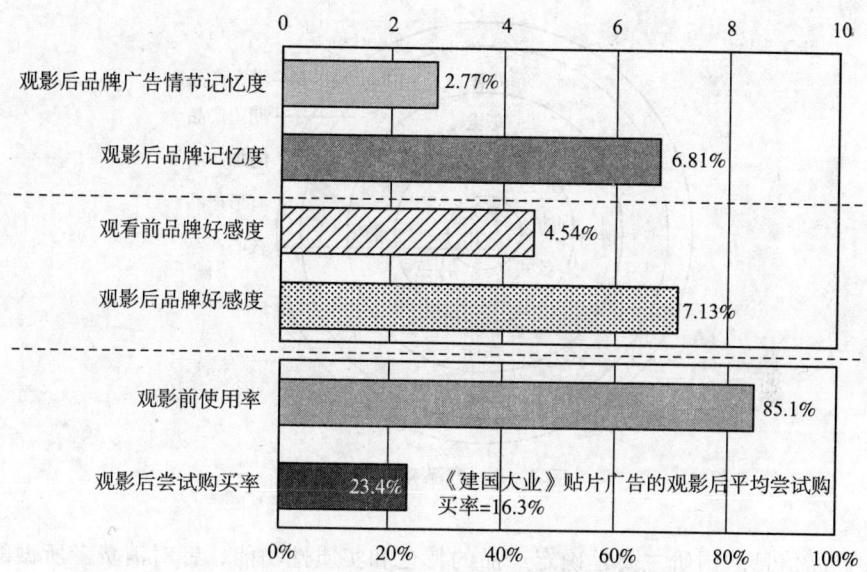

样本描述：N=1194；于2009年9~10月通过艾瑞咨询集团的iClick调研社区网络调查获得。

图 4-4　五粮液酒的广告效果评估

（3）事后调研。主要是对广告活动进行之后的广告销售效果、广告传播和社会效果作全面调研，以便总结经验，为以后制定广告战略和策略提供依据。

第二节　广告调研的基本模式

广告调研的基本模式主要包括产品走势的周期模式、消费行为的"5W2H"模式、广告定位的SWOT模式、广告价值的4P组合模式。

一、判断产品走势的周期模式

产品是广告宣传的基础，通过以产品外观为主的造型设计，获得现代社会资讯化的产品附加值。产品的整体概念分为五个层次：核心产品、有形产品、附加产品、期望产品和潜在产品。核心产品指产品的基本效用和利益；有形产品是核心产品借以实现的形式，即向市场提供的实体和服务的形象；附加产品是顾客购买有形产品时所获得的全部附加服务和利益；期望产品是指购买者购买某种产品通常所希望和默认的一组产品属性；潜在产品是指一个产品最终可能实现的全部附加部分和新增加的功能。如图4-5所示。

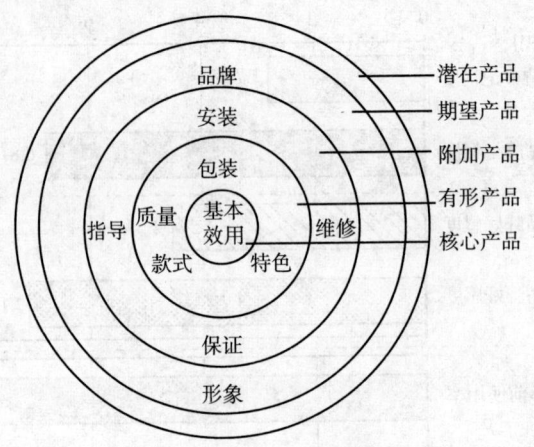

图 4-5 产品整体概念图

产品信息的调研主要是确定产品的特色和实质性功能,针对消费者所做的诉求定位,产品的需求量在其引入期、成长期、成熟期、衰退期是不同的。

引入期广告的特点是:知名度低,全面宣传。

成长期广告的特点是:突出产品的特性,使更多人了解该产品。

成熟期广告的特点是:广告诉求重点应放在品牌与产品形象宣传上,以便在巩固原有市场的基础上进一步开拓新市场。

衰退期广告的特点是:宣传产品新的改良、新的用途,以及价格和售后服务方面。

看商品在哪个周期,就需要大量的市场调研工作。

例如,可口可乐的广告推广。1886年5月8日,药剂师潘伯顿博士在自家后院的三角锅里调制出了他的产品。他从某些植物和果仁的汁液中调制出一种甜味的棕色糖浆,当他无意中将这种糖浆混入苏打水中时,这种混合液立刻产生了一种美妙无比的味道。他和朋友们考虑两个大写字母C会使广告更醒目,便起名为Coca-Cola;不久又在《亚特兰大记事报》上刊登了有史以来的第一则可口可乐广告,向全体市民推荐"一种全新的大众化的苏打水饮料"。如今可口可乐已经和自由女神像一起成了美国的象征。它之所以成为典型的美式商品,是因为它具备了美国社会的三大特征:自由经营、大量消费和铺天盖地无所不在的广告。广告使可口可乐成为头号全球产品。"成功在于广告"是它们的秘诀。2011年欧洲品牌研究所(European Brand Institute)发布的报告显示,可口可乐品牌价值为760亿美元。

二、描述消费行为的"5W2H"模式

广告的终端是面对消费者的，目的在于引起消费者的注意，赢得消费者的好评，激发消费者的购买欲望，所以企业营销的出发点和归宿都应该是消费者。因此，对于消费者的调查就非常重要，为了清楚地描绘消费者的购买行为，一般采用西方消费研究的系统方法——"5W2H"法。

（一）购买/使用角色分析——WHO

消费者市场的组成主要包括个人与家庭，这些个人与家庭是某一特定产品或劳务实际或者潜在的购买者。只有了解真正的发起者、影响者、决策者、购买者、使用者才能有针对性地做好广告定位。

发起者：第一个提建议或想到购买特定产品的人。

影响者：做最后购买决策具有影响力的人。

决策者：对全部或部分购买决策具有决定权的人。

购买者：实际从事购买的人。

使用者：使用产品的人。

（二）购买/使用动机分析——WHY

消费者是否购买某种特定产品以及消费者购买动机（诉求点）可以从以下五个方面去寻求：

1. 该商品适应于怎么样的用途；
2. 该商品是否用于其他的目的和方法，能持续使用多久；
3. 使用该商品时是否舒适，有没有使用上的困难；
4. 是否与使用者的喜好相吻合，是否具有吸引人的地方，价格是否合理；
5. 是否满足消费者的某种欲望。

（三）购买/使用地点分析——WHERE

消费者在什么地点去购买，超市—专卖店—大商场？

（四）购买/使用时机分析——WHEN

了解消费者购买或使用产品的某种规律，有利于捕捉商机，制定准确的包装容量和广告推出时机。

（五）购买/使用功能——WHAT

在消费者的实际购买行动发生时，往往会对隐藏在产品背后的购买时机产生

游移不定的感觉,需要暗中施以"消费教育"才能促进购买行为的发生,尤其在竞争品牌不断介入的情况下,将消费者购买商品的实际好处和使用功能通过广告传递出来就显得十分重要。

(六) 购买/使用方式——HOW TO

了解消费者的购买习惯,分析商品的使用环境,将为商品通路调配以及广告宣传的情境营造等提供创意的来源,增加消费指导。

(七) 购买/使用频率——HOW MUCH

不少细心的消费者往往对商品的成本和使用频率较为关注,而商家为了开发高效节能的产品也会投入大量的产品研发费用。最好的途径就是宣传商品的"物有所值"。

三、寻求广告定位的 SWOT 模式

SWOT 模式主要包括:优势 S(Strengths),劣势 W(Weakness),机会 O(Opportunities),威胁 T(Threats)。市场调查的重点就是分析广告市场环境。

广告处在一个广阔的社会环境和传播环境中,广告业的发展和广告活动的开展都无法脱离它所处的外部大环境、社会信息传播环境以及广告行业自身内部现实条件的制约。这些对广告具有影响的外部以及内部条件,就是广告环境。

广告环境如图 4-6 所示。

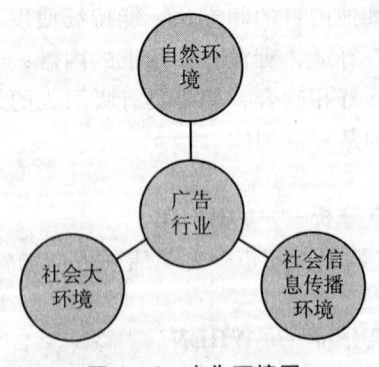

图 4-6 广告环境图

具体而言,包括以下方面。

1. 自然环境。

(1) 地理环境;

（2）气候环境；

（3）物质环境。

2. 社会人口环境。

（1）人口统计环境。对于广告主和广告目标市场来说，人口意味着需求，这里的"人口"主要考虑人口构成情况和数量。

（2）人口受教育程度。这里应该注意的是广告目标市场人口受教育程度直接影响到广告的制作与投放模式。

3. 社会大环境。

（1）经济环境；

（2）政治法规环境；

（3）社会文化环境。

4. 广告行业内部环境。

（1）媒体环境；

（2）产品（广告）竞争环境；

（3）广告受众环境。

四、提炼广告价值的4P组合模式

（一）4P营销策略

4P营销策略自20世纪50年代末由JeromeMcCarthy提出以来，对市场营销理论和实践产生了深刻的影响，被营销经理们奉为营销理论中的经典。而且，如何在4P理论指导下实现营销组合，实际上也是企业市场营销的基本运营方法。

4P指的是Product（产品）、Price（价格）、Place（地点，即分销或渠道）和Promotion（促销）四个英文单词的首字母。这一理论认为，如果一个营销组合中包括合适的产品、合适的价格、合适的分销策略和合适的促销策略，那么，这将是一个成功的营销组合，企业的营销目标也可以借以实现。

（二）4R营销策略

1. 与顾客建立关联（RELATION）。在竞争性市场中，顾客具有动态性。顾客忠诚度是变化的，他们会转移到其他企业。要提高顾客忠诚度，赢得长期而稳定的市场，重要的营销策略是通过某些有效的方式在业务、需求等方面与顾客建立关联，形成一种互助、互求、互需的关系。

2. 提高市场反应速度（REACT）。在今天相互影响的市场中，对经营者来说，最现实的问题不在于如何控制、制定和实施计划，而在于如何站在顾客的角度及时倾听顾客的希望、渴望和需求,并及时答复和迅速做出反应,满足顾客的需求。

3. 关系营销越来越重要(RELATIONSHIP)。在企业与客户的关系发生了本质性变化的市场环境中,抢占市场的关键已转变为与顾客建立长期而稳固的关系,从交易变成责任,从顾客变成用户,从管理营销组合变成管理与顾客的互动关系。

4. 回报是营销的源泉(REWARD)。对企业来说,市场营销的真正价值在于其为企业带来短期或长期的收入和利润的能力。

第三节 常用的广告调查方法

广告调查的方法基本可分为四大类,即定量调查方法、定性调查方法、观察法和实验方法。

定量调查属于描述性研究方法,是广告调查中传统的、主流的、应用最为广泛的方法,在传统广告调查中主要是应用这种方法。定量调查是利用结构式问卷,可能答案都以不同选项的形式体现在问卷中。定量调查的研究对象应具有一定的代表性,在数量上有一定规模。这种方法的研究目标非常明确,有标准化的程序和严格定义的数据格式,研究者需要获得的是相对准确的数据和信息。

定性调查属于探索性研究方法。与定量调查方法相反,调查设计的问题是非格式化的,多为开放式的问题;数据收集执行的程序是非标准化的,一般都只是针对小样本的研究。研究的价值不在于得到精确的某一类群体的需求现状和趋势,而更多地是探索消费需求的深层心理原因,获得消费者对需求的表达方式及常用语汇。

定性调查方法与定量调查方法相比有很大不同。在研究中,往往两种方法结合使用,从而发挥两种研究方法各自的优势。通常,定性研究在前,可以帮助研究者更加明确研究的问题,辨识问题的影响因素及可能的原因;可以为定量研究的问卷设计提供消费者的具体语言描述;还可以为定量研究提供研究的内容及问题框架。定性研究有时也会在定量研究之后运用,这主要是为了进一步验证定量研究的结论,或更好地解释定量研究所得的结果。

观察调查法实施简便易行,不需要太多的条件,而且调查人员不强行介入,因而能够在被观察对象不察觉的情况下获得比较真实的信息资料。

实验方法的控制因素较多,需要利用所设计的实验来研究因果关系,从而验证某种假设和结论。这种方法一般设计难度较大,对实施的条件要求也较严格。一个严格的实验需要付出的成本通常要比一般的研究方法高,因此,一般性的广告研究相对较少应用这种方法。

一、定量调查

定量调查方法，按照传统的与访问对象接触方式的不同可分为三大类，即面对面访问、电话访问、自助访问。按照访问方式不同可分为直接访问和间接访问。直接访问，是指调查者与被调查者进行面对面的交谈。间接访问，是指访问者通过电话或书面问卷工具对被调查者进行的访问。按照访问内容不同可分为标准化访问和非标准化访问。标准化访问，是指由调查者按照事先拟好的调查表的具体项目，有顺序地依次发问，让被调查者做答。非标准化访问，是指调查者按照一个提纲与被调查者自由交谈，了解情况。我们通常采用的划分方法，是根据调查人员与被调查者接触方式的不同具体分为入户访问、邮寄调查、电话调查、留置调查等形式。

定量调查的方法很多，下面重点介绍几种常用的定量调查方法。

（一）入户访问

即受访对象在家里单独接受访问员调查的方法。这在市场调查中被认为是最佳的访问方法。首先，入户访问是一种私下的、面对面的访问形式，它有很多优点，能够直接得到反馈，可以对复杂的问题进行解释等。其次，能够确保消费者轻松自然，在一个自己熟悉、安全舒适的环境中接受访问；而且入户访问也是现在唯一在理念和消费者刺激研究中获取资料的调查方法。

1. 企业在入户访问调查时要注意的问题。

首先，要决定访问什么样的家庭，如果抽样方案中已经详细给出了被访问的家庭地址和名单，那么，访员必须严格按照名单上的地址进行访问，不得随意更换。

其次，入户以后还要确定由谁接受调查访问。通常一个家庭只选择一个被访问者。调查目的不同，选择的抽样对象也会有一定的差别。如访问家庭中某个年龄段的男性，或者是访问家里对耐用消费品购买有决定权的人等，不管是什么方法，都需要访员严格按照规定执行。

最后，经过培训的访员，严格按照问卷和辅助卡片等选中的对象进行面对面的访问，准确记录每一个问题的答案并对开放式的问题进行充分的追问。

2. 入户访问调查的优势。

（1）可以自由选择样本，容易控制；

（2）可以与观察法搭配使用；

（3）可以通过观察获得被访者失真回答的补充；

(4) 访问问卷回答的完整率高；
(5) 易于回访复核。

3. 入户访问调查的缺点。
(1) 耗时较长，比如训练访员耗时、查访样本耗时、访问耗时等；
(2) 必须详细计划，严密控制进度，必须由专业机构来完成；
(3) 访员的素质要求较高，访员管理也比较困难；
(4) 成本高，且随着地区规模的增大费用相对增加；
(5) 访员在场会增加受访者的心理压力。

（二）拦截访问（街头访问、定点访问）

即在商场和客流比较大的公共场所，对消费者进行问卷访问的方法。根据拦截地点不同可分为街头拦截、街区中心定点访问。街头拦截是在街区选择恰当地点，一般是在商业街、娱乐场所、生活小区等地，由访问员对拦截的合格访问对象进行访问。街区中心定点访问，则是在商业街区选择一个相对固定的地点，一般应选择具有足够多的座位、较好环境、能够让被访者感到安静的地点，由调查公司暂时租用；访问员在选定点附近拦截合格被访者，并引导被访者至此固定点进行访问。拦截访问方法常用在消费者行为及态度研究中，例如在超市门口询问提着食品袋的消费者对购买方便食品的偏好、购买习惯、决策方式等。

1. 拦截访问的优点。
(1) 效率高。访问在现场就可以进行，不需要像入户访问那样在敲开被访者的家门后才进行访问，而可以直接面对面地向被访者征询意见，得到他们的配合，与入户访问相比可以明显节省时间及人力。
(2) 费用低。与入户访问相比，与被访者接触的难度减小了，访问的成功率提高了，因而支付访问员的费用也就比入户访问低。

2. 拦截访问的缺点。
(1) 现场控制难度大。拦截访问过程中需要安排督导员现场督导、监控，调查过程中要投入较多督导。另外，访问是在公共场所进行，特别是在户外访问，常常会有好奇的围观者，不利于访问工作进行。
(2) 事后回访较难实现。由于访问是在公共场合第一次与被访者接触，被访者不愿将真实的个人信息（如个人家庭住址、电话及其他有效联系方式）留给访问员，很难进行事后回访复核。
(3) 被访者的选取受访问员的影响较大。访问员在拦截访问对象时经常会加入个人主观意念，某些访问员可能更愿意选择表情温和、易于接近的人；而那些表情冷漠、亲和性差的人往往可能被访问员放弃，因此，获得样本总体代表性有偏差。

（三）电话访问

电话访问是访问员利用电话对抽取的访问对象直接提问有关问题，访问对象立即回答所提的问题。所以往往可以在短时间内获取所需要的信息，访问过程直接、简便，并且较为机动灵活。

1. 电话访问的优点。

（1）反馈速度快。对于一些急于收集到的资料，采用电话访问法速度最快。例如，在媒体调查中调查观众有无收看某一电视节目，以打电话方式进行调查最为快速。

（2）花费较低。在同样时间里，访问员电话访问完成的工作量要比入户访问高，因而单位问卷的访问成本也就降低。对于同样的调查问卷，调查公司需要支付给每一位电话访问员的劳务费用要比入户访问员低。

（3）适宜访问那些不易接触到的被调查者。有些被调查者不容易接触到，例如工作繁忙，或个人访问方式不易得到接纳，则短暂的电话访问可能接受。

（4）现场容易控制。电话访问员的声调、语气及用字等如果不正确，可由督导员予以纠正。

2. 电话访问的缺点。

（1）不能进行有形产品测试。由于电话访问无法向被访者出示任何产品，因而就无法进行关于产品图片测试、产品样品、广告图片、包装、口味等方面的测试访问。

（2）抽样误差较大。大部分电话访问调查以电话用户名单作为抽样基础，但并非所有的消费者或家庭皆有电话，也不是所有有电话的家庭都在电话簿上。因此，调查容易产生偏差，抽样误差较大。

（3）无法对被访者进行社会地位的判断。

（4）访问时间不能过长，问题不能深入。

（四）邮寄调查

即将问卷通过邮局寄给选定的调查对象，并请求受访对象按照规定的要求和时间填写问卷，然后寄回调查机构的调查方法。邮寄调查中，如何提高回收率是最关键的问题。

1. 邮寄调查的基本程序。

（1）根据研究目的确定调查的总体，收集相关的名单和通信地址，按照一定的抽样方法选出被调查者。

（2）通过电话或明信片以及简短的信件，与调查对象进行事先的联络，说明最近有相关的调查项目,请他们合作。

(3) 向调查对象寄出调查问卷。典型的调查问卷应该包括五个方面的内容:贴足邮资,写清调查对象地址的信封;致调查对象的信件,包括说明调查机构、调查目的、填写要求以及相关的恳请合作的文字;调查问卷;贴足回邮邮资,写清楚调查机构地址的回邮信封;谢礼或有关谢礼的承诺等。

(4) 通过电话和简短的通信,与调查对象再次接触,询问是否收到问卷,并请求寄回问卷。

(5) 对回收的问卷进行整理和编码。

(6) 如果回收率还是没有达到研究的要求,视条件许可,采取一定的措施来修正低回收率造成的误差。

2. 邮寄调查的优势。

(1) 保密性强。由于邮寄调查一般都是匿名的,被访问者填写完问卷后,用统一的回邮信封寄回。这种保密方式,让被访者有安全感,可以根据自己真实的想法填写问卷,因此,邮寄调查适合询问比较敏感的问题。

(2) 调查范围广。从原则上来说,凡是通邮的地方都可以进行调查,因此,对于面访调查或电话调查难以操作的调查项目,可以通过邮寄的方式完成。

(3) 费用低。邮寄调查的费用,与面访调查和电话调查相比,是最低的。

(4) 无访问员偏差。邮寄调查可以完全避免由于访问员的原因而产生的偏差,被访者有充分的自由和时间来处理自己的回答。

3. 邮寄调查的缺点。

(1) 回收率低。调查对象也许对调查的主题不感兴趣,或者由于问卷过长、过于复杂等原因,造成调查问卷回收率低。因此,邮寄调查应该在操作过程中通过各种有效的措施和方法来提高回收率。

(2) 花费时间长。邮出、邮回以及受访者填写问卷需要较长的时间周期,花费的时间较长。

(3) 填答问卷的质量难以控制。调查对象可能找别人填写问卷,或者没有填写完整,或者只挑自己感兴趣的问题填写等。

(4) 调查对象的限制。被访者必须是接受过教育的人,能够阅读和理解邮件的内容,因此,对于一般居民或消费者总体的调查,一般不适用邮寄调查。

4. 提高邮寄调查效率的有效方法。

(1) 跟踪提醒。这种方法要有雄厚的资金支持并能坚持不懈。

(2) 物质上的激励。问卷附上有某种价值的东西,如优惠购物券、小礼物等,有利于提高回收率。

(3) 提前通知。利用电话或信件方式提前通知被调查者。

(4) 设计问题时，对提出的问题要便于回答、便于汇总；问题要少，篇幅要短，以免占用答卷者的时间过多而失去兴趣；要求回答的问题，最好采用域图、打钩等选择形式，避免书写过多。

（五）留置广告调查

留置广告调查是介于个人访问法和邮寄调查法之间的一种调查方法，可以消除个人访问法和邮寄调查法的一些不足。访问员先将问卷留置给被访者，由被访者填写问卷，访问员在一段时期后取回填好的问卷。有的研究项目中，问卷不完全由被访者填写，部分问题由访问员访问被访者。

1. 留置广告调查的优点。

（1）调查问卷回收率高。由于当面送交问卷，说明填写要求和方法，澄清疑问，因此，可以减少误差，而且能控制回收时间，提高回收率。

（2）被访者可以自由安排时间完成调查。

（3）成本相对较低。填写过程不需要访问员，在一定程度上降低了数据收集的成本。

2. 留置广告调查的缺点。

（1）无法进行过程的控制。

（2）可能会有较高的非抽样误差。被访者由于没有访问员的现场指导，很容易误解题目而导致测试结果失真。

（3）实施需要的时间较长。

（4）调查区域范围有一定限制。

二、定性研究

（一）小组座谈会

小组座谈会简称 FGD，是定性研究中最常用的一种方式，一般是将一组受访者集中在一起以小组讨论的形式对调查的主题发表意见，主要目的在于获得方向性答案（如回答"为什么"的问题）。其最大特点是，在 1~2 名主持人的引导和控制下，若干被访者就具体主题自由讨论。一般座谈会中被访者的数量以 8~12 人为最佳，均是研究人员通过严格的挑选程序选取的与研究主题有某种联系的人。

1. 小组座谈会的优点。

（1）可以了解被访者对某一广告、概念、假设的感觉及其原因。

（2）可以作为定量研究的向导，探求定量研究中可能遇到的问题；也可以对定量研究数据作补充、解释，或确认已得到的一些信息。

（3）应用范围广，包括名称测试、包装测试、概念测试、广告测试等。

（4）资料收集时间短、见效快。

（5）所需被访问者人数较少。

（6）有监控设备，可以方便客户了解整个过程。

2. 小组座谈会的缺点。

（1）对参与者甄别条件的设定和甄别质量的控制有较高的要求，稍有偏差即直接影响到研究结果的准确性。

（2）对主持人的要求也较高，一般需受过心理学或行为学方面的训练，而且要具备较高的主持水平。

（3）参与的人员较少，所获得的资料不能精确地进行定量分析，不能将结论推及总体；有些涉及隐私、保密等问题，不容易当众询问。

（4）由于受时间的限制，需在有限时间内完成规定的内容，因而无法深入讨论。

（二）深度访问

深度访问是一种无结构的、直接的、只有一名被访问者参加的特殊访问。在访问过程中，通过掌握高级访问技巧的调查员对被访问者进行深入的访谈，尽可能让被访问者自由发挥，以揭示被访者对某一问题的潜在的动机、信念、态度和感情。与小组座谈会类似，深度访问也是用无结构的问卷获取信息的直接方法，不同之处在于深度访问是一对一进行的。一次深度访问可能要花30分钟至1个小时以上的时间。在进行访问时，虽然访问员事先有一个粗略的提纲并试图按提纲来访问，但在问题的具体措辞和顺序上完全要受被访者反应的影响。为了获取有意义的、能揭示内在问题的反应，访问技术是十分关键的。

深度访问根据其目的不同，可在定量研究之前进行，也可在定量研究之后进行。在定量研究之前进行的，一般是为后面的定量研究作基础，以求明确后期定量研究的问题；在定量研究之后进行的，是对前期定量研究的有益补充。被访者的选择一般是在对所有访问对象进行全面分析的基础上，有计划地选择若干具有典型意义或有代表性的样本进行深度访问，挖掘和研究更深层次的问题。

深度访问根据访问对象的不同可分为消费者深访和机构/行业深访。顾名思义，消费者深访是专门针对普通消费者进行的访问，机构/行业深访是专门针对某个机构或某个行业的业内人士进行的访问。另外，深度访问也可以根据访问方式的不同分为入户深访和邀请深访。入户深访是访问者到被访者家中或单位进行的一对一的访问；邀请深访是把被访者邀请到公司或某个固定地点进行访问。

1. 深度访问的优点。
（1）深度访问比小组座谈会能更深入地探索被访者的内心思想与看法。
（2）深度访问是一对一的，可进行一些涉及个人隐私方面的问题的研究。
（3）深度访问可以消除群体压力，因而可以更自由地交换信息，被访者提供的信息更真实。
（4）不需要保持群体秩序，个人会谈更容易激发出偶然的思路，这常能对主要问题提供重要的线索。
（5）一对一的交流使得被访者感到自己是注意的焦点，从而认为自己的感受和想法是重要的。

2. 深度访问的缺点。
（1）深度访问通常比小组座谈会的成本高，尤其是在被访者人数较多时。
（2）对于作深度访问的有技巧的访问员要求很高（一般是专家，需要有心理学或精神分析学的知识），也难以找到。
（3）由于调查的结果十分容易受访问员自身的影响，其结果的完整性也十分依赖于访问员的技巧，结果数据常常难以分析和解释，因此，需要熟练的心理学家来解决这个问题。
（4）由于占用的时间和花费的经费较多，因而在一个调研项目中深度访问的数量是十分有限的。

三、观察法

（一）观察法的概念

观察法是观察被调查者的行为，即不通过提问或交流，而通过观察并统计记录人、物体或事件的行为模式的过程。观察法既包括观察人也包括观察现象，既可由人员来进行，也可由机器来进行。观察法可以分为如表 4-1 所示的几种情形。

表 4-1　　　　　　　　　　观察法的几种情形

情形	举例
人员观察人	观察员置身于超市，观察主妇购物的路线、时间和商品比较的情形
人员观察现象	如观察员置身于大型户外广告牌旁，观察过路人对广告的注目情形
机器观察人	利用机器来记录人们的行为过程
机器观察现象	用交通计数器来观察主要路段的交通流量

采用观察法进行广告调查，调查者同被调查者不发生接触，被调查者的活动受外在因素的影响，因而可以客观地收集、记录被调查者的现场情况，收集的资料具有较高的准确性和可靠性。

（二）使用观察法必须具备的条件

1. 所需要的信息必须是能观察到的，或者是能从观察到的行为中推断出来的。例如，研究者想知道为什么目标消费者更愿意买某品牌的香烟，而不买其他品牌的香烟。

2. 所要观察的行为必须是重复性的、频繁的或者在某些方面是可预测的，否则观察成本会很高。

3. 所要观察的行为必须是相对短期的。例如，观察消费者购买住房的过程可能要花费几周甚至几个月的时间，这样的行为使用观察法是不适当的。

（三）观察法在广告调查中的应用

在广告调查作业的信息收集过程中，观察法的运用是非常普遍的。在广告调查中测试和评价广告文案、广告表现，观察法也是比较常用的方法。

1. 内容分析法。内容分析法是使用特定的规则把书面材料分析为有意义的单元。它是对沟通内容客观的、系统的描述。沟通的内容可以按照很多既定的标准加以分析，研究者运用内容分析法的技术可以掌握传达的内容、了解传达的技巧和分析竞争对手传达的方式。

运用内容分析法研究广告表现策略的典型事例是有关日本企业打进美国市场的广告战略研究。研究人员选用《商业周刊》、《新闻周刊》12年来有关日本产品的广告为收集对象，验证了广告战略假设的四个阶段：当日本产品在美国的知名度很低时，广告不突出产品，而是强调该企业在日本的优越地位；当企业知名度提高后，广告开始强调产品的价格、质量和外形等；进入与美国企业共同竞争阶段时，广告突出的是强于竞争对手的产品特点；产品进入主流市场，广告就开始突出其产品在全世界的强势地位。

2. 机器观察法。用测瞳仪来观察消费者在看广告时的兴趣点，以及当画面变动时注意移动的过程。测瞳仪可以测量瞳孔扩张的变化情况。实验证明：瞳孔的扩张代表积极的态度、感兴趣和收到新鲜画面的刺激。当瞳孔的亮度与屏幕的距离保持稳定时，表明人们在看广告。

但是，由于瞳孔扩张测量仪器测量的是激发、精神努力、处理负荷和焦虑等综合反应，而且被测试者收看广告的状态和实际的收视行为之间存在较大差距，所以这种方法已经不像以前那样获得研究人员的广泛认可。

（四）观察法的优点

1. 具有直观性和可靠性。观察法可以比较客观地收集第一手资料，直接记录调查的事实和被调查者在现场的行为，调查的结果从某种意义上来说更接近实际。

2. 观察法基本是调查的单方面的活动，特别是掩饰观察，一般不依赖语言交流，因此，可以避免很多因为访问员及询问方式等产生的误差因素，同时，访问员也不会受到与被观察者意愿和回答能力等有关问题的困扰。

3. 观察法操作简便、易行、灵活性强，可随时随地进行。

（五）观察法的缺点

1. 通常只有行为和自然的物理过程才能被观察到，调查人员无法通过观察法了解被观察者的动机、态度、想法和情感。

2. 只有公开的行为可以被观察到，对于一些私下的行为方式进行观察是非常困难和不可行的。

3. 被观察到的当前行为并不能代表未来的行为，消费者选择商品的随意性也使观察到的行为可能并不具有代表性。

4. 调查的问题只能在现场发生时才能被观察到，调查人员无法预料它何时何地发生，需长时间反复观察才能取得调查结果，因而耗时较长，同时调查费用较高。

（六）观察法的注意事项

1. 为了使观察结果具有代表性，并反映某类事物的一般情况，应设计好抽样方案，以使观察对象和时段具有较好的代表性。

2. 在进行实际观察时，最好不让被观察者有所察觉，否则，就无法了解被观察者的自然反应、行为和感受。

3. 在实际观察时，必须实事求是、客观公正，不得带有主观偏见，因此，要对调查人员进行有效培训，提高调查人员的业务素质。

4. 调查人员的记录用纸和观察项目最好有一定的格式，便于详细地记录观察中的有关事项，而且整理结果时也相对轻松。

5. 为了观察客观事物的发展变化过程，进行动态对比研究就需要进行长期的、反复的观察。

四、实验法

(一) 实验法的概念

实验法也叫市场试验法,是将科学实验中的方法应用于市场调查中。其基本思想是,为了自始至终保持实验的公正性,使实验结果具有可比性。实验法的方法是,将调查对象随机地分为两个组,或按配对的方法分成两个条件相当的组:实验组和控制组。改变实验组的控制变量,如广告、价格、包装或某种营销活动等,而控制组保持不变。对两个组实验前后的结果进行比较和评价,从而得出该控制变量对市场的影响程度。

(二) 实验法在市场营销中的运用

实验法研究的目的是,帮助营销管理者对产品做出更好的决策,并对现有产品或营销战略进行调整。营销人员在规模小且成本较低的基础上利用实验法,对所提出的在全国范围内推广的产品进行评估,所得到的信息可以用来确定产品在全国推广的评估利润是否超过潜在的风险。实验法可提供以下的基本信息。

1. 评估市场份额与容量,以推测整个市场。
2. 新产品对公司已上市类似产品销售量的影响。这种影响可用替换率来表示,是指新产品取代现有产品的程度。如将新产品与其他同类产品让消费者进行无标识试用,从而了解新产品在消费者心目中的位置。
3. 产品的消费者特征。收集各地区的人口统计数据以及消费者心理特征和其他的有关数据,这些信息将有助于公司改善产品的营销策略,对如何进行产品定位和确定吸引顾客的促销手段将提供有价值的参考。
4. 测试期间竞争者的行为也是非常重要的信息,例如,产品上市后竞争者的对应政策。

(三) 实验法的优点和缺点

实验法的优点表现在:可以有控制地分析、观察某些市场现象之间的因果关系及相互影响程度,获得的调查结果较为客观、准确。

实验法的局限性表现在:其一,由于经济变量的影响因素错综复杂,往往在一定程度上影响了对实验效果的评价;其二,实验法仅限于对目前广告市场变量之间关系的观察分析,无法研究过去的情况,也无法预测未来;其三,实验法所需时间较长,成本比较高,实验与推广受到限制。

(四)广告调查中常用的实验法

1. 前后连续对比实验。这是指同一企业在不同的给定条件下对前后不同时期的广告实验对象加以观察对比,分析自变量与因变量之间关系的实验。

2. 控制组与实验组对比实验。这是指在同一时间给定条件不同的情况下两组之间的对比实验。实验组按一定的实验条件进行实验,控制组按一般情况组织经济活动,用来与实验组进行对比,借以测定实验的效果。在选择实验组和控制组时,要求两者之间必须具有一定的可比性,主、客观条件要基本相同或相似,以确保实验结果的准确性。

采取控制组与实验组对比实验调查,要进行事后测量,其计算公式如下:

$$实验变数效果 = X_2 - Y_2$$

其中,X_2 为实验组数据;Y_2 为控制组数据。

3. 控制组与实验组前后对比实验。这是指在同一时间周期内,在不同的企业、单位之间选取控制组和实验组,并且对实验结果分别进行事前测量和事后测量,再进行事前事后对比。这一实验方法的变数多,有利于消除实验期间外界因素的影响,提高实验结果的准确性。采取控制组与实验组前后对比实验,其计算公式如表 4-2 所示。

表 4-2 实验变数效果测量表

组别	事前测量	事后测量	变动	实验变数效果
实验组	X_1	X_2	$X_2 - X_1$	$(X_2 - X_1) - (Y_2 - Y_1)$
控制组	Y_1	Y_2	$Y_2 - Y_1$	

注:X_1、X_2 为实验组数据,Y_1、Y_2 为控制组数据。

在实验法中,对实验前后的经济变量要求增加的(如销售额、利润等),正值越大,说明实验效果越好;相反,对实验前后的经济变量要求减少的,正值越小,说明实验效果越好。

五、动机调查

了解人们意识深层中决定其行为动机的研究称为动机调查或动机研究。动机是由于需要引起的,在市场调查中,动机调查一般是指购买动机调查,特别是注重对消费者的潜意识(偏见、臆测、恐怖和情绪冲动等)和下意识(不自觉的思想、欲望和行动等)的研究。这种研究需要具备心理学、精神分析学的知识以及必要的技巧和设备。观察法、全面调查法、实验法可以是定量的调查,也可以是定性的调查；而动机调查基本上属于定性的调查。动机调查法一般不将结果数量化，因此，很难或不可能进行统计处理。动机调查方法有以下四种。

（一）深层面谈法

这是指调查者和被调查者一对一面谈。在自由交谈中，从被调查者的反应、态度或看法、意见中探求深层的东西。因此，需要有经过特殊训练的访问员，并且要应用心理学和精神分析的方法。不采用问卷，但必须事先准备好"面谈提要"。

（二）小组面谈法

由4~8位被调查者组成小组，由访问员掌握、引导讨论，针对所给出的中心问题，使参加者自由地发表意见。主持人对人们的心理、对社会各方面的情况必须十分熟悉，一般是有组织能力并善于很好把握会场的心理学家。同时，应尽量做好记录，可速记或录音。同一小组的参加者最好具有一定的同质性，例如年龄、爱好、文化、职业等比较相似。主持人要事先准备好询问项目，慎重地选择被调查者。

（三）投影技法

这是指通过导向性的或诱导性的询问，使被调查者在无意识中将自己个性的若干侧面、对某特定商品的态度或意见表现出来。主要有以下三种方法。

1. 语句联想法。用于测定对商标、产品、标语或公司的知名度等印象的强弱或支持的强弱。

2. 文章完成法。文章完成法也称为填充法，是指对消费者运用不完全的提示进行刺激，从而了解隐藏的消费动机。具体做法是，给出不完全的文章，要求被调查者完成。回答的范围可以是不受限制的（自由完成法），也可以是受些限制的（限制完成法）。

3. 图画回答法。借助于图片或照片提出各种各样的问题，使被调查者把自己的意思表达出来。

（四）态度尺度法

利用图表、量表以及数字化的手段，测量消费者的有关态度、印象和满意度等。这种方法是质的调查和量的调查的结合，对资料可以作定量的统计分析。

六、文献法

文献法即对二手资料的调查研究，是对既存资料的使用。其最显著的优点就是免去了执行基本调查活动所需耗费的大量经费和时间。随着计算机技术在信息处理能力方面的进步及其在调查研究领域的广泛应用，调查人员已经能够轻易获取大量相关信息，分享别人的研究成果。而广告公司和企业主对信息的日益重视也使其开始建立并不断完善自己的资料库，这也为文献调查提供了更有利的条件。

这种充分利用既存资讯并对其进行分析、判断从而作为策划依据的方法，越来越多地被广告调查者所采用。企业主自身的资料库、档案库所存留的营销记录和相关资料，以前的调查研究材料，相关资讯公司、营销研究公司、市场调查公司、媒介调查与研究公司、社会及大专院校图书馆、互联网及各类出版物等，其资料来源非常丰富，问题只在于如何去发现和寻找。

文献调查是背景资料的重要来源，或直接就是研究假设和论据的来源。但是，由于市场变化非常迅速，使用过时的或尚未确定的二手资料可能会陷入某种错误，因而应慎重甄别。

本 章 小 结

在现代广告活动中，广告调研已经成为广告活动中不可忽视的环节，广告调研的成功与否直接关系到企业所宣传产品的销售，进而影响企业的经营状况。

本章主要介绍广告调研的基本内容、广告调研的四种基本模式以及四大类常用的广告调查方法。

关 键 概 念

广告调研　广告调研的基本模式　留置广告调查　观察法　实验法　投影技法

复习与思考题

一、单项选择题

1. 广告调查实质上是指市场调查所涵盖的（　　）。
　A. 与广告策划密切相关的内容　　B. 与营销战略密切相关的内容
　C. 与服务承诺密切相关的内容　　D. 与产品设计密切相关的内容
2. 调查者到被访者家中，对被访者进行简单的培训和指导后，让被访者对着电脑上的问卷，通过键盘和电子笔逐题将自己的答案直接输入电脑中，这种调查方法属于（　　）。
　A. 入户访问调查　　　　　　　　B. 留置式访问调查
　C. 计算机辅助访问　　　　　　　D. 终端拦截访问
3. 在广告创作之前，对所宣传的产品进行详细的调研，如对产品的类别、规格、色彩、技术等的调研,属于( )。
　　A. 广告主题调研　　　　　　B. 产品情况调研
　　C. 竞争对手调研　　　　　　D. 广告对象调研

二、思考题

1. 简述广告调研的含义及特点。
2. 广告调研的基本内容有哪些？
3. 广告调研的基本模式有哪些？
4. 简述广告调研的基本方法以及各自的优缺点。

三、案例分析

"白加黑"市场调研

　　白加黑推出时,已值1994年年末,比1989年进入中国的康泰克和1993年进入中国的泰诺都晚,面临着强大而又被消费者所广泛认同的竞争对手。

　　通过市场调查,发现药品市场上同质化现象比较严重,大多数感冒药中的镇静剂"扑尔敏"服用后容易犯困,怎么避免这种状况？

　　白加黑开始了营销策划,分析消费者、分析市场、分析竞争者,最终推出满足消费者心理空白、自然也是市场空白的产品,名称、特点、功效浑然一体,为竞争者设置了天然的竞争障碍。"白加黑"创造了一个好产品,是一个了不起的创意。它看似简单,只是把感冒药分成白片和黑片,并把感冒药中的镇静剂"扑尔敏"放在黑片中。"白加黑"确定了干脆简练的广告口号:"治疗感冒,黑白分明",所有的广告传播的核心信息是"白天服白片,不瞌睡;晚上服黑片,睡得香。"产品名称和广告信息都在清晰地传达产品概念(见下图)。

"白加黑"上市仅180天销售额就突破1.6亿元,在拥挤的感冒药市场上分割了15%的份额,登上了行业第二品牌的地位,在中国大陆营销传播史上堪称奇迹,这一现象被称为"白加黑"震撼,白加黑凭此定位进入了三强品牌之列。

案例思考
1. 请运用广告调研的相关知识分析白加黑取得成功的原因。
2. 你认为白加黑在广告调研过程中可运用哪些调研方法?请对这些方法进行评价。

第五章　广告与消费者心理

【学习目标】
1. 了解广告与消费者心理的关系。
2. 熟悉消费者从接触广告到产生购买行为的心理过程。
3. 掌握消费者认知、情感、意志心理方面在广告中的应用。
4. 熟悉社会文化心理对广告的影响。

【案例导入】

脑白金广告的心理分析

"今年过节不收礼，收礼只收脑白金"，这句响彻大江南北的广告语，什么时候听起来都是那么刺耳。虽然人们不断给它冠以"最恶俗的广告"、"最粗陋的广告"、"最低劣的广告"、"最脑残的广告"等最字辈儿的头衔，但却挡不住它给商家带来的滚滚经济收益。这里不从广告制作的艺术水准来论，我们单从中国人心理角度来分析看看，脑白金广告到底成功在哪里？

有人说，谎言重复千遍就变成了真理。其实，谎言重复万遍依然是谎言，但重复的结果却是让你牢牢记住了这句谎言。据心理学家统计，一般被受众记住的广告不足被接触的广告数量的5%。脑白金，让你记住了，这样的广告已经很成功。

送礼是什么？送礼是中国人生活中至关重要的组成部分。既然送礼很重要，那么就不能轻易、随便对待。送礼要有讲究、有学问，所以现实中不少人为送礼发愁。脑白金告诉你，不用着急，脑白金就是礼品，这是脑白金不断重复告诉你的重要实质信息。你的认知心理就这样被悄悄改变了，你选择礼品会不自主地想起脑白金。因为送礼的概率远远大于购买保健品的概率，脑白金告诉你它不是保健品，它是礼品！

脑白金时时喊、处处喊，经年累月一直喊："今年过节不收礼，收礼只收脑白金"。总会有人被说服去购买（事实上很多人），大家都买了，你不买，是不是不合时宜？是不是不够潮流？是不是out了？是不是被边缘化了？就这样，你强大的从众心理被一次次诱发起来，你也购买了，脑白金就笑了，电视里那对老爷爷和老奶奶的草裙舞跳得也更年轻、更欢快了。

（资料来源：根据相关资料编写）

第一节 广告与消费者心理概述

一、广告与消费者心理学的关系

广告是通过一定的媒介渠道向受众传播某种特定的信息活动的过程。广告要发挥出最佳的效力从而达到推销企业产品的目的就必须研究消费者心理,因为消费者的购买行为是受其心理影响的。广告学的形成和发展离不开消费者心理学的奠基,广告学借鉴了大量消费者心理学的研究方法和理论。20世纪50年代,在广告业发展的过程中,心理学家几乎被看成是决定商品生存的主宰者,因为广告主认为,心理学可以帮助揭开消费者购买动机的秘密。于是各种心理学的方法和理论被用来分析消费者的需求与动机、注意与记忆、态度与决策,观察法、实验法、心理测评法等心理学的研究方法也大量运用到广告研究中。

心理学是一门渗透力极强的科学,目前它已广泛渗透到一切实用性或非实用性学科之中。广告学与消费心理学的交叉渗透形成了一门新的学科——广告心理学。广告心理学是广告学的一个组成部分,同时也是心理学所涉及的内容。它是运用心理学的一般知识来解决广告活动中的心理问题的科学。广告的传播者希望广告发挥效果,希望更多的消费者购买其商品或劳务,这正是广告心理学所要研究的问题。广告心理学就是探索广告活动与消费者相互作用的过程中产生的心理学现象及其存在的心理规律的科学。

广告是通过艺术化的说服形式让消费者自觉自愿地购买商品。而说服的过程是一个非常复杂的过程,并不是所有的广告说服都能使消费者产生购买欲望和行为。这就需要广告说服者事先对消费者购买商品前后的一系列心理活动有所研究和分析,例如自尊、求实、求新、求美、求廉、求乐、求荣、求速、求情、求名等心理,这样才能使消费者"在微笑中被说服"。一般而言,消费者在决定购买之前的心理活动遵循"AIDMA"法则,该法则是由美国广告人E.S刘易斯提出的,是具有代表性的消费心理模式,它总结了消费者在产生购买商品行为前的心理过程。消费者先是注意商品及其广告,然后对那种商品感兴趣并产生出一种需求,最后是记忆及采取购买行动。英文为:"Attention(注意)—Interest(兴趣)—Desire(消费欲望)—Memory(记忆)—Action(行动)",简称为AIDMA法则,如图5-1所示。

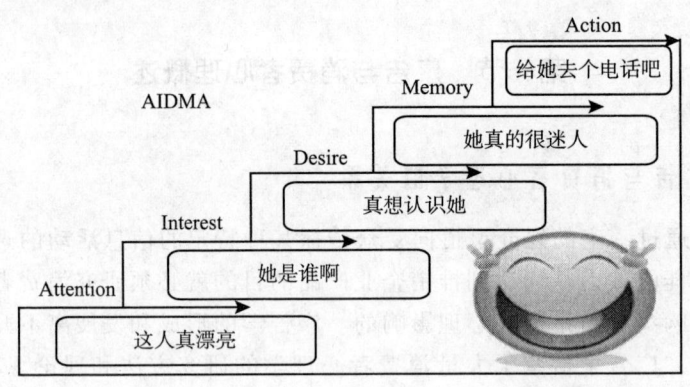

图 5-1

可见,掌握心理学的基本原理在广告活动中的运用是非常重要的,只有真正了解了消费者的这些心理活动及心理活动过程,才能使广告的诉求与消费者的知觉和观念、理智和情感产生共鸣,从而说服消费者,使其产生购买行为。

二、广告心理学对消费者的影响

现代心理学认为,成功的广告对消费者一般具有六种影响力,而这六种影响力都是通过影响消费者的心理来实现购买行为的。

(一) 吸引注意力

在广告界有这样一句话:只要消费者注意了你的广告,你的广告就已经成功了一半了!一位普通消费者一天接触的广告不下百条之多,而能给他留下印象的不足十条。这就要求广告必须以新颖独特的方式呈现给消费者,这样才有可能吸引消费者或者引起消费者注意。

(二) 传播信息

广告从某种意义上讲就是一种信息宣传,通过向消费者传播关于商品的特定信息,告知消费者某种有意义的资讯,形成对商品特别是品牌的认知和印象,从而让消费者建立某种生活联系。

(三) 进行说服

以理服人,这是说服消费者的一种诉求方式。大量广告在传播商品信息时都是对商品的功能效用、用途性质进行客观描述,以其"真"取信于消费者,从而逐渐影响消费者的态度,并说服消费者改变原来的态度,促使消费者逐渐喜欢商品并购买商品。例如，高露洁防蛀牙膏广告，就是用客观事实告诉消费者高露洁防蛀牙膏为什么能防蛀，因为它含氟。

（四）情感诉求

以情感人，这是说服消费者的另一种诉求方式。人类是情感极其丰富的生物体，实践中以情感方式进行诉求是很多企业广告屡试不爽的妙招。"雕"牌的系列产品广告，例如"我也可帮妈妈干活了"、"给妈妈洗脚"等广告不知感动了多少中国家庭。

（五）指导购买

你在生活中有某种不便利需要解决吗？你的生活中有某些问题在困扰着你吗？现在就有某种产品或方式可以解决你的这些难题，广告通过各种表达技巧将效果明明白白地展示在你面前，效果就是这样神奇。你还不动心吗？你还在犹豫什么？你没注意到那么多消费者（特别是光鲜的明星）已经从该款产品中受益了吗？这就是广告的指导购买效应，指导人们的消费与购买行为。其根本就是抓住了人的从众心理。

（六）创造流行

流行是什么？流行是一种短时期的效应，是大多数人一时跟风儿的表现。那么谁来引领这种效应？我们的广告扮演了重要的角色。特别是通过时下最受欢迎的公众人物的演绎，会让消费者觉得这种方式很新潮，因为求新、求变，喜新厌旧，是人类普遍的基本心理表现。

第二节 广告与消费者认知心理

消费者购买商品的心理活动，是从对商品的认识过程开始的。什么是消费者对商品的认知过程呢？

消费者认知过程包括消费者感觉和消费者知觉，指的是消费者对商品的个别属性（如形状、大小、颜色、气味等的各种不同感觉）相互间加以联系和综合的反映过程。在这一过程中，消费者通过自身的感觉、记忆和思维等心理活动来完成认知过程的全部内容。消费者的感觉过程，是指商品直接作用于消费者的感官，对消费者加以刺激而引起的过程。在这一过程中，消费者获得有关商品的各种信息及其属性的材料，如厂牌、商标、规格、用途、购买地、购买时间和价格等，是消费者接触商品的最简单的心理过程。在购买中，消费者借助于触觉、视觉、味觉、听觉和嗅觉等感觉来接受有关商品的各种不同信息,并通过神经系统将信息感觉传递到神经中枢,产生对商品个别的、孤立的和表面的心理印象。

在消费者对商品产生心理印象也即对商品产生感觉之后,在感觉的基础上,消费者的意识还会随着对感觉材料的综合处理把商品所包含的许多不同的特征和组成部分加以解释,在头脑中形成进一步反映商品的整体印象。这一过程,就是消费者的知觉过程。在这一过程中,消费者在头脑中形成了对商品的完整形象,从而对商品的认识更进了一步。当然,在日常生活中,消费者对商品从感觉到知觉的认识过程在时间上几乎是瞬间或同步完成的。从心理学角度来看,这个过程包括了消费者对商品的感觉、知觉、记忆、注意、想像、联想等心理过程。

一、感 觉

(一)感觉的本质

感觉是人脑对直接作用于感觉器官的客观事物的个别属性的反映,是消费者对商品的外在特征和外部联系的直接反映,是原始形态的,是对商品认识的初级阶段。消费者要认识周围的客观世界,要分辨商品的颜色、气味、软硬、粗细、温度、重量等各种具体特性,就要用眼睛看、用耳朵听、用鼻子闻、用口尝、用手摸,并通过神经系统将信息从感觉器官传递到大脑,产生对商品个别的、表面的心理反应,形成印象。消费者对商品的认识过程始于对商品的感觉。人不仅能感觉自身以外的客观事物的个别属性,即外部感觉;还能感觉到自己身体所发生的变化,如感觉四肢屈伸、饥饿、饱胀等,即内部感觉。这里所探讨的感觉,主要是消费者对商品的外部感觉。感觉是我们对客观事物的简单认识,它反映的并不是客观事物的全貌,但一切较高级、较复杂的心理现象都是在感觉的基础上产生的。

人的感觉器官的灵敏度通过锻炼能够得到提高。例如,有些经验丰富的品酒员,根据酒的味道,不仅能辨出酒的品种,而且还能指出该酒已大概存放了多少年。有时消费者对商品的感觉不仅源于其属性,而且还会蒙上主观的色彩。如对两种饮料,在蒙眼测试时并不感觉到味道的不同,而去掉眼障,了解了各自是什么饮料后再品尝,则能感觉到味道的不同。

(二)感觉的意义

在心理学中,感觉虽然是一种简单的心理过程,却有非常重要的意义。它是消费者认识商品的起点,是整个心理过程的基础。在市场销售中,消费者对商品的第一印象是十分重要的。俗话说,"耳听为虚、眼见为实",对商品的认识和评价，消费者首先相信是自己对该商品的感觉正因为如此。有经验的广告主，在设计、宣传自己生产或经营的产品时，总是千方百计突出自己商品与众不同的差别和特点，树立良好的第一印象。国外有人利用感觉的作用创造"气味推销法"。伦敦的一家超级市场，在店内的广告牌中能释放一种人造草莓香味，把顾客吸引到食品部，结果连橱窗里陈列的草莓样品也被抢购一空。美国的一家食品公司在底特律城郊竖立了一块高 80 英尺、长 100 英尺的推销面包的巨形广告牌，不仅能播放介绍面包的音乐，还能释放出一种"神奇的混合面包"的香味，引起路人的食欲。结果这家面包公司的销量陡增两倍多。正因为如此，商店的布置、陈设、清洁卫生、营业员的仪表、态度和语言，会给首次上门的顾客造成首映效应，会给消费者产生"先入为主"的效果。

感觉不仅是人们获得外界信息的来源，也是人们对待客观事物情感的依据。因为客观事物给予主体感觉的差异会引起不同的情绪感受。例如，广告色彩是否丰富、图案是否吸引人等都会给消费者以不同的感觉，从而产生不同的情绪。

据研究，从外部感觉器官产生的视觉、听觉、触觉、味觉、嗅觉中，以视觉、听觉获取的信息最多，约占 80%，触觉占 15%，而味觉、嗅觉仅占 5%。感觉是各种复杂心理过程的基础，没有感觉就不能有知觉，没有知觉就不能形成一系列复杂的心理过程；感觉越丰富，知觉越完整，记忆才有内容，才能进行准确的抽象概括。

（三）感觉在广告中的应用

广告可以通过对消费者视觉、听觉、味觉、嗅觉、触觉等方面的刺激，让消费者对商品有初步的良好印象，诱发消费者的兴趣，从而引发购买欲望。

1. 视觉方面。在视觉方面，广告设计者要注意广告的线条、图案、色彩、文字、标示的布局和美感，突出宣传重点，设计艺术而富有吸引力，抓住消费者的眼球，使消费者赏心悦目。

2. 听觉方面。在听觉方面，首先，要注意广告声响的音色、音质和音响，设计符合产品特点又充满吸引力的广告声响；其次，恰当运用购买场地的音响设备，播放轻松、悠扬的背景音乐以及相关商品信息和商店有关服务项目等。这些都可以调动消费者的愉悦心情。

3. 味觉方面。在味觉方面，主要是在出售食品的过程中，可以品尝的开设尝试服务，让消费者直接感触食品味道；不能品尝的，则可以将食品放在透明的玻璃柜内展出，并附介绍食品的详细说明书，还可以把食品拍成彩色照片，使消费者间接感知食品的品质、滋味和营养价值。

4. 嗅觉方面。在嗅觉方面，开发和利用能放出气味的广告载体，积极吸引消费者。在化妆品的出售过程中，设法突出不同化妆品的特殊香味，并附有说明书，以利于消费者选择。

5. 触觉方面。在触觉方面，主要是在布料、衣服的出售过程中，消费者往往喜欢用手触摸商品，以鉴别商品的品质，因此，广告要尊重这种消费要求，给予方便的条件，以加深其对商品的良好印象。

二、知 觉

（一）知觉的本质

人脑对直接作用于感觉器官的客观事物的整体反映叫做知觉。在实际生活中，人很少有纯粹的感觉。人总是以知觉的形式直接反映客观事物。知觉和感觉是不可分离的，感觉信息一经通过感觉器官传达到脑，知觉也就随之而产生。因此，在心理学中，常称为"感知"。

感觉和知觉同属于认识过程的感性阶段，但它们又是不同的心理过程。知觉比感觉复杂得多，它不是感觉的机械总和，知觉中还包含有它的心理成分，如过去的经验、思维和言语活动等。

（二）知觉的意义

知觉使消费者得到有关商品的直观、形象的反映，它比感觉深化了一步。它能刺激人们为满足需要进行实践活动。在购买活动中，消费者只有对某种商品掌握一定的知觉材料，方可能进一步通过思维去认识商品，并随着对商品知觉程度的提高形成对商品的主观态度，从而确定相应的购买决策。

（三）知觉规律及其广告策略

知觉是对事物的整体反映，消费知觉是消费者在消费活动中对作用于感觉器官的客观事物整体的反映。这里所说的客观事物，包括购物环境、所购商品、售货员的态度以及行为表现等方面，消费知觉就是对这些方面的综合反映。消费者在购买商品时往往是根据对商品、对购物场所以及对售货员行为表现的整体印象决定购买行为。因此，消费知觉与广告及市场营销活动有着密切的联系。

1. 知觉的整体性。消费知觉是消费者对客观事物整体的反映，这种整体是指消费知觉把物体或现象的各种属性和各个部分综合起来作为一个统一的对象来反映，所以整体性是消费知觉的主要或基本特性。消费者在知觉某一事物时，该事物的各种属性并不是只引起消费者的单一感觉，而是各种感觉在消费者头脑中有机组成的一个完整印象。比如，对一件衣服来说，消费者并不是仅仅注意到衣服的样式、色彩、质量、大小、手感等单一因素,而更多地是体验这件衣服在这些因素的基础上形成的整体效果。在广告设计中,利用知觉整体性规律,不仅可以使画面简洁,还可使画面显得活泼新颖。

2. 知觉的选择性。消费知觉的选择性是指消费者从纷繁复杂的环境中把某种客体、某种现象或它们的属性部分区分出来优先给予反应。消费者每天都会遇到大量的来自客观世界的刺激,面对这些刺激,消费者不可能同时对它们做出反应,也不可能都对它们做出反应,而只能对它们当中的一部分刺激做出反应。那么,人们到底对哪一部分刺激做出反应呢?这就使知觉面临选择,这种选择能够使人们在知觉某一部分刺激的同时,排斥另一部分刺激。例如,百货商场会有成千上万、颜色各异、种类不同的商品,但消费者并不是对所有的商品都给予注意,而仅仅是对他想购买的或者是感兴趣的商品才会很快地、明确地知觉到。

消费知觉的选择性可以是主动、有意识进行的,也可以是被动、无意识发生的。但无论怎样,凡是在某一瞬间被消费者清晰知觉的事物就是知觉的对象,而在同一瞬间被比较模糊地知觉到的事物就是知觉的背景。

3. 知觉的理解性。知觉的理解性是指消费者根据已有的知识和经验对知觉对象进行解释的过程。人们在感知一个对象或现象时,不仅直接反映它的整体形象,还会根据自己以前获得的知识和实践经验来解释与判断这一对象或现象。有人曾用对图片的感知来说明这一特性。实验者先给受试者呈现一张图片,上面画着一个身穿运动服正在奔跑的男子。受试者一看就断定他是球场上正在锻炼的一位足球运动员。接着给受试者呈现第二张图片,内容是在那个足球运动员的前方增加一位惊慌奔跑的姑娘。这时受试者看到了一幅坏人追逐姑娘的画面。最后实验者拿出第三张图片,在奔跑的人后面又增加一头刚从动物园逃跑出来的狮子。这时,受试者才明白了图画的真正意思,即运动员和姑娘为躲避狮子而拼命奔跑。

4. 知觉的恒常性。恒常性是指知觉中由于知识经验的参与,当知觉的客观条件在一定范围内改变时,我们对它的知觉映象在相当程度上仍保持着相当的稳定性,不随知觉条件的变化而改变。这种特性使得人们对客观事物的认识在一定范围内保持一致性。例如,在广告活动中,如果广告使消费者对其品牌建立了相当的了解,建立了品牌忠诚,即使环境有所变化,消费者依然可以认知它。就像我们看到一个熟识的朋友,虽然他换了装束,仍然能够认出他。研究表明,一个忠实的顾客在5年内为公司所累积的利润是第一年的7.5倍;第一次销售成本大约是后续销售成本的5~10倍,甚至高达20倍。也就是说,消费者与某一品牌建立了一种长远的良好关系,就会保持较高的忠诚度。

三、注 意

广告界常说,只要你的广告被别人注意了,你的广告就已经成功一半儿了!注意是消费者认知心理的起点,如何引起消费者注意对广告非常重要。

(一) 注意的本质

注意是指人的心理活动对一定事物的指向和集中,是意识的高度选择性,它限制进入人们头脑中信息的数量,以便人们能有效地加工信息。一个消费者面对无孔不入、铺天盖地的广告,能引起他注意的仅是少数广告。这就告诉我们,人在同一时间内不可能感知周围的一切事物,而只能感知其中的少数对象。所以,注意是一座门,凡是外界进入心灵的东西都需通过它。广告首先要引起人的注意,注意能保证消费者及时地集中自己的心理活动,从而强化对商品的认识。注意的中心总是清晰的,注意的边缘总是模糊的。当顾客在选购商品时,他的注意力总是集中于某一商品,而对其他商品的注意受到抑制,以便对该商品获得明确的反映,从而决定买还是不买。

(二) 注意的分类

1. 无意注意。无意注意指没有一定目的、无须意志努力、不由自主地对一定事物所发生的注意。例如,人们在没有明确的购买目的的情况下逛商店时,在左顾右盼中进入人们视线的东西所引起的注意,就是无意注意。

2. 有意注意。有意注意指预先有一定的目的、需要意志努力、主动地对一定事物所发生的注意。例如,一个要买洗衣机的人,进商店后就会直奔洗衣机柜台;看报纸的时候,会主动去找洗衣机的广告;遇到电视节目中插播洗衣机广告,也不会像通常那样马上转台或是闭目休息,这时,洗衣机及其广告所引起的注意就是有意注意。

(三) 注意在广告中的应用

如前所述,在有意注意的情况下,外界刺激特征不是重要的,因为它主要是由人的内部因素引起的,而在希望引起无意注意的时候,外界刺激特征就至关重要了。

1. 广告受众的注意特点分析。在广告受众中,一般有两种人会对广告有意注意:一是那些有购买某种商品的意向而寻求该商品信息的人;二是新近购买了某种商品的人,他们会再通过广告来判断自己的决策是否正确,主要是希望广告为自己的决策提供支持而获得一种心理安慰。除这两种人之外,一般人对广告只能是无意注意或"有意"回避。

如果广告是针对那些有预定目的的消费者的，可以较少考虑前面所说的那些刺激特征。例如，一个要买计算机的人，会在报纸的各个版面查找有关计算机的信息，即使广告印在报纸夹封上，也不会被他错过，即使用小号字排版，也不会妨碍他仔细阅读广告中的信息。

但大多数商品对大多数受众来说，恐怕只能指望引起无意注意。例如，人们每天都用牙膏，一般不会突然产生要改换牌子的欲望而去主动接触广告、寻求新品牌牙膏的信息。但在观看电视或阅读报纸时，会无意中注意到某一品牌的牙膏广告，感到这个品牌的牙膏可能确实与别的不同后，就可能产生购买欲望。这时的广告策划就要充分考虑能引起注意的刺激的各种特征。

2. 商品的注意特征分析。如果广告宣传的是一种新功能产品，只能首先引起无意注意，因消费者不可能事先有消费未发明产品的欲望，即使有也不会转化为在市场上主动寻求信息的行为。如已在市场上流行几年的玻璃擦，首先要在消费者经过柜台时引起消费者无意注意：一个人拿着一把消费者从未见过的工具，在一面镜子上来回推动。这个事件的新异性体现在：这种在卖日用品柜台上展示的工具是消费者在日常生活中从未见过的（如果是在卖五金工具的柜台上，则只会引起专业人士的注意）；在消费者和镜子打交道的生活经验中，找不出这样的例子，这时，消费者就可能走近柜台，进一步了解情况，这个动作广告引起注意的努力就成功了。

在巩固品牌形象时，则应兼顾无意及有意注意。

3. 常用的使广告引起注意的方法。广告界流行这样一句话：使人注意到你的广告，就等于你的产品推销出去了一半。可见，在商业广告设计中，充分应用注意的心理功效，是提高广告效果的重要环节。根据注意产生的原因及特点，广告宣传与创作要吸引和维持消费者的注意，大多采用如下办法。

（1）增大刺激物的强度。刺激达到一定的强度，会引起人们的注意。刺激物在一定的限度内强度越大，人们对这种刺激物的注意就越强烈。不仅刺激物的绝对强度有这种作用，刺激物的相对强度也有这种作用。因此，在广告设计中，可以有意识地增大广告对消费者的刺激效果和明晰的识别性，使消费者在无意中引起强烈的注意。

（2）增大刺激物之间的对比。刺激物中各元素的显著对比，往往也容易引起人们的注意。在一定限度内，这种对比度越大，人们对这种刺激所形成的条件反射也越显著。因此，在广告设计中，可以有意识地处置广告中各种刺激物之间的对比关系和差别，增大消费者对广告的注意程度。同时，除了强化在广告本身各元素之间的对比外，还可以强化广告与环境因素的对比。这些对比能增强广告的易读性、易视性和易记性,保证消费者的视觉、听觉、知觉的畅通和顺利,从而引起消费者的兴趣。

(3)提高刺激物的感染力。刺激物的强度和对比度固然可以引起人们的注意,但倘若它反映的信息毫无意义,缺乏引起人们兴趣的感染力,引起的注意也是短暂的。在广告设计中,有意识地增大广告各组成部分的感染力,激发消费者对广告的各种信息的兴趣,是维持注意的一根支柱。在广告中,新奇的构思、艺术性的加工、诱人关心的题材,都能增强广告的感染力。

(4)突出刺激目标。所谓突出刺激目标,首先是突出目标。在其他条件相同的情况下,注意程度的强弱和被注意物体的多寡呈反比,目标越多,注意力越分散;目标少,则有利于集中注意力。突出目标的第二个问题是广告画面安排要恰当,要考虑怎么安排才能便于记忆。也就是说,要把做广告的商品、图画、照片和文字等放在视觉的中心,并进行有序安排,使画面保持均衡、相称、统一和和谐。

(5)利用刺激物动态。运动着的物体惹人注意的程度要比静止的大得多。霓虹灯之所以引人注目,就在于它的闪烁。另外,利用设计,使广告牵动观察者眼睛向设计者所期待的方向移动,增强广告的吸引力,也属于此类。

(6)运用口号和警句。所谓要善于利用口号和警句,就是要用一段特别精美的文字,使之看来醒目、读之上口,听后耳目一新,并便于记忆,使人一想起这一句话就联想到做广告的产品,以提高宣传效果。

(7)出奇制胜。所谓出奇制胜,就是采用一些合理的但却又是有违常规的广告设计。这样的广告设计往往也能博取消费者的普遍注意。

四、想像和联想

(一)想像的本质

想像是人脑对通过感知得来的并通过记忆保留下来的客观事物的形象进行加工改造而形成新形象的过程。人们不仅可以回忆过去感知过的事物形象,而且还能创造新的形象。想像是一种特殊形式的思维,它带有生动形象和间接概括认识事物的特点。

(二)广告与想像

想像在营销活动中也起着自己独特的功能。消费者在选择商品时,尤其是购买那些能使生活水平提高的高档耐用消费品时,想像力的参与和发挥更加突出。如购买到一套盼望中的住房后,必然伴随对住房的装修和布置的整体想像;买一套西服，往往想到要配一套相宜的领带；看到奶粉包装袋上人见人爱的胖胖的婴儿形象，就会想像购买此种奶粉后自己孩子健康成长的情况；见到"快克"胶囊（感冒药），使人想到"快除症状，克尽病毒"。因此，广告设计师设计广告、商店布置橱窗等都可以用多种方法来丰富消费者的想像力，以达到宣传商品的目的。例如，日本有则广告，介绍营养饮料"阿力那敏"：一个年轻人背着身体虚弱的老太太行路，待老太太喝了"阿力那敏"以后，竟背起小伙子走路了。

（三）联想的本质

所谓联想，就是人们在回忆时由当时感觉的事物回忆起有关的另一件事，或者由所想起的某一件事物又记起了有关的其他事物的一种神经联系。

运用联想的商业广告设计，实际上是对有关信息的升华，是具体和抽象的综合表现的广告手法。在广告宣传中，有意识地运用这种心理活动的重要功能，充分地利用事物间的联系形成各种联想，可以加强刺激的深度和广度。具体的方法很多，例如，可以用消费者熟知的形象，也可以创造出深入浅出、耐人寻味的意境，来暗示商品与劳务给人带来的乐趣和荣耀等。总之，它采用直喻、暗喻或声喻等手法揭示有关信息的内涵。这种信息传递往往可获得引人入胜的艺术魅力，给消费者留下了艺术再创造的余地，从而增强主题的说服力。

（四）广告与联想的形式

一般而言，联想表现为以下四种形式。

1. 接近联想。接近联想指在时间或空间上接近的事物发生联想。例如，节日与礼品是时间上的接近，而水库与水力发电机是空间上的接近等。在广告创意时可以将时间或空间上接近的事物联系起来，形成接近联想的广告。如有一则《鲜鸡蛋》广告：画面上，稻草丛中有一堆鸡蛋，其中一只在一边碎开，蛋清蛋黄摊在地上；设计者巧妙地在破损的蛋壳边加上一对清晰的鸡爪印。这说明那鸡蛋是刚刚离开母体的产物，因为这对爪印使人联想到一只刚生完蛋便蹒跚而去的母鸡，临行之际还笨手笨脚地碰破一只。其"鲜"如此，夫复何言！这幅广告画最独特的创意就是那对爪印的设置。人们正是通过由鸡爪引发的丰富联想，突破时空界限，扩大了画面艺术形象的内容范围，加深了意境，从而使审美对象与审美者融合为一体，在产生联想的过程中引发了美感共鸣。骤然接触之下，广告画面好似从农舍生活中随意截取来的一个场景。鸡蛋的摆放也很自然，那只碎裂的鸡蛋也像是松动之后滚落下的样子，却在平常之中蕴藏着深刻的含义，通过观众对鸡爪印的联想，曲折地表达了很"鲜"的广告主题。

2. 对比联想。在性质上或特点上相反的事物容易发生联想，这就是对比联想。利用这种反差，可以形成对比联想创意广告。如感冒药品"白加黑"的广告语：白天吃白片不瞌睡，晚上吃黑片睡得香。这就是典型的对比联想效果广告。

3. 相似联想。在形状或内容上相似的事物容易发生联想。这是由于，当人们对某一事物感知时，会引起对和它在性质上、形态上或其他方面相似事物的回忆。运用此心理机制，便形成相似联想创意广告。例如，美国一家诊所有这样一则广告：为了使地毯没有洞，也为了使你的肺部没有洞——请不要吸烟。这里，地毯和肺本无关联，但用吸烟所产生的后果把它们联系起来，表达了吸烟的多重害处。同时，又运用相似联想，以"洞"为纽带，连结起地毯洞和肺洞两个形象，用可见的地毯洞衬托看不见的肺部洞，使肺部洞形象更鲜明，吸烟的可怕后果如在眼前。作为一种害怕诉求，广告给人以否定性情感，但巧妙的联想产生的幽默表达却使这种害怕带有一些轻松的意味，这种害怕和愉悦的结合使受众比较容易接受广告的主张。

4. 因果联想。在逻辑上有因果关系的事物容易发生联想。人们在联想过程中常常利用自己的逻辑推理与判断能力对事物做出因果联系的联想，并在此心理机制上形成因果联想创意广告。利用因果联想创意构思的广告很多，例如：

总统用的是派克！——美国派克钢笔广告

力士香皂，国际著名影星的护肤秘密。——力士香皂广告

太简单了，连孩子也能驾驶。——克雷夫兰公司拖拉机广告

上述广告的妙处在于它们运用了因果联想法，形成这样的逻辑：既然在最……情境中都如此，那么一般情况下就更不用说了，从而吸引了消费者。

在商业广告中充分发挥联想的心理功能，必须以充分地研究广告目标市场的消费习惯、消费水平和消费趋势为基础，掌握广告目标消费者的心理需求，从而有针对性地利用各种易于创造和激发联想的广告因素，使广告信息取得联想效果，适应消费者的知识经验和审美欲求，使之产生对产品的信服、向往，刺激其产生有益的共鸣和感情冲动，从而促进其信心，导致消费行为。

五、记忆

（一）记忆的本质

记忆是人脑对过去经历过的事物的反映。人在生活和活动中对感知过的、思考过的事物的映象总是或多或少地、不同程度地保留在头脑中，即使这些事物不在眼前，它还会重新显现出来，这个过程就是记忆。记忆中所保留的映象就是人

的经验。记忆主要以回忆和再认的方式表现出来。当你从商场回来向别人介绍所见所闻的商品或复诵曾听过的商业广告，就是回忆。在购物中，你从许多商品中认出一个过去购买过的商品的过程，就是再认。人的记忆力十分惊人。据专家估计，人脑可容纳10的15次方比特的记忆单位。

（二）记忆对广告的意义

记忆在人的生活实践中有着重要意义。它既可以积累个人实践过的直接经验，又可以巩固学习前人的间接经验。心理学研究告诉我们，人一般习惯于记忆具体形象的东西，如新颖的商品造型、鲜艳夺目的装潢色彩、对比强烈的橱窗陈列、传统特色的商品包装、简明易记的商品命名、形象鲜明的商品广告等，都会给消费者留下较深的记忆痕迹。

（三）提高广告记忆的方法

记忆原理在广告中的运用是多方面的，无论在广告文案、图画设计或是在媒体形式、发布时间与地点等方面，都有一个增强记忆的问题。那么，如何增强广告的记忆力呢？可以从以下八个方面加以考虑。

1. 将广告信息适当地重复。现代认知心理学关于记忆系统的研究表明，外界信息要进入人的长时记忆系统之中，其最重要的条件就是重复。所以要提高人们对广告的记忆效果，更确切地说，要提高人们对广告信息的记忆效果，最重要的手段就是将广告信息不断地加以重复。重复不仅可以加深对广告内容的记忆，还可以使视听者增加对广告的亲切感。但是，重复要增加广告费用，过度的重复，从经济效果来看，不一定划算；从消费者的情绪反应来看，不能妥善处理重复，也不一定收到预期效果。因此，广告的重复也应从经济上和技巧上通盘研究，尽可能做到以最少的支出取得最大的效果。一般来说，广告重复策略有以下四种方式。

（1）将同一广告不断重复刊播。这是我国商品广告最常见的做法。只要你连续一段时间收看电视节目，那么同一则广告看过多次是司空见惯的事。有的广告还是将同样的画面、同样的语言连续重复多次。"恒源祥，羊、羊、羊！"堪称经典。

（2）将有关信息在多种媒体上呈现。使受众分别在不同的时间、不同的地点、不同的活动中用不同的感官接受同一品牌的广告信息，让消费感觉你的广告无时不在、无处不有，从而保持较高的记忆度。

（3）在同一媒体上进行系列广告宣传。系列广告可以是每一则广告分别从不同的角度来介绍产品，这样，通过连续的系列广告，既可以加深消费者对品牌的印象，又可以让消费者对产品有一个全面的认识。例如，获中国香港4A广告创作金帆奖的爱立信企业形象系列广告《父子篇》、《健康篇》、《教师篇》、《爱情篇》、《代沟篇》，虽然情节不同，但都是传达了"电信沟通、心意互通"这一主题。

（4）在一则广告中反复重复主题，以增强记忆效果。如中央电视台及各大卫视热播的康师傅对辣方便面的电视广告。它选用《欢乐颂》为音乐背景，以欢乐颂的音乐旋律，利用"辣"与"啦"的谐音，不断重复"辣"的概念，最后用一句旁白点明主题"要吃辣，找康师傅，对辣"。

2. 广告信息数量恰当。广告是在有限的时间和空间内进行传播。心理学的研究表明，学习材料越多，遗忘的速度越快。广告是一种短时的记忆。而短时记忆的容量只有5~9个单位。因此，广告中所传递的信息只有简短、易懂才能取得成功。所以，在广告创作中要注意以下两个问题。

（1）广告目标应单一。现在的许多广告宣传都犯有一个共同的毛病，即目标要求过大。原意是想使广告受众变大，从而影响面变大。殊不知，现在是一个个性化时代，消费者都在寻求一种适合自己个性的独特产品。满足所有人需要的产品，实际上什么人都能满足。另从记忆原理来讲，广告目标过大，势必信息量相应增多，就违背了广告应简明易懂的原则，影响了广告效果。

（2）广告内容应简洁、易懂。在广告中，主题思想越明确，词句文字越简洁，画面越单一，记忆效果越好。一般来说，广告标题或广告宣传主句字数不宜太多。国外广告心理学家的研究表明，少于六个字的广告标题，读者的记忆率为34%；而多于六个字的标题，读者的记忆率只有13%。广告文案内容也不宜过多。以广告的信息点多少而论，数量不能超出7个，以广告文案的语句或段落而言，其数量最好也不要超过5；广告文案内容尽量简洁，删除无关的信息；广告画面内容单一。这样容易在短短的时间内将某一人物、情景突出地加以表现，因而记忆较为深刻。广告界的一些经典作品都是遵循这一原则的。就广告宣传主句来看，金利来"男人的世界"，飞利浦"让我们做得更好"，诺基亚"科技以人为本"，海尔"真诚到永远"，海王药业"健康成就未来"，生力青啤"有点野哟"等，无不是简洁明了、字字千金。

3. 广告形式新颖独特。新颖独特的信息在记忆中不容易受其他信息的干扰，记忆比较牢固，提取也比较方便，因而容易回想起来。因此，选择创意新颖独特的广告形式是提高广告记忆度的一个有力的手段。广告形式新颖独特应当包括三个方面：广告表现形式新颖独特；广告媒体形式新颖独特；广告编排形式新颖独特。

（1）广告表现形式新颖独特。广告重在创意、表现，新颖独特的表现形式有利于提高受众的记忆度。如晚安床垫利用压土机来压床垫,结果床垫丝毫未损的事实来说明其质量好,并把这一事件作了电视广告的表现素材,配上一句非常富有震撼力的广告语"晚安床垫,压出来的名牌",给消费者留下了深刻的印象,观众都记得。生力青啤的网络广告,打开其网站,您可看到生力青啤调皮的卡通从显示屏的上方沿着一根绳子掉下来,然后走出画面,走到桌面的"垃圾桶"旁边,放一把火,把垃圾桶烧掉,一会儿从屏幕下方爬上一个生力青啤卡通,走出画面,走到我的文档处,向其随意拉尿,通过这种新颖的表现方式,生动地表现了生力青啤"有点野哟"的个性,给消费者留下了深刻的印象。

(2) 广告媒体形式新颖独特。好的广告都要借助于一定的媒介发布出去,而新颖独特的媒体的形式其本身就是一个好广告,能给消费者留下深刻的印象。如前面讲到的牵着狗发放宣传单,这种独特的宣传方式给来往行人留下了深刻的记忆。还有利用鸡蛋做广告,把整栋大楼全部包起来做广告,以及在地上、在太空中做广告,各种各样的创意媒体广告都能达到非常高的记忆度。

(3) 广告编排形式新颖独特。心理学研究表明,一则材料开头与结尾部分的记忆度最高,中间部分的记忆度最低。因此,广告必须把最重要的信息放在开头或结尾,如果一则广告能够首尾呼应地突出同一重点信息,则更容易使消费者记住有效的信息。

另外,广告在编排过程中,对于新颖的形式,消费者的记忆度较高。一般来说,报纸广告排版形式都是矩形的,因此,我们描绘其面积大小用半版、1/4版、1/8版来表达,也就是说,其版面造型是很规整的,但诺基亚8250在中国香港地区推出时,设计的报纸广告就打破了这种常规的排版形式,把手机各种款式的图案毫无规律地插到报纸娱乐版的各个部分,达到了意想不到的效果。还有一则牙膏的广告,也是在报纸的正常排版的情况下,在一角出现一支牙膏,而牙膏的膏体没有规则地布满整个版面,起到了很好的记忆效果。

4. 减少信息变异。记忆不像一面镜子,机械静止地反映镜外的事物,一成不变。记忆是一个动态的过程。在保持阶段,储存的经验会发生变化,保持的数量会随时间下降;由于每个人知识经验的不同,加工组织的方式不同,保持的内容会受到头脑中已有图式的影响而发生变化。人在记忆时是按照自己的图式进行编码、加工,此时记忆表象在某种程度上被自己的想像和已有经验补充着,因而每个人对客观事物的记忆都夹杂着自己的固有经验与想像的成分,因而会在一定程度上产生信息变异。这种变化使广告内容趋于概括化、象征性,不重要的细节会渐渐被遗忘。

5. 利用语言特点记忆。在长期的生活实践中,人们在长时记忆中储存了语言的某些特点,如语音、字形、结构等,并利用这些语言的特点对当前接受的信息进行编码，使它们更容易储存。例如，品牌名字"美的"、"新飞"，简洁、常用，易识易记易流传。再如，"同仁堂"中药是我国传统瑰宝，而中国儒家文化的核心就是"仁"，"同"也为儒家文化的精华，"同仁"意义深蕴，承袭传统文化，便于传播，易于记忆。在广告创作中，为了使广告信息更容易被受众记住，可以考虑采用下列手段。

（1）利用谐音规律。在当今的广告中，许多广告创作者已自觉不自觉地运用了这一规律。例如，"维维豆奶，欢乐开怀"，"迅猛洁士，厨房好卫士"。一则蚊香的广告语是"默默无蚊（闻）"，不过这种歪曲、篡改成语的做法，从社会效果方面来考虑是不好的。

（2）利用语言材料的结构特点。一些写得好的语言材料，由于结构上的特色，可以加强人们的记忆。例如，波导手机的广告语"波导手机，手机中的战斗机"，美的电器的广告语"原来生活可以更美的"，娃哈哈公司的"非常时刻，喝非常可乐"等。

（3）利用语言的节奏、韵律。语言的节奏、韵律对于语言材料记忆的重要性早已为人们所认识，所以在广告中已经被广泛地运用。例如，"人头马"酒的"人头马一开，好事自然来"，"车到山前必有路，有路就在丰田车"，还有江铃汽车的"千里江铃一日还"等广告语，均以其巧妙的押韵给受众留下深刻的印象。将广告语变成人们易学的歌曲形式，也是利用语言节奏感的一种方法。

6. 运用多种感官同时参与记忆。心理学研究表明，视觉识记的效果为70%，听觉识记的效果为60%，视觉与听觉双重识记的效果为86.3%。从数据可知，多种感官同时参加识记的记忆效果优于单一感官的识记。

为了帮助消费者更好地记住广告内容，应尽量考虑广告载体是否能更好地调动消费者的多种感觉通道，使多种感官同时作用，加深印象。这也是为什么当今电子媒体比印刷媒体更受广告主和广告商青睐的根本原因。再如现场展示会、博览会，它不但可以让消费者看，还可说给消费者听，同时消费者还可触摸，如果是食品，还可现场品尝，因此，这种展示会能给消费者留下深刻的记忆痕迹，能起到很好的宣传效果。

7. 增加感染力，引起消费者的情绪记忆。消费者在记忆时往往把体验过的情感和情绪作为记忆的内容，如一次快乐的购物行动、一种温馨的购物环境以及让他满意的产品。但是，消费者也会记住一些让他产生忧虑、不愉快的情景。因此，在广告宣传时适当地增强广告肯定或否定的感染力，能使消费者识记下来。例如，"万宝路"广告中运用美妙的画面和富于感染力的解说词带给消费者一种粗犷、新奇的西部感受，而"非常可乐"则利用电视广告中轻松、喜庆、吉祥、欢快等画面的组合和有较强诱惑力的解说很好地吸引了观众，从而在消费者的脑海中留下了深刻的印象。

广告心理学研究发现，有时使用否定感染力比使用肯定感染力效果更佳，消费者往往会记住那些宣传"如果不使用某某产品就会产生不利后果"的广告。比如，海飞丝洗发水广告基本都采用了对比方法，开头宣传那些俊男靓女们未用海飞丝洗发水前头发有很不雅观的头皮屑，令人烦恼，但用了海飞丝洗发水后，头屑没有了，烦恼就全没了，增添了美丽和自信。经过这种对比，消费者就能够较好地记住该产品品牌。

8. 巧用人物模特。人物在广告中是将广告产品与消费者的实际生活联系起来的黏合剂，创造性地加上对广告有一定价值的人物，对促进广告的注意程度、扩大广告的知名度有积极意义。许多给人深刻印象的广告案例，如南极人内衣、TCL 手机、格力空调、美的电器等，都是利用人物来介绍产品。

第三节　广告与消费者购买行为

消费者购买商品的过程，既是一个认识的心理过程，又是一个情感和意志行为的过程。在实际生活中，消费者的购买行为并不都是理智的，在不少场合倒是消费者的情绪、态度等起重要作用。

一、购买行为的实现：消费者的情绪和意志

（一）消费者的情绪过程

情绪一般与生理需要是否满足相联系，由特定的条件所引起，并随条件的变化而变化。因此，它的表现形式比较短暂和不稳定，具有较大的情景性和冲动性。例如，消费者购买某一商品时，该商品的数量多，有挑选的余地，他就会出现满意的情绪；反之，就不愉快。

情感主要是与消费者的社会性需要是否得到满足相联系，与情绪相比，它带有较大的稳定性和深刻性。例如，某商店的购物环境、橱窗设计和商品陈列、服务态度和商业信誉都好，顾客会产生赞赏和信任之感，并经常光顾它。

情绪与情感是有联系的。情绪、情感都与人的需要有直接联系。如果客观现实符合人的需要，就会使人产生满意、愉快、欢乐等情绪和情感。倘若一种事物或现象同人们的需要不发生任何联系，人们就会表现得淡漠无情。情绪和情感是人对客观事物符合自身需要产生的主观体验。当需要发生变化时，情绪和情感也相应地发生变化。情绪是情感的外在表现，情感是情绪的本质内容。

情绪和情感过程与认识过程一样，发端于客观事物的刺激，当刺激达到一定

的程度时就会引起生理的反应。它与认识过程共同影响着消费者的购买决策。

1. 影响消费者情绪的因素。

（1）个人心境。这里讲的个人心境是指消费者进入购买现场时的情绪状态或精神状态。心境是一种比较微弱、平静而持久的情绪体验。在心境产生的全部时间里，它能影响人的整个行动表现，保持它的积极或消极的影响。不同的心境会使消费者的行为带有不同的情绪色彩，或者兴高采烈，或者抑郁寡欢，或者暴躁不安等。

（2）审美情趣。这是人们根据自己的看法对客观事物审美价值的评价。当消费者产生对某种事物和现象的美感时，实际上是抱肯定态度，并会以积极的情绪色彩表现出来。消费者的美感不仅受到各自的出身地位、文化素养、兴趣爱好和实践经验的影响，也受到一定社会生活条件的制约。不同国家、不同民族的美感差异十分明显，但有一点是共同的，即：对商品的美必须是形式和内容的统一，是欣赏价值和实用价值的统一。

（3）购买环境。消费者的情绪产生和变化首先受购物环境的影响。若步入宽敞明亮、美观雅洁、温度宜人的商场，营销人员服务周到，顾客之间礼貌相让，会引起消费者愉快、舒畅的情绪；反之，则引起消费者失望、厌烦等消极的情绪。正因为如此，很多商场非常注意店堂内的设施和门面的装修。旧上海的一些商人有出钱雇人"轧闹猛"的，就是要造成门庭若市的现场气氛，以吸引路人光顾。现代大商场也很讲究"人气"，打折酬宾时，顾客往往很多，此时商场的"人气"旺，"财气"也旺。

（4）商品因素。消费者是来购买商品的，因此，商品就成为最主要的客观因素。消费者需要的满足大多是借助商品实现的，所以有关商品的外观和内涵各方面的特征能够引起消费者的不同情绪，这在购买现场是最容易观察到的。

2. 广告与消费者的情绪。消费者在接触广告中的情绪是多种多样，是很复杂的，各种情绪表现的程度有着明显的、较大的差异。但归结起来，主要有以下三种。

（1）积极的情绪。这种情绪能增强购买欲望，促成购买行为。如有位顾客看到广告中新样式的衣服面料上乘，花色新颖，令他喜爱，尽管他暂时还不需添置衣服，但还是去购买。

（2）消极的情绪。这种情绪抑制购买欲望。如广告中是一种造型像猫头鹰的发条玩具，但使小朋友望而生畏，甚至哭起来，就很难销售出去。

（3）双重的情绪。如高兴又怀疑、基本满意又不完全称心等。一位消费者走了好多家商店，终于找到了他所需要的商品，这时高兴，但这种商品已快卖完，剩下的几件都有一些不影响使用的小毛病，但因急需它，不得不买，可总有些不那么称心。

3. 广告与消费者情感诉求。情感广告是以与人为善、真诚待人为出发点，从人性的角度诠释广告。广告互动原理告诉我们，你给人以真诚，他回之真诚，即所谓"将欲取之，必先予之"的道理。情感广告一定要以发自内心诚挚、善良的动机打动人心，而不能滥用感情；情感广告是一种即兴智慧的体现，因而有强烈的个性，也最精彩纷呈。

（1）自然浪漫——现代人的"逍遥梦"。现代都市的喧嚣、污染，已使人们身心疲惫，我们来自自然，我们也渴望回归自然。鲜花、小鸟、蓝天、溪水，这些对于身在机车隆隆、霓虹闪烁、人山人海中的我们是那么渴望，那么具有强大的吸引力。这是现代人心灵深处现实的需要和呼唤，广告人针对这一需求，再现大自然各种美景，渲染一种轻松欢快的浪漫气氛，满足都市人盼望实现"逍遥梦"的潜在心理，从而感染消费者，使消费者为之心动而达到广告的目的。

反映环保、绿色、生态的主题广告，采用自然浪漫的风格，自不必说。可口可乐曾有一篇经典广告，我们暂且称为"昆虫总动员"：一个年轻人躺在树荫的草地上，惬意地闭目纳凉。这时，各种昆虫悄悄袭来，施展各自不同的看家本领，将年轻人手边的可口可乐巧妙地"偷偷"运走后，得意地互相分享。整个画面清新自然，昆虫活泼机灵、音乐诙谐生动、情节幽默可爱。我们想不到，这么一个工业化的碳酸饮料也有如此之自然的轻松展示，感觉可口可乐就是大自然中最生活化的饮品，而没有工业的人工痕迹。广告让人耳目一新，印象极为深刻。

（2）体现价值——人性永恒的追求。人性，人所具有的正常的感情和理性，对价值的追求就是其中之一。我们到底在追求什么样的价值？什么样的事物才是具有价值的？现在我们已经从过去的生存时代——吃饱，走过了生活时代——吃好，走进了生感时代——吃出文化。每一个产品都要给消费者一个充足的、确切的购买理由，今天这个理由更是一种感觉，是 种象征的意义。就像你走进咖啡厅去喝咖啡绝不是为了解渴，所以"品牌的名字比产品更重要"。可口可乐不再只是用来解渴的起泡的饮料，它是活力的表现；奔驰也不只是交通工具，而是富有社会地位的象征。

【实例】

BMW M6 广告文案

快亦非"快"

快，不仅仅意味着极速、直线速度或 0～100 公里/小时加速。

这是一个全新的"快"。它将所有你认为的快全面颠覆。

快,不仅有关马力,而且是怎样强而有力;不是能跑多快,而是怎样才能跑得更快。快不是不成熟,而是优雅、自信和狂热。它让你感受汗毛直立的震慑,让你几乎忘记了眨眼,让你的嘴持续大张,让你的内心不断狂喊"……哦!"

快,亦有道。衡量它的不是秒,而是感觉。

没有天窗,代之以碳纤维顶篷;最大转数不再在考虑范围之内;镁合金轮圈后的14英寸转子满负荷运转;身体随着V10发动机的咆哮而颤抖;为了减轻重量,制造了铝质发动机体,并配备7速顺序变速箱;让快,冲出蓝图,变成现实。为什么?因为这就是真正的我们。

我们是M6

我们是BMW。

(3) 情调设计——身临其境的心灵对话。爱的需要是人类需要层次中最重要的一个层次。人有爱、情感、归属的需要。情调设计需要将奇异的构思、非凡的想像力和充满智慧的激情结合在一起,将现实和超现实、自然和非自然、理想和浪漫的事物及观念糅合交织在一起,再运用多种表现技法综合而成。一幅幅场景、一组组画面,勾勒出或典雅、或平淡、或无邪、或恐惧的情节,从而勾起你无穷的联想和想像空间,仿佛似曾相识,又仿佛身临其境。消费者就是在这样的品读中找到与自己的心理间隔最近的距离,与其对话,自然消费。

影星赵雅芝为老凤祥代言的广告,堪称情调设计的经典。赵雅芝的经典,是以岁月沉淀华美;老凤祥的经典,是洗净铅华的大气。赵雅芝变换不同的造型,佩戴不同的老凤祥首饰,款款向我们走来:典雅、高贵、温娴、灵动、纯粹、悠远……老凤祥的气质和代言人的气质浑然一体,完美结合,使消费者自然而然地走进跨越了三个世纪的珠宝经典之中。

(4) 激情诱惑——无法抵制的冲动。激情可以激发存在于人类意识深处的需要和欲望。性感就是美,就是激情,就是性格的体现。激情不一定非得有性的暗示,激情也绝不是色情和庸俗下流。激情可能就是一时兴致而来,跨越千山万水到朋友家门口并不进门而是兴尽而归。激情是调动消费者情绪的最好办法,激情是广告中最生动的情感流露。激情不是简单的喊口号,也不是壮烈的表志向、树目标。激情是人性情感的最本真、最率性的自然流淌。

【实例】

青岛纯生,激活人生!

激情,一灌到底!

激情祝福,青岛啤酒!

这不是空洞乏味的无聊口号,是百年青岛豪情洒脱的真实写照!

（二）消费者的意志过程

1. 意志的本质。意志是人在认识和变革现实的过程中，自觉地确定目的，有意识地根据目的、动机，调节、支配行动，努力克服困难，实现目标的心理过程。人的心理，是人脑对客观现实积极的、能动的反映。这种能动作用，不仅表现在认识从感性到理性的飞跃，而且表现在改造世界的意志活动中。意志就是这种能动性的集中表现。意志是人所独具的心理现象，人不仅有感觉、知觉、记忆、联想等心理过程，而且还能够制定行动计划，积极地控制自己的行为。正是意志这个心理过程的能动性体现了人不仅能够认识世界，而且能够改造世界。

任何一项工作都必须有意志的支持才能获得成功。消费者的任何购买活动都体现着意志，贯穿着意志过程。例如，有的人为了给病重的家人买药，不惜跑遍全市所有的药店；有的人为了满足自己的求知欲望，将自己的大半收入用于买书籍而过着俭朴的生活；如此等等。

2. 消费者意志过程的基本特征。

（1）购买目的明确。一般来说，消费者为了实现自己的动机，总是要在经过思考之后提出购买的目标并根据目标制定购买计划，有意识地去实现购买的目的。如一位消费者，当他确定了要买某一商品尤其是大件商品的目标后，必须在一定时间内有一个攒钱的准备阶段，或相应地缩减其他有碍实现这一目标的开支。当他实际购买时，还会考虑打算到什么商店、花多少时间去购买，在商店，他不能随意将这笔货款转向他用。因此，意志总是和一定的目的性联系在一起的，这也是心理活动的自觉性。关于自觉地确定目的的特征，这是人和动物的本质区别之一。马克思曾说过，蜜蜂建筑蜂巢的本领曾使蹩脚的建筑师感到惭愧。但是，人在活动以前，活动的结果已经作为行动的目的而以观念的形式存在于人的头脑之中，以这个目的指引自己的行动。所以，如果说感觉是外界刺激向内部意识的转化，那么，意志是内部意识向外部动作的转化。

（2）对行为具有调节作用。购买目标确定之后，通常还要排除各种干扰，克服各种困难和矛盾，之后才能实现购买。需要排除的干扰和克服的困难往往是多种多样的，既有消费者的主观因素造成的（如同时有几个购买动机，又不协调），又有客观因素造成的（如商品价格与个人经济条件的矛盾，商品质量、服务态度、销售方式等）。消费者在购买活动中常常要克服这些来自主观上的干扰和客观条件所造成的障碍，才能去实现预定的购买目的。

消费者的意志对行为的调节作用表现在两个方面：一是发动，即驱使人们为达到预定目的所作努力的过程。如想购买什么商品就获得什么商品的那种情绪和行为。二是制止，即抑制、中断不符合目的的行为所作努力的过程。如为购买某商品而克制某些需要的那种情绪和行为。意志的这两方面调节作用在实际中是统一的，只有这样才能克服各种干扰和困难。

意志过程实质上是消费者在购买活动中表现出来的有目的、自觉地支配和调节自己行为、排除干扰而实现既定购买目标的心理活动。它对购买过程的行动阶段和体验阶段有较大的影响。

3. 消费者意志过程的三个阶段。

（1）做出购买决定阶段。这是意志活动的初始阶段，也是购买前的准备阶段。它包括购买目的的确定、购买动机的取舍、购买方式的选择和购买计划的制定四个方面。例如，消费者根据自己的支付能力和商品的供应状况，从自己的需要出发，分清主次、轻重、缓急，做出各项决定，即是否购买和购买的顺序等。消费者在这个阶段主要是克服个人心理上的冲突，选定恰如其分的购买动机，战胜内部因素造成的困难，及时做出购买决定。

（2）执行购买决定阶段。这是购买决定转化为实际的购买行动，表现为根据既定的购买目标把主体意识转化为实现购买目的的实际行动。通俗地讲，就是去商店购买自己计划中需要的商品，这其间往往有一些障碍需要加以排除。所以，这是消费者意志活动的中心环节。

（3）体验执行效果阶段。买回商品后，消费者的意志过程并未结束。通过对商品的使用，他还要体验执行购买决定的效果。体验阶段，实际上就是对买回家的商品感受满意还是不满意的问题。一般来说，人们对所购商品都会有一个期望值。完成了一次具体购买过程的消费者，常常会将购前购后心理作一番比较，若购前期望与购后感受较一致，则会对商品产生满意感，有时会出现购后感受超过购前期望，就会喜出望外；若购后感受达不到购前期望，就会产生挫折感。

概括地说，认识过程、情绪过程和意志过程在人的心理活动过程中是紧密联系、彼此渗透、相互影响的，是人的统一心理过程的不同方面。对客观世界的正确认识是人的情感活动和意志活动的基础，良好的情感又能推动人的认识和意志。而坚强的意志则能促使人们认识活动的深化，也使人的情感服从于人的理智的认识。在消费者的行为活动中，我们可以看到心理活动的认识、情绪、意志这三个过程统一协调、互为作用地影响着消费者的购买活动。

二、购买行为模式及广告对策

消费者采取购买行为模式，一般包括消费者在何时购买、何处购买、如何购买等问题。这是消费者做出购买决策后进入实际购买活动的过程。

(一) 购买行为模式

1. 何时购买。消费者在何时购买主要是指其在商品购买时间方面的习惯。准确了解消费者在一年中的哪季，一季中的哪个月，一月中的哪个星期以及一个星期中的哪一天，一天中的什么时间，实施哪类购买行动和需要什么样的商品或服务。例如，春暖花开之时，周六下午食品店的配餐面包销量很大，人们在准备星期天外出郊游时的午餐。食品经营者要根据这一情况，除了适时地提供顾客喜欢的面包外，还可搞些其他适合这个季节、时间的食品，如配置肉食、水果、蔬菜的拼盘等。搞清楚消费者什么时候消费哪类商品的服务，对于开发新产品、拓宽服务领域、增加服务项目有重要的意义。广告的发布要结合消费者的这些习惯，在不同的时期适时发布广告，在消费者最需要的时间段给消费者一种雪中送炭的感觉。

2. 何处购买。消费者在何处购买，包括消费者在何处决定购买与消费者在何处实际购买两个方面。了解消费者在哪里购买、在哪里使用。在哪里购买，即了解消费者在购买某类商品时的习惯。例如，出售祛斑霜就要搞清楚购买此商品的顾客愿意在百货商店里购买还是更相信药店里出售的商品。企业搞清楚后，可以据此研究商品及服务的适当的销售渠道和地点。在哪里使用，就是要了解消费者是在什么样的地理环境、气候条件甚至于什么场所或什么场合使用商品。根据消费者使用的地点、场所的特征，使企业提供的产品和服务更具适应性。

一般而言，生产资料广告应更多地运用与企业有关的广告媒体去接近广告对象。如各行业的专业报刊刊登本行业广告就可以影响生产资料购买决策。另外，还可以采取直接向有关企业寄投产品证明书的宣传形式，有的放矢地争取购买者。

3. 如何购买。消费者怎样购买，主要体现在购买阶段。这主要包括了解消费者怎样购买、喜欢什么样的促销方式，也包括要搞清楚消费者对所购商品如何使用。企业清楚了这两个问题之后，不仅可以针对不同商品的用途突出商品的差异，还可以做出适当的促销决策。例如，有些特定地区、特定阶层消费者更宜接受人员推销方式，企业便可适当减少对这个地区的广告攻势而组织人员销售，以适应这部分人对促销方式的要求。再如，经销调味品的企业就要搞清消费者买到酱油后怎样用，是做卤汁用于卤肉制品，还是用做凉拌蔬菜的调料。企业搞清楚以后，才能提供多品种的适宜的产品。

广告宣传、介绍产品，应充分注意尊重消费者在购买活动中的各种消费权利，尽量满足消费者的各种合理要求。例如，宣传某商品时强调规格、尺码齐全，宣传某种劳务完成时间快等，都有一定的吸引力。

（二）不同购买行为的广告对策

广告最终的目的就是要促成购买行为的实现，只有实现这一步才能称之为有效的广告，但由于消费者在实际购买过程中其行为表现颇为复杂，因此，广告宣传应针对不同的购买行为采取不同的对策。

1. 价格型购买行为。具有这种购买行为模式的客户对商品价格比较敏感。其中，有些总喜欢购买廉价商品，甚至在没有购买意向的情况下见到廉价商品也会采取购买行动。有些商家推出的特价产品对这些消费者就很有吸引力。还有些价格型的人特别信任高级商品，认为这类商品用料上乘、质量可靠，即所谓"一分钱，一分货"，所以常乐于购买高价商品，认为这样可以使自己的需求达到更好的满足。广告要突出物有所值，让其感觉花钱很值得。

2. 理智型购买行为。有些客户习惯于在反复考虑、认真分析、多方选择的基础上采取购买行为。他们购买商品时比较慎重，不轻易受广告宣传、商品外观以及其他购买行为的影响，而是对商品质量、性能、价格和服务等认真比较。接待这类客户要实事求是，详细地介绍商品，努力促成交易。广告对策主要是通过比较和说明使受众了解、熟悉产品。

3. 冲动型购买行为。具有这种行为模式的顾客经常在广告和商品陈列、使用示范等因素的刺激下购买商品。他们在挑选商品时主要凭直观感受，而很少进行理智思考，不大讲究商品的实际效用和价格等，因为喜爱或看到他人争相购买，就会迅速采取购买行动。生动的广告、美观的商品包装、引人注目的商品陈列等，对于吸引这类购买者效果十分显著。

4. 想像型购买行为。有些人往往根据自己对商品的想像、评价或联想进行选购。该类客户在购买商品时，比较重视商品名称、造型、图案、色彩、寓意等，这是一种比较复杂的购买行为。具有这种购买行为的客户通常对商品有很高的鉴赏力，他们的选择对相关群体的影响比较大。广告要对这些人突出自尊感和成就感，让他们有充分的精神满足。

5. 习惯型购买行动。有些客户通常根据自己过去的使用习惯和爱好购买商品，或总是到自己熟悉的地点去购买商品。他们一般比较忠于自己熟悉的商品、商标和经销商，选择商品和购买地点具有定向性、重复性，他们见到自己惯用的商品就果断采取购买行动，不需要进行反复比较。广告对策主要是通过引导改变其观念。

6. 随意型购买行为。有些顾客对商品没有固定的偏好，不讲究商品的商标和外观，往往是随机购买，这被称为随意型购买。它有两种表现：一种表现是不愿为购买商品多费精力，需要时遇到什么就买什么，图方便和省事；另一种表现是购买者缺乏主见或经验，不知道怎样选择，乐于仿效他人，卖方的建议对其影响也很大。广告对策主要是通过指令和说明，强调商品的优越性，常用"想……请跟我来！"、"……是您明智的选择"、"请试试……吧"等方式。

人们的购买行为模式并不是一成不变的。在现实生活中，人们的购买行为模式如何，与产品特性有直接关系。人们在购买不同类别的商品时，往往会采取不同的行为模式。例如，购买一般生活用品，属于随意型、习惯型的较多；而对于高档消费品，多数人属于理智型；对于服装、礼品等，则以冲动型或价格型购买占多数。因此，广告策略也不是固定不变的，只要符合一般的广告设计规律，总能产生一定的影响，但要有广告个性才能成为广告经典。

第四节 广告宣传的社会心理

广告宣传要达到预期目的，绝非像人们感知、记忆广告的内容那么简单，而是一个极为复杂的过程。在这一过程中，包含了许多诸如群体心理对广告的影响、社会态度对广告的影响、广告对社会态度的影响以及广告对群体心理状态和过程的影响等问题。这些问题都值得广告心理学研究。

一、群体心理对广告宣传的影响

人生活在社会、组织和群体之中，他所具有的心理状态和心理现象不可能是孤立的、完全个性的，而必定带有社会的性质。人的这种社会心理（或曰集体心理），以及在此基础上发展而来的社会态度，对广告宣传有着根本性的影响。

（一）群体心理的含义

所谓群体心理，就是个体需要与动机的共同性和一致性在群体中的反映，这种反映进一步发展后则成为社会态度。人们在群体情况下所接受的广告宣传的影响，与在个人情境下的情况有着明显的差别。在群体情境下，接受广告宣传的影响的作用规律是特有的。一般而言，广告宣传的群体心理过程要涉及人们在群体情况下相互模仿、相互感染、社会性遵从这样一些过程。这些过程影响广告宣传，同时，也可以指导广告宣传。

（二）群体心理对广告的影响

模仿和感染是群体行为赖以存在并得以发展的刺激形式。感染是一种群众性的模仿，即感情或者行为从人群中的一个参加者蔓延到另一个参加者。感染有两种形式：一是情绪感染；二是行为感染。情绪感染是指一群人的情绪统一起来，使个人放弃平常抑制其行为的社会准则，于是，每个人的行动便主要由自己的情绪发动。情绪感染在所有参与者都有相同的态度、信念和价值的情况下极易发生，它们会促进个体间的模仿过程。在这种条件下，个体成员对任何种类的情绪暗示都易于接受，从而使他像其他人那样行动。据此设计广告，往往极为有效。同样，行动感染是指一个人的行为方式向另一个人乃至许多的人传播。行为感染的广告在播出后，社会上不仅有人议论广告商品，而且左邻右舍开始买它。因此，利用行为感染，使广告方式不仅停留在说的阶段，这样的广告宣传会更有效。

在群体心理过程中，人们相互模仿、相互感染的背后还有一个决定或影响他们的更深刻的群体心理现象，这就是遵从。遵从对于广告宣传几乎是唯一重要的行为，也是广告宣传者最关心的内容。

所谓遵从，就是在个人与他人或群体的意见、观念和态度之间寻求一致性的倾向。由这种倾向所导致的行为，就是遵从行为。产生遵从的原因，在心理学家们看来，主要是信息压力和规范压力。信息压力是指在现实世界中，人们只有通过别人才能够获得现实世界中的许多信息，甚至许多有关自我的信息也来自于他人。在信息压力的作用过程中，只有那些能作为信息正确来源的人才能成为人们遵循或相信的人，对于广告，也是如此。规范压力则是因为人们总有一种遵从规范、同化于群体的内在倾向，它对广告宣传的影响也是很重要的。

此外，人在社会心理过程中总要固定或稳定在一个角色上，承担一种角色，这是不为模仿和感染所转移的。

角色是人们期望某一特定社会位置上的个人所具有的一种行为模式。就个人而言，它是人所处的一种地位以及由此决定的态度与行为的复合体。在广告理论中，把角色分为原生角色和习生角色。原生角色是指个人无法控制的，是与生俱来的；而习生角色是指因个人的获得和社会成员的选定而带来的角色，如一个人的教育水平、工资收入、职业、地位和婚姻状况等。

很显然，不同人群，不同人群的不同角色，对广告宣传有不同的接受和理解。因此，广告宣传应主动地、有目的地面对不同角色，对广告对象及其角色特征进行深入研究，了解不同角色接受广告的规律，再分别施以针对性宣传。

二、社会态度对广告的影响

在广告宣传中，广告宣传实质上是在同社会倾向、社会舆论和社会态度进行较量。

就本质而言，态度是一种思维方式，它具有认知、情感和行动三种成分，是由这三种成分构成的对待一个特定人、事和物的倾向。社会态度对广告最有影响的内容有成见、归因和时髦、时尚，它们极大地影响着广告的宣传效果。

成见是一种固定化的、具有明显倾向性的态度，其特点是不易改变，是一种偏见。成见在广告宣传中很常见，它有积极的一面，也有消极的一面。成见有多种多样，不同的人具有不同的内容。在心理学上，一般把成见分为认知性成见和地位性成见。所谓认知性成见，是指由于没有认识到某一产品的好处而产生的成见。造成这种成见的原因主要是信息量不够、途径不通、个人知识水平所限以及广告宣传内容误导等。所谓地位性成见，则是指由于人们所处的地位造成的一种偏执态度。地位性成见有的是实际地位造成的，有的则是地位期望造成的。

归因属于社会认知中的一种心理现象，但由于社会认知是构成人们态度的一个成分，或是形成整体态度的一个阶段，所以归因又极大地影响社会态度。归因往往把人的态度过程阻断在认知的水平上，或局限于认知范围。在广告宣传中，归因可能使人们对广告的态度反应过程停下来，发生中断，从而使广告宣传达不到应有效果。因此，广告心理学家和广告工作者都必须严肃地对待这个问题。为避免归因发生的消极效果，广告人员应该深入分析消费者会做什么样的广告归因，注意让消费者把广告看成什么，以及防止其看成什么。

概括地讲，归因可以分为三类：因果归因、外在归因和内在归因。因果归因是归因判断首先要解决的，消费者在见到广告之后，产生购买行为的结果是什么。一个人如果不能预言他人或自己的行为，就不能在令人满足的程度上控制环境。因此，广告宣传应控制一个关键因素，就是要能够预言他人在广告面前如何行动。然而，在对因果关系的大部分认识中，核心的问题在于某一特定的行动或事件，是应该作内在归因还是外在归因。广告宣传在人们对其作什么样归因的问题上应事先筹划，引导人们去作相应的归因。

社会态度发展到一定程度和范围，就会形成时髦或时尚。时髦和时尚都是广告宣传所面临的最严酷的挑战，同时，也是广告宣传的最高期望。时髦或时尚是一种普遍的、易变而不稳定的社会心理，它表现为社会成员通过对某一事物的崇尚和追求以达到身心满足的目的。

一般而言，时髦有其社会规律性，遵守新奇原则和遵从原则，并呈周期性。首先，时髦的出现与社会文明的程度成正比，社会物质水平和文化水平发展越高，时尚变化越快，类型和表现方式也日益复杂化、多样化。时髦的魅力在于，它既是新的，同时又正在以最快的速度反映社会发展的现实，是新的社会行为规范和风俗的先驱。其次，每一种时尚都以与众不同的形式出现，它是通过人的心理活动起作用的。每个人在社会中都以不同的手法和途径来显示其个性特点，其目的在于在他人的心目中形成"自我"。因此，时髦既要求模仿又追求个性化，由此，形成了时髦形态的日益多样化、复杂化。最后，时尚是带着绝大多数人向前发展的，因此，时尚有明显的遵从性和周期性，而这种周期性和遵从性对把握广告宣传很有好处。明智的广告宣传应该把握时机，顺潮流而动。

三、广告对群体心理和社会态度的作用

广告宣传受到各种各样的社会心理及社会心理过程的作用，同时，广告也可以通过不同的方式对群体心理和社会态度施以适当影响，从而使之朝着有利于广告宣传的方向变化。

社会学和消费心理学的研究发现，有五种方法可以使人的态度发生改变：

1. 改变某些基本动机的重要性。主要通过突出新的需求来完成。通过突出新的需求来唤起或提醒人们忽视了的功用。

2. 把产品与一个特殊的群体或事件相联系，以唤起联想，从而改变对产品、服务和商标的态度。

3. 改变消费观念。

4. 与矛盾态度相联系，主要是通过对产品质量的一系列考验反过来证明产品的优异性能。

5. 改变消费者的行为模式。

心理学家认为，要争取别人赞同自己的观点，仅有观点本身的正确性不够，还要有巧妙的外交手腕。因此，注意广告宣传的方法也是十分必要的。

四、明星效应的心理分析

心理学研究表明，传达者是否被人喜欢，对接受者是否改变态度起着重要的影响。生活中经常发生的"光环效应"或称为"晕轮效应"，是指由于一个人具有较高的吸引力，而使得别人倾向于对他在其他与吸引力无关的品质也评价为好，就像被光环所笼罩，使得人们看不清他（她）的真实面貌。

明星由于某一点，尤其是外貌吸引力好，而被人们广为喜爱的情况在生活中经常发生。爱美是人类的本性，而追求一致也是人的一种倾向。由于明星某一方面的特征美好而倾向于认为其整体都是美好的，这种心理造成了广告中喜欢用高吸引力的明星来传达信息。

1. 高吸引力特别是时尚的魅力的外表可以给消费者造成强烈的视觉冲击。试想，你在街上行走，人来人往的群体中，你会首先发现一位普通的女性，还是一位美女？

2. 具有高吸引力的明星，由于晕轮效应，造成消费者对他（她）的一切都盲目接受，产生一种爱屋及乌的心理效应，进而接受由他（她）推荐的产品或观念。

3. 明星往往可以带来一种强大的示范作用，引起他人的模仿。

五、广告的道德原则与道德禁忌

一个社会化的广告所面临的另一个问题是社会在文化方面对广告业有什么期望，也就是说，在特定的文化环境中公众对广告有什么样的要求。因为在实施广告时不可避免地要在一些领域与社会道德发生冲突。因此，广告保证在实践广告活动时遵守广告的社会道德原则。

（一）广告与道德冲突的原因

就广告的根本性质而言，由于伴随着它的产生而具有的某些固有因素，它的道德表现经常要受到来自同业或公众的指责。其主要原因有六个方面。

1. 广告实践的目的假定。广告主本身的利益首先是通过使买主得到最大利益以及最终有利于社会的整体利益而获取的。在这里，引起道德冲突的争论焦点是，人们是否认为广告的对象——消费者有能力自己做出有用的决定，换句话说，广告的劝诱说服方法是否有伤大雅。广告的假设，是建立在每个人都能做出对自己有利的决定的基础上，不用担心他们会被广告主的劝诱引入歧途。但是，在现实中很可能人们并不总是能够做出对自己一定有利的决定，从而有可能接受广告的误导，在购买或要求服务方面不必要地花费钱财。很显然，在这种情况下，如果消费者的购买决定给他自己带来了损害，那么，社会利益也就无法保障。

2. 广告是片面的信息传递方式，其自身潜伏着只说好话而欺骗人的可能性危害。所有广告主和广告人员都相信，接受广告的人都知道，广告是一种强调一点、不计其余的信息传递方式。所以，他们是颇为谨慎的。由于广告并不是决定人们购买与否的唯一产品信息，因此，如果广告主认为消费者是有能力做出合理的决定的，他们也当然会认为，片面的信息传递方式对消费者是无害的。但在事实上，有许多人越来越把广告当做他们对一种产品或一种服务的基本信息源。因此，广告，尤其是那些有关健康的广告，就必须尽善尽美地传达正反两方面的信息。

3. 所有广告的宣传目的都是促使我们按照广告主的愿望去思考和行动，因而就不可避免地会引起广告主的利益与消费者的利益的冲突。在广告不能兼顾两者利益时，最终还是不可避免地以顾全广告主的利益为主。

4. 在实际生活中，经常是广告如不速之客闯进个人的生活，而非个人去寻找广告。在这种情况下，如果人们感觉到广告过分地骚扰了他们的生活，那么，广告就是在做不道德的也是不符合消费者个人利益和社会利益的事情。

5. 在广告与媒介的关系中，由于媒介的大部分收入依靠广告收入，并且几乎什么广告都可以刊登，因此，有可能干扰了媒介的公正性和社会服务职能，从而使媒介舆论对社会的监督不再那么公正、有效。

6. 由于社会文化中所固有的社会风俗、习惯、好恶禁忌等因素的存在，使广告宣传中的艺术化表现手法不可避免地在广告言辞、广告画面色彩、构图等方面与社会文化习惯发生冲突，从而使广告为社会文化所不能接受和容忍。所有这些，都涉及一些最基本的道德问题。

（二）广告的道德原则

为了协调和解决社会文化与广告宣传之间的道德矛盾冲突，在广告宣传中就有必要确立一些基本的道德原则，并遵守这些原则。

1. 真实性原则。广告所传达的信息必须真实而客观，对做广告的产品或劳务必须确实反映其实际水平，说明购买并使用该产品给消费者所带来的实际利益，切忌浮夸、杜撰或作不着边际的描述。

2. 全面性原则。广告宣传的信息传递必须全面，并且尽量同时顾全广告主和消费者双方的利益，对消费者在购买并使用广告宣传产品之后可能产生的危害提出警告。在这方面，最典型的例子是香烟广告和酒类广告。

3. 自律原则。广告从业人员必须依靠其自身的道德水准和广告组织自身的行业规范，对广告活动进行约束。

4. 媒介管辖原则。媒介对广告的内容必须进行审查，对有违社会道德的、不真实的、进行欺骗性宣传的广告内容进行剔除，发挥媒介的监督作用。

5. 政府管辖原则。政府通过法律、法规形式对广告实施管理，避免或制止非法广告对公众利益和社会利益的侵害。

6. 消费者监督原则。通过消费者的监督，对广告内容进行评判，从而可以借助社会舆论的影响力对广告宣传中的非法行为或不道德行为实施制约。

（三）广告的道德禁忌及其回避

广告的道德禁忌是一个异常复杂的问题，它是与一个社会或地区的发展历史、文化背景、宗教信仰等都极为有关的事物。广告的道德禁忌主要表现在文字、图形或色彩上，针对不同的情况，有不同的回避策略。需注意，对由于社会文化原因产生的道德禁忌的回避是十分重要的，否则，会使广告宣传效果适得其反，引起消费者的反感，甚至还可能遭受到意想不到的误解、抗议和麻烦。

1. 文字禁忌。文字禁忌是由于一些历史或宗教的原因，使一些文字或词句在文化特色上带有消极的有时甚至是贬义、讽刺的意义，或者相反地使其带有圣洁和不可侵犯的意义象征,而引起民众对这些词句的禁忌。如香港地区认为4、13、37、49和164这些数字是不吉利的,而阿拉伯地区则禁忌使用猪及其有关的词语和《古兰经》中的有关词句。

2. 数字禁忌。这是由于一些历史事件而遗留下来或由于其谐音的象征性意义而产生的禁忌。如世界上大多数地区禁忌星期五和13,认为不吉利,就是这一原因。香港地区及海外华人由于汉语谐音对4、37、49、164等存在反感。同时,在对数字存在普遍禁忌的同时,还存在对数字的喜好,如汉语民族喜好3、5、8、9;日本喜好1、3、5、8;印度喜欢带有3、7、9的复数等。

3. 图形禁忌。对图形的禁忌,也是一种普遍现象。我国就普遍喜欢喜鹊而讨厌乌鸦,喜欢龙凤而讨厌猫头鹰图案。在华人地区,圆形和方形是吉利的,而三角形则代表着灾难。日本则由于宗教的原因,禁用如来佛状罐和瓶子以及皇家标记,而松、竹、梅则是很吉利的标志。

4. 颜色禁忌。颜色禁忌也是相当复杂的,并且是与宗教和政治、社会习俗联系极为紧密的现象。一般而言,生活在热带地区的民族喜好明快的色彩,而温带和寒带的民族则喜好庄重之色。由于宗教原因,不同宗教信仰的民族也具有不同的色彩喜好。如阿拉伯地区的民族,喜爱鲜明醒目的颜色,胜过柔和浅淡的颜色,把粉红色、紫色和黄色作为消极的色彩;在佛教影响深刻的地区,黑色被认为是丧色等。此外,在一些国家或地区,代表政权或其他具有政治意义的颜色,如国旗色,也是被禁忌的。

六、中国消费者文化心理

中国的消费者心理与欧美等国家相比,既有人之共性的一面,也有我们特殊的文化心理现象。中国人在表达信息时表现出的含蓄、内敛等特点在广告中就很明显。中国人一般不对夸张的广告表达方式持以积极态度,因为我们的文化基因不讨论怪、力、乱、神。在中国做广告宣传沟通,一定要研究中国特有的文化心理特点。以下八方面消费者心理在中国具有相当的普遍性。

(一) 面子心理

林语堂说"面子"是构成中国人文化心理的三女神(面、命、恩)之一。中国的消费者有很强的面子情结,在面子心理的驱动下,中国人的消费会超过甚至大大超过自己的购买或者支付能力。广告宣传时可以利用消费者的这种面子心理,找到市场、获取溢价、达成销售。

脑白金就是利用了国人在送礼时的面子心理,在城市甚至是广大农村找到了市场;当年的TCL凭借在手机上镶嵌宝石,在高端手机市场获取了一席之地,从而获取了溢价收益;终端销售中,店员往往通过夸奖消费者的眼光独到,并且产品如何与消费者相配,让消费者感觉大有脸面,从而达成销售。

(二)从众心理

从众指个人的观念与行为由于受群体的引导或压力,而趋向于与大多数人相一致的现象。消费者在很多购买决策上会表现出从众倾向。比如,购物时喜欢到人多的商店;在品牌选择时,偏向那些市场占有率高的品牌;在选择旅游点时,偏向热点城市和热点线路。

以上列举的是从众心理的外在表现,其实,在实际广告工作中,我们还可以主动利用人们的从众心理。比如,现在超市中,业务员在产品陈列时故意留有空位,从而给人以该产品畅销的印象;电脑卖场中,店员往往通过说某种价位以及某种配置今天已经卖出了好多套,从而促使消费者尽快做出购买决策;在推铃声广告的时候,往往也多见最流行铃声推荐的字眼,最流行也就是目前最多的人喜欢的。这些都是在主动利用消费者的从众心理。

(三)推崇权威

中国老百姓对"王"、"霸",崇拜了几千年。消费者推崇权威的心理,在消费形态上多表现为决策的情感成分远远超过理智的成分。这种对权威的推崇往往导致消费者对权威所消费产品无理由地选用,并且进而把消费对象人格化,从而达成产品的畅销。

现实中,广告对消费者推崇权威心理的利用也比较多见。比如,利用人们对名人或者明星的推崇,大量商家找明星代言、做广告;IT行业中,软件公司在成功案例中都喜欢列举一些大的知名公司的应用;余世维先生曾说,在自己汽车销售店中,曾经以某某车为某某国家领导人的座车为卖点,从而让该车销售火爆;更大的范围内,很多企业都期望得到所在行业协会的认可,或者引用专家等行业领袖对自己企业以及产品的正面评价。

(四)爱占便宜

爱占便宜,古今中外,无一例外,这是人的一种天性,对于我们这个长期物质短缺的国家尤甚。但"买了便宜货"与"买东西占了便宜"是大大不一样的。价值50元的东西,50元买回来,那叫便宜;价值100元的东西,50元买回来,那叫占便宜。中国人经常讲"物美价廉",其实,真正的物美价廉几乎是不存在的,都是心里感觉的物美价廉。消费者不仅想占便宜,还希望"独占",这给商家有可乘之机。比如,女士在服装市场购物,在消费者不还价就不买的威胁之下，商家经常做出"妥协"："今天刚开张，图个吉利，按进货价卖给你算了！""这是最后一件，按清仓价卖给你！""马上要下班了，一分钱不赚卖给你！"这些话隐含如下信息：只有你一人享受这样的低价，便宜让你一人独占了。面对如此情况，消费者鲜有不成交的。除了独占，消费者并不是想买便宜的商品，而是想买占便宜的商品，这就是买赠和降价促销的关键差别。

（五）害怕后悔

每一个人在做出决定的时候都会有恐惧感，他生怕做错决定，生怕他花的钱是错误的。心理学上称为购后冲突。所谓购后冲突，是指消费者购买之后出现的怀疑、不安、后悔等不和谐的负面心理情绪，并引发不满的行为。

通常贵重的耐用消费品引发的购后冲突会更严重，为此，国美针对消费者的这个心理，说出了"买电器，到国美，花钱不后悔"，并作为国美店的店外销售广告语。进一步来说，在销售过程中，你要不断地提出证明给顾客，让他百分之百地相信你。同时，你必须时常问你自己，当顾客在购买我的产品和服务的时候，我要怎样做才能给他百分之百的安全感？

（六）心理价位

任何一类产品都有一个"心理价格"，高于"心理价格"也就超出了大多数用户的预算范围，低于"心理价格"会让用户对产品的品质产生疑问。因此，了解消费者的心理价位，有助于营销人员为产品制定合适的价格，有助于广告促销人员达成产品的促销。

在IT行业，无论是软件还是硬件设备的销售，如果你了解到你的下限售价高于客户的心理价位，那么，下面关键的工作就是拉升客户的心理价位，相反则需要适度提升你的售价。心理价位在终端销售表现得更为明显。以服装销售为例，消费者在一番讨价还价之后，如果最后的价格还是高于其心理价位，可能最终还是不会达成交易，甚至消费者在初次探询价格时，如果报价远高于其心理价位，就会懒得再看，扭头就走。

（七）炫耀心理

消费者炫耀心理，在消费商品上多表现为产品带给消费者的心理成分远远超过实用的成分。在中国目前并不富裕的情况下，正是这种炫耀心理创造了高端市场，同时，在国内企业普遍缺乏核心技术的情况下，利用炫耀心理有助于获取市场，这一点在时尚商品上表现得尤为明显。

为什么这样说呢？女士都钟爱手袋，一些非常有钱的女士为了炫耀其极强的支付能力,往往会买价值几千元甚至上万元的世界名牌手袋。同时,国内的 TCL 和夏新手机,之前在缺乏核心技术的情况下,在与 NOKIA 和 MOTO 的竞争中,劣势不是特别明显,其中,通过工业设计给手机时尚的外表造型就功不可没。因此,对消费者来说,炫耀重在拥有或者外表。

(八) 攀比心理

消费者的攀比心理是基于消费者对自己所处的阶层、身份以及地位的认同,从而选择所在的阶层人群为参照而表现出来的消费行为。相比炫耀心理,消费者的攀比心理更在乎"有"——你有我也有。

MP3、MP4、电子词典热销并且能形成相当的市场规模,应该说消费者的攀比心理起到了推波助澜的作用。很多商品,在购买的前夕,萦绕在消费者脑海中最多的就是,谁谁都有了,我也要去买。在计算机的配置中,也多见学生出于同学们都有的心理而要求父母给自己购买。对广告而言,我们可以利用消费者的攀比心理,出于对其参照群体的对比,有意强调其参照群体的消费来达成销售。

本 章 小 结

消费者的心理活动极其复杂,要使消费者在微笑中被说服,必须研究消费者的心理,这对于广告的运作意义重大。

消费者心理是购买商品的内在动力,包括感觉、知觉、注意、兴趣、记忆、联想等内容。现代商业广告要充分运用心理学原理去影响消费者,使广告诉求同消费者的迫切需要和切身利益联系起来,诱发他们对商品的好感,刺激其购买欲望,最终产生购买行为。

感觉是一切复杂心理活动的基础,消费者接触广告的第一印象都是从感觉开始的,如何吸引消费者注意?如何能让消费者正面解读广告?如何能让消费者对广告产生积极情感?如何能让消费者面对广告产生美好联想?如何能让消费者牢牢记住广告?等等,这些都依赖于对消费者心理的科学有效把握。

消费者在产生购买行为时会受到情绪和意志的制约,做好消费者"临门一脚"的鼓动工作并实现购买,是广告终极归宿之一。

每个社会群体除了人性共有的心理特点外,又有心理的个性化差异。这主要取决于群体所在的社会文化影响。研究广告的社会文化心理,特别是中国人的传统文化心理,对于我们的广告实践具有重大的现实指导意义。

关 键 概 念

广告心理　消费者认知　情感诉求方式　AIDMA法则　文化心理

复习与思考题

一、选择题

1. 消费者"认知"包括消费者感觉和消费者（　　　）。
   A. 兴趣　　　　　B. 注意　　　　　C. 知觉　　　　　D. 记忆
2. 人类感觉器官中，接触外界信息主要是（　　　）。
   A. 视觉　　　　　B. 听觉　　　　　C. 嗅觉　　　　　D. 触觉
3. 广告首先要引起消费者的（　　　）。
   A. 兴趣　　　　　B. 欲望　　　　　C. 注意　　　　　D. 好感
4. 明星群体是消费者的（　　　）群体。
   A. 直接　　　　　B. 成员　　　　　C. 向往　　　　　D. 厌恶
5. （　　　）诉求广告常使消费者感动不已，久久难忘。
   A. 情感　　　　　B. 理性　　　　　C. 说教　　　　　D. 卡通
6. 中国传统的文化心理，"不语：（　　　）。"
   A. 怪　　　　　　B. 力　　　　　　C. 乱　　　　　　D. 神
7. 林语堂所谓的（　　　）是构成中国人文化心理的三女神之一。
   A. 面　　　　　　B. 命　　　　　　C. 恩　　　　　　D. 王

二、思考题

1. 广告心理研究对广告的作用是什么？
2. 广告如何引起消费者的注意？
3. 情感诉求一般有哪几方面？
4. 广告如何增强消费者的记忆？
5. 中国人都有哪些文化心理？这些心理对广告有哪些影响？

三、案例分析

广告语抓住了你哪根敏感的神经

统一鲜橙多：多C多漂亮

首先，鲜橙能保养肌肤，补充水分，让皮肤柔嫩光滑、富有弹性，这是生活常识。"多C多漂亮"有了具体的支撑；其次，市场上是统一最先提出"橙汁美容"概念，早于汇源果鲜美；最后，很多人不喝有甜味的果汁饮料是担心自己发胖，统一鲜橙多告诉你，要漂亮就喝统一鲜橙多，因为多C多漂亮。

利郎商务男装：简约而不简单

利郎定位"商务休闲男装"，杀出"男装红海"，开创了一片属于自己的"蓝海"。其品牌主打高端商务人士，通过"简约不简单"的品牌风格诉求，潜入了目标顾客的心智，彰显了一种男人的睿智与素养。加上陈道明内敛稳重又不失洒脱利落的演绎，将商务的质感和成熟的内涵表现得淋漓尽致，其成功自然不在话下。

中国移动全球通：相信自己，我能！

全球通是移动为商务人士量身定做的精英群体品牌。2004年，移动正式推出"我能"理念，代替以往的"专家品质，信赖全球通"口号，代表了全球通营销重点的战略转移：从"物本"的产品服务转变为"人本"的客户体验。"我能"，是社会主流精英成功的"精神基础"，全球通以此切入目标顾客的心智，不失为高明之举。在其广告传播中，也刻意深化这一主题，有不同领域的成功人士在各自领域的巅峰告诉世人：相信自己，我能！

中华立领柒牌男装：男人就应该对自己狠一点

此乃一语惊天下，谁与争锋的，确不同凡响。一流的广告创意，再加上功夫皇帝李连杰的精彩演绎，此语红遍大江南北也不足为奇。许多人在今天这个压力超大的时代，累了，倦了，更是以此为座右铭，时时谨记，刻刻提醒。做男人不狠怎么拼搏？做男人不狠怎么立足江湖？

长虹：以产业报国、以民族昌盛为己任

作为民族工业的一面旗帜，长虹在中国彩电工业逐渐走向成熟的时候，承担起民族昌盛的责任，是何等的勇气和魄力。如今，彩电大战经过几次降价，进口品牌的市场已经很小了。这句广告语就是长虹的精神图腾。

农夫山泉：农夫山泉有点甜

一句广告语打响一个品牌用在农夫山泉身上绝不过分。没有这句广告语就没有广告的成功，而品牌的长期积累则离不开这句广告语的作用。换一个角度去看瓶装水，换一个思维去理解瓶装水，就会找到差异，而后，你的品牌个性也就不难塑造了。

张裕：传奇品质，百年张裕

当进口红酒蜂拥进入中国市场时，以张裕为代表的国产红酒并没有被击退，而是通过塑造百年张裕的品牌形象，丰富了酒文化内涵，使一个拥有传奇品质的民族老字号企业毅然挺立，使中国这个千年酒文化古国，因为张裕的宣传，告诉消费者：我们不仅有举世闻名的白酒，也有悠远品位的红酒。

蓝色经典，男人的情怀

"世界上最宽广的是海，比海更高远的是天空，比天空更博大的是男人的情怀"。这句话从横向上理解，宽广的、有容乃大的、包容万物的情怀是男人的情怀；从纵向上看，超越时空、雄霸天下的男人梦想是男人的情怀。蓝色文化既是对开放、高远的现代文化的追求，蓝色文化也体现着新时代的民族精神，像海一样具有宽广而博大的胸怀，像浪花一样充满竞争和创造的力量，海至深为蓝，天至高为蓝，梦至遥为蓝，火至精纯也为蓝，蓝色正是我们时代呼唤的生命律动的色彩。因此，男人的情怀就是洋河蓝色文化的精妙诉求。

南方黑五类："黑芝麻糊哎——"

"黑芝麻糊哎——，小时候，一听到芝麻糊的叫卖声就再也坐不住了，一股浓香，一缕温情,南方黑五类。"黄昏的街巷、青石板的路面、浓浓的芝麻糊香、悠远的叫卖声……仿佛就在不远的过去,仿佛又那么遥远。那一缕回忆,那一份怀念,是童年的记忆,是祖母声音,随着声声叫卖走进了我们。

康师傅:好吃看得见

有人说,美国人是在用大脑吃东西,极其在意营养元素的搭配;韩国人是在用眼睛吃东西,在意的是食品色彩的调配是否悦目;而中国人是在用舌头吃东西,味觉第一。语虽俗俚,但符合实情。康师傅很懂时代,因为在这个快节奏的读图时代,我们的味觉可以用读图来快速感知,好吃你都看见了,那就尝尝吧!

(资料来源:作者根据相关资料编写)

案例思考

1. 结合案例,找找身边还有哪些精彩的广告语。
2. 这些广告语精彩在哪里?抓住了消费者怎样的心理?
3. 这些广告语对于我们进行营销沟通有什么借鉴意义?

第六章　广告主题、创意与表现

【学习目标】
1. 掌握广告主题的构成要素和基本要求。
2. 掌握广告创意的过程和基本方法。
3. 掌握广告表现的流程及不同传播媒介的广告表现。

【案例导入】

M&M's 巧克力豆："只溶在口，不溶在手"

1954 年，罗素·瑞夫斯在自己的办公室里接待了玛氏糖果公司的总经理麦克纳马拉。玛氏糖果公司当时在美国也算是一个小有名气的私人企业，尤其在巧克力生产上具有相当优势。公司新近开发了一种产品巧克力豆，但广告宣传不太成功，销售效果不太理想。麦克纳马拉这次来是请瑞夫斯为其新产品做广告宣传，扩大产品销路。瑞夫斯与来访者交谈 10 分钟后，他敏感地发现，在美国，玛氏糖果公司开发和生产的这种 M&M's 巧克力豆是当时唯一用糖衣包裹的巧克力豆。有了这一发现，即刻形成了广告构想：抓住 M&M's 巧克力豆这一与众不同的特点打动消费者。

经过缜密思考、精心创意，瑞夫斯创作了这样一部电视广告片：电视画面上有两只手，一只脏手，一只洁净手。画外音：哪只手里面有 M&M's 巧克力糖？不是这只脏手，而是这只净手。因为 M&M's 巧克力豆只溶在口，不溶在手。广告片播出后，M&M's 巧克力豆顿时名声大振，人们争相购买，销量猛增。将近 60 年过去了，期间，玛氏公司的规模有了突飞猛进的发展，如今已成为美国私人企业中的佼佼者。而"只溶在口，不溶在手"至今仍是玛氏公司 M&M's 巧克力豆的广告主题，被牢牢记在世界各国消费者心中。

（资料来源：张金海：《世界经典广告案例评析》，武汉大学出版社 2000 年版）

M&M's 巧克力豆广告的成功实质上是广告主题确定与广告创意的成功。广告主题是广告的中心思想，是广告表现的核心；广告创意使广告主题艺术地表现出来。广告主题选择是否正确及创意是否别出心裁在很大程度上决定了一则广告的成败。

本章将系统地阐述广告主题的构成及确定方法、广告创意的基本过程和方法,以及广告表现流程和技巧。

第一节　广　告　主　题

在广告活动中,首先要确定广告的主题,它是整个广告的灵魂,是广告创意、设计、制作等创作活动的基础,是关系到如何正确地、科学地、有效地进行广告的重要问题。

一、广告主题的构成要素

美国有一家生产"Polaroid"(宝利莱)照相机(见图6-1)的公司,要向日本推销一种最优秀的照相机,但此时日本已有佳能、美能达,不仅在日本,而且在世界市场也有很大的推销力。Polaroid公司的想法是:并非把一种照相机推销到日本市场上,而是把一种"只要10秒钟就可以洗出照片的喜悦"提供给日本人,使日本人觉得这是人生的享受和兴趣。这种"只要10秒钟就可以洗出照片来的喜悦"已经超越了照相机的一般概念,而找到了另外一种意义,也就是找到了广告主题。

图6-1

所谓主题,是指作品所蕴涵的中心思想,是作品思想内容的主体和核心。广告主题是广告所要表达的重点和中心思想,是广告作品为达到某项目标而要表述的基本观念,是广告表现的核心,也是广告创意的主要题材。美国的"Polaroid"(宝利莱)照相机的广告主题即为"只要10秒钟就可以洗出照片来的喜悦",不仅体现了该照相机的特色(个性),也满足了消费者的心理。可见,广告主题由广告目标、信息个性和消费者心理三要素构成。

(一) 广告目标要素

广告目标是整个广告战略的核心,在广告活动中具有相对的独立性。确认这一构成要素,一方面要考虑如何使广告目标符合企业的整体目标;另一方面要考虑广告目标融入广告主题的可能性,确保这种目标通过广告主题得以实现。由于广告目标是在反复分析研究的基础上制定的,因而确认这一要素较为容易,只需着重考虑其如何在广告主题中体现即可。

按照不同的分类方式,广告目标的种类也是不同的:按照目标的不同层次可分为总目标和分目标;按照目标所涉及的内容可分为内部目标(与广告活动本身有关的目标)和外部目标(与广告活动的外部环境有关的目标);按照目标的重要程度可分为主要目标和次要目标。

同时,广告目标又限制了广告主题的表现,广告主题必须为实现广告目标服务。确定广告主题,必须以广告目标为依据,针对要实现的广告目标提出符合广告主题的基本观点和主要内容。此外,广告主题必须能够体现广告目标,并服从和服务于广告目标。这样,两者才能达成统一与协调。

(二) 信息个性要素

信息个性是指广告所宣传的商品、企业和观念与众不同的特点,是一种独特的利益。信息个性是广告诉求的焦点,是广告主题的依据。信息个性可以从自然特点所显示的个性或者是由社会特点所显示的个性这两个方面去识别和挖掘。由自然特点所显示的个性,包括原料的品质、产地、历史、制造方法、技术、设备、工艺、水平、卫生条件、生产规模、产品的形状、视觉形象、听觉形象、触觉形象、使用寿命、用途、方法、方便程度、节约程度、包装、拥护评价、服务情况、构造、品质、保险范围、价值情况等。有"水中贵族"之称的景田百岁山天然矿泉水就是通过其自然条件(产地、工艺)显示了矿泉水的优良品质。由社会特点显示的个性,包括商品的经历、用户的构成、社会的评价、同类产品竞争状况、消费者对产品的态度、使用上的意趣、所代表的地位与身份象征以及企业的规模、历史、信誉等。

对于商品的宣传，不同的商品可以突出不同的个性，相同的商品也可以从不同角度表现不同的个性。在广告主题中，富有个性的事物最具有吸引力，能够在人脑中形成深刻的记忆，从而进一步获得消费者的信任，只有这样，商品销售才有广阔的前景。

（三）消费者心理要素

消费者心理是指广告决策和信息个性要符合消费者的心理需求，这样才能被他们所接受，达到广告的目标。确认消费者心理要素是很复杂和困难的。一方面，当今时代商品极为丰富，竞争异常激烈，消费者所关心的问题不再是能否买到某种商品，而是所购买的商品能否满足自我、表现自我、塑造自我；另一方面，消费者的构成层次比较复杂，同一层次的消费者其需求也有很大差异，并经常处于变动状态。为此，确认消费者心理这一构成要素时，要尽可能充分利用广告调查及营销要素分析资讯材料，尤其要注意目标市场的细分情况，尽可能使所确认的消费者心理要素能够准确地反映目标市场的心理趋势及人文特点，使广告主题与消费者的心理需求相融合。常见的可以融入广告主题的心理因素主要有关于健康、安全、爱心、地位等方面的需求。广告主题只有融入消费者的心理因素，才能使广告诉求适应消费者的心理需求，使消费者从广告主题中切身体会到广告产品与他们的利益密切相关，由此使消费者对广告主题产生心理共鸣，实现广告的诉求力量。

（四）广告主题构成要素之间的关系

广告目标是广告主题的出发点，离开广告目标，广告主题就失去了方向；信息个性是广告主题的基础和依据，没有信息个性，广告主题就失去了诉求焦点；消费者心理是广告主题的角色要素，不能适合消费者心理的广告主题，就不能调动消费者的心理力量，不能引起心理共鸣，也就使广告主题失去了诉求效果。把握三者之间的关系，使广告主题的三大构成要素巧妙地、紧密地、合理地融为一个整体，是广告主题策划的基本任务。

二、广告主题确定的要求

广告主题的确定，在整个广告活动中具有举足轻重的作用，因此，为了准确地选定广告主题，必须注意以下四点。

（1）广告主题必须独树一帜。广告主题要有自己的独特之处，便于记忆，这样才能给人留下深刻的印象。

（2）广告主题必须简洁有力。商品本身的功能特点可能很多，商品能给消费者带来的利益与满足也可能是多方面的，但在广告宣传中必须分清主次，突出消费者最关心的诉求点。

（3）广告主题必须新颖刺激。要以不断创新的手法引起消费者的兴趣，刺激消费者的购买动机。

（4）广告主题必须醒目统一。注意选择那些能够引人注目的主题，以吸引目标受众的注意。还可以与企业或商标名称、标志等不变的东西结合起来，这样便于形成易识易记的概念，有助于在更大范围内建立起企业或产品的形象。

例如，上海达彼思广告公司设计的一组公益广告，其中的一个画面是：一条小小的红领巾和一个大大的红盖头并排在一起。红领巾边上有三个字"戴不起"，红盖头边上有"戴起"两个字，形成了强烈的对比与反差，让人们联想到不同的求学场景，再加上画面下方的广告文案："其他孩子上学时，她的梦却被遮没了。请伸出友爱的手，支助贫困山区失学儿童。"这一公益广告主题简洁有力，让人一目了然，能够唤起人们对失学儿童的关心，以伸出援助之手帮助失学儿童圆上学梦。

三、广告主题确定的方法

（一）商品、企业分析与主题确定

"七喜"饮料的广告是"七喜，非可乐"（Seven Up: The Uncola）。"七喜"作为当时刚上市的饮料，是很难与可口可乐和百事可乐相抗衡的，而"非可乐"的主题则是明确地把市场分成了两部分，使人们在购买饮料时立刻想到两种截然不同的种类。"七喜"这一广告主题有了自己的准确定位——非可乐。

广告主题的依据和基础是信息个性。在如今商品种类繁多、同类商品间竞争激烈的现状下，商品本身的特点可以成为消费者的一个重要"购买理由"，突出商品差异成为广告主题确定的常用方法。商品的任何一点微小差别，都是确定广告主题和广告创意时应该充分考虑的。能够观察和考虑这些商品的差别，信息个性就能够发掘出来，广告也就具备了吸引眼球的亮点。

商品分析主要从商品原材料方面的优点或特点、商品独特的制造过程、商品独有的使用价值、商品价格等方面着手，寻找与同类商品或替代品之间的差异，为消费者确定一个购买理由。企业之间的差异在很大程度上影响着消费者对于具体产品的认知，考察企业主要从企业的历史、规模和技术特色、软硬件、员工、理念、社会形象等多个角度综合分析。

但是，以商品本身的特点作为广告主题在符合以下条件之一时才适用：

（1）商品具有竞争者的产品不具有的特点，商品差异成为企业占领市场的

重要依据，尤其当产品有革命性突破时，适合让产品当广告的主角。当这种突破被模仿而使差异缩小到不足以打动消费者时，以商品特性为广告主题的方法不再适用。

（2）消费者对商品特点非常关心，某些市场条件下商品特点显得很重要。对消费水平不高的阶层，商品广告往往都以便宜、实惠为主题。例如，诺基亚手机在二、三级市场主要打的是低价牌；中国移动的资费也是向农村倾斜的，主推低端套餐等。某些商品差异很重要，如专用商品和某些高档耐用品。另外，新产品的新特点、个性商品的特殊特点等也很重要。

（3）某些商品特点或优点处于中心位置，重要到能够影响消费者的购买决策。所谓中心位置是指某一类商品大部分消费者关心的特点。表 6-1 显示了中等收入家庭对各类商品特点关心程度的排序。

表 6-1　　　　　　中等收入家庭对各类商品特点关心程度的排序

商品种类	商品特点排序				
	1	2	3	4	5
高档耐用品	质量	外观	功能	维修条件	价格
专用商品	质量	用途	功能	维修条件	价格
日用品	用途	价格	外观		
礼品	价格	外观	用途	质量	
食品	卫生	口味	价格	外观	
流行商品	外观	价格	质量		

事实上，对每一类商品进行分析，都会找出人们最关心的特性或特性群。如果某个商品在这方面有明显优势，完全可以考虑以这个特点作为广告主题。但在另一些情况下主题的确定是不应首先考虑商品特点的：一是商品差异对消费者并不重要时，如大部分的化妆品、标准化产品、差异本身对消费者利益关系不大的商品等；二是从其他角度进行主题确定更有效的时候。

总体来说，单独以商品差异作为广告主题在买方市场时代具有较大的局限性，它往往适合于与其他的方法联合使用。但无论是否用商品特点作为广告主题，建立在市场调查基础上的科学商品分析都是确立广告主题的前提与基础，因而不可或缺。

（二）消费者分析与广告主题

消费者分析的目的，一是为了了解消费者的购买潜力和生活形态，捕捉属于本产品或品牌的消费者；二是了解本产品或品牌的消费者的购买习惯和媒体的接触偏好，争取潜在消费者。消费者的分析主要包括：消费者的行为过程分析、消费者人口状况分析、消费者购买动机分析。

消费者的购买行为过程主要包括以下阶段：刺激需求、搜集信息、综合评价、决定购买、购后行为。在行为过程中，应先了解消费者的需求，有针对性地采取行动满足其需求，促进购买行为。

消费者人口状况分析主要是了解消费者的性别、年龄、民族、文化程度、职业、收入状况、社会阶层、家庭状况等情况，为人口细分打好基础，以便为广告选择目标市场。

所谓消费者购买动机，就是消费者在选购和消费产品时的心理动力，是驱使消费者产生各种购买行为的内在原因。在购买动机分析方面，美国心理学家马斯洛的需要层次理论具有广泛的影响。他认为，人类的一切行动都基于需要，并认为，需要是从低级到高级，生理需要是最底层的需要。马斯洛的观点基本是符合客观实际的。

但是，在实际生活中，一个人的需要并不是机械地逐级满足的，有时会同时进行，有时在较低层次需要完全满足之前就产生了较高层次的需要，所以这些需要层次并不是固定的，一种产品也可能同时满足几个层次的需要，需要还具有动态性。制定广告战略之前必须对这些需要和动机因素进行全盘考虑。消费动机起源于消费需要，又包含着多种消费心理因素。对于广告策划影响甚大的消费心理因素有：从众心理；求名、求美、求新、求廉心理；逆反心理等。对消费者购买动机进行分析，有利于了解消费动机，可以使广告主题符合消费者需要，产生良好的广告效果。

总之，只有知己知彼，才能百战不殆。在广告中，只有洞悉消费者的心理，才能谈得上使广告主题符合消费者的心理需要，才能谈得上广告的说服效果。

（三）市场分析与广告主题

市场分析主要包括市场需求分析、市场环境分析、竞争对手分析以及行业状况分析。

市场需求分析是指对于与广告活动密切相关的市场情况的分析，包括对现实需求和潜在需求的分析。市场环境分析主要指对影响广告活动的经济政治环境、自然地理环境和社会文化环境的分析。竞争对手分析往往也可归结到行业状况分析之中，它在市场分析中属于与广告决策联系最为紧密的内容，所以尤为重要。行业状况分析是指对企业和产品所处的行业背景、经营状况和竞争局势的分析。

广告主题的确定是以市场为基础的。如果脱离市场，仅从主观上凭"灵感"

拍脑袋确定广告主题,那么成功只是偶然,而失败则是必然。

四、广告主题策略

(一)广告主题的多元化

广告主题是从不同的侧面来描述广告诉求重点的。一般来说,一个诉求重点下可以找到若干个主题,即广告主题的多元化。

(二)广告主题的特定化

广告主题的特定化是指在可以选择的多个广告主题中,寻找出最适合受众的心理需求,将能够对受众产生最大作用的主题作为广告的最终主题的过程。

广告主题特定化最根本的依据就是广告诉求对象的需求。如我们在前面提到的"保持皮肤润泽"的诉求重点,可以挖掘出"保持青春"、"保持在生活和工作中的自信"、"赢得别人的赞美"等可供选择的不同主题。如果诉求对象是20岁左右的少女,她们原本就对青春非常自信,在广告中承诺某化妆品帮助她们保持青春和自信就远不如承诺"赢得别人的赞美"有吸引力;而如果诉求对象是30岁左右的职业女性,保持青春和自信就要比赢得别人的赞美更能够引起她们的注意。在进行广告主题的决策时,应该深入把握广告诉求对象的心理需求,对多种可选择的主题仔细地进行分析,寻找对广告诉求对象最有吸引力的特定的主题。

(三)广告主题的特殊化

特定化只是对广告主题决策的一般要求,特殊化则是对广告主题决策的更高要求。所谓广告主题的特殊化,就是在广告主题特定化的基础上对它们进行进一步的深化和挖掘,使广告主题与同类产品的广告主题相区别,使它们更加新颖独特,对广告受众更有吸引力。

广告主题的特殊化是针对与同类产品相区别而言的,而不是针对满足部分诉求对象的特殊需求而言的。前者可以帮助广告吸引更多的受众,而后者则会使广告失去部分诉求对象。

例如,一般的处理器的广告主题,或是"帮助你提高工作效率",或是"轻松完成工作",而英特尔"奔腾"处理器的广告主题则是"给电脑一颗奔驰的'芯'"。虽然也是提高效率的含义,但是却显得非常新颖别致,使受众很容易把它与其他产品相区别,并且留下深刻的印象,这是成功的广告主题特殊化。而另外一种白酒的广告以"永远的绿色"为主题,其本意是突出绿色食品的特色,但是,在酒的消费者中,关心酒是不是绿色食品的并不很多,特别强调其绿色反而会使多数消费者对"酒是不是绿色食品"感到摸不着头脑,其消费热情不免大打折扣。以这样片面的主题来追求主题的特殊化,不能不说是一种失败。

第二节 广 告 创 意

一、广告创意的内涵

"要吸引消费者的注意力,同时让他们来购买你的产品,非要有好的点子不可,除非你的广告有很好的点子,不然它就像快被黑夜吞噬的船只。"美国著名广告大师大卫·奥格威所讲的"好点子"就是创意。因此,英语中的创意(Creativity)原意就是指有创造力的、创造性的。创意就是创造性地想出一个好主意、好点子,其关键是指创造性,创造性就是创意的实质。

美国广告界权威詹姆斯·韦伯·扬则认为,创意是一种商品、消费者以及人性诸事项的组合。韦伯·扬认为,真正的广告创作,应放在人性方面,从商品、消费者的人性组合去发展创意。

所谓广告创意,就是广告人员在对市场、产品和目标消费者进行调查分析的前提下,根据广告客户的营销目标,以广告策略为基础,对抽象的产品诉求概念进行形象而艺术的表现的创造性思维活动。

在广告创意中,最需要的理由就是承诺。因为只有最真诚、最绝妙的承诺才能打动消费者。无论是雀巢咖啡的"味道好极了"、可口可乐的"挡不住的感觉",还是箭牌口香糖的"运动你的脸"……每一个承诺都告诉消费者拥有商品的好处和利益,而这正是消费者最关心、最想了解的商品品质。18世纪英国词学家约翰逊曾一再强调:"承诺,大大的承诺是广告的灵魂。"在广告创意中,真正吸引消费者的是精彩的承诺,其次才是精彩的表现方式和手段。百事可乐广告创意总监罗杰·恩里科认为:"形式如同雨伞,它保护你不受天气变化之累,但是它又遮住你的视线。"

二、广告创意的特点

广告创意有以下三个特点。

(一)立足商品属性

广告创意必须立足现实、体现真实。这个现实就是商品的实际属性。广告创意的艺术处理必须严格限制在不曲解商品的实际功能的范围以内，限制在不损害消费者利益的前提之下。因此，大卫·奥格威说：广告创意实际是在"戴着枷锁起舞"。

（二）迎合消费心理

广告创意是通过一系列心理活动完成的。因此，研究广告创意的特征应该着力于探寻消费者心理活动的轨迹和特点，只有正确把握了消费者心理的广告创意才是好的创意。

（三）运用形象策略

广告创意虽然源于现实、来源于真实，却要打开想像的大门，集中凝练出主题思想与广告语，并且从表象、意象、意念、联想中获取创造的素材，形成形象化的妙语、诗歌、音乐和富有感染力的构图、画面，成为一幅完美的、形象化的艺术作品。

三、广告创意的过程

在广告活动过程中，创意是最不可捉摸的。创意过程就是一个发现独特观念并将原有概念以新的方式重新进行组合的过程。关于创意的流程，多年以来人们提出了不少的见解，影响最大的有两种著名的模式：罗杰·冯·奥克的"四步创意模式"和詹姆斯·韦伯·扬的"五步创意模式"。

（一）罗杰·冯·奥克的"四步创意模式"

1986年，罗杰·冯·奥克提出了四步创意模式，成为当今跻身一百强的广告公司所采用的模式。按照罗杰·冯·奥克的模式，每个创意人员在创意过程的不同阶段分别扮演着不同的角色：探险家（Explorer）、艺术家（Artist）、法官（Judge）和战士（Warrior）。

1. 探险家——寻找新的信息，关注异常模式。广告创意人员首先要具备构思创意的素材——事实、经验、史料、常识、感觉等。在产生创意的这一基础阶段，扮演"探险家"角色的广告创意人员往往从自己所掌握的信息入手，仔细审核创意纲要（对广告制作过程中必须考虑的一些重要问题的简单书面说明，涉及"谁"、"为什么"、"是什么"、"在哪里"以及"什么时候"等），审核营销、广告计划，研究市场、产品以及竞争对手的状态、竞争对手广告的风格，并从客户部或客户方面寻求其他信息资料。创意人员需要开阔视野，摆脱自己专业领域的限制，留意其他领域新的发现，综观全局，这样才能更容易发掘独特的构思与创意。

2. 艺术家——实验并实施各种方法，寻找独特创意并予以实施。在整个创意过程中，扮演这个角色最艰苦、时间最长，但也最有收获。艺术家必须完成两项重要任务，即寻找大创意（Big Idea）、实现大创意。

（1）寻找大创意。在撰写文案或设计作品之前，要先在大脑中形成广告的大致模样，即形象化（概念化）。创意人员仔细检查自己在探险家阶段收集来的所有相关信息，分析问题，寻找关键的文字或视觉概念来传播需要说明的内容，也就是寻找"大创意"的环节。大创意是建立在战略之上的大胆而又富有首创精神的创意，以一种别开生面的方式将产品利益与消费者的欲望结合起来，为广告表现对象注入生命活力，使读者或听众忍不住驻足观看或收听。广告战略侧重于推论，而大创意则要求灵感。大创意往往是从文字入手，最终使文字与图形巧妙结合，共同完成形象化的任务。

（2）实现大创意。创意人员一旦抓住了大创意，下一步就要注意如何去实现这个大创意，这正是广告的艺术元素发挥作用的地方——落实到具体的文字、设计准确的构图。文字不仅要传播信息，还要激起人们对产品的好感，需要创意人员对文字进行精心设计，诸如设计合适的字体、大小；设计合适的线条、边框、色彩等；艺术地处理图片和插图的风格，在平衡、协调和动态原则指导下将文字、图像、字体、声音和色彩组合成一个传播信息，让它们彼此相连、相互加强。

3. 法官——评估实验结果，判断哪种方法最有效。在这个环节，创意人员要判断创意是否可行，决定是否完成、修改或放弃大创意。此时，创意人员要做到两点：第一，为值得的大创意拼搏；第二，避免扼杀艺术家的想像。

"法官"的目的是协助产生好的创意，而不是在批评中取胜。冯·奥克建议先注意新创意积极有趣的方面，消极的方面自然很快就会暴露出来。在扮演法官这个角色评估大创意时必须解决以下问题：

（1）这个创意确实不错还是凑合（我的第一反应是什么）？

（2）这个创意哪点对（或哪点不对）？

（3）如果不成功又会怎样（是否值得去冒这个险）？

（4）我的文化偏见是什么（受众是否有同样的偏见）？

（5）什么阻碍着我的思维（我是否一叶障目）？

4. 战士——克服一切干扰和障碍，直到实现创意概念。在创意过程的最后环节，战士要使大创意得到认可，然后进行制作，最终拿到媒介上去发布。冯·奥克认为，战士必须勇猛无畏，要磨尖矛（技术），加固盾（提前注意他人的挑剔），坚持到底（克服困难），善用精力，百折不挠，品味成功，吸取教训。

战士的任务主要有两个：一是使大创意得到公司内部人员的认可，通过完整的信息战略文本，努力推销自己构思所包含的文案、艺术和制作成分并做出合理的解释，以说服公司的客户小组；二是协助客户经理向客户陈述广告战役，主要通过周密的战略、精彩的陈述、善解人意、严谨的劝服、解决问题等获得客户认可。这些工作完成后，战士又进入广告设计与制作环节，再次成为艺术家，努力实现预算内尽可能好的广告作品。

（二）詹姆斯·韦伯·扬的"五步创意模式"

美国广告大师詹姆斯·韦伯·扬在他所著的《产生创意的方法》中提出了下面两项重要原则：

第一，创意完全是把原来的许多旧的要素作新的组合。

第二，涉及把旧的要素予以新的组合的能力，这种能力大部分在于对事物间相互关系的了解。在心理上养成寻求各事物之间关系的习惯，是产生创意中最为重要的事情。

具体来说，产生创意的整个过程可以大致划分为前后相互关联的五个阶段。

1. 收集资料阶段。广告创意的第一步是收集相关资料，相关资料分为特定资料和一般资料。特定资料指那些与创意密切相关的产品、服务、消费者、竞争者等方面的资料。只有对这些特定资料有全面深入的认知，才可能发现产品的服务与目标消费者之间存在的某种特殊关联性，才有可能导致创意的产生，若非如此，创意就成为"无源之水，无本之木"。一般资料指那些令你感兴趣的日常琐事，即要求创意者个人要具备的知识和生活信息。广告创意的过程就是创意者把个人的一切知识和经验与有关产品的"特定知识"重新组合而产生的戏剧性结果。

2. 分析资料阶段。这一阶段主要是对获得的资料进行归纳和整理，找出商品本身最吸引消费者的地方，发现能够打动消费者的关键之处，也就是广告诉求点和定位点。

（1）诉求点的寻找。诉求点即广告主对消费者所作的一系列承诺。这些承诺的确定取决于以下三个方面：第一，产品本身的特性；第二，目标市场及宏观市场的状况；第三，目标消费群的状况。其中，产品本身的特性具有核心位置。如同奥格威所说的："真正决定消费者购买或不购买的是你的广告内容，而不是它的形式。你最重要的工作是决定你怎样来说明产品，你承诺些什么好处。"因此，找到正确的诉求点至关重要。

（2）定位点的选择。在定位点的选择中，目标消费者心理首先成为重要的选择准则；同时，目标市场的状况尤其是竞争对手的状况是确立定位点的另一个重要准则。

3. 酝酿构思阶段。根据前面的调查和分析，有关产品概念和卖点确立之后，创意活动就进入一个"发酵"和"消化"的阶段，即沿着创意纲要指明的方向分析问题。按照冯·奥克的说法，就是创意者由探险家变成了艺术家。艺术家这个角色最艰苦、时间最长，但也最有收获。艺术家必须完成的最重要任务是寻找并实现大创意。威廉·阿伦斯认为，大创意是建立在战略之上的大胆而又富于首创精神的创意，以一种别开生面的方式将产品利益与消费者的欲望结合起来，为广告表现对象注入生命活力，使受众在无意识中被吸引。

在这一阶段，急于立刻解决问题但好创意怎么也产生不了的情况是很正常的。创意人员发现，当大脑处于信息超载状态时，可以把这个问题抛开一段时间去干一些别的事情，让麻木的大脑自然冷却下来，这不失为最好的解决方法。它能让问题回到视角中，让大脑得到休息，让问题在潜意识中得到酝酿，使更好的创意浮上来。这时再回过头来重新开始，创意人员往往会找到一套全新的构思。

4. 产生创意阶段。创意的出现，的确是一种不期而至、突如其来的灵感，它就像乌云密布时的一道闪电、黑暗摸索中的豁然开朗、百思不得其解时的茅塞顿开，给人一种"众里寻她千百度，蓦然回首，那人却在灯火阑珊处"的惊喜。詹姆斯·韦伯·扬把这一阶段称为"寒冷清晨之后的曙光"。在这一阶段，会提出很多新的创意，这些创意往往具有不同的特点，要注意把每一个新的创意记录下来，以备筛选。

5. 评定创意阶段。在这一阶段，要一个个地审核第三阶段所产生的诸多构想，最后确定其中的一个。在审核过程中，要对每个构想的长处和短处、是新奇还是平庸、是否有采用的可能性进行评估。要注意从以下三个方面加以考虑：(1) 所提出的创意与广告目标是否吻合；(2) 是否符合诉求对象及将要选用的媒体特点；(3) 与竞争商品的广告相比是否具有独特性。经过认真的研究审核后，再确定选用哪一个创意。

四、广告创意方法

广告创意追求的是新颖独特、别具一格，因此，在创意方法上也是百花齐放、百家争鸣。百余年来，无数广告人在总结长期的实践经验中辛勤地探索归纳出许多切实可行的创意方法。

（一）"二旧化一新"创意方法

"二旧化一新"又叫创意的行动、解放的行动、以创造力击败习惯，是由亚瑟·科斯勒提出的。其基本含义是：一个崭新的创意往往是出自两个近乎相抵触的想法的再结合,这种结合是以前从未考虑过、从未想到过的。即两个原来相当普遍的概念、想法、情况或事物,把它们放在一起,结果是会神奇般地获得某种突破性的新组合。有时,即使是完全对立、互相抵触的两个事件,也可以经由"创意的行动"和谐地融为一体,成为引人注目的新构想。

(二) 水平思考创意方法

水平思考方式是同垂直思考方式相比较而存在的。垂直思考方式是以现存的理论、知识和经验以及传统观念,从某一问题的正面角度垂直深入分析研究的一种思考方式。这种方式是按照一定的思考路线进行的,它是在一个固定的范围内向上或向下进行垂直思考。

水平思考的概念是由英国心理学家爱德华·戴勃诺博士在进行管理心理学的研究中提出的。水平思考方式是指尽量摆脱既存观念而从另一个新的角度对某一事物重新思考的一种方式,是一种"不连续"思考,或"为改变而改变"的思考。戴勃诺博士曾对垂直思考法和水平思考法进行了细致的比较分析,总结出两者的主要差异,见表6-2。

表6-2　　　　　水平思考法和垂直思考法的差异比较

水平思考法	垂直思考法
生生不息的	有选择的
移动是为了产生一个新方向	有了一个方向时才移动
激发性的	分析性的
可以跳来跳去	按部就班的
不必每一步都正确	必须每一步都正确
无否定可言	为了封闭某些途径要用否定
欢迎新东西闯入	要集中排除不相关者
探索最不可能的途径	遵循最可靠的途径
类别、分类和名称都不必是固定的	类别、分类和名称都是固定的
或然性的过程	无限的过程

水平思考法能有效地弥补垂直思考法的不足,克服垂直思考法的局限及其思维惯性,有利于人们突破思维定式,转变旧有观念,获得创造性构想。然而,水平思考法也有自身的缺陷,它不能像垂直思考法那样对问题进行深入的研究和挖掘,常难以透彻地把握对象。在优秀的广告创意中,常常综合使用垂直思考法与水平思考法。

(三) 头脑风暴创意方法

头脑风暴法又称为脑力激荡法，是由美国 BBDO 广告公司负责人阿历克斯·奥斯本于 20 世纪 40 年代提出的，是指两个或更多的人聚在一起，围绕一个明确的议题，共同思索，相互启发和激励，填补彼此的知识和经验的空隙，从中引出创造性设想的连锁反应，以产生更多的创造性设想。"头脑风暴"思维方式的基本精神就是针对某一个问题进行较为深入的思索和探讨，因此，要解决的问题必须具体化。另外，会商人员要有一定的代表性，都能无拘无束地发言，而且会后一定要由专人负责整理会议结果，把有价值的想法带到下一次会中讨论或直接归纳成好的创意。讨论可以涉及广告活动的任何环节，但某一个会议一般应集中在一个议题上，且议题不宜太大，以便探讨能够深入。同时，为了确保产生更多更好的创意，头脑风暴法必须遵循以下四条原则。

1. 自由畅想原则。从某种角度来说，头脑风暴法追求的是数量而不是质量，因此，要求与会者排除一切障碍，无所顾虑地大胆想像。随便想起的、浮现在脑海中的、潜意识来的直觉，都可以原封不动地、自由地、最大限度地发表出来。

2. 消极评论原则。为保证头脑风暴法真正有效，在会议过程中绝对禁止对他人的构想和建议提出批评，因为即使是很糟糕的不可能被采用的构想，也有可能对他人有所启发，从而引发另一个好的创意。

3. 结合改善原则。鼓励在别人的构想上衍生新的构想，相互启发，相互激励。

4. 以质生量原则。构思越多，可供选择的空间越大，组合越多，产生好创意的可能越大。

所有的创意都应记录在案，以备将来参考。这种方法的最大好处是可以避免孤军作战，弥补个人局限与不足，通过团队合作，集合众人的智慧，产生出大创意。

上述创意方法在具体运作过程中并不是互相排斥和对立的，而是常常交叉使用，共同解决某一个问题。例如，在头脑风暴会议上，与会者可以运用垂直思考法，也可以运用水平思考法，或者运用"二旧化一新"法，而作为一个整体，则运用的是头脑风暴法。

第三节 广告表现

一、广告表现的含义

"李宁，一切皆有可能"；"雀巢咖啡，味道好极了"；"车到山前必有路，有路必有丰田车"……要创作出一个优秀的广告,除了要有优秀的广告主题和广告创意之外,还有一个至关重要的环节,那就是广告表现过程。

广告表现是整个广告工作的一个中心转折点,其前面的工作多为科学调研、分析,提出构思、创意;其后面的工作多是将前面工作的结果即停留在纸上和脑海中的文字及构想转化成具体的、实实在在的广告作品。简而言之,广告表现就是借助各种表现手段、表现形式、表现符号将广告创意转化成广告作品的过程,是广告创意物化的过程。

二、广告表现的基本原则

广告要想在媒介众多的信息干扰尤其是众多的广告中脱颖而出,为广大消费者所接受,绝不是一件容易的事情。因为在绝大多数情况下广告是被动接受的。虽然现代科技能够把广告信息非常准确地传递到广告对象的视听范围,但他们对广告却往往只是漫不经心地一瞥,或视而不见,或充耳不闻,认认真真从头到尾看完或听完整个广告的人是很少的。因此,广告能够吸引人们多看一眼、多听一会儿都是极大的成功。同时,人们视听广告的时间是非常短暂的:电视广告本身就严格受到时间的限制,短则5秒、10秒,长则15秒、30秒;印刷广告尤其是报纸广告,由于在媒介中它是最为次要的信息,往往只是被一扫而过,而扫一眼的时间几乎只有零点几秒。因此,怎样才能在这短暂的瞬间抓住视听众,给他们传递更多的信息,就成为广告表现所刻意追求的目标。为了达到预定的目标,在内容与形式方面,广告表现必须注意如下基本原则。

(一)内容方面

1. 真实。即真实、科学、实事求是地表现商品和服务,这是广告表现的基础,也是整个广告的生命力之所在。

2. 准确。准确传递有关产品、服务的信息,必须准确无误,不夸大,不歪曲,不片面。表现过程中当然允许调动一切可以调动的手段来宣传产品,但不允许夸大优点、抹去缺点。

3. 公正。广告表现必须在公正的前提下进行,不能在张扬自己广告的产品、服务的优势时,抑制、贬低其他广告的产品与服务,以此独显或抬高自己的优势、地位,这在广告战和对比广告中尤其需要注意。

(二)形式方面

1. 醒目鲜明。广告表现应该能够立刻引起人们的注意,"万绿丛中一点红"、"于无声处听惊雷"。一个广告能否立刻引起注意,是广告产生说服作用的前提。

一个 30 秒钟的广告，如果前 5 秒不能引起人们的注意，后面的 25 秒很可能就是无用功；一则报纸广告，如果不能在人们匆匆的一瞥中引起注意，他们就不可能把目光停留在你的广告作品上，那么，即便你的广告有很好的主题与策划，有很好的广告文案，也不可能有任何效果。

2. 简洁、通俗。广告表现要受广告媒介时间、空间的限制，如电视广告一般 30 秒，报纸广告最多做到整版，要在有限的时间、空间中完成一次对广告信息完整、准确地表达，这就要求广告表现要用简洁的画面、通俗精练的语言、新颖的形式。人们在繁忙的社会生活中往往更多也更容易注意到简洁、精练而又鲜明的广告。

3. 重点突出。广告表现要引导受众的视线及时注意广告的主要部分。一则广告以其新颖别致的设计引起了受众的注意，但这种注意仍然是短暂的，要激发他们的兴趣，使他们产生心灵上的共鸣，就必须在尽量短的时间内使他们接触到广告的主要部分，认识广告的主题。

4. 统一均衡。表现形式中各要素的配合与联系要和谐统一，无论是在表现风格上，还是在气氛上、色彩上、构图上，都要形成自己独特的个性。当然，这种统一均衡并非四平八稳、死板呆滞，而是在变化中求统一，在对比中求均衡。

5. 创新、变化。人们总是愿意看新鲜的、有变化的事物，因而用新颖的、独创的、富有想像力的表现形式可以提高人们对广告的敏感性和主动性。变化、运动的表现形式也是如此，人们总是对奇特新鲜的事物最先注意到。这种创新、变化是事物的发展规律，也是广告表现中的一种潮流。

三、广告表现的流程

广告表现是一项程序性很强的创作工作，一般要经过以下六个基本环节。

1. 接受广告作品的创作任务，了解广告产品的特征。也就是，对产品的品名、性能、功效、价格、外观、包装、装潢等特征有全面的把握，以便创作时能融会于作品之中。

2. 充分理解广告创意主题，把握好创意。广告作品的创作是不同于一般的艺术作品的创作，它强调服务功能和商业宣传色彩，它是广告创意主题的形象表现。在这一阶段，广告创作人员应与策划人员进行周密洽商，从而明确创意，寻求创作灵感。

3. 构思创作，拟出多个广告作品的草图以供选择。

4. 把广告作品草图交由广告策划创意人员和广告主审定。如果广告作品草图能够通过审定，表明它符合创意要求，能够为推销、促销进行服务，即可进入下一操作环节。反之，广告作品草图未能通过审定，那么，广告创作人员就需要重新构思，重画草图，然后重新提交审定。

5. 通过审定，制作样本。

6. 根据样本最后定稿，进行成品制作。广告表现——广告作品的创作是一个动态的过程，各个环节相互衔接、彼此循环，构成一个整体。

四、广告表现成功的标志

一则广告要获得成功，应符合 AIDMA 法则：引起注意（Attention）、唤起兴趣（Interest）、刺激欲望（Desire）、加强记忆（Memory）、促成行动（Action）。具体来说，主要包括以下五方面。

（一）广告应能尽快引起注意

在现代生活中，人们每天都要接触成千上万条广告，受到各种广告信息的刺激也是越来越频繁。一则广告能否很快被消费者注意到，是影响广告效果的关键性因素。要巧妙地运用各种表现手段，刺激消费者，特别是引起消费者的注意。

（二）广告应尽量唤起人们对广告的主要部分的兴趣

广告的结构、布局安排应尽量突出广告的诉求重点，使消费者注意到并产生兴趣。主要部分引起顾客的兴趣，顾客就会主动关注产品广告，促使其购买。

（三）广告应能够刺激人们对广告中诉求的内容产生渴望

一则广告的最终目的在于促使产品的销售，因此，广告中诉求的内容应该能够刺激顾客产生购买的渴望或是冲动，通过广告诉求应该能够满足顾客的需求，实现产品价值。

（四）主要诉求内容应能容易被记忆

能够被记住的广告信息，才可能在消费者购买过程中发挥作用，正如脑白金的广告词"今年过节不收礼，收礼只收脑白金"一样。因此，广告的主要内容要鲜明、醒目、易懂、易记，能够使消费者产生深刻印象，容易记忆。

（五）应能引起顾客的购买行为

广告的诉求内容应该符合顾客的需求，满足其基本的要求。广告的表现手法也应新颖、独特，可采取幽默、制造悬念等方法引起顾客的兴趣，影响其购买行为。

五、广告表现技巧

在确定了广告主题之后,接下来应解决的问题便是如何表现广告的主题。一般常用的广告表现技巧主要有以下八种。

1. 直陈式表现。即直接在广告中说明产品的品牌名称、特点、用途、功能、规格、生产厂家、销售价格等。这是最为常见的一种广告表现方法。

2. 实证式表现。即通过实际验证产品的性能、质量,或在广告中说明产品在各地、各级评奖中的获奖情况以及消费者使用该产品后反馈回来的赞誉或真实的消费者现身说法,从实际效果上证明广告产品的各种品质。

3. 示范式表现。"耳听为虚,眼见为实"。示范式表现是通过向消费者展示产品使用的过程以及使用产品后给消费者带来的好处,以说明产品的作用、功能、用途和效果的表现方法。这种表现方法往往用于表现新产品或改进型产品。

4. 比较式表现。"不怕不识货,就怕货比货"。比较式表现是指在广告中将自己的产品与同类产品进行比较,或与自身以前的情况相比较,得出结果以表明本产品优点、特色的表现方法。

5. 悬念式表现。不直接说明是什么商品,而是卖个关子,将产品委婉地表现出来,让消费者在好奇心的驱使下加以猜测,然后到一定时候再一语道破,从而给受众留下深刻印象的表现方法。悬念式表现往往有意想不到的效果,但悬念的设计一定要合理,要有一定的分寸,既要出乎人们的意料,又要在情理之中。

6. 幽默式表现。通过幽默人物或幽默情节介绍产品或服务,把幽默的态度贯穿到营销方式中去,把广告产品和人生、日常生活紧密地联系在一起的广告表现方法。在广告表现中,采用富于幽默感的表现,易于激发人们的兴趣,产生较好的广告效果。需要注意的是,幽默不等于滑稽,所以切忌出现庸俗、噱头和无理取闹,否则将招致受众的反感。

7. 恐惧式表现。即利用人们希望健康、幸福、充满活力地活下去而不希望受病痛之苦的共同心理,夸大人们日常生活的身体不适,以使观众产生惧怕心理,从而有利于广告产品销售的表现方法。

8. 名人效应式表现。即利用社会上有地位、有名望的演艺界和体育界等各界人士在广告中推荐产品或证明产品品质的广告表现方法。如今已成为世界范围内的一种潮流。

本 章 小 结

广告的主题是整个广告的灵魂,是广告创意、广告表现等创作活动的基础,是关系到如何正确地、科学地、有效地进行广告的重要问题；广告主题和广告创意则需要通过广告媒介表现出来。本章主要介绍广告主题的构成要素和确定方法，广告创意的过程和基本方法，广告表现的流程及其技巧。

关 键 概 念

广告主题　广告创意　四步创意模式　五步创意模式　二旧化一新法　水平思考法　头脑风暴法　广告表现　直陈式表现　实证式表现　名人效应式表现

复习与思考题

一、选择题

1. 广告主题的构成要素包括广告目标、信息个性、消费心理，其中（　　）是广告主题的基础和依据。
   A. 广告目标　　　　　B. 信息个性　　　　　C. 消费心理　　　　　D. 以上都不是
2. 所谓"集思广益"是广告创意方法中的（　　）。
   A. "二旧化一新"法　　B. 头脑风暴法　　　　C. 水平思考法　　　　D. 垂直思考法
3. 下列不属于广播媒体优势的是（　　）。
   A. 传播迅速　　　　　B. 传播广　　　　　　C. 时效性长　　　　　D. 制作简便

二、思考题

1. 怎样从产品中寻找广告主题构想？具体包括哪些方面？
2. 广告创意有何特征？实现广告创意的途径有哪些阶段？有哪些主要方法？
3. 广告表现的基本流程有哪些？试对不同媒介的广告表现进行比较。

三、案例分析

李宁的广告语"Make the change"

面向90后李宁的这则广告延续了老李宁品牌的大气与拼搏的精神，同时，又加入了90后人们的张扬、不服、想变就变、想怎样就怎样的不羁与潇洒。这些体现出了李宁品牌的时代发展，即根据自己产品的定位——青少年的运动品牌，以及如今的受众群体——90后，及时调整自己的品牌内涵与发展方向。

尽管该广告的开场镜头并没有以90后李宁的产品形象出现，并不能让观众第一眼就知道这是什么品牌的广告。但是，第一个镜头很好地展现出了一个故事的开端，吸引着人们继续往下探究这一广告如何发展，吸引着人们想去探究这到底是什么广告，同时它也向大家阐述着新90后李宁的品牌内涵。到了广告的最后，90后李宁的标志大大出现在画面中，突出的让人看见了就记住了，很有视觉冲击力，特别容易在消费者的心中留下深刻的印象。

整篇广告中，让人印象最深的就是最后的画面"Make the change"。深褐色加点儿红色的背景上彰显着红色的"Make the change"，显得醒目和耀眼，在向受众传达出这一广告口号的同时也让人们深深感受到 90 后李宁品牌的新变化，"Make the change"和"一切皆有可能"一样，昭示着青年人想做什么就做什么，没有什么不可以，用自己的双手去改变一切的不可能，用自己的双手去创造属于自己的梦想，没有什么可以阻止你，只要你想，一切皆有可能。

另外，看了整篇广告，让人对李宁这一品牌有了新的认识。可以看出，李宁，现在在发展，在跟着它所面临的受众人群的特点一起发展，这是一个大品牌应该具备的对受众的敏锐洞察力。很简单，李宁，运动品牌，它的目标人群就是青少年，那么，现在处于青少年的是谁？90 后。Make the change 很好地道出了 90 后们的心声，他们不再是任人摆布的小绵羊，他们不再是唯唯诺诺的小羔仔，他们是一群拥有着巨大个性、想怎样就怎样的年轻人，他们叛逆，他们轻狂，他们任性，他们不需要别人来给自己安排人生；他们无畏无惧，什么都不怕，只要我想什么都拦不住。他们就是这么疯狂，而90后新李宁，正是和他们的性格相符，和他们的个性相符。所以，90后李宁在李宁品牌新发展的道路上走的是正确的，在保留着李宁原有的内涵外又融入了新的含义，相信，李宁，可以在中国体育品牌甚至世界体育品牌中越走越远，独占鳌头。

(资料来源：http://wenku.baidu.com/view/9bf09a1bff00bed5b9f31d28.html)

案例思考

1. 通过该则广告，谈谈广告创意的方法的认识？
2. 你认为这则广告的表现效果如何？如果存在表现缺陷的话，应该如何改进？

第七章　广告设计与制作

【学习目标】
1. 掌握广告文案设计的基本内容。
2. 理解广告设计与制作的视觉要素。
3. 掌握平面广告设计的主要方法与技巧。
4. 掌握 POP 广告设计与制作的基本方法。
5. 了解电视广告制作的基本步骤和方法。
6. 了解其他技术在广告中的运用。

【案例导入】

伊莱克斯的吸尘器广告

下图是伊莱克斯的吸尘器广告，用一个完美而又干净的龟壳作为形象代言，以人们贪婪地将龟壳内任何角落的龟肉吮吸得干干净净为意向，含蓄地表达出这款吸尘器的强大功能——任何环境下的尘土都不会被遗漏掉。该表达方式非同寻常，在戛纳广告节上获得铜奖。

 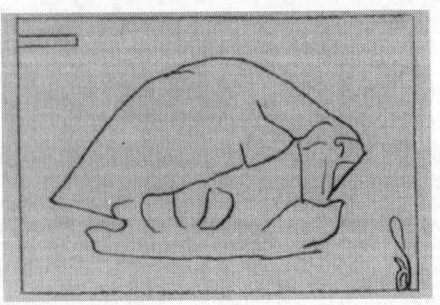

下图是兰蔻睫毛膏的广告，此广告形象地展现出产品的功能和使用后的效果，利用条形码的条文，使其像睫毛前端卷起的样子，来推广兰蔻睫毛膏。这种构思新颖巧妙，以条形码作为主要形象也有此商品有信誉保证的意味。

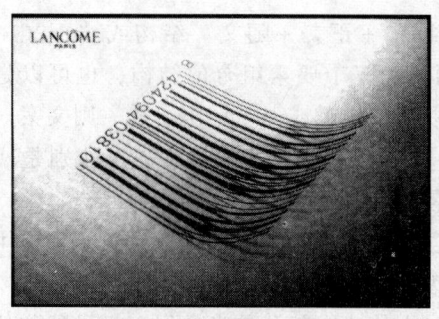

(资料来源：http://wenku.baidu.com/view/dc6f82c340289)

由以上案例可以看出，在广告的设计与制作中创意是绝对重要的，创意好可以以较少的投入获得较大的收益，否则会适得其反。

广告设计包含的种类比较多，如影视广告、报纸广告、广播广告、体育赞助广告、路牌广告、霓虹灯广告、橱窗广告、杂志广告、招贴广告、灯箱广告、公益广告、"CIS"设计等。其中，影视广告在世界范围内影响最大、效果最好，占所有广告费的近1/2。随着计算机的普及，又增添了一个更具活力、发展前途更广阔的新类别——互联网广告。

本章主要介绍广告文案的设计、广告设计的视觉构成、平面广告设计的主要方法和技巧、POP广告的制作方法、电子广告制作的主要注意事项以及在广告设计和制作中其他技术的运用。

第一节 广告文案的设计

广告设计与制作是一个复杂的过程，也是一个运用不同类型符号进行编码综合的过程。在这个过程中，运用语言符号进行编码就会形成一个语言文本，运用非语言符号进行编码就会形成图画音像等非语言文本，两种编码过程相辅相成、互相渗透，甚至相互交融，最终统一在一个主题下，经过技术处理和制作合成，形成在媒体上发布的广告作品或成品。而广告文案就是在这个过程中运用语言符号进行编码的一个结果。所以在中国广告文案是指广告作品中的全部语言文字部分。

一、广告文案结构及创作的基本特征

（一）广告文案的结构

在现代广告文案的创作实践中，一则广告文案可以是"标题+正文+广告

口号+随文"的完整结构,也可以是"标题+正文+随文"结构或"正文+广告口号"、"广告口号+随文"等任意两个和三个要素组合的结构,也可以是单独的一个要素组成的单纯结构,甚至可以用一句话或一个词组组成一则文案。例如一些 POP 广告和路牌广告,以及一些宣扬企业形象的电视广告。特别是网络广告,用一个图标配上一个词语或品牌名的广告是司空见惯的。

广告标题是广告词的眉目,位于广告文案的最前面,是对全文起统领作用的语言或文字,要力求鲜明突出、生动活泼、富有吸引力。

正文是广告的主体部分,是广告文案中传达大部分信息、居于主导地位的文字,其内容包括产品的简要说明或解释、产品特点和优点的介绍以及产品获奖情况等。

广告口号是为加强受众对企业、产品的印象而在广告中长期反复使用,旨在向消费者传递一种长期不变的观念的语言或文字。

随文是广告的必要说明,是广告文案的最末部分,如公司名称、地址、电话、传真、电子邮件、购买手续、银行账号、经销部门等。

(二) 基本特征

1. 商业性。广告是广告主以营利为目的通过大众传播媒介所进行的有关商品、劳务、观念等方面信息的有说服力的销售促进活动,是一种具有投入产出特点的经济活动,广告文案必须要有商业色彩。所以广告文案在目的、内容上都带有很强的商业功利性,与文学作品等其他语言文本有着质的区别。一般来说,广告文案传达的是企业、商业或服务等商业性的信息,直接或间接地为商品促销服务。因此,对广告文案撰稿人来说,他不能像作家那样"抒情言志",把个人的爱好、兴趣、喜怒哀乐等感受和感情都写进广告文案的内容中去。虽然在广告文案中可以运用抒情、描绘等写作手法,但必须是围绕着商品来进行安排的。

2. 生动有趣性。国外广告学家曾做过一个实验:在两个擦鞋机面前,各挂出一块广告牌,一个写着"请坐,擦鞋";另一个写着"约会前,请擦鞋"。前面一句平板、乏味,因此,擦鞋机的生意冷落;后一句话生动有趣,引起人们的关注,生意兴隆。可见,文案的生动与否,是广告取得成功的关键,枯燥乏味的文字是很难引起人们的阅读兴趣的,特别是对广告受众,他们接受广告信息的被强迫性使他们或多或少地存在着抵触心态,因此,广告文案的生动性就显得特别重要。例如,国外有一袜子品牌"ELBEO",其文案的标题是:"ELBEO——足下之领带",广告正文:"袜子与领带同样重要,穿名牌袜子同戴名牌领带一样说明一个人的身份。"把袜子比做"脚底下的领带",趣味盎然,既通俗又生动,很能唤起消费者的购买欲望,因而畅销欧洲。再如马来西亚柔佛市一则交通广告:"阁下驾驶汽车,时速不超过30公里,可以欣赏到本市的美丽风景;超过60公里,请到法庭做客;超过80公里,请光顾本市设备最新的医院;上了100公里,祝君安息吧!"幽默、轻松,让人感到愉悦、舒适,比强词夺理、大吹大擂、平淡无味更易于为受众所接受。因此,生动趣味性应是广告文案的基本要求之一。

3. 真实性。广告文案以代表企业、产品、服务宣传其特点和功能,说服和劝诱消费者产生对应性消费为己任。因此,真实性是它的生命所在、力量所在。如果违背了真实性原则,广告文案会因为失真而丧失自己的可信度。丧失了可信度的广告文案将毫无生命力,毫无价值。目前受众对广告的怀疑、不信任心态的存在和弥漫,就是许多虚假广告造成的恶果。广告活动如果失去了受众的信任,广告本身也就成了毫无意义的行为了。所以广告文案传递的信息表述一定要准确、到位。比如,商品的性能、产地、用途、质量、价格、生产者、有效期限、承诺或者对服务的内容、形式、质量、价格等,必须清楚、明白,不能含糊其辞,为了使广告文案真实、具体、客观,在表述中不用模糊性语言,不用易造成歧解的语言,而要用意义清楚、明了、表达准确的语言。

4. 独创性。乔治·路易斯说过:"广告是打破成规的艺术,而非建立定律的科学。"所谓"打破成规"就是不因循守旧,不墨守成规,大胆地标新立异、独辟蹊径、与众不同。广告文案的独创性即指在其创意构思和内容上要打破常规,新颖独特。

在信息爆炸的今天,消费者每天要接触的广告成千上万,并且产品的同质性越来越强。若想在众多的同类产品中脱颖而出,广告文案就必须要新颖独特。具体来说,一是内容不落俗套,以新取胜,如"海飞丝"的"去头屑"、"潘婷"洗发液的"含有维他命原B5,兼含护发素,令头发健康,加倍亮泽"等文案都显得新颖。二是在创意构思上要新奇独特,出人意料,如国外的一则航空公司的广告语:"自12月31日起,大西洋将缩小20%。"乍一看非常不可思议,大西洋怎么会缩小20%呢?但仔细一想,原来是航空公司的飞机飞得快,让人感觉大西洋在缩小。当你悟过来后,真有"柳暗花明又一村"的感觉,也一定对广告文案的内容心领神会。三是在语言上个性鲜明,感染力强。如"不要太潇洒!"(杉杉西服)、"今年二十,明年十八。"(百丽香皂)、"味道好极了!"(雀巢咖啡)、"车到山前必有路,有路必有丰田车!"(丰田汽车)等都具有较强的个性。

5. 灵活性。从应用的角度来看,广告文案属于商业应用文系列。商业应用文一般有约定俗成的固定格式和表达的方式。但广告文案在形式上却并非如此,而是呈现出自由灵活、丰富多彩的特点,没有固定的格式可循。这一点是广告文案和一般应用文的区别之处。所以广告文案可以形式多样：布告型、简介型、新闻型、议论型、描写型、提问型、对话型、证言型、故事型、散文型、诗歌型、喜剧型等，这充分说明广告文案形式多样，可以包罗万象。同时，这种灵活性还表现在结构是自由的，如有"标题+正文+广告语+随文"的完整结构，也可以是"标题+正文+随文"结构或"正文+广告语"、"广告语+随文"等任意两个和三个要素组合的结构，也可以是单独的一个要素组成的单纯结构，甚至可以用一句话或一个词组组成一则文案。这种灵活性还表现在广告文案的篇幅可长可短。广告文案有的长达几百字，有的却只有一个字词，例如某体育馆张贴的拳击比赛广告，只有一个"砰"字，使人想到对手被击中的声音，短小精悍、生动活泼、言简意赅，再配上广告画面，同样可以达到广告的目的。

6. 媒体性。所谓广告文案的媒体性，是指广告文案是建立在媒体特点的基础之上的一种文体。广告传播活动得以实现的基本方式是通过媒体把信息传递出去，所以广告文案除了具备以上特点外，还必须符合媒体特点。就目前而言，广告媒体的运用主要有报纸、杂志、电视、广播、互联网。另外，还有招贴、路牌、车体、直邮、灯箱等户外广告以及其他如橱窗、气球等多种广告媒体也在大量使用。不同的媒体需要不同的广告文案形式。例如，报纸广告文案在诉求方式和表现形式上是以报纸媒体特征为基础的，因而广告文案带有明显的新闻特征：注重广告信息的时效性，理性诉求运用得比较多，说明问题比较具体，在解释产品的特殊功能时常常利用受众关注的时尚话题。

电视广告文案的表现就与报纸的不一样了，电视广告媒体视听兼备和转瞬即逝的时间性特点使广告文案脚本要将语言、画面、音响综合在一起进行形象化的表述，并力求用最准确、最有力、最具深刻印象的语言去达到广告效果。另外，电视广告一刻值千金，要求撰写者能在极其有限的时间内传达最新、最有效的信息，因此，电视广告的文案必须形象具体，表达简洁明白，切忌长篇大论。

因此，不同的广告媒体需要不同的广告文案，符合不同媒体特征的广告文案是广告制作成功与否的关键，违背媒体特征的广告文案将导致广告活动的失败。

二、广告标题

标题是广告的题目，它标明广告的主旨。标题是每一个广告作品为传达最重要或最能引起广告对象兴趣的信息，而在最显著的位置以特别的字体或特别的语气突出表现的语句。一般情况下，印刷或平面媒介的广告文案，特别是信息内容较多的长文案都需要广告标题，而在电波广告文案中，标题常常被省略。

(一) 广告标题的作用

1. 强化广告主题。一般情况下,商品广告的标题总是用高度概括、非常凝练的词句表现广告的内容,揭示广告的中心思想,使人一看就知道或体会广告的主要信息。例如,"春兰空调,高层次的追求"这个标题,消费者不必读广告文,就会知道广告是在向消费者宣传什么。再如,"两颗心之间的最短距离"(香水广告),这个广告标题虽然不像前面标题那样直白,但使人马上联想到用完香水以后的浪漫情调,进而感受到这种香水的迷人之处,间接揭示了主题。

2. 引起受众的注意。一个好的广告主题,对受众具有很强的吸引力,能使广告在大量的信息中一下子抓住受众的眼球,使其产生阅读的兴趣。有一则房地产的广告标题是"换山换水换一生",很引人注目,令人感到新奇。再如箭牌口香糖曾有一幅广告,画面是两块站立的口香糖,拟人化地站在那里,一个披着婚纱,一个戴着礼帽,做结婚照状,一行大标题非常醒目:"箭牌口香糖愿天下有情人终成眷属"。再如中国电信的一则平面广告,如图7-1所示。

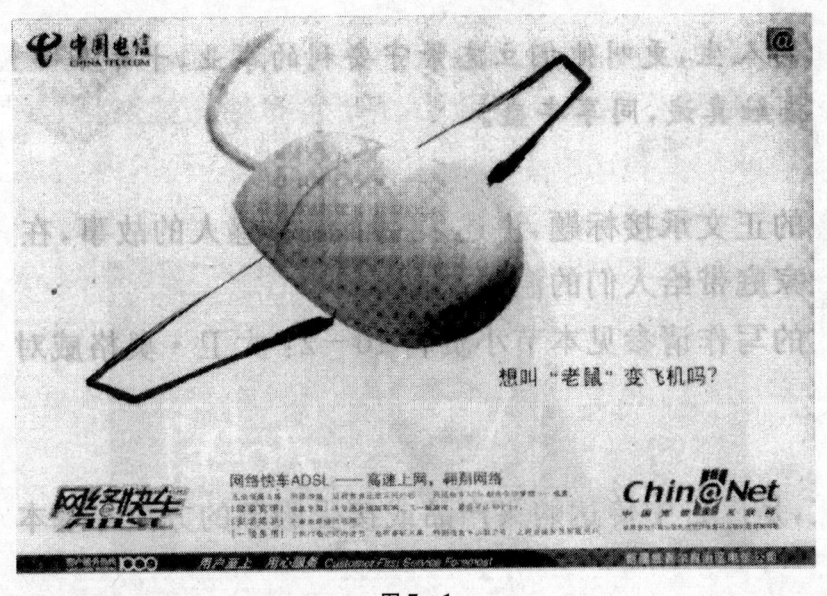

图 7-1

主标题:想叫"老鼠"变飞机吗?

副标题:网络快车 ADSL——高速上网,翱翔网络。

正文:无论视频点播、网络游戏、远程教育还是实时炒股……网络快车 AD-

SL 都将令你梦想——成真。

"独享宽带"：线路专用，不受用户增加影响，飞一般速度，最高可达 8 Mbps。

"安装简易"："一线多用"，特别适合中小型公司，上网发烧友及家庭用户。

（资料来源：http://wenku.baidu.com/view/）

像这样的标题就能使受众产生阅读的兴趣。

3. 增强广告效果。由于广告主题简洁，中心突出，印响深刻，另外，形式多样，多姿多彩，既能克服单调，又能揭示广告主题，因而可以大大增强广告的效果。例如，我国台湾地区某吸尘器的广告，画面上是一个姑娘坐在窗前，屋内的圆桌上满是烟蒂。看起来是经过了一个不眠之夜，她正打算用吸尘器清扫房间。此广告有两行标题：

大标题为："来吧，吸走心里的忧愁吧！"

小标题为："经不起风吹雨打的爱，干脆去得干净。"

像这样的标题和画面的配合，极具冲击力和震撼力，极大地增强了传播的有效性。

4. 促进产品或服务的销售。一个优秀的广告宣传标题，不仅能引起人们的注意，而且能诱发人们产生一定的愉快心理和强烈的消费冲动。例如："走过路过不要错过"、"跳楼价"、"清仓处理"等标题都是为了促进商品或服务的销售。

（二）广告标题的类型

广告标题的类型可以从结构形式和内容的诉求方式两个方面来划分。

1. 从结构形式上划分，如图 7-2 所示。

```
              ┌ 单一型标题
              │              ┌ 引题
广告标题 ─────┤              │
              └ 复合型标题 ──┤ 正题
                             │
                             └ 副题
```

图 7-2

单一型标题是指用一个或多个句子（或词组）组成的一句话排成一行放在广告文案最前面或醒目的位置，作为广告文案的标题。

复合型标题是指用两句或两句以上的话排成几行放在文案前面最醒目的位置，组成一个标题群，分为引题、正题、副题三个层次，通常用不同的字号区分它们。引题又称眉题或肩题，通常在整体的前面，用于交代广告信息的背景；正题是复合标题的中心，用于传达需要通过标题传达的最主要信息；副题一般位于主题之后，用于对主题信息进行补充说明。复合式标题的形式有以下三种。

（1）引题＋正题＋副题。

例如：引题——"吴良材眼镜公司春节迎新奉献"

正题——"保护你视力，奉献我职责"

副题——"真情回报酬宾活动"

1月24日～2月24日

松下电器变频式空调的报纸广告标题：

引题：销售进入第二年

正题：松下电器变频式空调的受用者越来越多

副题：这么多的笑脸是舒适和令人信赖的质量之证明

（2）引题＋正题。

例如：引题——"广纳天下贤才　诚引各方智力"

正题——"福建省引进人才智力启示"

再如：引题——"某某酿酒公司介绍"

正题——"您饮上一杯美酒，欢迎品尝某某名酒"

（3）正题＋副题

例如：正题——"复方菠萝酶片"

副题——"消炎镇咳良药"

再如　广州胜风除湿机广告标题：

正题——"把广州拧干"

副题——"在这个湿冷的季节，广州需要重量级胜风除湿王"

2. 从内容意义上划分，如图7－3所示。

广告标题 { 直接标题（只诉内容） 间接标题（引导人看广告图片或正文）

图7－3

直接标题是以简明的语言直接表明广告内容，使人们一看便知要推销什么、会给消费者带来什么利益。例如：

"中意冰箱，人人中意"——中意电器集团公司广告标题

"唯独这种煤气能向你提供一大桶热水，比普通快三倍"——美国煤气联合协会广告标题

"家中有万宝，生活更美好"——万宝冰箱广告标题

"星河音响,再创音乐新生命"——星河音响广告标题。

上述广告标题都是直接传播广告信息,将产品的主要情况、产品效用直截了当地告诉消费者。直接标题虽然简单明了,但它往往不能引起消费者的足够注意。

间接标题是不直接揭示广告主题,而是间接宣传产品功能和特点,常采用暗示或诱导的手法,引导消费者进一步注意广告产品的功能和特点,注意广告的其他信息。例如:

"把闪烁的星星揉碎,融入绚烂的晚霞之中"。该标题充满诗情画意,具有一种梦幻般的意境。但只看标题,读者会觉得费解,于是,他们只能从正文中去寻找答案。读了正文后方才领悟到这是一则化妆品广告,而广告标题产生的浪漫氛围已氤氲于读者心中。

"眼睛是灵魂的窗户,为了保护您的灵魂,请给窗户安上玻璃吧!"这是美国眼镜广告标题。该标题没有直接说出广告的商品,但已用暗喻的手法间接地告诉了消费者,显示了对他们切身利益的关心,因而使消费者乐于接受这样的诱导。

"工欲善其事,必先利其器",这是"常工牌"焊接切削工具广告标题。该标题以谚语的形式含蓄地说出了使用该种型号的切削工具,能使人达到事半功倍之效果。

"发光的不完全是黄金",这是美国银器广告标题。美国一家银器制造商使用了这句谚语,引人注意,正文接着说明其制造的银器也是发光锃亮的,由此达到宣传目的。

(资料来源:http://wiki.mbalib.com/wiki/)

间接标题诱发兴趣的根本目的是诱导读者阅读正文。

(三)广告标题的创作技法

1. 新闻式。这是指采用新闻标题和导语的写法、形式的广告标题,为了加强广告的新奇性和可信性,把广告信息作新闻处理。常用词汇有新、最新、发现、推出、首次、目前、现在、消息等。

例如,美国大陆航空公司的新闻式广告标题:发现陆地之外的二分之一个世界(见图7-4)。新闻式标题的特点就是以新闻语言来达到令人惊奇、产生好奇的效果。这两个标题用了"发现"一词来引起受众的关注,产生新闻价值。

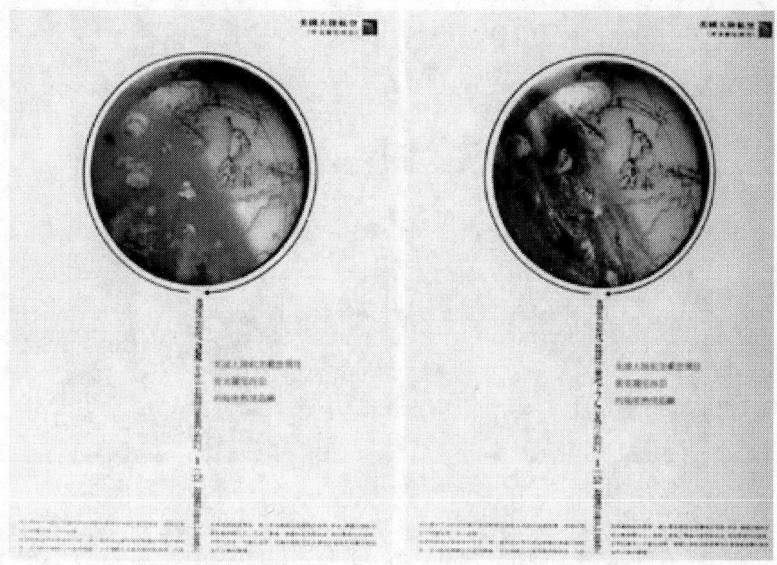

图 7-4

2. 问答式。问答式使用得最广泛。它是一种通过提问和回答的方式来吸引受众的注意力的表现形式。常用的词汇和句式是：难道……？它是……？谁不愿？谁能？怎么样？为什么？怎能？等等。具体表现有两类：设问式和反问式。设问式一般又呈现两种情形：或在标题中设问，在正文中回答；或在标题中自问自答。

如埃索石油公司的问答式广告标题之一：为什么撒哈拉大赛车前三名都有同样的坚持……？（见图 7-5）

广告正文：

恶劣的环境，无情的试练，要在从巴黎到达卡、横越撒哈拉沙漠的大赛中脱颖而出，当然必须提供引擎最周到的保护！

因此，在这项艰苦的大赛中，多次的冠军与本届前三名得主，在选用润滑油时，都有一致的坚持——ESSO！

ESSO 润滑油不仅能帮助赛车引擎通过最严苛的考验，同时，它的种类繁多，包含了航空用油、船舶用油、工业用油、车辆用油以及其他特殊油品等各类产品；而且，所有的产品，都是运用尖端科技，针对不同的需求，在 ESSO 的 17 家研究与发展中心，通过研究人员精心研制与测试的结晶，让所有机件都获得最完善的保护！

ESSO，能超越撒哈拉最无情的挑战，当然，更能满足您的需求！

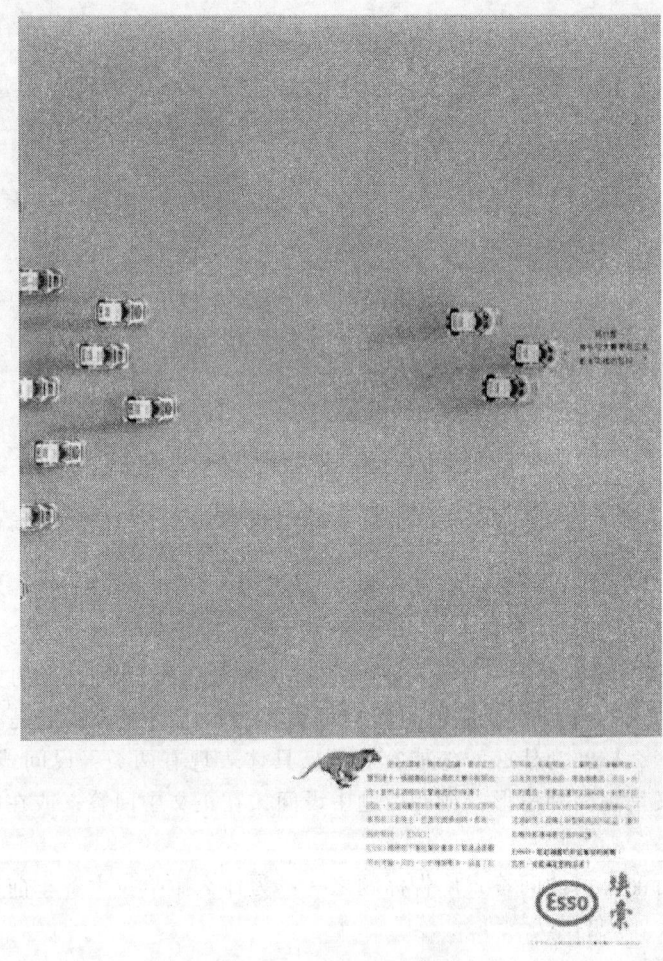

图 7-5

埃索石油公司的问答式广告标题之二:为什么国内 98% 的民航机都有同样的坚持……

广告正文:

安全的保证,科技的挑战,精密的仪器,长远的航程再加上高空特殊的环境,飞机的引擎当然必须善加维护,才能确保万无一失的飞航安全。因此,全球半数以上的航空公司以及国内的华航、远东等 98% 的飞机,为确保引擎的顺畅运转和旅客的飞航安全,在选用润滑油时,都有一致地坚持——ESSO!

ESSO 润滑油是现代高科技的产品,它以特殊的配方加上精密的炼制技术,针对各种机械、各种车辆、各种引擎不同的需求生产出航空用油、船舶用油、工业用油、车辆用油以及其他特殊油品等高品质的系列产品，让所有引擎和机件都享有最完善、最先进的保护！

ESSO，能超越航空工业最挑剔的标准，当然，更能满足您的需求！

3. 承诺式。承诺式也称许诺式、利益式。其主要特点是，在标题中就向受众承诺某种利益和好处。常用词汇有免费、定能、优惠、美丽、气派、方便、减价、附赠等。但承诺的表现并不是只用常用词汇来进行承诺。

例如：

（1）直接承诺：买上海桑塔纳新车，一年内不限里程免费质量保证（上海桑塔纳轿车）。

（2）间接承诺：你只需按一下快门，余下的一切由我自己来做（美国柯达公司）。

（3）暗示性承诺：这些我们留着，其他的统统给你（统一晨光果汁）。

美菱保鲜冰箱的广告标题是："保住营养与水分，保鲜时间延长50%"此广告标题以利益的承诺带给消费者新惊喜。"50%"的表达形象而有独到的说服力。

4. 悬念式。人类天然具有好奇的本能，这类标题专在这点上着力，一下子把读者的注意力抓住，在他们寻求答案的过程中不自觉地产生兴趣。例如有这样一则香烟广告："禁止抽各种香烟，连555牌香烟也不例外。"读者的第一印象便是"555"有点特殊，接着要问为什么它值得单独提出，于是忍不住要尝一尝它究竟有什么与众不同。还有一则眼镜广告，其标题是："救救你的灵魂"，初听之时令人莫名其妙，正文接着便说出一句人所共知的名言"眼睛是心灵的窗户"，救眼睛便是救心灵，妙在文案人员省去了这个中介，从而获得了一种特殊效果。

5. 建议式。许多文案人员喜欢采用这种形式的标题。它兼具多种优点，主要有三项：一是标题主动地劝说或暗示读者去做或去思考某些事情；二是标题一般直接言明所推荐产品的某种用途或使用方法；三是它同时具有利益性标题的优点，由于建议使用及促使购买的说辞铺陈直接或间接地将使用该品牌产品的利益告诉读者，标题就具有了动之以情、晓之以理的双重功能。

例如：

"加点新鲜香吉士柠檬，让冰茶闪耀阳光的风味"——香吉士柠檬广告标题

"果珍要喝热的"——果珍广告标题

6. 对比式。这是指运用转折连词或者对比连词而形成的标题，用来表达某种高度和意境。对比式标题应避免褒人或贬人之嫌，对比一般是泛比，而不指名道姓。

例如：

"我们是第二，我们更加努力"——艾维斯出租汽车公司广告

"所有航空公司向您收的费用是一样的，但是它们所给予您的服务却并不一样"——泛美国航空公司广告

7. 比喻式。用某些有类似点的事物来比拟想要说的某一事物，促人联想，让人加深对某种思想和观点的认识。例如：

"三洋电叶轻转，转出清凉世界"——日本三洋电扇广告标题

"小莫小于水滴，细莫细于沙粒"——银行储蓄广告标题

以水滴和沙粒比喻储蓄，向人启示积少成多的道理。"第一封信的愉快回忆"——手摘新茶广告标题

以初恋第一封信纯洁、清雅的感受来比拟品茗新茶的愉快，十分巧妙而富于人情。

8. 颂扬式。颂扬式也叫炫耀式、夸耀式，就是在标题中直接赞美、夸耀甚至炫耀广告中企业、商品、服务的特征、功能、有效性。写作特点是能在直接的赞美中让受众直接明白广告中信息的优胜之处。

例如：

"非凡成就"——XO 马爹利

"世上只有一个乔基"——乔基内衣

"一分钟就能闻到香味的好咖啡"——南美咖啡

"不说谎的电视"——CHUN 青云高传真组合电视

9. 口号式。这是指用简洁而富于号召力的口号形成的广告标题。因为经常用格言形式来表现，因而也叫格言式广告标题。

例如：

"喝孔府家酒　做天下文章"——孔府家酒

"永远的绿色　永远的秦池"——秦池特曲

"见证历史　把握未来"——欧米茄表

10. 实证式。这是指用证言和数字的形式进行表现的广告标题。因为它具有实证性，用名人或消费者的证言，用科学而可靠的实证性数据，能获得受众的注意和信赖。

例如：

"15 张笑脸坐满一车厢"——裕隆汽车

"十粒大豆一滴油"——一品精制色拉油

"你生命的三分之一是在床上度过的"——某床具广告

11. 对话式。即采用对话的形式来表现广告信息，其最大特点是具有场景

感、现实感和生活感。似乎是人们在毫不经意地谈天说地、相互寒暄,但事实上传达了广告信息。

例如:

宝号又扩充了,恭喜恭喜!

多谢,这多亏得到你美国银行的支持!——美国银行

"妈咪!你看!我做的米老鼠"

"哇!好可爱,妹妹好聪明"——台北市立妇幼医院杂志广告

12. 诉求式。这类标题无论理性的还是情感的,其意旨都是告诉视听众,从商品中可以获取某种好处。这类标题一般都较平淡,但对一般缺乏经验的人来说,能向他们直陈诸般好处,这正是他们所期望的。比如,有一种电子计算机办公系统广告,其标题为:"以最简单的操作,完成最复杂的工作。"无疑,这对办公室部门一般秘书工作人员,特别是对计算机语言没有多少知识的人,是一个有力的吸引。

13. 标语式。这类标题简短有力,主要由广告的名字或品牌(大都为系列性的)构成。这种标题大都将产品与知名度很高的公司或系列品牌挂钩,有助于产品的销售。

例如:

"奥琪没有忘记男士们!"——奥琪男用化妆品广告

日本的两则摩托车广告更是有力:

"要骑就骑丰田"——丰田摩托车广告

"银座就是豪放"——银座摩托车广告

14. 夸张式。这是指以现实生活为基础,借助想像,抓住描写对象的某种特点以夸大强调,突出地反映事物的特征,加强艺术效果。

例如:

"审慎保险公司具有直布罗陀的力量",这是审慎保险公司的广告标题。直布罗陀是位于南欧和北非之间的海峡,是大西洋通向地中海的交通要道,具有重要的战略意义。显然,把保险业务比为直布罗陀海峡是夸大其辞的,但却使顾客对该保险公司的资信产生了信任。

三、广告正文

(一)广告正文的含义

广告正文是指广告文案中处于主体地位的语言文字部分。一般而言,广告文案除去标题、标语和随文以外的说明文字都属于广告正文。其主要功能是,展开

解释或说明广告主题，将在广告标题中引出的广告信息进行较详细的介绍，对目标消费者展开细节诉求。广告正文的写作可以使受众了解到各种希望了解的信息，受众在正文的阅读中建立了对产品的了解和兴趣、信任，并产生购买欲望，促进购买行为的产生。广告正文的文字字数可长可短，关键是要有吸引力。比如，schlize 牌啤酒广告，其广告文字有 6 450 个字，销售量却因此上升了 5 倍；壳牌石油广告，字数是 800 个，据调查在美国有 20% 的男性读者阅读了此广告的大部分内容。

（二）广告正文的类型

1. 记述式广告正文——以事显理。记述式广告正文就是用具体形象的语言和情节描写的手法来进行广告诉求。其特点是，通过有趣味的和情节化的内容来吸引、感染并说服受众。例如马爹利酒广告文案。

在法国近郊马爹利干邑世家一望无际的酒库上空，散发着一股醉人的芳香，流传着一个动人的故事。

每年，有超过 100 万公升的上等干邑的奉献。大约 300 年前，这种芳香，将一只燕子深深地吸引，它恋恋不舍。最后，终于化身为金黄色的燕子，超越非凡。

每年初春，数以千计的燕子都在这里悠然翱翔，而金燕子也依然不断地出现在每一瓶马爹利干邑白兰地之上，它标志着法国马爹利。

干邑世家，经典无价。

（资料来源：http://wenku.baidu.com/view/）

2. 描写式广告正文——以型见长。这种广告正文是以描写、诉述为主要表达方式，通过生动细腻的描绘和刻画来渲染消费者的情绪，达到促进销售的目的。

例如台湾地区江南村别墅的广告正文。

中国人忘不掉江南风味，中国人应该享受江南风味的生活。

一条清邃的仄径，垂柳依依，唐时山水地形，中国古典大门转出一地江南风味，轻托着淡淡的山岚，我们仿佛回到故园的江南山水，二十四桥，西子湖苏杭……都在脑海里涌现。

（资料来源：http://wenku.baidu.com/view/）

3. 抒情式广告正文——以情感人。在广告文案中，抒情式广告正文是通过与产品或企业相关的某种感情的抒发来感染消费者、打动消费者。这种正文的特点是采用文学式的抒情手法，以情感人，亲和力强。常借用抒情散文和诗歌等文学样式来进行表现。

例如兰微儿睡衣广告《长夜如诗，衣裳如梦》的正文。

月色淡柔，灯影相偎，夜的绮思悄悄升起……在这属于你的季节里，兰微儿轻飘飘的质感，高雅精致的刺绣，更见纤巧慧心，尤其清丽脱俗的设计，让你一眼就喜欢。今夜起，穿兰微儿，让夜的温柔轻拥你甜蜜入梦。

(资料来源：http://www.docin.com/p-50453870.html)

4. 幽默式广告正文。社会需要幽默。社会的竞争压力越来越大，现代人紧绷的神经需要松弛一下，幽默就是最好的精神调节剂。它可以减少人们的压抑与忧虑，维护心理的平衡，给人一种轻松愉快的感觉。幽默具有简单而强大的穿透力，它将深层寓意包含在轻松、风趣、机智和戏谑中，使人们在哈哈大笑中不知不觉地接受对方观点，达到"润物细无声"的效果。

例如大众汽车的广告。

(解说) 迎面驶来的是一个豪华型轿车送葬车队，每辆车的乘客都是以下遗嘱的受益人。

(男声旁白) 我，麦克斯·E. 斯耐费利，趁自己尚健在清醒时，发布以下遗嘱：

给我那花钱如流水的妻子留下 100 美元和一本日历。

我的儿子罗德内和维克多把我给的每一个 5 分币都花在了时髦车和放荡女人身上，我给他们留下 5 分币。

我的生命合伙人朱尔斯的座右铭是："花！花！花！"我什么也"不给！不给！不给！"

我的其他朋友和亲属从不理解 1 美元的价值，我就留给他们 1 美元。

最后是我的侄子哈罗德，他常说："省 1 分钱就等于挣 1 分钱"，他还说："麦克斯叔叔，买一辆大众车肯定很值。"我呀，把我所有的 1 000 亿美元的财产留给他。

(资料来源：http://blog.sina.com.cn/s/blog_640521d60100ifod.)

5. 对话式广告正文。在广告文案中，可通过人物对话与互动展开诉求。这种方式常用于电视广告中。

例如优乐美奶茶广告的正文。

女：我是你什么？

男：你是我的优乐美啊。

女:原来我是奶茶啊!

男:那样我就可以随时把你捧在手心了。

(画面)女孩羞涩地笑了。

男:奶茶,我喜欢优乐美。

6. 故事式广告正文。这种广告正文通过讲故事的形式来传递商品或劳务的信息。例如:美国的宝洁公司为了将"海飞丝"洗发水打进中国大陆,所设计的广告就是采用故事体。

天真无邪的孩子竟在大庭广众下揭示了母亲的心病——"妈妈,你的肩膀有一粒粒的白点。"头皮屑使年轻的母亲十分难堪,怎么办呢?这时,画外音响起了母亲的内心独白——"还好,我看到了海飞丝广告。"悬念把观众自然地引入正题,像是一位头皮屑的"苦主"在向人们介绍她亲身经历的故事。接着是画外音的继续——"四个星期后,用普通洗发水这边还有头皮屑,用海飞丝这边就完全没有了。"

(三)广告正文的结构

广告正文没有严格的限制,从内容上看,广告既可以把产品、企业、服务全面地介绍给受众,也可以把其特色有重点地介绍给受众。从形式上看,正文可长可短,可以是一句话,也可以是千字文章。

广告大师大卫·奥格威把广告正文的创作概括为几个简单的原则,即诚实、实在、充分、明确、自然、亲切和有吸引力。由此我们可以看出广告正文的写作大概应遵循以下三个原则。

1. 诚实的态度。广告主在创作广告正文时,不仅介绍的信息要诚实,不能有虚假的内容,同时在形式上也不能夸夸其谈、花言巧语,更不能欺骗受众。

2. 语言简练朴实。广告主的目的是广告能起到一定的效果,所以正文没必要过分修饰,如果这样,反而让受众不理解广告要表达的真正含义,由此使广告的效果适得其反。

3. 尽量增加广告的趣味性。在信息爆炸的时代,受众每天接触的广告信息非常多,为了能让受众记住你,就尽量增加广告内容的趣味性,尤其是内容比较多的广告正文,为了能吸引受众阅读广告内容,也要增加趣味性。

四、广告口号

广告口号又称广告标语,是为了加强受众对企业、商品或服务的印象,在广告中长期反复使用的一种简明扼要的口号性语言或文字,它是向消费者传达企业长期不变的观念或定位。一般用比较强烈和有鼓动性、简练的语言来展示广告主题，表现企业、商品或服务的独特个性，而且要易读易懂，具有很强的诉求力量。

（一）广告口号的创作原则

广告口号是为了加强受众对企业、商品或服务的印象而在广告中长期、反复使用的一种简明扼要的口号性语句。它基于长远的销售利益向消费者传达一种长期不变的观念。商业广告口号的创作要遵循以下六条原则。

1. 简短易记，口语风格。
2. 突出特点，富有个性。
3. 阐明利益，激发兴趣。
4. 情感亲和，感人肺腑。
5. 号召力强，促发行动。
6. 适应媒体，长期使用。

（二）广告口号的创作策略

1. 广告口号向消费者传达产品或品牌的核心概念，其语言表达要精炼准确。高尔基说："语言的真正美产生于言辞的准确、明晰和悦耳。"这句话同样适用于广告口号，在以图像标志为特征的广告世界中，语言中的文字语言和声音语言仍然是最重要的表现符号。广告口号是广告生命的支点，它在广告中处于核心地位。广告口号不是孤立存在的，它是完整广告作品的一部分，是广告作品的点睛之笔。广告口号向消费者传达产品或品牌的核心概念，是浓缩的观念性信息，其语言表达要准确。所谓准确，就是要找出广告诉求重点，即产品的独特卖点和消费者对产品的独特需求。在20世纪40年代的时候，著名广告人R.雷斯接到M&M巧克力豆产品，发现这种巧克力是当时第一种用糖衣裹着的巧克力，于是"只溶在口，不溶在手"的广告口号脱口而出。这句只用了10分钟就创意出的广告口号就是从产品中提炼出的，这八个字使产品独特卖点一下跳了出来，非常具体有用。既与同类产品产生了差异，又事关消费者的利益——不粘手，言外之意是其他巧克力拿在手里是"黏糊糊"的。

消费者在购买商品时，不仅仅是购买商品的使用价值（如服装就是御寒，化妆品就是保护皮肤、美容养颜），还购买商品的附加价值（即能满足消费者感情需求的附加功能）。这种附加功能是由商品本身延伸出的一种理念，是人们购买商品时的一种感受、一种希望、一种梦想。众所周知，百事可乐崛起于第二次世界大战之后，在与可口可乐的竞争中，它们从年轻人身上发现市场，抓住了第二次世界大战后出生的年青一代反叛、不羁、崇尚自我的心理特点，果断提出了

"新一代的选择"这样响亮的口号,把自己定位为新生代的可乐,并邀请新生代喜欢的超级歌星作为自己的品牌代言人,终于赢得青年人青睐。一句广告口号明确地传达了品牌的定位,创造了一个市场,这句广告口号功不可没!

由此可见,广告口号与广告诉求主题必须通过准确的语言表达出来,如果广告口号与广告诉求主题相脱节,两者没有通过准确的语言达到有机地联结,那么,广告口号与广告诉求主题之间便难以产生共鸣,势必文不对题。如某白酒的广告口号:"喝××酒,做豪迈中国人!"。某摩托车的广告口号:"天地间由我在行走"。某彩电的广告口号:"有了××等离子,真想再活500年!"虽气吞山河,震耳欲聋,但言之无物,空洞、乏味;说者豪情满怀,听者却漠然视之,根本不往心里去。

2. 广告口号要脱颖而出,彰显个性。心理学告诉我们,人们对那些常见的、雷同的事物习以为常,而对于罕见的、奇特的、反常的、突出的……总之,对于一切新的事物感受深刻,反映强烈。消费者总是在不经意、漫不经心的情形下接受广告信息。因此,如果广告语不能做到与众不同,消费者自然也就会对它熟视无睹、麻木不仁。广告语要能在信息海洋中脱颖而出,就要有个性,其语言表述要特色鲜明。

2000年夏季,韩朝峰会这个震惊世界的话题引起全球关注,半个世纪的对峙终握手言和。邦迪广告《韩朝峰会篇》敏感地抓住这一真实的历史,把人们对和平的期盼,通过"邦迪坚信:没有愈合不了的伤口"这一广告口号,将邦迪创可贴"愈合伤口"这个简单的产品功能扩展为"再深再久的创伤也终会愈合"的产品理念,在消费者心中引起共鸣。当然,广告也因为这个历史性事件与产品的个性功能、品牌理念的契合而获得了国际广告大奖。

著名广告人 J. W. 克劳福特在谈到广告文案创作时曾说:"永无休止地寻找新的思想,永无休止地寻找与众不同的表达这种思想的方法。"广告口号要充分发挥向消费者传达产品或品牌的核心概念这一功能,它所强调的主张必须是竞争对手做不到或无法提供的,必须说出其独特之处,在品牌和说辞方面是独一无二的。例如,现在市场上的水广告,矿泉水在拼命地强调其富含多种矿物质,纯净水则强调其纯净。娃哈合纯净水的口号是"娃哈哈纯净水,我的眼里只有你",采用一种情感诉求方式;而农夫山泉则抓住了当前人们回归自然的消费时尚,其广告口号是"农夫山泉有点甜",从另一个层面挖掘出深意,喝上一口有一点甜丝丝的感觉,这正是人们对优质水的感觉,既体现了产品的与众不同之处,又抓住了消费者的心理。

没有个性的广告口号,只能是人云亦云。20世纪90年代初,英特尔奔腾处理器的广告口号是:"INTEL奔腾处理器,给电脑一颗奔腾的'芯'。"巧妙地动用谐音,突出产品特性,给消费者耳目一新的感觉,有力地促进了产品销售。但接下来铺天盖地的谐音广告大行其道,压得人喘不过气来。例如:某服装的广告口号——"衣"见钟情;某冰箱的广告口号——领"鲜"一步;某祛痰药的广告口号——"痰"止一挥间;某涂料的广告口号——好色之"涂"……用得太多、用得太滥,毫无特色,只能导致人们反感。

3. 广告口号要生动优美,彰显文化底蕴,给消费者带来美的享受。广告口号除了传播产品的独特利益和品牌精髓外,还要带给消费者美好的享受,深深打动消费者的心。美国营销大师爱玛·赫伊拉说得好:"不要卖牛排,要卖嗞嗞声。"事实证明,无论是书面广告,还是有声广告,语言的生动性和形象性都会给消费者留下深刻的印象,从而有利于树立商品形象、传播商品信息、促进商品销售。

消费者购买商品时往往追求的是"物质利益+情感利益",对某些消费群来说,广告尤其应该重视运用形象来满足其情感的需求。比如麦氏咖啡的"滴滴香浓,意犹未尽"。作为全球第二大咖啡品牌,麦氏的广告口号堪称语言的经典,与雀巢(雀巢咖啡:味道好极了)不同,麦氏的感觉体验更胜一筹,虽然不如雀巢那么直白,但却符合品咖啡时的那种意境,同时又把麦氏咖啡那种醇香与内心的感受紧紧结合起来,所以历经50年风雨此口号仍不失独特风采。"牛奶香浓,丝般感受"是德芙巧克力的广告口号,它把巧克力细腻滑润的感觉用丝绸来形容,想像丰富,利用通感手法,把语言的力量发挥到极致。

一则优秀的广告口号总是较长时间地反复使用,这实际上是对企业品牌的一种长期投资,人们接受了广告口号,也就接受了一种高品位的企业文化,给受众以美的熏陶和享受。语言的生动形象、意境优美,体现在对词语、句式、辞格等的巧妙运用上,但绝不是玩文字游戏。

4. 广告口号便于记忆,表述简洁明了。在纷繁的信息中,消费者唯一能记住的或许就是广告口号,而记住了广告口号,也就记住了企业的产品或品牌。简洁的语言容易让人记住,容易传播。广告口号是从广告作品中提炼、浓缩出来的精华,它不像其他文字作品可以尽情挥洒,所以言简意赅是其必然要求。心理学家在关于记忆的研究中发现:"记忆材料越多,越容易忘记。"

长的广告口号包含的诉求点多,涉及的记忆因素也多,同时也就削弱了产品或品牌的独特利益诉求。因此,广告口号要使消费者在密集的信息中迅速捕捉到并且记住,其语言表述要简洁明了、读起来朗朗上口、记起来容易的短句子。在构思上,既体现广告主题,又能朗朗上口。例如,小天鹅洗衣机的口号"全心全意,小天鹅",海尔集团的口号"海尔,真诚到永远",好迪化妆品的口号"大家好,才是真的好",诺基亚的口号"科技以人为本",李宁体育运动用品广告口号"一切皆有可能"。这些语言内涵深厚,极具穿透力,读起来朗朗上口,表述简洁明了,容易与消费者产生共鸣。

(三)广告口号类型

广告口号的类型没有定规,从不同的角度分可以有不同的类型。下面我们采用比较普通的分法,即从两个角度来分。

1. 按宣传的对象分,广告口号有产品形象口号、品牌形象口号和企业口号。

(1) 产品形象口号。这是指为了直接推销的目的而塑造出商品形象的一种广告的口号。这种广告口号诱导能力强,大多采用感性诉求给出某些承诺,使消费者对产品产生一种可亲可信的印象。例如:

"输入千言万语,打出一片深情"——四通打字机广告

"第一流产品,为足下增光"——红鸟牌鞋油广告

"今年二十,明年十八"——白丽美容香皂广告

(2) 品牌形象口号。这是指运用商标品牌直叙商品特性,提升商品知名度。例如:

"新鲜常在香雪海"——香雪海电器广告

"TOSHIBA,TOSHIBA,新时代的东芝"——东芝电器广告

"路遥知马力,日久见'跃进'"——跃进牌汽车广告

(3) 企业口号。这是指从企业的经营思想、服务宗旨和发展目标中挖掘出企业精神,展现企业的鲜明个性,树立企业形象。例如:

"效率、质量、平等、信誉"——肯德基炸鸡企业口号

"为求人类共荣,作全球企业公民"——日本佳能公司企业口号

"不求急进,只求踏实"——芬兰韦齐莱工业集团企业口号

2. 按写作内容分。从写作内容分(从宏观上分类)广告口号有赞扬型、号召型、情感型和标题型。

(1) 赞扬型。用直接陈述的方法称赞商品或劳务的特征、好处,从而加深消费者的印象。例如:

"滴滴香浓,意犹未尽"——麦氏咖啡口号

"海鸥表,中国计时之宝"——天津海欧手表厂口号

"喝了娃哈哈,吃饭就是香"——娃哈哈营养液口号

(2) 号召型。用宣传鼓动性的词语煽动消费者的欲望,督促消费者采取购买行动。例如:

"喝可口可乐吧!"——可口可乐口号

"只要您拥有春兰空调,春天将永远陪伴着您"——春兰牌空调机口号

"男子汉就喝男子汉茶"——宁红男子汉茶广告

（3）情感型。用幽默风趣、充满人情味的词句来宣传商品的优点，从而使消费者在轻松的微笑中不自觉地接受宣传。例如：

"与'狼'共舞"——狼牌运动鞋口号

"除了钞票，承印一切"——法国一印刷厂口号

"威力洗衣机，献给母亲的爱"——威力洗衣机口号

（4）标题型。将广告口号放在广告标题的位置，起到代替广告标题的作用。例如，云丝顿香烟广告，只有"吸美国云丝顿，领略美国精神"一条口号放在广告顶端，没有再写标题。

五、广告随文

在广告文案中，随文一般非常短小，通常包括品牌名称和标志、企业名称和标志、购买商品或获得服务的方法，以及权威机构证明标志、特别需要说明的内容、必要的表格等。

广告随文的性质，是属于广告文案传达的信息中的附属成分，具体内容包括：品牌全称，企业的全称、地址、邮编、电话、传真号码、网址及联系人，经销商及其地址、电话、负责安装、维修的服务部门的电话、联系人，服务承诺，奖励的品种、数量，赠送的品种、数量和方法等。主要作用是方便消费者与企业的沟通和联系。

（一）广告随文的作用

广告随文在广告文案中不是可有可无的内容，而是发挥着很重要的作用。首先，随文能准确传达基本的广告信息。比如企业的品牌名称、企业名称、联系方式等是企业广告中必须传达的信息。否则，整个广告活动就失去了存在的根本。在广告文案中，其他要素的创作无非是让受众接受或记住这些基本的信息。其次，随文对广告标题、正文、广告口号进行必要的补充。最后，随文可以作为吸引受众、提醒受众采取行动的一种方式。随文有两种表现方式：一种为直接型，不加任何修饰，简洁准确地传达企业商品的基本信息；另一种为间接型，即用一种亲切自然的语言委婉地传达，并提醒消费者采取行动。

（二）广告随文的类型

1. 排列型。这种类型是在广告文案的最后把企业名称、地址、邮编、电话等基本信息按一定的顺序排列出来，不添加任何多余的文字。

2. 附言型。这是在广告文案的最后对一些附加信息用委婉的语言提醒消费

者注意。

3. 表格型。这是用表格的形式来表现文案的附加信息。表格可以是价格的列表，也可以是产品型号的列表，还可以是小的市场调查表等，不一而足。

第二节 广告设计的视觉构成

构成广告的视觉要素，主要有布局（比如构图）、画面、色彩、文字以及其他一些符号。这些都属于非语言文字符号。艺术总监将纸上的各种因素进行组合，最终构成一种布局。布局是按顺序进行的编排，并在同一时间内创造一种审美上愉悦的安排。动词"设计"指编排要素的过程。

一、布　局

广告布局又称广告构图，是指在一定规格、尺寸的版面位置内，把一则广告作品设计要点（包括广告文案、图画、背景、饰线等）进行创意性编排，登记组合，加以布局安排，以取得最佳的广告宣传效果。广告布局，是指对广告的插图、文字形式和商标图案等要素所作的整体安排。广告布局的构成要素包括图形、文案和商标等。

（一）广告布局的步骤

1. 创意布局。广告布局设计的一个关键步骤就是设计草案（thumbnail sketches），它是广告企划员、文案员、美术员等经头脑风暴会议共同创意并将创意以粗线条勾画出来，故称"创意布局"。通常是画在一系列小幅画纸上，不刻意描绘创意细节，主要是粗略表达创意的不同布局形式，以用做广告表现导向。草图一般要画很多幅，经过反复比较以选择最佳布局。

2. 粗略布局。当广告标题、副标题、主文以及广告插图等广告元素确定后，设计者就要从营销观点出发来判断应强调的表现主题和主体是什么，然后按照轻重有序、平衡谐调的原则安排其他要素的位置和形态，形成有视觉（vision）效果的粗略布局。这种布局一般用于征求广告主初步认可，也是与上级主管人员磋商定案的基本依据。

3. 最后布局。粗略布局被认可后，美工人员要进行最后版面综合布局，又称为"完稿布局"（finished layout）。完稿布局要求比较精密，文字处理讲究，通常要用正式的照片图像、打印字体、正规插图等，布局要高度精细化和具体化，整体效果应宛如正式印刷作品。

（二）广告布局时应注意的问题

1. 分清主次、突出重点。在版面的空间里要表现广告的各种各样内容，在这些内容中，有些内容要突出表现广告的核心，而有些内容是该核心内容的陪衬，所以在布局时要把重点内容加以突出表现。

（1）把核心内容尽量安排在视觉中心的位置。人们对平面空间的各部分会产生不同的感觉。一般来说，上边和左边部分感觉比较轻松、流动和自由，下边和右边部分则感觉比较压抑、紧密和沉重。最后人们的视线一般很快转移到平面的视觉中心，这个视觉中心不是平面的几何中心，而是稍高一点的位置。因此，重要的广告内容应放在视觉中心的区域，然后依次安排其他内容。

（2）通过增加强势的方法，即增加广告内容自身的刺激强度，如对重点内容采取加大空间、改变字体字号、运用对比等办法，以引起消费者的注意。

例如，图7-6是17909IP电话IP主叫业务广告，在广告中，画面勾勒出简洁的手和脚的形象来说明实用的方便和快捷。把手和脚放在画面的中心位置，使人们的视觉一下子集中到画面的手和脚上。

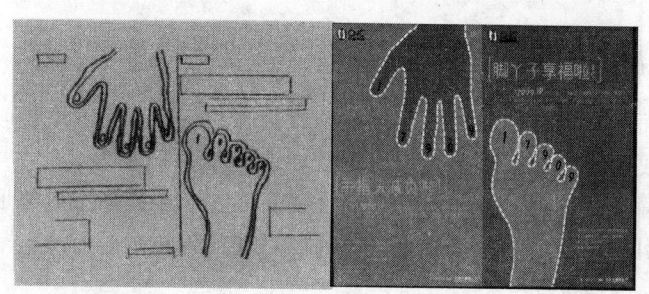

图7-6

资料来源：http://wenku.baidu.com/view/dc6f82c340289

2. 巧妙组合，合理配置。版面布局的巧妙组合，是把照片、图表、商品名称、标题、正文、广告语、商标、价格、公司名称、地址等广告内容有机地联系起来，进行合理的分配。一则广告可能包括多种要素，可以利用它们之间的某些联系，把它们有机地组合在一起，增强刺激强度，加深印象。

如文字和图像的结合，既能使消费者直观地看到商品的形象，又可以通过文案进一步得到理解；广告标题和广告文案的组合，使消费者从它们的呼应中加强对商品或企业形象的认识。另外，还可以利用形状、颜色、距离等对视觉产生的冲击。平面广告要把这些要素进行合理的配置，才能达到更佳的传播效果。

3. 既有变化，又要统一。版面布局结构要美观，必须做到变化与统一相结合。布局有变化，版面才会有生气。要有统一，才能使广告各要素构成一个整体。因此，布局要注意变化与统一的联系，在变化中贯穿着统一，在统一中包含着变化。变化的方式有多种。

（1）体裁的变化。一则广告，应该包含多种要素，有图、有文、有色彩，使版面显得丰富多彩，产生多重刺激效应。

（2）文字的变化。如广告标题、广告语、正文和随文等，都可在字体、字号、排列方式等方面进行适当的改变和调整。

（3）空间的变化。特别是恰当地运用空白来突出诉求重点。如一则报纸广告，整个画面几乎都是空白，只在右下角的位置安排了一行文字：找找看，蚊虫都到哪里去了？与广告主题相呼应，有力地展示了灭蚊剂的效能。

（4）色彩的变化、线条装饰的变化等。

这就要求布局能够达到均衡、有秩序、比例合理。

广告设计需要遵循一些构图的基本法则，如对称法则、均衡法则、对比法则、分割法则等，使版面或者匀称、规则，或者活泼、生动，或者庄重、大方等。

二、画面

广告画面是指广告中的插画，包括广告绘画和广告摄影。广告画面是广告作品的重要组成部分，能够产生强大的视觉冲击力。

由于图画具有直观形象、易看易懂性，还能在广告作品中形象地传达广告信息，更能吸引读者的注意力，所以必须高度重视广告图画的运用。

（一）广告画面的表现形式

广告画面根据产品类型、生命周期等的不同，大体上可分为三大类型。

1. 写实性。着重表现商品的外在形象和特征，用产品实物所拍照片作为广告的画面，以此表现产品的真实外观。如家用电器、时装、汽车等多采用这种形式。

2. 寓意性。主要通过象征物与被象征物在内容和形式上的某些联系，使被象征物的特点得到强烈而集中的表现。如戴梦得钻石戒指："戴梦得，爱情恒久远。"因为戒指是定情的信物，与爱情有很密切的联系，所以用戴梦得象征美好的爱情。用这种画面使消费者产生很多的联想，从而达到以寓表意的效果。

3. 暗示性。通过再现商品的某一方面，间接地表现出与它有联系的其他方面，把复杂的内容用精练、简洁的形式加以表现。

广告画面的具体表现方法有以下八种。

1. 主体法。以商品自身作为画面的主体，展示商品所带来的魅力，使消费者能够直接感受到并产生好感。如照相机、汽车、通信工具等。

2. 局部法。在画面上着重突出商品最有代表性、最有特点的部位。如对一些机械产品，通过特写镜头展示其特别之处，能增强消费者的信赖感。

3. 衬托法。根据商品的特点，将其放在适当的背景中展现，通过背景衬托商品的特性、功用等。如把饮料放在清凉的溪水中，让越野车在崎岖山路上行驶。再如，可口可乐的雪碧广告是在蔚蓝色的大海中，周杰伦潜入水中去拿雪碧饮料，表现了雪碧亮晶晶、透心凉的感觉。

4. 使商品正在使用中。将有关商品正在使用的状况展现在画面上，如饮料正在被人饮用、时装穿在模特儿身上，使消费者通过视觉形象联想某些商品的优点。比如优乐美奶茶，广告中的男女主角一边喝奶茶一边享受爱情的甜蜜。

5. 使商品处在试验中。用试验的方法验证商品的质量、性能，增加对消费者的说服力。

6. 用名人推荐。用人们熟悉的名人推荐商品，把商品与名人系起来，可以增加商品的附加价值。如舒淇的"一顺到底才算爽"真爽洗头膏、赵本山的北极绒羽绒服等。

7. 象征性。利用传说中或神话中的人物形象与商品进行有机的联系，使画面具有某种象征意义。如六小龄童做的金猴皮鞋"穿金猴皮鞋，走金光大道"。

8. 画面具有夸张性。用奇特、夸张的画面来吸引人们的注意，对广告商品留下深刻的印象。例如 KY 润滑剂的平面广告，盒子小而装有润滑剂的瓶子特大，两者形成鲜明的反差，这种夸张的手法变现了润滑剂的经济实惠。

（二）广告绘画

广告绘画是广告图画的一种类型，或者称为广告画，有多种手法，如水彩画、写意画、剪影画、线条画和漫画等。最大的特点是能够把一些抽象的、夸张的内容形象化。反映社会问题、反映服务内容的广告，较多地运用广告绘画。

广告绘画与一般的绘画艺术不同，它不追求纯粹的艺术，它的创作必须为广告主题服务。要注意图文相互配合，构思广告绘画时，要考虑与文字的关系。同时，还要与媒体特点相适应。报纸上的绘画，应力求简洁；路牌广告的绘画，则要精美，更具有观赏性。

（三）广告摄影

广告摄影是通过各种造型技巧，在二维的平面上塑造出三维的形象。由于广告摄影照片具有较强的说服力和丰富的表现手段,因此,在各种印刷广告中有较高的使用率。要注意以下三点。

1. 突出主体。在一幅广告照片中,主体部分应是明确的。这就是要突出能够充分体现广告主题思想和诉求重点的主体形象。突出主体,可采用直接展现、进行烘托、虚实对比等方法来实现。

2. 准确再现商品形象。准确再现商品形象要注意:选择好角度,多采用斜侧面方向,以利于再展现商品的主体特征;把握好用光,根据商品本身的质感,采取侧光、前侧光等不同的方法,使商品特征更加突出;还可利用线条透视等原理,准确再现商品所处的空间。例如,图7-7所示的摄影广告以两只旅游鞋中的负形恰巧形成了可乐的瓶型,加上可乐的商标文字,既突出了品牌又耐人寻味。

图 7-7

资料来源:http://wenku.baidu.com/view/dc6f82c340289

3. 增强画面的感染力。这涉及摄影方面的技术和方法。构图要新颖,拍摄角度要符合突出主体的要求;要注意光线的运用,对于摄影师来说,光线也是一种表达的语言;要注意摄影前后期的有机配合,暗房操作也是一种再创作,可以强化拍摄效果,也能适当弥补拍摄的不足和遗憾。

三、色彩

色彩能够给受众强烈的视觉刺激,不仅在平面广告中要经常用到色彩,而且在电视广告甚至网络广告等中,色彩都是不可缺少的视觉要素。

(一) 色彩的基本原理

1. 三原色和四间色。色彩的三原色是红、黄、蓝,这是最基本的颜色,不能由别的颜色配出来。四间色是橙、绿、紫、黑，分别由三原色混合而成：

红色 + 黄色 = 橙色

蓝色 + 黄色 = 绿色

红色 + 蓝色 = 紫色

红色 + 黄色 + 蓝色 = 黑色

2. 色彩三要素。每一种色彩都具有色相、明度和纯度三种要素。

色相是指色彩的相貌、种类。三原色和四间色是标准色相，不同标准色混合，构成不同的色相。现在视觉能够辨认的色相有一百多种。

明度又叫亮度，是指色彩本身的明亮程度。色彩由明到暗，有很大差别。在许多色相中，黄色最亮，紫色最暗。

纯度也叫彩度，是指色彩纯粹的程度，或者是色彩的饱和度。纯度达到饱和状态的就是标准色，也称正色。

3. 色彩的对比与调和。两种以上的色彩放在一起，出现清晰可见的差别，就形成对比。色彩对比可运用色相、明度、纯度、冷暖等多种形式。通过适当的对比，能够使广告主题更加鲜明、突出。

色彩的调和，一是指配色所产生的协调、舒适、美好的状态；二是指配色的手段和方法。调和能改变色彩的明度和纯度，能使整体画面均衡、柔和。在实际运用中，色彩调和是非常重要的。

（二）色彩的象征意义

色彩除了生理感知特征外，还有心理感知特征。它能调动人的微妙情感和种种联想，产生不同的心理感受，有一定的象征意义。

总体上来说，红色、黄色、橙色等是暖色调，其中橙色最暖。这些颜色能加速人的血液循环，使人联想到太阳、火焰而感觉温暖。蓝色、绿色等是冷色调，其中蓝色最冷。这些颜色能减缓人的血液循环，让人联想到冰峰、海洋而感到寒冷。

一般来说，红色给人以热烈、艳丽、饱满充实而富有生命力的感觉，在社会生活中往往象征幸福、吉庆和欢乐。但红色也会使人联想到血与火，产生恐惧、愤怒等情绪。

黄色使人感到光明、辉煌、柔和、纯净，在社会生活中则有充满希望的感觉。但黄色不能同其他色彩调和太多，容易变脏，给人以病态、没落之感。

蓝色能造成一种深远、宁静和沉思的气氛，象征和平、纯洁和理智，但有时也会使人有悲伤之感。

绿色是大自然普遍存在的色彩，给人以平和、安静和活力。不同的绿色象征着生命的不同阶段：黄绿昭示青春和活泼；中绿展现健美和成熟；土绿表示衰老和沉重；而青绿则有理智、智慧、沉稳的含义。

橙色类似红色，色彩强度大，使人感到明亮、华丽和高贵，常在广告设计中作衬托、点缀颜色。

紫色给人以高雅之感，象征着高贵、尊严和优雅，但也有孤独、神秘的性质。与红色配合，象征华丽、和谐；与蓝色配合，象征华贵、低沉；与绿色配合，象征感情成熟。

青色明亮效果较差，使人感到凝重、淳厚、古朴。

黑色和白色属于非色彩。黑色象征严肃、悲哀、死亡，可以用来做对比色，做衬托；白色象征纯洁、朴素、高雅，能与所有色彩特别是黑色构成明快的对比调和关系。黑色和白色可以与任何色彩作对比。

但需要注意的是，不同的人、不同的民族、不同的国家、不同的地区、不同的时代等，对色彩的联想和好恶也不一样。比如，中国人喜欢红色，认为红色吉祥、喜庆；而泰国人喜欢黄色，印度人喜欢红色或橘黄色。中国、泰国和印度人及大多数亚洲人都不喜欢蓝、黑、白三色，面对蓝色、黑色、白色都会联想到丧葬病痛。马来西亚人忌讳深绿色，常常将深绿色与病患联系在一起。因此，在运用色彩设计广告时，必须了解、熟悉各类消费者和各个国家或地区对色彩的不同理解与特殊禁忌，在用色上有的放矢，产生积极的传播效果，开展国际广告业务时更要注意。

（三）色彩的运用

在广告中运用色彩，根据美国广告学家托马斯·比·斯坦利的研究，要注意七个方面。

1. 利用色彩引人注意。色彩应能吸引人的视线，让人产生继续观看的兴趣。实验表明，彩色广告更有吸引力。

2. 利用色彩真实地反映商品和人物。色彩应把商品的有关信息真切自然地表现出来，以增强消费者对产品的了解和信任。比如在超市色彩的运用：

面包区——黄色调，令人想到烤得金黄黄、香喷喷的面包。

熟食区——橙色调，橙色引发人的食欲。

精肉区——红色调，生肉在红色背景下会越发显得新鲜、活嫩。

水产区——蓝色调，海鲜在这种色调的映衬下才够鲜。

蔬果区——绿色调，仿真绿叶果藤缠绕，使人感到新鲜环保。

3. 利用色彩突出广告主题。通过广告色彩所显示的情调，使消费者受到某种特定情绪的感染，直接领悟到广告所要传达的主旨。

4. 利用色彩暗示商品特性。运用独特的色彩语言，借以表达商品的种类、特性，便于消费者辨认、购买。

5. 利用色彩造成悦目的视觉效果。赏心悦目的广告色彩，不仅能够有效地传达广告信息，而且还具有审美功能。

6. 利用色彩树立产品和企业的形象。通过色彩的知觉刺激和象征意义，宣传企业的经营思想和商品特点。

7. 利用色彩增强记忆。人们在不同场合受到同一信息的反复刺激，多次重复记忆，就会形成牢固的印象。广告运用色彩反复传递同样的信息，就能加深受众的印象，促进记忆。

第三节 平面广告的设计与制作

平面广告泛指任何以平面形式表现的广告，通常包括报纸、杂志以及与此类似的广告方式。平面广告是文案、图形（包括插图、照片）、品牌标志、色彩等要素的有目的性的布局。

一、设计制作平面广告的一般流程

平面广告主要指以印刷方式表现的广告，如报纸、杂志、海报等广告。对广告设计制作人员来说，各类平面广告作品是经过严格的设计制作程序后才最终完成的。广告设计有六个基本环节。

（一）初步决定广告的表现形式

广告的表现形式是否适合消费者的心理需求，决定着广告活动的成败。广告作品应通过广告创意，运用各种符号以及组合，以形象的易于接受的方式把有关商品、劳务和企业信息表现出来，以达到影响消费者。平面广告的一般表现形式主要有图画式、文字式、实物式和综合式等。这可根据广告策划所选定的媒体种类和广告主题的要求来确定。

（二）深刻理解广告创意和诉求点

广告创意和诉求点在整个企业的营销活动中是很重要的，直接表现了企业的产品或劳务的市场定位和卖点。只有把握住广告的中心思想，对创意有深刻的理解，才能较好地把握和选择恰当的表现形式，与广告内容有机地结合在一起，体现广告的核心内容，从而构成完美的作品。

（三）领会广告文案部分的重点和核心

抓住广告文案需要突出的重点，以便调动非语言文字符号系统中的各要素，精心布局，合理安排，使语言文字和非语言文字两大符号系统互相配合、相互补充。争取重点突出、结构合理、引人注目、易于理解。

（四）完成广告作品的草稿

在以上构思的基础上，完成草图或初稿，然后将广告作品草稿交由广告策划创作人员和广告客户审查、征求意见，进行修改，直至最后获得通过。

（五）制作样本

在前面工作的基础上，广告主先制作样本，通过对样本的研究，发现在整个设计中存在的漏洞和不足。

（六）再次审查确认后制版印刷

广告主对制作的样本审查结束并确认无误后，就可以制版印刷，投入使用。

二、报纸广告的设计制作

（一）报纸广告的表现形式

报纸主要运用字符、图像、色彩、线条以及空白等版面语言表现广告内容。这些版面语言的不同组合构成不同类型的报纸广告。

1. 纯文字型。广告内容全用文字表现，没有任何图片。适宜于表现信息内容比较抽象、庄重而又严谨、时效性较强的广告，制作简捷，发布方便。

2. 图文并茂型。广告由多种视觉要素构成，既有文字，又有图片。通过图片，能直观地展现商品的形状、特征等，而文字则能对商品作进一步的说明或解释，这样，既能刺激消费者的感官，又有助于加深对广告的理解。

从色彩表现的角度看，报纸广告又可分为黑白广告、套色或彩色广告和空白广告。

1. 黑白广告。在相当长的一段时间内，黑白广告是我国报纸广告的常见形式。一般以纯文字为主，也有图文结合的，色调为黑灰色。随着我国印刷技术的进步，我国报纸大都已实行彩色印刷，广告大部分也变成了彩色。但在没有图片的情况下，还是以黑白广告为主。

2. 套色或彩色广告。据调查显示，与黑白广告相比，彩色广告的注目率要高 10%～20%，回忆率高 5%～10%。因此，报纸运用彩色印刷广告能得到比较理想的传播效果。我国现在套色、彩色广告已较为普遍。即使是纯文字广告，也利用色彩形成反差，产生强烈的刺激，以引起读者的注意。彩色广告的价格一般要高一些。

3. 空白广告。利用大面积的版面空白，通过虚实的强烈对比，突出广告主题，反而使广告内容更突出、更醒目，产生更好的视觉效果。这种手法适宜于版面较大的广告，或者系列报纸广告，可以制造悬念。如梅兰芳 20 世纪 30 年代第一次到上海演出，就是运用大面积空白，制造悬念，取得了成功。

（二）提高报纸广告的注目率

注目率是指接触报纸广告的人数与阅读报纸的人数的比率。注目率越高，说明广告的传播效果越好。在广告设计制作过程中，除了充分利用各种视觉要素外，还要讲求设计技巧。

1. 版面大小的安排。报纸广告的版面大小可分为全版广告、半版广告、半版以内广告（如 1/4 通栏、1/8 通栏、小广告等）。小广告多是分类广告栏中的广告。广告版面空间的大小，对广告注目率有直接影响。一般情况下，版面越大，所产生的强势也会越大，注目率就会越高。在国外，报纸广告大型化已成为一种发展趋势。整版广告的运用率已越来越高，甚至出现了两连版广告。但版面越大，版面购买费用也越高。

2. 版面位置的选择。报纸广告的版面位置，是指广告刊登在报纸版面上的位置。包含两个方面：一是版序，即广告安排在哪一版；二是广告位于某一版面的空间位置。

报纸的正版（第一版或要闻版）最引人注目，其他各版可因版面安排的内容而各有侧重。按照一般的翻阅习惯，横排版的报纸，右边版要优于左边版。但是，随着报纸版面的增多，读者往往对某些版面形成定读性，因而广告的目标消费者与形成定读性的读者联系越紧密，其注目率就可能越高。

根据这样的规律，选择在一版（要闻版）可能会获得较高的注目率，但实际上可能会因广告价格和有关规定等问题而放弃选择。更多地是考虑如何选择广告的目标消费者与读者接近的版序。

在同一版面上，读者视线扫描的顺序，先是上半版，然后是下半版。
在上半版，读者视线首先注意的是左上区，然后是右下区。因此，同一版面上的广告，读者的注目率通常是左半版优于右半版，上半版优于下半版。如果按版面的四个区间来划分，其注目率依次是左上版区、右上版区、右下版区、左下版区。同一版面的不同位置，读者的注目率是不一样的，要尽可能地根据读者的阅读顺序在适当的版面位置安排广告的位置。

3. 注意研究读者的阅读方式。读者有时会出现跳读，把整版或半版的报纸广告跳跃过去，从而影响注目率。这需要对读者的阅读方式和阅读习惯进行研究，善于抓住广告内容和表现形式与报纸版面的联系，"强迫"读者阅读。如把半版及半版以下的广告安排在与其内容相近的版面上，或把整版广告安排在相邻的版面等；使广告的形状、编排方式发生变化，不一定"四方形"一律化，也可六边形、圆形、三角形，适当予以横排、竖排、横竖结合等。

4. 充分运用各种表现方式。为了提高广告的注目率，要巧妙地运用各种表现方式，如图画、色彩、文字、装饰等，进行有机的组合和布局，增加优势，加大刺激，吸引人们的视线。

（三）报纸广告的制作过程

报纸广告的设计制作要经过四个过程。

1. 设计草图。根据前期的构思与设计，制作广告草图。有时，在广告设计中需要画很多张草图，通过比较鉴别后选出最满意的一幅。

2. 确定字体。包括标题和广告正文，在设计时要考虑用什么字号、什么字体，以求广告作品的协调统一。

3. 终稿草图。将草图送到广告客户那里征求意见，修改以后就可以定稿了。

4. 清样。把终稿草图进一步整理修改，而后制作成广告样图，送去制版，然后印出清样。清样还应请广告客户最后审定，必要的话还要签字画押。

在经过以上程序后，广告就可以排版了。

三、杂志广告的设计制作

杂志门类繁多，总发行量大，读者对象稳定，又有很强的针对性，适宜于对不同类别的目标对象进行广告传播。杂志广告的传播优势越来越被人们重视，杂志广告的收入呈逐年上升趋势。

（一）形式的开发利用

杂志的开本相对于报纸要小得多，就杂志本身的版面形式来说，不如报纸。但杂志的空间可以伸展，使杂志广告的表现形式多样化。

1. 全页广告。这是经常采用的最基本的形式。

2. 跨页广告。一则广告印在两个页面上，比全页广告的面积扩大了一倍。

3. 折页广告。有一折、双折、三折等形式，以扩大杂志的页面。

4. 插页广告。插在杂志中，可以分开、独立的广告。

5. 特殊形式的广告。如立体广告，把广告的形状做成立体型；有声广告，让广告能够发出声音；香味广告，广告能散发与商品有关的香味等。

（二）版面的选择安排

杂志广告的版面分版序和版位。版序主要有封面、封底（这两版在杂志的所有版面中注目率最高）；封二、封三、扉页（这三版的注目率次之）；正中内页、底扉（注目率再次之）；一般内页（注目率最低）。

版位即指广告在版面的位置。如是横排版，左比右的位置优越；若是竖排版，则右比左的位置要好。

（三）广告与正文的互动

要引起读者的注意，利用杂志正文内容和广告信息的关联形成互动，也是一种有效的设计思路。比如，在一个全页或二连版上，一部分介绍酒的知识，另一部分刊载一种酒的广告。

（四）视觉要素的整合

杂志广告的印刷要比报纸广告精美得多。为了增强表现力，杂志广告应以图片为主，文字部分要短而精，注意图文的有机组合。色彩的运用也非常重要。

除了报纸和杂志以外，还有大量的平面印刷广告，如海报、直邮广告、夹报广告等。它们的设计制作的要求和方法与报刊广告几乎是一致的。

四、POP广告的设计制作

（一）POP广告的概念

POP广告是在一般广告形式的基础上发展起来的一种新型的商业广告形式。与一般的广告相比，其特点主要体现在广告展示和陈列的方式、地点、时间三个方面。这一点从POP广告的概念即可看出。

POP广告的POP三个字母，是英文POINT OF PURCHASE的缩写形式。POINT是"点"的意思，PURCHASE是"购买"的意思，POINT OF PURCHASE即"购买点"。这里的"点"具有双重含义，即时间概念上的点和空间概念上的点。因此，POP广告的具体含义就是在购买时间和购买地点出现的广告。具体来说，POP广告是在有限的时间和有效的空间位置上，为宣传商品，吸引顾客、引导顾客了解商品内容或商业性事件，从而诱导顾客产生参与动机及购买欲望的商业广告，简称"购买点广告"。之后逐步延伸为店头广告、商铺海报、店内招贴等。它是一种快速表现店主营销意图和准确将最新销售信息传递给终端客户的广告形式。设计新颖的POP广告不但有高绩效的广告宣传作用，还能美化店铺、提升店家品牌形象。因此，POP广告广泛应用于大型超市、连锁店、专卖店、大卖场、小商铺、便利店等各类商业网点，并逐步成为商业、企业最主要的广告投放手段。

（二）POP广告的设计与制作

1. 字体设计。一般广告用的字体，单单是印刷体就达百种以上。如果是写的话，那其中所变化出来的字体更是无穷无尽，且这些字都是具有感情的。所以只要依照商品的形象和商品的诉求内容去表现它，将会使POP更具吸引力。

（1）阿拉伯数字。阿拉伯数字都很容易被人看懂，非常清晰明了，而且有一种亲切感，这是非常重要的。

在价目卡上的数字通常是组合使用，在画的时候要把两三个数当做一个数，也就是说，把这几个数字尽量靠近一些，如图7-8所示。

图7-8

（2）中文字体。POP中文字体是在黑体字的基础上对笔画和字体进行调整，它的横和竖都有一定的倾斜，富有柔和感，字的中心在绝对中心稍偏低的地方。在POP画面中，句子是让别人看的，而不是让人去读的，因此，POP字体要让人看起来轻松。如图7-9所示。

图 7 – 9

（3）趣味的字体。汉字本身就是象形字，从甲骨文开始，到大篆、小篆、隶书，都可以追溯到自然象形的痕迹。因此，完全适合创造出趣味的字体。

为了POP广告更能吸引人，面对不同的商品，POP字体要配合商品性质特点画出个性，画出与众不同。如图 7 – 10 所示。

图 7 – 10

（4）中文自由书写体。有些时候，使用毛笔画出具有传统风格的自由书写体在POP广告中出现，会使人眼前一亮，亲切许多。如图 7 – 11 所示。

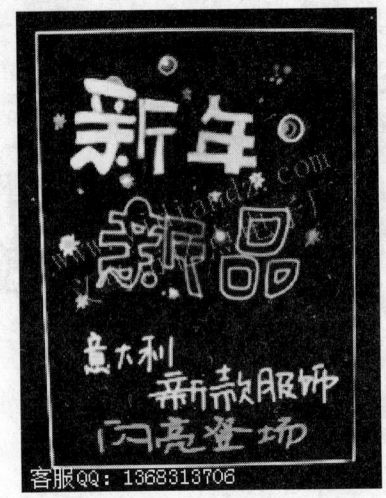

图 7-11

（5）英文字体。小写字母不能超过大写字母的 2/3 大，不同的场合可尝试改变字体表现手法，比如添加阴影、装饰外圈或者用不同的色彩来画不同的字母。如图 7-12 所示。

图 7-12

2. 色彩设计。色彩的运用要很考究，不同的色彩组合就是不同的色彩语言，是配色的亮点，必须要选色谨慎、用色大胆。主要的色彩生成元素有纸张、笔类、插图等。色彩搭配准则是：一是主色调明显；二是画面中要有鲜明的对比点；三是主体色彩要突出、抢眼；四是整体要和谐。

色彩可以给POP带来生命，吸引顾客的目光。同样的POP采用不同的色彩可以给人带来不同的感受和效应。

（1）POP广告的色彩设计应从整体感出发，色彩不宜过多，以免有花哨之感。

（2）选择最接近商品外包装的色彩。

（3）色彩对比强烈，在环境中寻求突出。

（4）按季节变换色彩，是永远留住顾客的秘诀。

（5）从行业上把握色彩的应用，不同的行业有不同的色彩应用。如图7-13所示的POP广告，以翠绿色作为背景色，以较深绿色作为底色，再配以黄红相间的花，给人一种非常亮丽又很轻松的感觉，同时突出了该广告的主题：扮靓春天，春天就意味着满目的绿色。

图7-13

3. 插图设计。POP插图多采取卡通形式表现，幽默卡通则备受青睐。与众不同的POP插图不仅起着解释说明内容的作用，更重要的是，它能使POP充满活力。

精美的插图很重要，切入主题的插图更能起到画龙点睛的作用。但是，打造一张经典的插图往往耗费很多时间和精力，POP新人也很容易发生弄巧成拙的不悦，所以不妨换个角度，通过多种材料和技法的运用来吸引并打动读者。

4. 材料工具的应用。

（1）手绘POP海报常用工具。绘制一张精美的POP海报，可以利用以下工具来混合搭配，不一定非要利用某一种特定的工具，这些都是完成一张POP手绘海报的基本工具,可以在美术行或是书店买到。

◆彩色笔:分角头及圆头两种笔头。

◆麦克笔:分角头及圆头两种笔头,又分酒精、水性、油性三种溶液的麦克笔。

◆粉、蜡笔。

◆粉彩笔。

◆有色铅笔、素描铅笔。

◆水彩、广告颜料、圆或平的水彩笔。

◆毛笔、墨汁、色丹。

◆笔刀、美工刀、割圆器、造型剪刀、剪刀。

◆双面胶、口红胶、透明胶带、纸胶带、胶水、照片胶。

◆切割板、切割钢尺(30厘米、70厘米、100厘米各一)、小尺、波浪尺、软尺。

◆圆规。

◆针笔。

◆立可白、修正带、白漆笔、金漆笔、银漆笔。

◆手提袋、纸卷筒。

(2)手绘POP海报的纸材。绘制一张精美的POP海报,常利用下列的纸材,这些纸材大都可以在坊间的美术社买到,价格也不贵,而若需要利用较特殊的纸材,也可以至美术社购买。具体包括:书面纸、海报纸、模造纸、粉彩纸、丹迪纸、牛皮纸、瓦楞板、保利龙、珍珠板、色纸、绵纸、宣纸、皱纹纸、塑胶板等。

(3)手绘POP常用的技法。主要有:麦克笔技法、彩色铅笔技法、水彩色技法、剪贴画技法、立体制作技法和电脑画技法。

第四节 电子广告的设计与制作

运用电子手段传送广告信息的媒体有很多,广播和电视是主要的两种方式,因此,这里重点介绍广播广告和电视广告的设计与制作。

虽然广播广告的风格与其他广告完全不同,但它们的设计思路和过程却是类似的。

一、广播广告的录制

广播广告利用电波传播信息,在传播速度及传播范围上要优于报纸杂志广告。而且，广播广告可以随时收听，不受时间和地点的限制，这一点又优于电视广告。缺点是，广播广告转瞬即逝，无法查寻或保存；广播有声无形，在感染力上不及电视广告。

（一）广播广告的播出形式

广播广告可分为节目赞助型广告和插播型广告等。

1. 节目赞助型广告。这是指由广告主向电台提供节目，或者向电台提供赞助，然后在节目中插播这些企业的广告，同时在广告前后播报提供节目的企业名称。每次在节目中插入多少广告，主要根据节目的长度来决定。如美国规定，节目长度在15分钟之内的，5分钟节目可插播一次，每次1分钟；10分钟可插播2次，每次也是1分钟。日本规定，5分钟节目可插入1分钟，15分钟可插入2分30秒，30分钟以上的节目，按节目时间的10%插播广告。

节目赞助型广告不但能够针对听众的喜好来播报节目内容，还可以利用节目中的人物做广告，效果更好。

2. 插播型广告。这是指安排在节目与节目之间播出的广告。广告与节目没有关系，通常约为1分钟时间。一般广告的长度分为5秒、10秒、40秒、60秒等。更多的是10秒或20秒的小广告。这种广告播出的特点是，可以自由选择播出时间，播出费用相对较低，但收听率不够稳定。

3. 特约广告。这是指根据广告客户的要求在特定的时间或节目中播出广告。一般放在新闻节目、天气预报、体育等收听率较高的节目前后。

4. 特别赞助广告。这是指由广告主特约赞助电台举办节目或组织社会活动（如健康之声、某个单位的老年人运动会），从中插播广告客户的广告或播报企业的名称。

此外，还有专题广告、电台分类广告等，都是前面两种广告的变形。

（二）广播广告的三要素

广播广告包括声音、音乐和音响三个要素。

1. 声音。声音是广播广告的主体要素。在写作和表述广告语言时要做到以下四点。

（1）符合广播的特点。听众在收听广播时往往精力不集中，对广告更是这样。比较长的广告，或是广告中比较长的句子，常常就会被忽略过去，或者是听不明白。所以，广播广告的语言应尽量简明扼要，多用短句，少用修饰语，注意口语化。

（2）声音应与广告内容相宜。广告语言以什么样的速度、音量、声调等诉诸听众,与广告的传播效果也有很大关系。总体来说,声音应该充分配合和体现广告内容,要有个性和形象感。不同的表现形式,在声音的处理上应有所不同。如直陈式广告就要求播音员的播音速度适中,不快也不慢。也要注意掌握播音的节奏,该快的快,该慢的慢。

(3) 发挥好重复朗诵的作用。广播广告中的某些词句是需要重复的。反复朗诵主要有两种作用:一是鼓动;二是加强记忆。特别是商品的品牌名称,只有经过反复说明以后,才会留下印象,加深记忆。

(4) 注意吸引听众的注意力。由于听众收听广播往往心不在焉,因此,要设法吸引听众的注意力。广告的开头要有特色,一开始就明确重点,能够形成有力的刺激,抓住听众的注意力。同时,要尽量增强语言的亲近感,拉近与听众的距离,唤起听众的兴趣。

2. 音乐。音乐是广播广告的又一重要构成要素。它是通过旋律和节奏来传情达意,是为表现广告内容服务的辅助性手段,因而不具备独立的确切的表意功能,不能单独传播广告信息,只能间接地为广告信息的传播起辅助作用。广播广告中悦耳动听的、与语言的节奏和谐一致的音乐,能够唤发听众的情感共鸣,消除与听众之间的心理距离。因此,音乐特别是歌词的创作是广播广告不可忽视的重要因素。

在广告中配音乐,首先,要注意与广告主题风格相一致,音乐选择得当,可以使广告主题得到更好的表现;其次,音量要适中,不要让音乐的音量盖过广告词。

如果在广播广告中采用广告歌的形式,要注意曲调通俗、悦耳动听,广告歌词要能朗朗上口,内容不要过分复杂,否则,很难让听众有印象。

而在故事化的广播广告中,音乐应该更加注意与故事情节相符合,起到强化故事的作用,使故事更能引起听众的兴趣和共鸣。

3. 音响。音响的应用也是广播广告的重要构成要素,它指的是除了有声语言和音乐之外的各种声音,是为塑造广告形象、体现广告主题服务的又一辅助手段。它包括以下四种类型。

(1) 大自然中的各种声音。如山崩、地裂、洪水、海啸、浪涛、暴风雨等。

(2) 各种动物的声音。如鸟鸣、狼嚎、虎啸、犬吠、猪哼、鸡叫等。

(3) 物体运动摩擦发出的声音。如各种机械声及使用产品时的声音,如摩托车的"突突"声、火车的"轰隆"声、飞机的马达声、轮船的汽笛声、烹调炸锅声等。

(4) 人在活动时发出的声音。如脚步声、鼓掌声、喘息声、打斗声等。

显然,音响在广播广告中并非可有可无,它的作用也是很重要的:烘托环境背景，增强逼真性；创造运动感，平添生活气息；叙述产品性能特点，强化听众感受；渲染情绪气氛，表达思想感情；用做比喻象征，深化信息内容；等等。

而故事化的广播广告中，音响的作用更是举足轻重。它可以使人们对其产生的联想更形象化，使广告故事更加逼真，让听众产生信赖感。

广告使用的音响一定要与广告主题密切相连。同时，音响必须清晰、悦耳，不能制造噪音。

广播广告中的人声、音乐和音响三种要素并非简单相加，而是要高度融合，共同塑造品牌形象，传播广告信息。在故事化的广告中更要利用好这三个要素各自的作用，不仅使故事更加生动，感染听众，更要遵循"寻求三要素的最佳组合方式，一切都为传播广告信息、保证广告效果服务"这一原则。

（三）广播广告的制作过程

广播广告的录制，要先写出广播广告的脚本，在得到有关方面认可后，才可进入广告制作阶段。具体有以下三个步骤。

1. 选择演员。在广播广告的制作中，演员的选择是很重要的一环。一般来说，直陈式、对话式的广告，由播音员播读。但是，播音员的播音往往缺少变化，很难使听众产生新鲜感，引不起注意。

有一定故事情节的广告，其中的角色如父亲、母亲、孩子等需要由不同演员来演播。演员可以从话剧演员、电影演员、配音演员中选择。

2. 确定音乐效果。以前的广播广告，大多采用现成的音乐，但现成的音乐有时很难和广告主题风格相一致，而且还涉及版权问题，因此，广告音乐也提倡原创。国外大多数广告都是专门作曲，这种现象在我国也越来越多。

3. 实地录制。广播广告的制作是在演播室内完成的。在录制时，要进行下面三项工作：（1）对台词。（2）预排。把演员的演播同音乐、音响等放在一起预排，看效果如何。（3）正式录音。经过几次排练后，就可以正式录音。然后在磁带的前后各空出15~60秒的时间，在磁带开头还要录上广告内容和播出时间，便于编辑。

二、电视广告的摄制

电视是集声像、色彩、画面、音乐、语言、文字于一体，同时对受众的视觉和听觉产生影响的大众传播媒体。由于所传递的信息表现形式多种多样、形象生动、娱乐性强，所以电视成为传递广告信息的主要途径之一。广告主也不惜投入大量的人力、物力和财力来制作电视广告。

（一）充分发挥电视广告的优势

1. 用画面讲话。电视是一种视听传播媒介，既有图像，又有声音。但是，吸引观众的首先是画面，如果广告画面枯燥乏味，吸引力就会受到影响。有些广告，画面上主要是生产过程、机器设备等，观众对这些是不会感兴趣的。因此，电视画面一般都是选用靓男俊女或者是色彩艳丽的风光等。

电视广告要尽量做到用画面说话、用画面突出主要信息，抓住观众的视觉。具体的、直观的信息主要通过画面来表现，而抽象的信息则通过解说来传递，画面与声音相互补充，使观众获得更全面的产品或服务信息。

2. 先声夺人。调查发现，一条电视广告片能否吸引观众的注意力，最初的二三秒钟极为重要。因此，广告的开头要富有特色，能够先声夺人，一下子就吸引住观众。

美国运通公司旅行支票的广告片，一开始的广告词是："你将亲眼目睹一宗罪行。"然后观众看到一个小偷在掏别人的口袋，一下子就被吸引住了。这个广告的目的是，告诫人们出门旅行携带现金危险，旅行支票安全。这个广告使运通公司增加了28%的销售额。

为了吸引观众，广告的开头应该选择新颖独特的角度，比如报道某个新闻、解决一个问题、展现一个精彩场面等，或者是正反面的强烈对比等。

3. 让观众记住产品的名称。有些广告，观众能记住广告的内容，却记不住产品名称，这就说明广告没有成功。因此，要想办法突出产品的名称。人们的记忆活动，一般对最初或最后得到的信息的印象比较深，所以，应该在广告的前几秒钟就出现产品的名称，在广告结束时再出现一次来加强印象。比如，脑白金的广告"送礼要送脑白金，收礼还收脑白金"，这使得观众能够清楚地记得产品的名称。

4. 突出重点。由于电视广告费用昂贵，所以一般播放的时间比较短，这使电视广告的信息容量非常有限。一般电视广告片的长度以15秒和30秒较多，所以在一则电视广告中要面面俱到是不可能的，因此，必须突出重点，集中表现广告的诉求点。

5. 画面要有特色。画面是表现电视广告内容的主要手段，电视广告提倡"此时无声胜有声"的创作意境，多用画面说话。无论是镜头抓取角度，还是画面的构图、色彩、组合等，都应有较好的视觉效果。没有冲击力的画面，无法抓住受众的视觉，也就达不到广告宣传的效果。

6. 发掘声音的潜力。声音往往能引起人们视觉的联想。从心理学的角度来说，一种感觉引起另一种感觉的心理活动被称为联觉，它使人的感觉相互沟通。

视听之间的联觉是最常见的联觉活动，广告中联觉的运用能够在有限的时间里充分调动观众的各种感觉器官，扩展画面内容，强化视觉冲击。人物话语与画外音利用文学语言清楚准确地表情达意，超越电视画面。音乐与音响虽然没有画面直观，也没有文学语言准确，但具有高度的概括性。低音引起深色，视觉上产生一种黑暗的感觉；高音引起浅色，视觉上产生一种明亮的感觉。低音还容易产生沉重笨拙的感觉。乐音的和谐度、音色的纯净程度、配器的浓淡、高潮推进的过程等音响布局，带给人的紧张度的体验也是十分明显的。音乐与音响也是广告中不可缺少的声音元素，有时甚至是唯一的声音元素，在烘托背景、勾勒意境上起着重要的作用。广告语言，包括两个方面：一方面是画面中的语言，如人物对白与独白；另一方面是画外音，如广告解说等。要根据画面内容恰当运用广告语言。一般来说，广告中的人物语言比画外音更容易引起观众的兴趣。

7. 用好字幕。字幕也是电视广告中一种重要的表现手段。为了构成对观众的多重刺激，加深观众的印象，有些广告使用字幕来表现。经常使用的是把广告口号打成字幕。如诺基亚的"科技以人为本"、雀巢咖啡的"味道好极了"等，就打成字幕推出。

8. 广告词要简练。电视广告词应该说是最精练的语言，切忌废话和套话。要用尽量少的语言传递尽可能多的信息。比如，黄金酒的广告词"送长辈，黄金酒"，人头马的广告词"人头马一开，好运自然来"，格力空调的广告词"好空调，格力造（格力空调）"，等等。这些都是很简练的广告词。

（二）电视广告的设计

1. 时间安排。对电视广告时间的安排，主要根据广告商品和内容及制作费用来确定，同时考虑广告预算的控制。国际上经常采用的长度是30秒。再长一些可有40秒、45秒、60秒等，60秒更多一些。短一些的，可有25秒、20秒、15秒、10秒等，15秒更多些。我国最短的电视广告为5秒，多用于"标版"，国际上不太常用。目前，我国电视上通常播出的广告长度有5秒、15秒、30秒和60秒等。

据调查，30秒的电视广告是比较适中的。在观众眼里，60秒的广告和30秒的广告在信息内容的含量上似乎没有太大的差别，所得到的传播效果差不多是一样的。但60秒的广告其播出费用却可能要成倍增加，而且时间长了还会引起观众的厌烦。15秒广告是30秒的压缩版，与30秒广告相互配合，既能节约播出费用，也能达到与30秒相近的传播效果。5秒的电视广告多是播报商品或企业的名称，不能向观众提供更多的信息，但往往在黄金时段播出，如与其他时段播出的30秒或15秒的广告配套，也能得到较好的效果。

电视广告播出的时段分为黄金时段和一般时段。所谓黄金时段，就是电视开机率和收视率较高的时间单元。各个国家和地区由于生活习惯等因素影响，黄金时段是不一样的。我国大致分布在19：00至22：00，其他时间即为一般时段。一般来说，黄金时段收费高，一般时段收费相对低一些。

研究显示，黄金时段的收视率较高，但效益还要与目标消费者联系起来进行评估。例如，有些目标公众不在黄金时段看电视，那么，这样的广告如果在黄金时段播出，就不会有好的效果。因此，需要对一些传统观念进行重新认识，重视非黄金时段的有效传播，以及与黄金时段的交叉覆盖传播。

2. 播出方式。国际上通行的电视广告播出方式可分为插播广告和赞助广告两种。

（1）插播广告。即在两个节目之间插入的广告。插播广告的时间长度一般以15秒为主。插播广告播放时间一般为2~3分钟，广告价格相对便宜，收视效果比较明显并容易评估，受到许多广告主的喜欢，并有逐步增长的趋势。

许多国家和地区对插播广告的时间与条数有严格的规定，而且在一个时间段里插播的广告内容不能是同类型的产品及企业，因此，在设计这种播出方式时要考虑有关法规的制约。同时，还要能把观众吸引在电视机前，不要走开或者换台。我国目前在安排插播广告方面还有不少不规范、缺乏技巧的东西，需要研究和改进。

（2）赞助广告。即在特定的节目中插入广告。这种广告是在一定的时段内播出，所以也称为时段广告。

如北京电视台的《东芝动物乐园》、中央电视台的《正大综艺》就是由独家资助并以企业命名的节目。

河北电视台的《大家来欢乐》、《超级宝宝秀》、河南电视台的《梨园春》等栏目，都是由多个企业赞助播出的。

赞助广告的长度一般以30秒为主，也有更长时间的，如45秒、60秒甚至90秒，能够对商品性能、服务内容和企业特征等作较详尽的介绍。由于节目与广告内容有一定的相似性，针对性强。例如《东芝动物乐园》，能避免观众换台或走开，因而有较好的传播效果。但节目容易受到赞助商的控制，节目的原创性往往较差，特别是由赞助商提供节目的方式，电视台的自主权会有更多的丧失。

3. 结构样式。结构样式是电视广告的主体框架，是广告创意的物化形态。设计和选择电视广告的结构样式，主要是根据创意决定的。

电视广告的结构样式主要有说明式、示范验证式、名人推荐式、日常生活式、戏剧式、解决问题式、记录式、比喻式等。

(三) 电视广告的制作过程

电视广告的摄制大体上分为三个阶段。

1. 策划设计阶段。这一阶段的工作主要包括：提出广告计划书；完成广告分镜头脚本的创作；确定广告制作人员的构成，如导演、摄影、美工师等；根据脚本的需要选择演员；召开制作人员会议，做具体分工。其核心是绘制分镜头脚本和组成广告摄制小组。

2. 实际拍摄阶段。

（1）做好拍摄前准备。要做好三方面的准备。

首先是思想上的准备。在开始广告制作之前，必须把有关广告拍摄制作的意图及相关情况向广告摄制人员作详细介绍，同时，认真听取摄制小组每个成员的意见，群策群力，集中大家的智慧设计出最佳方案。

其次是准备好必要的物质技术条件。摄像机一般应在两台以上，仔细检查检测录像录音设备和照明设备及各种配件是否完备无缺、运转正常。根据脚本的需要，看相应的布景、服装、道具等准备是否妥当。

最后是人员的准备。要预先通知和了解广告拍摄的相关人员是否能够到位。特别是导演、演员、摄像师等关键人员，要确保按时到达拍摄现场，做好分工，明确职责。

（2）实际拍摄。电视广告的拍摄需要各方面人员的协同配合。首先要考虑拍摄场地，是在演播室拍摄还是在外景地拍摄。如果是在外景地拍摄，要考虑当地的自然条件、交通条件以及与摄像相关的各项因素。

在拍摄时，要尽量抓取最有表现力和感染力的镜头，注意角度、景别的变化，可以利用各种摄影技巧和用光技巧，使电视画面更为丰富。同时，也要注意摄制的镜头尽可能多一些，以备后期制作阶段有较多的素材可选。

3. 后期制作阶段。主要包括编辑、配音、配乐、合成，最后送往电视台播出。广告片的编辑是广告制作的最后一道程序，也是一种再创造。它可以使前期拍摄的素材发挥最大的作用，同时，也可以利用各种编辑技巧，通过声画组合以及音乐、音响等因素，为广告片增添新的魅力。

随着计算机技术引入电视广告片的制作，使用特技的广告作品日益增多，因此，广告编辑人员也要掌握一定的计算机技术，进一步拓展广告创作的天地。

第五节　电脑设计技术的运用

运用电脑设计和制作广告，是现代科技与美术设计相结合的高新技术。广告设计人员借助电脑,创造出富有想像力及艺术美感的广告作品,具有传统的广告设计手段无法相比的强大优越性。广告创作设计人员应该掌握电脑广告设计的一些基本知识。

电脑广告由于应用的范围不同,运用电脑技术设计制作广告的方法也各不相同。

一、图像处理

图像处理就是将输入电脑的影像和图片进行修饰、再创作的过程。通过电脑,广告设计人员可随意改变图片的对比度、亮度及饱和度;或进行改色、退底、修改缺陷、搬移等工作。还可运用变形功能及滤镜特技功能来进行特殊效果处理,并利用图层功能来有弹性地合成多种图像和文字等。通常用一些专门的软件进行图像的处理工作,在这方面,应该由专业人士做该工作。

二、文字设计与处理

文字设计与处理是电脑的基本功能之一,有关文字处理方面的软件太多了,最常见的有 WPS 文字处理系统、WORD–STAR 文本编辑软件、SPT 图文编排系统、EPS 中文图形字库、PEII 中英文字处理软件等。

在进行文字设计与处理时,一般都有多种中英文字体可供选择。中文字体除黑体、宋体、楷体、仿宋以外,有些较先进的文字处理系统或软件,还有隶书、粗黑、幼圆、细圆、中圆、综艺、琥珀等几十种甚至几百种字体。

这一切都使得广告设计者能轻松地对字体、字形进行随心所欲的修饰处理,创作出生动的字体风格及形象,并通过特定的文字风格来表达出企业或产品的特定形象。

三、绘图设计

用电脑绘制图形,比用笔和纸绘图更方便、更具优越性。在电脑中,可选择铅笔、画笔、喷枪、橡皮、刷子、粉笔等工具,迅速绘制、修改图形并填充颜色,所绘制的图形还可进行各种变形及剪裁,产生特殊效果。常用的软件是 FreeHand。

四、二维动画设计

二维电脑动画设计是二维动画划时代的产物。它在二维动画制作过程中能辅助传统动画的制作手段,使二维动画的制作变得更容易、更具创造性,使动画的效果大大改观。

（一）画片制作简单

可采用影像输入或扫描输入的方法输入画面，还可运用动画软件的绘画功能使画面的绘制、修改、涂色、删除等变得更容易，这些大大改进了传统动画片的生成过程。

（二）中间插画容易

两个关键帧中间的动画画片，电脑可进行插值计算自动生成，并沿着轨迹移动物件。这是电脑辅助二维动画的主要优点之一，大大提高了画片质量及绘制速度。

（三）涂色灵活

计算机辅助上色迅速、方便，界线准确，不会窜色。而且不会因层数多少影响颜色的鲜艳度。

（四）能即时预演，不需晾干，改色也容易

在上色和制作特殊效果之前，能在屏幕上进行预演，检查制作过程中的动作和时限。

（五）后期制作一体化

能保证声音与画面动作同步，并节约制作成本，使后期编辑工作变得更为容易。

总之，二维电脑动画具有检查方便、质量高、速度快、能有效缩短制作周期等优点。

五、三维动画设计

三维电脑动画设计可以逼真地模拟真实的三维空间，构建三维模型并设计运动，还可以设计虚拟摄影机，设置灯光的强弱、位置及运动等，最终生成可供动态实时演播的连续动画。

三维动画具有很强的表现力，利用它制作动画广告，不仅能以最佳方式展现产品，使广告更生动、逼真，还能使广告产生深刻、持久的印象。它适用于制作新型动画广告片和影视特技制作。

目前国外已研究开发出许多三维动画系统及软件，基本功能相同，一般都包括物体建模、动画设计、表面材料编辑、成像图像编辑、图像输出等部分。目前

广告界最流行的是 3D Studio Max（3DS Max）三维动画软件。

3D Studio Max 主要功能由五大模块组成：

F1：2D Shaper——二维造型模块。

F2：3D Lofte——三维放样模块。

F3：3D Editor——三维编辑模块。

F4：Material Editor——材质编辑模块。

F5：Keyfamer——关键帧编辑模块。

动画制作过程是：首先，在 2D Shaper（二维造型）中对物体进行截面设计，绘制出各种平面几何图形。其次，传入 3D Lofter（三维放样）中，将它变成三维立体形体，并传入 3D Editor（三维编辑）中，对物体及场景进行调整及设置。再次，进入 Material Editor（材质编辑器）中，物体显现出各种色彩、纹理及质感。最后，进入 Keyframer（关键帧编辑）中，设置动画关键帧，可以将物体进行移动、旋转、变化、挤压等变形，也可改变光源及虚拟摄影机，从而制作动画或进行三维漫游，定义物体的运动轨迹和相互关系，以保证动作的合理性。

六、电脑刻绘

电脑刻绘是利用电脑来辅助图文设计，并刻制成不干胶图形、文字等广告作品的一种设计制作方式。它的组成部分主要有：扫描仪、电脑、绘图软件、中英文字库及不干胶刻绘机等。在这里，电脑输出设备不是打印机，而是刻绘机。其作业流程大致为：输入文字、商标、图形等→主机（进行修改、编辑、排版）→模拟输出效果→进行刻绘→不干胶广告作品。

通过电脑刻绘出的不干胶广告作品，可用于商店橱窗、展览布置、招牌、POP 广告等多种广告形式上，是一种应用广泛、成本低廉、快速简便的广告制作手段。

七、电脑喷绘

电脑喷绘是一种在电脑控制下进行的绘画，是一种新型电脑图画制作方法。其组成部分主要有彩色扫描仪、主机系统、彩色绘制机三大部分。工作流程大致是：图像及文字扫描输入→主机（进行编辑、处理）→专业分色处理+彩色绘制机→喷绘输出。

喷绘适用的材质多种多样，例如，可在各种纸张、板材、玻璃、瓷砖、墙壁、布匹、百叶窗等多种材质上进行喷绘。它喷绘出的广告作品具有色彩鲜艳、不易褪色、复制逼真、生产效率高、应用范围广、广告效果好等优点，因而电脑喷绘被广泛应用于广告牌、灯箱、装潢、展厅布置、影剧院等各种广告宣传品的制作。

第六节　其他技术手段的运用

在实际广告设计和制作中，还需要应用多种手段和方法，下面简要介绍几种常用的技术手段。

一、喷画艺术

喷画是一种绘画艺术，它是通过喷笔来作画的。它与传统的作画方式在本质上是一样的，但喷画改进了绘画的技法，扩大了应用范围和视觉效果。

喷画是由早期的吹墨法及喷溅涂抹法改良而成的技法。现代喷画艺术的运用已有一段历史，但对我国来说，应用时间还不是太长。许多车身广告都是利用喷绘技术做出来的。

二、动画制作

动画由美术工作者制作的图片构成，动画一般又被称为卡通，是一种将一幅幅静止的画连缀起来产生连续动态画面的艺术。卡通不仅儿童偏好，各年龄阶段的人都比较喜欢，它能够为产品和传达的信息制造一种温暖、友好的气氛。动画也被用来简化技术产品的演示。在一段刮胡刀片的广告中，实际的产品被用来显示如何刮过男人的面颊，而动画被用来展示和解释刀片是如何将一根根胡须去掉的。有些广告用动画技巧作夸张的表现，使广告变得生动、活跃、有趣。动画的设计和制作主要应注意以下四个问题。

（一）绘制动画的原则

绘制动画要遵循以下四个原则：一是在造型上要力求抓住人物特征，然后变形夸张，增强趣味性；二是线条要平滑有力，运笔正确；三是画面要简单明了，有立体感；四是合理夸张。

（二）动画制作过程

先创作动画剧本，把广告创意所要表达的主题编成故事，勾画造型，根据造型绘制原画和动画。完成动画后，还有一项重要的工作就是做动画摄影表。把有关秒数、速度、格数、反复拍摄等事项标示出来，作为拍摄记号的设计图。

接着是描线，将动画稿临摹在透明胶片上，然后确定颜色和涂色工作，下一阶段的工作是摄影、剪接、配音等。

（三）动画制作工具

基本工具是透视台。画动画必须靠透视的光线，将每个动作"分割"成不同的分解动作，并依序描绘出来。

拍摄时应具备的工具有：工作台、透明胶纸、玻璃、投影灯、摄影机和控制片格速度的仪器。

（四）动画摄影机座

普通拍摄动画的专门器械可分为两种：一种称为"下摄动画机座"，镜头向下，镜头下面放画有每一个动作的透明胶片，可通过拍摄技巧为广告短片制造出特殊的效果。另一种称为"平摄动画机座"。镜头向着水平平面，镜头前放一个"正片通过器"。平摄机可拍出较佳效果，但拍摄过程却颇为繁杂，要经过两次拍摄才能达到预定目标。

很多广告片不适合演员表演，就利用动画方法进行处理，效果会更好。如利勃—海尔冰箱广告，商标中的两个小孩从冰箱上手拉手跳下来，载歌载舞，十分可爱。而任何演员也不可能化妆成冰箱商标中的两个小孩，只有让两个小孩子自己表演了。还有药品广告，药丸从药瓶中蹦蹦跳跳跑出来，摆成药品名称字样，这也是用动画技巧做的。

再比如脑白金的广告、新康泰克双子篇的广告等都是用卡通动画来表现的。

因此，当有的广告无法用具体人物来做时，用动画来变现产品信息是很好的方法。

本 章 小 结

广告设计与制作在广告的运用中是非常重要的，设计与制作的好坏直接影响广告是否能准确地表达广告创意以及广告诉求的所有信息。本章主要介绍了广告文案的设计、广告设计与制作过程中对视觉要素的要求、平面广告设计与制作的基本方法和应注意的事项，POP广告的设计与制作方法，广播广告以及电视广告制作的基本方法和步骤。同时，对于其他技术在广告中的运用作了简单介绍。

关 键 概 念

广告文案　广告设计与制作　广告布局　POP广告　广播广告　电视广告　报纸广告

复习与思考题

一、选择题

1. 广告文案是广告作品中为传达广告信息而使用的全部语言符号，它与（　　）共同构成了有效传达信息的广告作品。
   A. 画面　　　　B. 声音　　　　C. 人物形象　　　　D. 非语言符号
2. 正文是广告作品中承接（　　），对广告信息进行展开说明，对诉求对象进行深入说服的语言或文字内容。
   A. 广告口号　　B. 标题　　　　C. 随文　　　　　　D. 画面图像
3. "只溶在口，不溶在手"（巧克力广告），这一广告文案体现了（　　）的独创。
   A. 形式　　　　B. 表达手法　　C. 信息内容　　　　D. 利益点

二、思考题

1. 广告文案的各组成部分有什么作用？
2. 试述广告布局在广告设计中的重要性。
3. 在广告设计与制作中，跨国公司应注意色彩的哪些问题？
4. POP 广告在设计与制作时应注意哪些问题？
5. 电视广告的制作一般分为哪几个阶段？每个阶段的重点内容是什么？
6. 试比较 POP 广告、杂志广告、报纸广告、广播广告、电视广告的优缺点。

三、案例分析

凡客体广告文案

2010 年 7 月以来，中国青年作家韩寒、演员王珞丹出任凡客诚品（VANCL）形象代言人，各种性质的广告也铺天盖地出现在公众的眼帘。

广告人前奥美创意总监、远山广告合伙人邱欣宇用一种新颖的格式为韩寒和王珞丹代言的凡客诚品写了相关广告文案，见下图。

很快这种剑走偏锋、打破常规的写作风格成为一种潮流，成了很多人彰显个性的自我介绍方式，网络称其为"凡客体"。

现在很多城市的公交站牌广告上都有低头 45 度角耍帅的韩寒，还有王珞丹穿着白色长裙走文艺路线。他们的叙事方式简单、直接，有细节，同时点题点得不做作。

从广告文案风格可以看出，凡客诚品对于自己的定位已经有了极为清醒的认识，它想要传达的是草根的、有些坚持的、低价但不廉价的概念。

案例思考

1. 请用相关广告文案知识分析"凡客体"的特点。
2. "凡客体"的流行,说明了一种什么样的社会文化变化?为什么会有这样的变化?
3. 请用"凡客体"给自己设计一份自我介绍。

第八章 广告媒体策略

【学习目标】
1. 了解广告媒体的概念、特性和类型。
2. 熟悉主要广告媒体的特点。
3. 掌握广告媒体的评价标准和评价指标。
4. 了解广告媒体的选择依据。
5. 掌握广告媒体组合策略和频率发布方式。
6. 了解新型广告媒介的类型、特点和发布趋势。

【案例导入】

手机广告媒体

2010年,全国移动电话用户净增11 179万户,创历年净增用户新高,累计达到85 900万户。其中,3G用户净增3 473万户,累计达到4 705万户。移动电话普及率达到64.4部/百人,比2009年年底提高8.1个百分点。见下图。

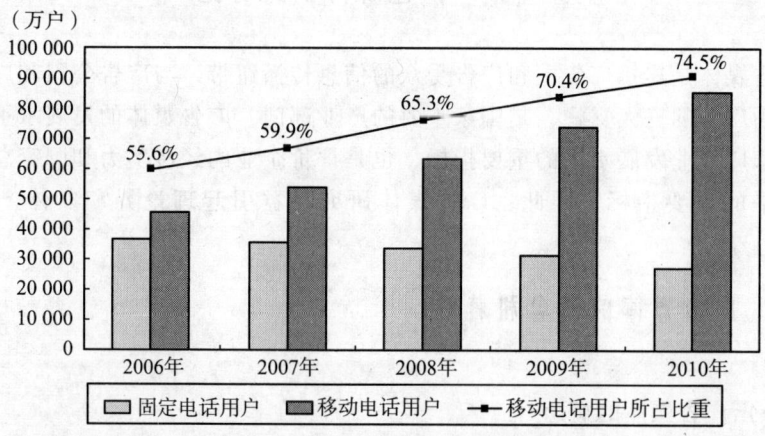

图 2006~2010年移动电话用户所占比重

其中，移动增值业务发展较快，移动个性化彩铃业务用户达到57 408万户，渗透率达到66.8%；移动短信业务用户达到70 062万户，渗透率达到81.6%；移动彩信业务用户达到18 037万户，渗透率达到21.0%。

随着移动通信技术的发展和3G服务的全面推进，移动衍生出的服务模式进入推陈出新的更迭阶段。"手机广告"一词开始频繁曝光。手机是唯一与受众24小时亲密接触的媒体平台，在合适的时间，将合适的有价值的广告信息传输给合适的人。每个手机广告的受众都可以被清晰准确地锁定。

手机广告的特点是具有更好的互动性和可跟踪性，可以针对分众目标，提供特定地理区域的直接的、个性化的广告定向发布，可通过手机短信、彩信、WAP、声讯等多种手机增值服务平台来实现，发布效果可以通过互动的量化跟踪和统计得到评估。手机广告可以利用手机用户数据库对目标对象进行分众，定向地发送广告，同时利用手机的互动性判断量化广告的有效到达率。

（资料来源：《中华人民共和国工业和信息化部2010年全国电信业统计公报》）

"媒体"又称"媒介"，属于典型的外来语，即英语Media。媒体为Media意译，媒介为Media的音译，在应用中，两个词基本通用，不加区分。其意为："中间的广告媒介"、"手段"或"工具"等。广告活动与传播密切相关，而传播活动是通过媒体来实现的，所以广告要达到预期的效果，就要通过媒体传送信息来实现。广告活动的一个重要方面就是，要运用广告媒体战略，充分发挥各种广告媒体的传播优势，及时、准确、巧妙地把有关信息传递给目标消费者。

第一节 广告媒体研究导论

广告媒体是连接广告主和广告受众的信息传播纽带，与广告公司和广告客户一起称为广告的三大支柱，是国家重要的产业部门。广告媒体的发展水平是衡量一个国家广告业发展水平的重要指标，也是评价企业的经济实力和国家总体经济发展水平的重要指标，因此，广告媒体研究日益引起理论界和实体产业界的关注。

一、广告媒体的概念和特性

（一）广告媒体的概念

广告媒体，又叫广告媒介，是指广告活动中把广告信息传播给目标受众的物质技术手段，也是沟通买卖双方的广告信息传播通道。

广告与广告媒体之间有着十分密切的关系。首先，广告与广告媒体是相互依存的关系。广告必须借助于媒体来表达；广告媒体是广告借以表现自己的物质形式，不依赖媒体也能传达给消费者的广告是不存在的。离开广告媒体，广告就失去了应有的功能和作用。其次，广告与广告媒体是表现与被表现的关系。广告媒体是用于传播、表现广告的，广告是被传播、表现的对象。广告媒体表现广告内容，并不是将所有广告信息全盘托出，无主次之分，无轻重之别，而是有选择、有主次的，选择那些有传播意义的广告内容来传达，以引起广告受众的注意。

由于传播广告会带来巨额利润，因此，传播广告的媒介越来越重视广告。报纸、杂志等媒体连篇累牍地刊登广告；电视、广播也见缝插针地播出广告；互联网、手机等的商业网站更是在全世界范围内提供全天 24 小时广告服务。各种媒体用不同的方式、方法传播着各种各样的广告信息，为消费者和销售商架起了沟通的桥梁。

（二）广告媒体的特性

广告媒体的特性是指媒体的物质特性，不同的媒体具有各自不同的特性，总体来看，广告媒体具有以下共同特性。

1. 物质性。广告媒体具有鲜明的物质性，即广告媒体是看得见、听得到或者是摸得着的物质形式。这些具体可感的物质材料，通过广告制作者的构思和辛勤劳作，成为广告艺术作品的传播载体，展示给广大受众，实现广告目的。各种广告媒体都是客观世界中物质的东西。

2. 信息性。广告媒体具有鲜明的信息性，是用来传递各种广告信息的。广告载负的商业信息包括生产者提供的产品本身的信息和销售者提供的产品销售信息等，广告媒体将这些信息传达给受众，加深人们头脑中对该产品的印象，激发其购买欲，从而实现广告目标。

3. 时间性。广告媒体传播信息具有长短、快慢的特点。如广播、电视、互联网等电子媒体传播广告信息的时间最快、最为及时，而报纸、书籍等印刷媒体在时效性方面就差一些。因此，广告主在制定广告计划时，要依据产品的特点及市场营销策略的要求选择时间性强弱不同的广告媒体。

4. 空间性。广告媒体传播信息的范围、空间各不相同，对消费者的影响也有所不同。有全球性的，如互联网、国际航班飞机机身，也有全国性的和地区性的。广告媒体的传播范围和空间的选择，对广告效果会产生很大影响。

5. 适应性。广告媒体因其物质形态不同而具有不同的适应性。广告主可以根据广告信息发布的范围、受众的多少、地区的远近、时间的长短以及速度的快慢等不同要求，选择适应性不同的广告媒体，以提高信息传播效果。

二、广告媒体的功能及研究

（一）广告媒体的功能

广告媒体具有多方面的功能，既有传播功能，也有服务功能，还有吸引功能。广告媒体功能的多样性是由广告活动的复杂性决定的。

1. 传播功能。美国著名传播专家施拉姆在《传播学概论》中写到："媒体就是在传播过程中，用于扩大并延伸信息的传播工具。"可见，广告媒体具有筛选、加工、扩散信息的功能。广告媒体不受时空的限制，它所传播的范围和对象具有广泛性、渗透性，不论受众在什么地方，广告媒体都会发生作用。

2. 服务功能。由于广告媒体具有传播信息的功能，本身具有有用性，可以为广告主或媒体受众带来一定的经济效益和社会效益，因此，无论对广告主还是对广大受众，广告媒体都具有一定的吸引力。

3. 吸引功能。广告媒体可以根据自身的特点，为广告主、广告经营机构、媒体受众提供有用而真实的信息，满足不同层次的需要。对广告主来说，可以将企业的经营特色、产品等方面的供给信息提供给目标市场。对消费者来说，可以根据内容信息进行购买时的选择和决策。

（二）广告媒体研究

所谓广告媒体研究，是指综合分析各种不同类型广告媒体的特点以及对媒体的评价方式，并以此作为开展广告活动、制定媒体策略的依据。

1. 媒体的传播范围与对象。任何媒体皆有特定的传播范围与对象，"泛传播"对广告主无益，必须考虑媒体的覆盖面与选择性的重合与均衡。特别要结合所做广告产品的销售范围，要一致、统一。

2. 媒体被收听收看的情况。媒体能否被收听收看，远比媒体的覆盖面与选择性更重要，需要特别注意的是媒体被使用的反复性、媒体的传阅率、媒体的可保存性。

3. 媒体的费用。

（1）现付成本。现付成本指必须如数付清的费用，要结合企业实力，根据企业的可持续发展综合运筹，合理支出广告费用。

（2）千人成本（Cost－Per－Thousand，CPM）。千人成本是将一种媒体或媒体排期表送达 1 000 人或"家庭"的成本计算单位，是衡量广告投入成本的实际效用的方法。

其计算公式如下：

$$千人价格 = (广告费用/到达人数) \times 1\,000$$

其中，广告费用/到达人数通常以一个百分比的形式表示。

例如，南京某晚报媒体发行量是 50 万份，通栏广告价格为 10 400 元，实际执行价为 5 020 元，传阅率为 2 人。那么它的千人成本为 5.02 元。

4. 媒体的威信。这是指媒体对受众所能施与的影响程度，尤其是对媒体的信任程度。在我国，电视的可信度为 75%，报纸的可信度为 67%，广播的可信度为 59%，电视中尤其以央视的权威性最佳。

5. 媒体的可得性。在其他条件皆满意的条件下，广告主能否如愿以偿购买到所希望得到的媒体？这必须纳入媒体策略的整体框架。《财富》、《时代周刊》等媒体效果很好，但一般小企业不一定能在上面做广告。

6. 媒体的适用性与灵活性。各个媒体的特点是不一样的，产品特性也各有差异，因此广告适合采用何种媒体诉求、以何种形式表现，就要科学地研究媒体对产品的适应性。一般而言，文字性媒体适合理性、说明性诉求，电视更适合感性诉求。

7. 媒体的编辑支持。有编辑支持的广告媒体在吸引受众的注意力、赢得受众的信任等方面具有较强的优势，广告作为其他编辑的附加组成部分而为受众所接受。

8. 媒体的限制。要客观了解政策法规、行业限制、媒体自身的规定性内容。例如，我国规定，电视媒体不能做香烟产品广告。

三、广告媒体的类型

现代社会，企业竞争异常激烈，各类广告媒体层出不穷，种类繁多。依据不同的分类标准，广告媒体一般分为以下几种。

（一）按媒体的物质属性分类

1. 电波媒体。电波媒体包括电视、广播、电影、互联网等。
2. 印刷媒体。印刷媒体包括书籍、杂志、报纸、海报、传单、小册子、工商名录、说明书等。
3. 户外媒体。户外媒体包括霓虹灯、广告牌、路牌、交通工具、灯箱、街头装饰、招贴画、气球等。
4. 邮政媒体。邮政媒体包括销售信、产品目录、订购单、DM 媒体等。
5. 销售现场媒体。销售现场媒体又称为销售点媒体，其负载的广告俗称 POP（point of purchase）广告，包括门面、橱窗、货架陈列、实物演示、店内广告等。

6. 人体媒体。人体媒体包括时装模特、广告宣传员等。

7. 包装媒体。包装媒体包括包装盒、包装袋、包装纸等。

8. 礼品媒体。礼品媒体包括台历、手册、小工艺品、精美印刷品等。

9. 其他媒体。世界上不缺可以承载广告的媒体，T 恤衫不是为广告而诞生的，但在其上绘制了广告，T 恤衫就成了文化衫。

（二）按媒体受众范围分类

1. 大众媒体。大众媒体的受众范围广泛，其视、听众群没有明显的年龄、性别、职业、文化及消费层次的区别，如电视、广播和一般性报纸。

2. 中众媒体。中众媒体指具有年龄、性别或职业的明确指向的媒体，一般没有地理、文化及消费层次的区别。

3. 小众媒体。小众媒体是诉求目标有限的特定媒体，也称为分众媒体。如户外媒体、礼品媒体等。

（三）按媒体传播范围分类

1. 国际性广告媒体。互联网、国际间发行的出版物、国际间交通工具、出口商品的包装物和赠品等，都可以作为国际性广告媒体。

2. 全国性广告媒体。全国范围内发行的报纸、杂志，全国范围的广播、电视等，都视作全国性广告媒体。

3. 地区性广告媒体。地区性广告媒体主要包括地区性的报纸、杂志、电台、电视台、户外广告媒体等。

（四）按媒体时效分类

依据媒体的实效不同，可以把媒体分为长期广告媒体和短期广告媒体以及快速广告媒体和慢速广告媒体。

1. 长期广告媒体。长期广告媒体是指本身使用时间较长、不会轻易更换或被淘汰的媒体，包括：户外广告媒体，如路牌、霓虹灯等；印刷广告媒体中的杂志、书籍、说明书等；电波广告媒体中的互联网等。这类媒体适宜做企业形象广告及产品性能比较稳定、内容比较复杂且需要详加说明的商品广告。

2. 短期广告媒体。短期广告媒体是指本身使用或传播时间较短的媒体，包括报纸、广播、电视、包装纸等广告媒体。这类广告媒体多适用于新产品上市、时尚流行产品以及情感型、印象型或新闻性等方面的商品广告。

当然，时效的长短是相对而言的，之间是可以相互转化的，如长时间重复播放电视这样的短时效媒体广告，其积累的效应也是长期的。

3. 快速广告媒体。快速广告媒体指信息传播至受众较快的媒体，主要有互联网、电视、广播、报纸等。

4. 慢速广告媒体。慢速广告媒体指信息传播至受众相对较慢的媒体，如杂志、书籍等。

（五）按受众感觉分类

1. 视觉广告媒体。视觉广告媒体包括报纸、杂志、互联网、广告牌、模拟物、橱窗、灯箱、霓虹灯、交通工具、说明书等。

2. 听觉广告媒体。听觉广告媒体包括广播、电话、各类口头叫卖等。

3. 视听觉广告媒体。视听觉广告媒体包括电视、电影、光盘、DV等媒体。由于这类媒体具有综合性传播功能，所以被视为最受大众欢迎的媒体。

（六）按广告信息在传播媒体中的比值分类

1. 借用媒体。借用媒体指借用新闻媒体和大众媒体传播广告信息。报纸、杂志、电视、广播、互联网等五大广告媒体均属此类。借用媒体传播迅速、覆盖面广，但广告处于从属地位，容易造成信息的互相干扰。

2. 专用媒体。专用媒体指专门用于广告传播的媒体，如路牌、交通工具、霓虹灯、售点POP等。专用媒体广告信息单一，有效时间长，容易引起受众的关注。

以上从不同角度对广告媒体进行分类，其意义在于对各种广告媒体的特点有一个初步的了解。这是认知、熟悉广告媒体的基础，也是选择广告媒体的依据之一。

第二节 各类广告媒体研究

广告媒体能够及时而准确地把广告主的商品、劳务和观念等方面的信息传送给目标消费者，刺激需求，指导消费；能够吸引受众阅读、收看（听）有关的信息；能够唤起受众接触媒体的兴趣，使消费者有可能接受到相关的广告信息；能够适应广告主的选择应用，满足对信息传播的各种需求。本节根据广告实际运行情况，重点介绍主要广告媒体的基本特点和局限性。

一、电视广告媒体

电视是一种兼听觉、视觉于一体的现代化大众传播媒体。电视诞生于1925年，英国科学家约翰·贝尔德（John Baird）在该年10月制作了第一部电视的雏形。美国在1954年正式播出彩色电视信号。由于彩色电视集语言、音乐、画面和色彩于一体，彩色电视成为理想的广告传播媒介，因而在广告业中独占鳌头，在传播领域产生了越来越大的影响，是传播广告信息的主要媒体之一，也是我国广告第一媒体。

（一）电视广告媒体概况

当今电视已成为沟通观众的主要渠道，也越来越受到广告主的青睐，近些年来电视广告费直线上升。据统计，全世界广告费约有1/3是投入电视媒体。

我国内地第一条电视广告媒体片的播出时间是1979年1月28日（农历正月初一）17点05分，上海电视台屏幕上放映出"上海电视台即日起受理广告业务"的字样，随机播出了中国电视史上第一条广告——参桂补酒。该广告长约1分35秒，由3~5个插片画面组成，没有使用任何运动镜头，形式上像电视新闻片。该广告在上海电视台播出8次。这标志着我国内地电视广告媒体的开始，这一天也成为中国电视广告媒体的创办日。

1979年11月，中共中央宣传部批准新闻单位承办广告。12月底，中央电视台开办广告业务。

（二）我国电视广告媒体发展大致分为三个时期

1. 初创期（1979~1985年）。这一时期电视广告的总体特点是，投入少，但发展速度极快。一方面，专业广告公司少且技术力量薄弱，没有条件和能力介入电视广告的制作；另一方面，拥有制作电视广告设备和技术者普遍缺乏广告创意与市场方面的专业知识。电视广告的特点：主要为新闻报告式，有的甚至只能称谓一个商品的消息，内容单调，画面多是企业的厂门、厂房以及各种奖牌、奖状，构思平庸、画面粗糙。

2. 探索期（1985~1989年）。这一时期电视广告的总体特点是，电视广告媒体引进一些先进的广告概念和技术手段。电视及其广告媒体开始受到社会各方的重视，开始重视对新产品、市场和目标对象的分析研究，逐渐从主观的艺术创造倾向中摆脱出来。在表现形式上趋于多样化，注重创意，运用感性诉求和具有人情味的广告作品增多。开始出现广告公司为客户的广告进行总体策划和形象策划，电视广告媒体策划和创作被纳入广告策划范畴。一些实力较强的省级电视台，加强广告制作部门的制作力量，购置先进的制作设备，在制作方式上逐步由个体作业走向群体作业。这个时期出现了比较好的广告，主题突出，定位准确，电视艺术语言运用得当，广告语也较为有力和有效。

3. 成长期（1989年至今）。这一时期的电视广告有了新的转变，专业广告公司和专业影视艺术工作者介入电视广告媒体创作，打破电视台包打天下的格局，形成竞争态势。电影、戏剧、音乐、美术等有关专业人员参与电视广告媒体创作，使专业人员的素质大为改善。增强了对电视媒体策划和创作理论的研究，制定了电视广告作品的评审标准，推行了对电视广告媒体的调查评估，推动了电视广告制作逐渐走向科学化。开始追求创新，注重格调与品质，注重赋予较为深厚的文化气息，公益广告增多。能运用电视广告媒体的语言即画面、声音、文案三者统一的视听语言传情达意，增强赏心悦目的效果。这一时期电视广告媒体的研究、专业教育和制作方式，使电视广告开始走向良性循环的轨道。

（三）电视广告的形式

电视广告的实际形式取决于它运用的是联网电视、地方电视还是有线电视。联网电视可以通过其会员媒体进行赞助、分享或插播广告；地方电视允许插播广告、地方性赞助和全国性赞助；有线电视系统和交互式电视允许面向全国和当地的插播。

1. 赞助。广告主承担制作节目和提供配套广告的总的财务负担。赞助电视能对观众产生强有力的影响，特别是因为广告主不仅可以控制广告播放的地方和长度，而且还能控制节目的内容和质量。然而，对于大多数广告主来说，制作和赞助一个长度为30~60分钟的节目成本非常昂贵。所以，几个广告主可以联合制作节目，这也是一种可选方案。例如很多体育事件的赞助就是这样。地方性广告主也可以提供独家赞助或与其他的联合赞助，例如一家地方银行可以独家赞助一所学校的足球赛，也可以与他人联合赞助全国性的节目。

2. 联合参与。只有10%的联网电视广告是赞助广告，其他的以分享的形式卖给广告主，它们买下15秒、30秒或者60秒的广告时间，在一个或多个节目中播放。广告主可以购买定期或不定期的任何时间。这种方法与赞助相比，不仅减少了风险成本，而且在市场的覆盖面、目标受众、时间安排和预算方面都有很大的灵活性。然而，联合参与不会像赞助那样产生强烈效果，而且广告主不能控制节目的内容。另外，受欢迎节目的广告时段往往被大广告主包下，留下不太好的广告时段给小广告主。

3. 插播广告。插播是在节目的间隙播放，是广告主向地方媒体作的地方性的广告。电视台把10秒、20秒、30秒和60秒的广告时间卖给一家一家地方的、区域性的和全国的广告主，其中，地方的广告占多数。而节目的间隙并不是最好的广告时间，因为存在着很多的干扰因素——竞争性的广告、电视台的暂停、大众服务广告和其他干扰因素。而且，电视观众往往会利用节目间隙时间离开电视机休息一下。

（四）电视广告媒体广告的分类

电视广告由于承载的传播功用不同，可以被划为电视商品广告、电视节目广告、电视公益广告、电视形象广告四个类别。这四个类别就是电视广告的四种体裁。

1. 电视商品广告。电视商品广告是通过电视媒体传播的、用音画结合的表达方式向电视受众传播商品（服务）信息的广告形式。

2. 电视节目广告。这是传播电视机构自身某些具体栏目或电视机构某些具体服务的一种电视广告。

电视节目广告按其承担的诉求主题的不同，可以分为节目预告广告、栏目宣传广告、栏目片头广告三部分。

3. 电视公益广告。在电视媒体经营日益商业化的今天，电视仍然承担着巨大的社会教化责任。因此，各家电视台经常播放大量的公益广告来影响受众，促进社会文明的进步、人际关系的和谐。

4. 电视形象广告。电视机构向公众播放的形象类广告有电视机构自身的形象广告和企业形象广告两大类。

（五）电视广告媒体的优势

集视、听于一体的电视广告媒体主要具有以下优势。

1. 传播面广。很多广告主把电视看做是传播广告信息最有效的方法，因为它的到达面非常广。数以万计的观众定期看电视。电视不仅能吸引很大比重的人口，而且还能吸引到印刷媒体不能有效到达的人群。

2. 冲击力强。电视画面和声音可以产生强烈的冲击力，这一性质导致了一定程度的消费者的参与，这与遇到一位说服力很强的销售员的购物经验很相似。电视也允许很大程度的创新，因为它将画面、声音、颜色、动作和戏剧结合起来。电视有令人难以置信的能力：它能使平凡的产品显得很重要、令人兴奋、有趣。如果广告令人喜爱，还能使消费者对赞助商产生正面的联想。

3. 渗透力强。电视对我们的文化有着强烈的影响。对多数人来说，电视是一种主要的信息来源、娱乐形式和教育途径。它是我们生活中的一部分，以至于我们更容易相信那些在电视上做广告的公司，而不相信那些不做广告的公司。

4. 传播迅速。因为电视与广播一样，都是利用电波传递信息，所以电视几乎可以在同一时间把图像和声音传播到全国各地，尤其是卫星电视台，传播信号更广、更迅速。

5. 直观真实。电视广告用真实的画面介绍产品，并有生动的语言解说，有的还有广告模特的示范表演，直观真实。

（六）电视广告媒体的劣势

1. 广告时效短。在电视节目中，一则电视广告多在几秒和几十秒之间，广告信息稍纵即逝，观众稍不留意就会错过，而一旦错过，受传者就无从查找，这就大大地影响了对广告商品的认知、记忆效果。

2. 广告费用高。电视广告制作和播放的成本都非常高，特别是高科技制作和卫星传播费用更高。对于很多小企业来说，尚无力使用电视广告。

3. 受干扰大。电视广告的干扰非常多。很多消费者一看到电视出现广告就调频道，使得广告无效。

4. 对观众没有选择性。虽然已有各种技术能够更好地定义消费者，但是，电视对观众仍然缺乏选择性。由于广告主不能确信观众就是恰当的受众，于是广告有很多浪费的覆盖面，比如向并不符合目标市场特征的受众传递信息。

二、报纸广告媒体

（一）报纸广告媒体概况

报纸指以刊载新闻和新闻评论为主，有固定名称，通常散页印刷，不装订、没有封面的纸质出版物。现代报纸的直接起源是德国15世纪开始出现的印刷新闻纸（单张单条的新闻传单）。一般把1615年创刊的《法兰克福新闻》视为第一张"真正的"报纸。现在多数报纸每日出版一次或数次，也有每周出版几次或每周出版一次的。1625年，《英国信使报》刊出了一则图书出版广告，被人们认为是最早的报纸广告。

经济的发展使报纸广告在与其他媒体的竞争中耗费了高额费用，再加上报纸生产成本的上升，导致了报业内部的合并。合并有利于采用新技术解决报纸媒体存在的问题，如印刷质量差、缺少声音、动作、颜色等。在线销量信息系统、电子图书馆、数据库出版和卫星传输的引进都是新技术给报业带来的改进。

（二）报纸的类型

1. 从报纸内容分，有综合性报纸、专业性报纸等。
2. 从报纸出版时间分，有日报、早报、午报、晚报、夜报等。
3. 从发行范围分，有全国性报纸、地方性报纸等。
4. 从报纸的风格分，有严肃性较强的报纸、通俗化报纸等。

（三）报纸广告分类

报纸上的广告大致分为三类，即分类广告、展示广告和增刊广告。

1. 分类广告。分类广告通常包含所有形式的商业信息，这些信息根据读者的兴趣被分成若干类，例如"求助"、"代售地产"、"代售汽车"等。这类广告大约占全部广告收入的40%。

2. 展示广告。这是报纸广告最重要的一种形式。除了编辑区的任何版面，它都可以以任何大小的篇幅出现。展示广告可以进一步分为两类：地方性的（零售性的）和全国性的（一般性的）。全国和国际性的公司、组织和名人用全国性的展示广告来维持其品牌的影响力，或者支持地方零售商和促销活动；区域性的公司、组织和个人则以较低的费用刊登地方性的展示广告。两者的不同就体现在广告费用的差异上。

3. 增刊广告。全国性和地方性的广告都可以在增刊上刊登广告。所谓增刊广告，是在报刊内，尤其是在报纸的周日版出现的，或是辛迪加式或是地方单独刊登的彩色广告插页。一种很流行的形式是杂志的增刊广告，也包括两种，即辛迪加式的或是地方单独刊登的。独立出版商制作并且将企业联合的增刊广告分发给全国各地的报纸，出版商的商标和地方报纸一起出现在报头上，最有名的例子是美国的 Parade 和 USA Weekend。同一地区的一家或多家报纸都能制作地区性增刊广告。另一种形式的报纸增刊广告是自由式插入广告，或称作自由插页。这些提前印好的广告可以是一页，也可以多至30页，可以是黑白的，也可以是彩色的。它在其他地方事先印刷好，然后送到报纸那里。因为要插入这些广告，报纸要从广告主那里收取酬金，如果要在特定的某一期插入，还要另外收取一定比例的费用。这种形式的报纸广告在零售商广告主的作用下普及得非常快，原因在于，它能更好地控制印刷质量和色彩精确度，也是很好的优惠券的载体。

（四）报纸广告媒体的优势

1. 传播范围广。通常情况下，报纸的发行量都比较大，尤其是全国发行的综合性报纸，而且其读者群体相对稳定。

2. 传播速度快。对于大多数综合性日报或晚报来说，出版周期短，信息传递较为及时，当天就可把信息传到四面八方。有些报纸甚至一天要出早、中、晚等好几个版，报道新闻就更快了。一些时效性强的产品广告，如新产品和有新闻性的产品，就可利用报纸及时地将信息传播给消费者。

3. 可信度高。一般来说，报纸在读者的心目中享有较高的信誉，它所发布的新闻消息具有一定的权威性,借助报纸刊登广告能赢得读者信任。中国人心理非常信任白纸黑字的力量。

4. 灵活性强。这往往是报纸能吸引广告主的另一重要原因。报纸广告不需要复杂的制作程序,从稿件处理到制版印刷时间很短。同时,广告版面的大小、颜色和有关细节可灵活掌握,广告主可根据自身的具体情况及市场对产品、对广告的反应随时对广告讯息进行修改。

5. 便于查存。报纸广告不像电视、广播广告那样转瞬即逝,不可追踪,它以"白纸黑字"的书面语言把广告信息准确地传达给受众,便于消费者收集有关资料,事后可进行保存、查阅。

6. 选择性强。报纸的读者对象选择性强,许多报纸都拥有自己特定的读者群,也可以提高广告的专业性效果。

(五) 报纸广告媒体的劣势

1. 生命周期短。人们读报时倾向于快速浏览,而且是一次性的,一份日报的平均生命周期只有短短的 24 小时,因此,其生命周期是很短的。

2. 干扰度高。很多报纸因为刊登广告而显得杂乱不堪,过量的信息削弱了任何单个广告的作用。即使是增刊广告,现在也因为太厚而显得更加混乱。

3. 产品类型限制。报纸与所有的印刷媒体一样,有着共同的缺陷,即有些产品不能在报纸上做广告,例如要演示的产品。

4. 印刷质量欠佳。印刷质量欠佳是各种报纸普遍存在的问题,尤其是广告讯息以图片形式出现时为甚。报纸通常印刷不够精美,且多数是黑白报纸,难以形成强烈的视觉美感。但近年来,随着报纸彩印化趋势的加强,报纸的美感正在加强。

(六) 报纸广告媒体发展特征

1. 网络化。取网络媒体长,补报纸媒体短(报纸媒体自身的网络电子化,以及报纸和综合性网站相互合作共享新闻和其他信息),但需要有特色。

2. 专业化。根据不同的受众,更加细化。现代报纸的发展使得专业化进一步提高,应充分细分阅读群体,分析阅读群体的特点要求。

3. 集团化。集团化规模经营,取得成本效应和竞争实力。

4. 合作化。一是报纸相互结成联盟,2001 年国内成立第一个报业联盟——西北五省区都市报互动联盟;二是异地合作;三是与广播电视合作,形成媒体的整合优势。

三、广播广告媒体

（一）广播广告媒体概况

广播是指通过无线电波或导线传送声音的新闻传播工具。通过无线电波传送节目的称无线广播，通过导线传送节目的称有线广播。世界上第一座领有执照的电台，是美国匹兹堡 KDKA 电台，于 1920 年 11 月 2 日正式开播。中国的第一座广播电台建于 1923 年，是外国人办的。1920 年 8 月，纽约 WAAF 无线广播电台开始传播广告。

从传播的方式上看，报纸的交流感是机械的，电视的意境是局限的，而广播的交流感却是跃动的，广播的意境性是深邃的，广播的交流感和意境性有机统一给听众以丰富的想像空间。

虽然电视的兴起、互联网的发展和其他电子媒体的进步使得大批广播广告客户被拉走，曾经有人担忧地说"广播广告注定要消失"，但随着有车一族的大范围兴起、科学技术的进步，广播广告已在全球范围内悄然迎来生命的第二个春天。

（二）广播媒体广告分类

1. 联网广播广告。联网广播有着全面的覆盖率和高质量的节目，所以很受欢迎。在美国，至少 20 家全国性广播联网播放音乐会、脱口秀、体育赛事、戏剧等节目。卫星转播带来了重要的技术进步，卫星不仅提供了更好的声音，而且能够用不同的形式发送多个节目。联网广播被视为一种可行的全国性的广告媒体，对于食品、汽车和药物的广告主来说更是如此。联网广播的发展带动了广播联播节目和无线联网的增加。会员广播电台增多的同时，广播联播节目也在增多，这就给想打开新市场的公司提供了更多的广告机会。

2. 插播广播广告。广告主通过一家电台而不是联网来做广告。广播联网提供预先设定的全国性的广告，也允许地方会员出卖插播广告时间，它为广告主提供了很大的灵活性。

（三）广播广告媒体的优势

1. 受众明确。广播能通过特别的节目到达特定类型的听众。它能够适应全国不同的地区，能在不同时间到达听众。例如，对于开车上下班的人，广播是一种理想的到达方式，这些广播时间叫驾驶时间，它为很多广告主提供了最好的目标受众。

2. 灵活性强。在所有媒体中，广播广告截止期最短：文案可以到播出前才交送，这样可以让广告主根据地方市场的情况、当前新闻事件甚至天气情况进行调整。例如，在雪后，一家地方的五金商店就可以迅速地进行铁铲的促销。广播的灵活性还在于它愿意播放带有促销性质的插播广告。例如，为了促销饭店的比萨饼，广播电台播出促销性的有免费赠品的广告，让人们产生意愿并进行尝试。

3. 干活收听两不误。只要我们仔细一点就会发现，广播时时刻刻就在我们身边响着，听众可以一边整理手头上的稿子，一边欣赏优美动听的音乐，收音机绝不会像报纸、杂志那样独占我们的时间和注意力。收音机这种干活收听两不误的功能赋予了它独特的魅力。这也是这几年广播大力发展的动因之一，因为开车族在车内行驶获取信息的主要方式是广播。

4. 费用较低。广播可能是最便宜的媒体，因为广播时间成本很低，而且可能被广泛地接收到。另外，制作广播广告的成本也很低，特别是当读信息的是地方电台的播音员时。广播的低成本和对目标群体很高的到达率使其成为非常好的辅助媒体。实际上，多数广播广告最恰当的地位是辅助性广告，作为其他媒体广告的辅助方式。

5. 想像空间大。广播让听众有一个很大的想像空间。广播通过词语、声音效果、音乐和声调来让听众想像正在发生的事情。所以，有时广播被称为思想的剧院。

6. 接受程度高。在地方范围内，广播的接受程度很高。广播并没有被想像为一个强迫性的刺激物。人们有自己喜欢的电台和广播员，并定期收听，有这些电台和广播员传递的信息更容易被接受并保存。

（四）广播广告媒体的优势

1. 易被疏忽。广播是听觉媒体，听觉信息转瞬即逝，广告很有可能被漏掉或忘记。很多听众都把广播视为令人愉快的背景，而不去认真听它的内容。

2. 缺乏视觉。声音的限制会阻碍创意。必须展示或观赏的产品并不适合做广播广告，制作出能令观众产生观看产品这种想法的广告非常难。专家认为，幽默、音乐和声音效果的运用是最有效的方法。

3. 干扰多。竞争性广播电台的增多和循环播放，使得广播广告受到很大的干扰。广播听众往往倾向于将自己的精力分散于各种事情，这样，听众听到或理解广播信息的可能性就大大降低了。

4. 时间安排和购买的难度。想到达比较广的听众的广告主需要向好几家电台购买时间，这样，时间安排和广告评价变得非常复杂。

5. 缺乏控制。因为很大比重的广播都是谈话广播，总会有播音员说对一些或所有听众不利的话或主题,这就会对赞助商产生负面影响。

(五)广播广告媒体的发展趋势

1. 制作数字化。数字音频广播音质纯净如同激光唱盘,使广播的娱乐功能更加完美;而且数字音频广播抗干扰性很强,在移动中收听也没有杂音,符合人们在移动中收听的新需求。在广播的采访、编辑、制作和播出等方面,数字化的工具和设备不断出现。

2. 传播网络化。网络技术为广播开创了新的传输方式——网络广播,搭建了坚实的平台。走上互联网的广播扩大了传播范围,还弥补了广播与生俱来的缺陷:线性传播、稍纵即逝、无法保存、不能检索、看不到文字。网络广播融会了互联网与音频广播的优点,使广播节目能保存、有文字、可点播,随意检索与下载,并大大增加了信息量。随着广播技术的发展,网络广播将真正突出个性化服务的特色,为特定受众提供特定服务,实现与听众的交互性、互动性播出。

3. 覆盖卫星化。2000 年 3 月世广卫星"亚洲之星"发射成功,"亚洲之星"一个波束的覆盖面积是 14 000 万公里,可以覆盖中国全部的国土。在世广卫星服务范围内的人,只用一个小小的接收器就能够从卫星上直接收听广播,广播的"广为传播"不再是一件困难的事。

四、杂志广告媒体

(一)杂志广告媒体概况

"杂志",是期刊的一种,是一种有固定出版周期、固定名称并用期号连续不断的形式,间隔地、不断出版发行的出版物。"杂志"一词,源自法文,本意是仓库。"杂志"的形成来源于罢工、罢课或战争中的宣传小册子。这种类似于注重报纸的时效的手册,兼顾了更加详尽的评论。

在最初,杂志和报纸的形式差不多,极易混淆。后来,报纸逐渐趋向于刊载有时间性的新闻,杂志则专刊小说、游记和娱乐性文章,在内容的区别上越来越明显。在形式上,报纸的版面越来越大,对折,而杂志则经装订,加封面,成了书的形式。此后,杂志和报纸在人们的观念中才具体地分开。

世界上最早出版的一本杂志是 1665 年在阿姆斯特丹出版的《学者杂志》,中国最早的杂志为德国汉学家郭实腊于 1833 年 7 月在广州创办的《东西洋考每月统记传》,发行时间延续 5 年多,版式采用中国传统书本样式,刊期使用清代皇帝年号纪年。

广告使杂志适应广告主的需求,成为面向大众市场的广告媒体。20 世纪七八十年代，市场细分观念在企业营销活动中的贯彻使杂志广告开始针对特定细分市场，其专业性和群体性的特点更加突出。

（二）我国不同类别杂志广告的发展情况

在杂志广告经营方面，时尚类杂志、财经类杂志、计算机类杂志是中国杂志媒体广告市场上表现最出色的三大类；而生活类、汽车类、社会新闻类以及各种行业类杂志也有一定的影响力。

1. 时尚类。起步于20世纪90年代中期，2000年以来则已经逐渐成为中国期刊市场上最耀眼的亮点。国际知名刊物登陆中国，如ELLE、时尚系列、瑞丽系列。印刷精美、面貌新颖、理念前卫、内容精美。

2. 财经类。中国经济的高速发展使得读者对经济问题的关注度提升。自2001年以来，财经类期刊市场开始快速发展，过去由专业人士阅读的内容，今天普通老百姓也开始从专业杂志阅读财经资讯。

3. 计算机类。这与我国IT产业的发展紧密相连，电子行业的整体推进已经渗透到了我们生活的各个层面，已经成了人们认知世界的主要窗口。

（三）杂志广告媒体的优势

1. 目标受众明确。杂志大多是针对特定目标受众发行的。如《瑞丽》杂志主要是针对女性服饰美容方面的杂志。

2. 受众接纳性高。杂志内容本身的权威性和可信性使广告也沾了它的光。很多杂志声称，在其出版物上出现的广告都使产品更有吸引力。很明显，在《财富》上刊登的广告会给商界人士留下深刻的印象。

3. 生命周期长。杂志是所有媒体中生命力最强的媒体。有些杂志，像《国家地理》和《消费者报告》，被看成是权威的资料而不断被引用，可能永远也不会被废弃。其他如《电视导报》，在某一段时间会被频繁使用。此外，杂志还有很大的发展潜力，因为它可以通过家人、朋友、顾客和同事更广泛地传播，有许多间接读者。

4. 版式富于创造性。人们倾向于以比较慢的速度阅读杂志，通常要用几天以上的时间，因此，他们有时间阅读详细的报道。杂志可以有多页面、插页和专栏等，从而使版式更富于创造性和多样化。

5. 视觉效果好。杂志通常使用高质量的纸张印刷，因而有很好的视觉效果，可以印出更加精美的黑白或彩色图片。

6. 具有销售促进作用。广告主可以有多种促销手段，如发放优惠券、提供样品或通过杂志发送资料卡。

（四）杂志广告媒体的劣势

1. 有限的灵活性。杂志的截稿期早，广告必须在出版日之前就要提交。有些情况下，广告主在出版的前两个月就要把彩色广告的版画送到印刷厂。采用桌面出版和卫星传输的杂志可以允许广告主在出版前几个小时提交广告。杂志对广告位置的提供也有局限性。主要版面的广告，如封底和封二，可能早在几个月之前就售出了。

2. 缺乏及时性。有些读者在杂志到手后很长时间都不去读它，所以，广告要对这些读者起作用还需要一段时间。

3. 成本高。首先，现代杂志广告设计比较精美，多系铜版纸彩色印刷，制版费、加色费均很高，一般只有在封面、封底、封二、封三的位置上刊登广告效果才显著，而这些版位的收费也相应较高；其次，杂志发行量较小，总成本比报纸广告高得多。

4. 递送问题。除了少数杂志，大多数杂志不是在所有的书报摊上都出售。如何使杂志到达目标受众是需要考虑的问题。

（五）关于电子杂志媒体

电子杂志，又称网络杂志、互动杂志。电子杂志是一种非常好的媒体表现形式，它兼具了平面与互联网两者的特点，且融入了图像、文字、声音、视频、游戏等相互动态结合来呈现给读者。此外，还有超链接、及时互动等网络元素，是一种很享受的阅读方式。电子杂志延展性强，未来可移植到 PDA、MOBILE、MP4、PSP 及 TV（数字电视、机顶盒）等多种个人终端进行阅读。

1. 电子杂志的优势。首先，电子杂志是机读杂志，它可以借助计算机惊人的运算速度和海量存储极大地提高信息量；其次，在计算机特有的查询功能的帮助下，它使人们在信息的海洋中快速找寻所需内容成为可能；最后，电子杂志在内容的表现形式上是声、图、像并茂，人们不仅可以看到文字、图片，还可以听到各种音效，看到活动的图像。

总之，电子杂志可以使人们受到多种感官的感受。加上电子杂志中极其方便的电子索引、随机注释，更使得电子杂志具有信息时代的特征。但由于受各种条件的限制，电子杂志目前在国内尚处于起步阶段。

2. 电子杂志的发展趋势。电子杂志正处于试验、发展和变化的阶段。各种尝试和设想层出不穷。虽然我们无法预言 10 年后电子杂志的面貌，却可以就近期内电子杂志的发展趋势作一番展望。

（1）网络技术的发展和应用。电子杂志与网络技术尤其是 WWW 技术的联系将越来越不可分割,对于不断更新的WWW技术的应用是出版商和代理商的必然选择。电子杂志将利用成熟、开放的通用标准,使杂志能够在最大范围内为更多的浏览及打印工具所兼容。随着网络技术的发展,地址分配的标准化等问题将得到解决,更多的可供选择的电子杂志的发行方式将应运而生,诸如镜像发行方式所受到的技术制约也将越来越小。网络速度的大大提高使得电子杂志的可获得性和数据的可靠性大大提高。网络通讯费用的不断下降也将为电子杂志扩大发行等带来新的机会。

(2)内部特征和外部链接。电子杂志的内部特征将日益丰富。更多、更便利的输出格式将满足读者的各种需求;更多、更富于创造性的版面设计将层出不穷。各种链接的创造性应用将异彩纷呈。一方面,使得读者在杂志内部的"航行"游刃有余;另一方面,也使得电子杂志的内涵大大地超过了一本杂志的本身,而成为相关知识和信息的一个几乎可以无限延伸的集合体。读者可以通过一本杂志或一篇文章所包含的链接"走向"相关的文章、杂志、著作、书目/索引数据库、WWW站点以及作者的电子邮箱。电子杂志将认同并采用标准的通用查询界面,使读者的查询更加方便和透明。

(3)图书馆的作用。电子杂志的过刊维护和保存问题将在技术成熟的条件下由多方协作解决。过刊的维护和保存将不可能由发行商或者代理商独自承担。图书馆将在电子杂志的发行和过刊维护等方面更多地发挥其作为信息资源的保存者和提供者的作用。不仅如此,图书馆在电子杂志发行方面的积极参与还将使得它在电子杂志的价格系统的标准化上获得发言权,打破出版商在价格的制定等方面的独断,并使出版商与读者用户的关系得到良性发展。

五、网络广告媒体

Internet,中文正式译名为因特网,也叫做国际互联网。它是由那些使用公用语言互相通信的计算机连接而成的全球网络。它是以电脑、电视机以及移动电话等为终端,以文字、声音、图像等形式来传播新闻信息的一种数字化、多媒体的传播媒介。一旦连接到它的任何一个节点上,就意味着计算机已经连入Internet了。Internet目前的用户已经遍及全球,有数十亿人在使用Internet,并且它的用户数还在以等比级数上升。

网络广告就是利用网站上的广告横幅、文本链接、多媒体的方法,在互联网刊登或发布广告,通过网络传递到互联网用户的一种高科技广告运作方式。与传统的四大传播媒体(报纸、杂志、电视、广播)广告及近来备受垂青的户外广告相比,互联网广告具有得天独厚的优势,它是实施现代营销媒体战略的重要组成部分。Internet是一个全新的广告媒体,速度最快、效果很理想,是中小企业扩展壮大的很好途径,对于广泛开展国际业务的公司更是如此。

1994年,在 HotWired 上出现了第一则网络广告,开创了因特网的新时代,也标志着网络媒体开始成形。1997年,英特尔的一幅动画旗帜广告贴在了 Chinabyte 的网站上,这是中国第一个商业性网络广告。1999年,北京三元牛奶在网易上发布网络广告,开创了我国传统企业做网络广告的先例。

(一) 互联网在中国的发展状况

在各方的共同努力下,1994年中国终于突破重重障碍实现了与国际互联网的全功能连接。2011年1月19日,中国互联网络信息中心(CNNIC)发布了《第27次中国互联网络发展状况统计报告》,该《报告》显示,截至2010年12月底,我国网民规模突破4.5亿大关,达到4.57亿,较2009年年底增加7 330万人;互联网普及率攀升至34.3%,较2009年提高5.4个百分点。我国手机网民规模达3.03亿,较2009年年底增加6 930万人。

2010年,网民的上网工具更加多元,各类上网设备使用率普遍上升。使用台式电脑上网的网民有78.4%,仍然居于首位。使用手机和笔记本电脑上网的网民分别为66.2%和45.7%。与2009年相比,笔记本电脑上网使用率上升最快,增加了15个百分点;手机和台式电脑上网使用率分别增加5.4和5个百分点。而且,网民在家上网的比例仍显著高于其他地点,有89.2%的网民在家上网。网民平均每周上网时长为18.3个小时,日平均上网时长2.6个小时。中国互联网发展与普及水平居发展中国家前列。

《报告》显示,截至2010年12月,中国的网站数减少到191万个,年降幅41%。网站数量的下降与国家加大互联网领域的安全治理有关,网站等互联网基础资源的质量随着"水分"的溢出而得到提升。

域名总数方面,则下降为866万,其中,.CN 在域名总数中的占比为50.2%。目前.CN 结尾的二级域名比例仍然最高,占到.CN 域名总数的60.5%,其次是.COM.CN 域名,为31.2%。

另外,2010年网页数量达到600亿个,年增长率为78.6%。2010年动态网页增长幅度高于静态网页,静态与动态网页的比例已经从1.3∶1降低为1.14∶1。与此同时,平均每个网站的网页数达到31 414个,年增长率达到202%。

自2006年以来,.CN 域名的各种应用价值被进一步发掘,尤其是博客.CN 域名、个性化邮箱以及微博的应用,带动了拥有独立域名网站数量的上升,这也丰富了网络广告的媒体形式。调查结果表明,人们对互联网的使用越来越频繁,网民平均每周上网27小时,达到了新的历史高度,这一数据已经超过了许多互联网发达国家和地区的网民平均上网时间。经常购物的网民数量不断增长,用户在网上经常查询广告信息的比例也逐年增长。网民对网络广告的关注度与信任度在不断提高。总体而言，我国互联网正处于一个新的高速增长期。中国互联网已经形成规模，上网人数不断增长，网络广告的受众价值越来越大，从网络的发展可以看出企业做网络广告是必然趋势。

（二）中国网络广告市场

由于中国互联网有着强劲的发展潜力以及不断增长的在线支出，因此，有必要对作为互联网市场的一个细分——网络广告市场现狀进行介绍。根据 IResearch 艾瑞咨询推出的《2010～2011 年中国网络广告行业发展报告》统计，以运营商营收总和计算中国网络广告市场规模，2010 年中国网络广告市场规模达到 321.2 亿元人民币，同比 2009 年增长 54.9%。艾瑞咨询认为，2010 年中国网络广告市场的增长驱动力来自多个方面。

首先，经济形势的完全好转是市场增长的基础性要素。尽管 2009 年互联网经济在低迷的大环境下依然保持了发展，但从整体的市场态势来看，2009 年是网络广告市场"V"型增长的低点。而 2010 年 1～10 月，除 GDP 外，各行业城镇投资总额和社会消费品零售总额也分别上涨 24.4% 和 18.3%，整体宏观经济的良好表现保证了企业主在广告营销上的投入。

其次，热点事件成为网络营销的绝佳时机。2010 年云集了众多热点事件，包括冬奥会、世界杯、世博会、亚运会等，广告主投入大量的精力来实现热点营销价值的最大化。根据艾瑞咨询监测数据，二三季度，整体网络广告市场投放费用明显增加，核心媒体收入也都有所上涨。同时，一些新的方式如微博营销、视频节目植入性营销也在热点事件中有所体现。

再次，垂直类网站的成长是网络广告的新动力。随着用户行为的分化，垂直网站的吸引力和价值愈加凸显。主要视频网站 2010 年广告收入基本实现了翻倍增长，社交网站开始迎来广告收入盈利的元年，以搜房网、易车网、东方财富网为代表的其他各类垂直媒体也进入了上市和增收的关键时期。

最后，广告主网络营销意识不断增强。CNNIC 数据显示，2010 年 6 月中国网民数量已经达到 4.2 亿人，互联网的快速普及无疑会使广告主更加重视网络广告市场的投放。根据艾瑞的监测数据，2010 年品牌广告主的数量同比 2009 年有大幅增加。

艾瑞预计，网络广告市场仍将呈现稳健增长的态势，但增速有所放缓，视频网站和其他众多垂直网站等新的媒体形式将会对市场产生更大的拉动作用，而社交网站和微博的营销也将是市场的热点所在。

（三）网络广告媒体的优势

网络广告的英文名称是 Internet Advertising，到目前为止尚未有公认的网络广告定义。中国广告商把网络广告定义为：网络广告就是以互联网为媒体，发布、传播以数字代码为载体的各种商业广告，广告主为了推销自己的产品或服务在互联网上向目标受众进行有偿的信息传达，从而引起受众和广告主之间信息交流的活动。因此，网络广告应是基于计算机、通信等多种网络技术和多媒体技术的广告形式，其具体操作方式应包括：（1）注册独立域名建立公司主页；（2）在热门站点做横幅广告及链接，并登录各大搜索引擎；（3）在知名 BBS 电子公告板上发布广告信息，或开设专门论坛；（4）通过电子邮件给目标消费者发送信息；等等。网络广告的独特优势正受到学术界和企业的广泛关注。

1. 网络广告传播时空广泛。电视、广播、报纸、杂志、路牌等传统媒体往往受到地域的限制，导致只能在某一个或几个地区内传播广告信息；而网络广告的传播范围就广泛得多，网络广告基本不受地域限制，世界各地的网民在登录相关网站后，均有可能成为网络广告的受众。

2. 网络广告形式多样。网络广告的投放形式具有多样性。网络广告采用文字介绍、声音、影像、图像、颜色、音乐等丰富的表现手段，并且能够与电视、广播等传统媒体相结合，更加吸引受众。网络广告可以集影视娱乐性、平面的广告文字表现于一体，具有其他媒体不可比拟的优势。网络广告的载体基本上是多媒体、超文本格式文件，广告受众可以对其感兴趣的产品进行更详细的了解，使消费者能亲身体验产品、服务与品牌。

3. 网络广告的互动性强。网络广告改变了传统沟通中信息发送和反馈单向流通、相互隔离以及有时差的缺点。它使发送者和接受者在沟通中能实现即时的双向沟通，这样发送者就可以及时根据接受者需求的变化调整它发送的信息，使之能更好地满足受众的需求。随着互动逐渐深层次地展开，企业与顾客之间的双向沟通更深入，相互的依赖性就更强，其他企业进入这个细分市场的壁垒就更高，最终会形成企业与顾客之间一对一的营销关系，网络广告的这种一对一的沟通模式提高了目标客户的选择性。

4. 网络广告的定向性好，针对性强。网络广告服务商可以选择特定人群作为广告播放对象，运用程序跟踪客户的来源和兴趣，通过准确的市场细分和产品定位有针对性地投放网络广告，使广告能够到达真正感兴趣的用户，使网络广告更准确地锁定目标客户，从而获得更好的效果。电子邮件广告就是针对某一个人发送的特定广告，而且广告内容不受限制。随着 E-mail 广告邮件达到率的上升，E-mail 广告邮件用户打开率也在提升中。google 最先推出了容量达 1G 的

Gmail 免费邮箱，除了将为用户提供比竞争对手大得多的储存空间外，还引入了另一项服务，即用户在读电邮时还能看到广告，而且看到的广告将与他们收到的电邮中提到的主题有关。

5. 内容丰富、形象生动。报纸、杂志等印刷介质的平面媒体在很大程度上受到空间限制，广播、电视等电波媒体则受到播出时段或播出时间长度的限制，而网络媒体则突破了时间与空间的限制，拥有极大的灵活性，可以说一条网络广告的后面藏有无限的信息。网络广告的内容大到飞机，小到口香糖。庞大的互联网网络广告能够容纳难以计量的内容和信息，它的广告信息面之广、量之大是报纸和电视无法比拟的。例如，报纸广告的信息量受到版面篇幅限制，电视广告的信息量受到频道播出时间和播出费用的限制。随着我国计算机的普及和发展，越来越多的国内工商企业和个人在国际互联网上建立站点或主页，打出广告，推销自己、推销产品，使网络广告信息量激增。因此，网络广告的内容非常丰富，一个站点的信息承载量一般可大大超过传统印刷宣传品。不仅如此，运用计算机多媒体技术，网络广告以图、文、声、像等多种形式，生动形象地将产品或市场活动的信息展示在用户面前。

6. 受众数量的可统计性。传统媒体很难准确地知道有多少人接受到广告信息。而在 Internet 上可通过权威公正的统计系统精确地统计出看过该广告的用户数，以及这些用户查阅的时间分布和地域分布，从而有助于客商正确评估广告效果、审定广告投放策略。

7. 网络广告制作成本低，速度快，更改灵活。网络广告制作周期短，即使在较短的周期进行投放，也可以根据客户的需求很快完成制作；而传统广告制作成本高，投放周期固定。另外，在传统媒体上做广告发布后很难更改，即使可以改动往往也须付出很大的经济代价。而在互联网上做广告能够按照客户需要及时变更广告内容，这样，经营决策的变化就能及时实施和推广。网络广告的价格与报纸、杂志或电视广告相比较为低廉。

（四）网络广告媒体的劣势

1. 网络广告容易被忽略。网络广告不符合网民的浏览行为就会导致广告的点击率下降，也就是访问者不去点击或者很少点击广告。实际上，真正点击网络广告的人很少。除了用户在浏览一个网页时可能不希望被打断而跳转到另一个网页的原因之外，最主要的原因就是广告内容和自己无关。广告信息浪费在了错误的人群中，例如，利用电子邮件也是一种促销方式。可是，促销者不看对象，把那些"垃圾"强行塞入他人的信箱，收信人既无可奈何又十分反感。据调查，中国电子邮箱用户平均每人每周收到垃圾邮件 19.3 封。

2. 网络广告创意不够。在中国的网络媒体中充斥着按钮广告、旗帜广告、弹出广告等落伍的网络广告形式。现在的 Flash 广告也缺乏内涵，虽然在尺寸上大小不一，色彩对比强烈，有些还运用漂移、翻卷等技术，但都普遍缺乏创意。许多网络广告制作者只是做一些形式上的网页而没有从受众的角度分析和研究消费者的需要。这种广告形式给网民的印象更多的只是不断地骚扰，使网民对这种广告的出现有很深的厌恶感，看到这种广告就想尽快关闭甚至放弃浏览网页。

3. 网络广告的信任度不高。

（1）广告主对网络广告信任度不高。许多广告主已经习惯了传统媒体的广告，并且获得了较好的效果。而网络广告同传统广告相比，完全是一个全新的表现形式，媒体新、运作模式新、表现形式新、计价方法新，等等。而现有的广告效果统计方式，要么统计方式不科学，导致广告效果大打折扣；要么统计数据来源不明，令人生疑。因此，在有限的广告预算下，在网络广告和传统广告之间做出选择，绝大部分企业还是选择传统广告。

（2）网民对网络广告的信任度不高。由于网络是虚拟的，网上的东西不是具体的实物，网上的信息不管真假与否都可以在网上任意发布，从而导致网民对网络的信任不如电视和书刊，电视媒体作为传统的广告媒体，对消费者的影响还是很大的，毕竟电视的普及高于网络。很大一部分人已经习惯了看电视广告，这使得广告客户在面对网络广告时持一种怀疑态度。一些广告商为了不正当利益，借机在网上发布虚假和违法广告，造成欺诈消费者的问题不断出现。这使得网民更加不信任网络广告。有调查表明，用户对网络广告的评价中，认为其最大的劣势就是可信度太低，这致使人们普遍不太信任网络广告，这也是目前网络广告业深入发展的一个首要障碍。由于在网络这一虚拟环境下，几乎任何拥有网络使用权的法人、其他经济组织或个人都可以从事广告业务，使得网络广告的管理非常困难，因此，网络广告的进一步发展还有待于经历时间的考验。

4. 网络广告的监管不足。网络广告是中国一个新兴的广告市场，再加上网络传播主体的多元化、虚拟化、跨行政区域性等特点，给网络监管造成了一定的难度。但不能因此就放弃对网络广告的监管。目前，中国并没有形成完善的网络广告监管体系，网络广告监管基本缺失，从而在一定程度上了造成了网络广告从发布、收费到内容的无序发展，不实广告、侵权广告等时有发生。有些网站发布虚假广告欺骗消费者；有的网站发布法律、法规禁止或限制发布的商品或服务的广告；有些特殊商品广告发布前未经有关部门审查，内容存在着严重的问题；有些网站在广告经营中存在着不正当竞争行为；等等。凡此种种现象都严重制约着互联网广告这一新生事物朝着健康、有序的方向发展。

（五）我国网络广告的发展趋势

中国经济的持续强劲发展，使企业主对网络广告投放需求增加，大大促进了网络广告的发展，网络广告已经成为对中国社会经济有重要影响的行业，未来我国网络广告将会出现新的发展趋势。

1. 网络广告经营额稳步增长。网络广告具有较强的经济性。传统广告媒体费用要占到总费用的近80%，网络广告无需印刷、拍摄或录制，在网上发布广告的总价格较其他形式的广告价格便宜很多，平均费用仅为传统媒体的3%。与报纸和电视单位面积（时间）的广告价格相比，网络广告在价格上极具竞争力。网络广告正在被越来越多的广告主和广告代理商所重视。随着网络技术的发展，新的网络广告形式不断出现、网络广告的效果不断增强、网民数量的不断增长等复合性因素都激发着广告主在网上做广告的信心，网络广告的营业额将不断增长。

2. 网络广告的形式将会趋向多样化和复杂化。随着中国网络广告规模逐年扩大，多种多样的网络广告形式也在蓬勃发展。常见的网络广告形式有普通网幅广告、普通按钮广告、页面悬浮广告、鼠标响应网页悬浮广告、弹出窗口广告、网上视频广告、网上流媒体广告、网上声音广告、QQ上线弹出广告、QQ对话框网幅广告、电子邮件广告等，在文字、图片、音频乃至视频上的表现形式各具特色，已经表现出充分的生动性和多样性。现在，诸如流媒体、VRML等网络视频技术的发展，为网络广告技术的发展提供了技术上的保障，随着互联网技术的发展及宽带技术水平的提高，网络广告的表现形式也越来越丰富。未来，流媒体广告、网络游戏植入式广告将越来越受到广告主的青睐。

3. 不同特质网站逐步创新网络广告的形式。最近几年，新一代SNS（Social Network Site）即社交网站服务成为继门户网站和搜索引擎热潮后的第三次互联网热浪。旨在帮助人们建立社会性网络互联应用服务的SNS为网络广告形式的多元化发展挖掘了巨大的潜能和发展空间，其中，2008~2009年间飞速崛起的开心网以其受众的高覆盖率和高黏度附着性被誉为网络世界的一枝奇葩。解读开心网案例，我们发现网络广告的形式正从传统的广告形式如横幅广告、赞助式广告、文字链接广告、插播式广告转向新型网络广告形式，如植入式广告、互动体验广告、口碑广告、群组广告等。例如，在互动体验广告方面，开心网联手广告主推出了几乎囊括国内各大城市大型真实楼盘的虚拟买房游戏以及线上实时互动、线下真实组织顾客看房活动。又如，在群组广告中，广告主根据社交网站用户信息和关系数据，有针对性地进行精准投放广告。例如，福特"新嘉年华"在开心网建立用户群，并通过在挣车位的"车市"游戏中投放广告车型和介绍文字吸引更多的在线虚拟购买者加入到群组中，以便实现其广告的精准投放和营销信息发布。综合以上分析可以看出，传统单一的网络广告形式已不能完全满足需求，不同特质的网站应深度挖掘自身的广告潜力，开发适合自己的、满足广告主的、能更好地服务用户的多元广告形式，借鉴传统形式的同时不拘泥于传统窠臼的束缚，探寻新时期网络广告的多重发展。

4. 网络广告必将与传统主流媒体合作形成整合传播。目前公认的观点是，随着宽带的普及，以流媒体技术为核心的网络视频服务将会成为下一个主要的网络广告载体。将电视广告和网络视频广告融合，即将网络视频广告作为电视广告的一部分，一前一后互为补充，寻求最佳的传播效果，也是未来网络广告的发展趋势之一。IT、汽车、消费电子等产业正在将更多的经费投放到网络广告中，并与其他广告形式整合传播，这样的方式在未来将受到越来越多产业的青睐，以期产生联动效果。其中，手机和互联网的结合尤为值得关注，3G网络的大规模发展带来数量庞大的用户，手机广告将成为网络广告的必然趋势。国家启动的三网（互联网、有线电视网、电话网）融合工程，也已经在稳步进行中。

5. 网络广告市场监管将更加规范化。在未来，随着网络广告的日益重要，国家对网络广告市场的监管力度将会加大。针对目前网络广告中存在的一些问题，将会有健全的网络广告管理法律体系，网络监管机构和网络交易制度也将更加规范。另外，从网站本身，网络广告管理也趋向规范化和完善化，网站人员的素质、管理经验都将进一步加强。

互联网络飞速发展的今天，由于网络社区、网络商店、网络游戏的高增长与高利润，引起了越来越多的企业开始介入。与之密切相关的网络广告也又成为新兴的朝阳产业飞速发展。随着互联网络的普及、技术的更新、环境的规范，未来互联网在虚拟与现实之间的界限将会越来越模糊。未来的网络广告一定会以更加强势、更加可信的主流形象示人。

六、其他常见广告媒体简介

（一）户外广告

户外广告取得一系列成功的原因在于，它能通过科技手段来保持广告效果，三维效果和尺寸的延伸可以更加吸引受众的注意。户外广告的使用十分广泛，在体育馆、超市、书店和食堂、购物商城、高速公路以及建筑物上，你都可以看到招牌或电子广告牌。

由于形象问题和媒体购买的难度问题，媒体购买者还没有完全采用户外广告。

1. 户外广告的优势。

（1）广泛覆盖地方市场。安置合理的户外广告能够在地方市场白天黑夜地广泛展露，一个 100GRP（毛评点）的展露度（一个户外招贴每天产生的累积展露人次所占的百分比）意味着每天能够产生的展露次数相当于整个市场，一个月下来就是 3 000 个 GRP。如此高的覆盖率可以产生很高的到达率。

（2）接触频度高。由于购买周期通常为 30 天，消费者常常多次接触户外广告，所以它可以达到较高的接触频度。

（3）位置灵活性大。户外广告可以放置在公路两旁、商店附近，或者采取活动的广告牌的形式。只要是法律未禁止的场所，户外广告均可放置。这样就可以覆盖地方市场、地区市场甚至全国市场。

（4）创意新颖。户外广告可以采用大幅印刷、多种色彩以及其他很多方式来吸引受众的注意力。

（5）能够创立知名度。户外广告具有很强的冲击力（而且要求信息十分简洁），所以可创立高水平的知名度。

（6）成本效率很高。与其他媒体相比，户外媒体的千人成本通常非常具有竞争力。

（7）收效良好。户外广告通常能够直接影响销售业绩。

（8）制作能力强。户外广告可以经常替换，因为现代科技缩减了制作的时间。

2. 户外广告的劣势。

（1）到达率的浪费。虽然户外广告可以将信息传达给特殊受众，但大多数情况下购买这一媒体会导致很高的到达率浪费，因为并不是每个驱车经过广告牌的人都是目标受众。

（2）可传递的信息有限。由于大多数经过户外广告的受众行走速度较快，因此，广告展露时间较短，可传递的信息有限，所以广告信息必须是几个字或一个简短概括，太长的诉求通常对受众无效。

（3）厌倦感。由于展露频度高，人们对户外广告的厌倦度也高。人们可能会因为每天看到同样的广告而感到厌烦。

（4）成本高。由于招牌数目的减少，以及充气广告的制作成本增加，从各个方面而言，户外广告的费用都是昂贵的。

（5）广告效果评估困难。对户外广告的到达率、到达频度及其他效果的评估的精确性，是营销商面临的难题之一。

（6）形象问题。户外广告不仅存在形象问题，而且消费者还可能忽视其存在。

（二）空中广告和流动广告牌

1. 空中广告。空中广告是指飞机在空中拉上标语、横幅，通过尾气在空中写字（通常字体的长度达 1 200 英寸）进行广告宣传。广而言之，这些媒体的费用并不绝对昂贵，也有利于达到某些目标受众。例如，Coppenone 就常在沙滩、海滩上使用空中文字广告来宣传它的防晒油，有企业用空中广告促销 Wine Coolers（BarlesJaymes）；一些地方广告主也用这种户外广告方式在某些特殊活动、销售会等场合进行广告宣传。

2. 流动广告牌。有的公司将广告画在大众的甲壳虫汽车（Volkswagen Beelles）上，我们将这种广告形式称为甲壳虫广告牌；有的公司将广告画在卡车和火车上；还有的将广告做在较小的广告牌上，然后将它固定在拖车上，在目标市场上行驶或停泊，以吸引受众的注意。这种广告形式的成本视广告所在地区以及流动广告牌公司的收费而定，公司无论规模大小，均可以使用这种媒体。许多广告主诸如花旗集团等都使用这种方式。

（三）店内媒体

广告主在超级市场内促销产品，在其他店内以展示、横幅、货架标号等方式进行销售促进。其他方式，诸如在购物手推车上播放录像，在有收据和奖券的售货亭内进行录像展示，使用发光二极管做成的广告版，以及在店内屏幕上播放广告片等，均属于卖点广告（POP 广告）。IBM 公司每年在这个宣传领域要花将近 1 500 万美元。

美国 POP 广告协会（POPAI）公布的数据显示，有近 2/3 的购买决策是由消费者在店内做出的，有些产品类别甚至有 80% 的购买属于冲动式购买。这些结果大大激发了广告主对店内媒体的兴趣。既然可以在购买场所趁消费者决策时接触到他们，落得既省事又能提供更多的信息，它们当然愿意在这一领域多投入资金了。

（四）交通广告

交通广告虽然也使用广告牌、电子信号，与我们讨论过的户外广告相似，但交通广告的目标受众是那些接触商业交通工具的人们，如公共汽车、出租车、郊区火车、电梯、电车、飞机和地铁。一些公司，如高露洁、亨氏、通用食品公司等，是主要投入这项花费的公司，它们青睐于交通广告的低成本和可确定的展露到达频度。

1. 交通广告的形式。交通广告有三种形式：车厢广告；车身广告；车站、月台或站台海报。

（1）车厢广告。公共汽车的座位上、行李架上有各种关于餐馆、电视或广播台以及其他各种产品和服务的车厢广告。一种较新颖的车厢广告形式是电子信息版，它可以播出流动的广告信息。这种信息以可变动的方式更容易吸引受众的注意力。

（2）车身广告。广告主采取各种户外交通招贴来促销产品和服务。这些车身广告出现在公共汽车的车厢两侧、后面和车顶，以及出租车、火车、地铁和电车的车身上。

（3）车站、月台和站台海报。在火车或地铁站、飞机场等站点的其他广告展示形式，如地面展示、电子信号牌，均属交通广告。

2. 交通广告的优势。

（1）展露率高。市内形式的交通广告，主要优势在于广告可有较长的展露时间。对于一般交通工具而言，人们平均乘坐的时间为30分钟，因此，交通广告可以有充足的时间来接触受众。而乘坐飞机的旅客在等候航班时通常无处可去、无事可做，购买飞机票后，可能多次阅读上面的广告。而且，因为交通广告可接触受众的数目是确定的，所以该广告形式的展露人数也就可确定。每年有数亿的人使用大众交通工具，从而为交通广告提供了大量的潜在受众。

（2）到达频度高。由于人们每天的日程安排是固定的，所以经常乘坐公共汽车、地铁之类的交通工具的人会重复接触到交通广告。例如，如果你每天坐同一路公车往返工作，一个月内你有可能看到同一广告20~40次之多。而且车站和广告牌的位置也会带来较高的展露到达度。

（3）及时性。许多消费者都会乘坐公共交通工具前去商店购物，所以某个特殊购物区的交通工具促销广告能够将产品信息非常及时地传播给受众。

（4）地区可选性。特别是对地方广告主而言，交通广告的一个优势在于它能够将信息传递给某个地区的受众。具有某种伦理背景、人口特点等特性的消费者就会受到某地区卖点交通广告的影响。

（5）成本低。无论从绝对还是相对角度而言，交通广告均是成本最低的之一。在公共汽车车厢两侧进行广告宣传的千人成本非常合理。

3. 交通广告的劣势。

（1）形象因素。对于大多数广告主来说，交通广告并不能十分理想地向受众表达产品或服务所要表达的形象。有的广告主认为，在公共汽车的车身或公共汽车站进行广告宣传，会不合理地反映公司形象。

（2）到达率低。虽然交通广告可以覆盖广大的受众，但从总体上来说，具有某些生活方式或行为特点的受众就可能不被包含在这种媒体的目标市场中。例如，在乡村或郊区，大众交通工具很少见或者根本没有，那么，交通广告对于这些地区的人们来说是无效的。

（3）覆盖率存在浪费。虽然交通广告具有地区可选性的优点，但并不是所有乘坐交通工具或者看到交通广告的人都是潜在顾客。如果某种产品并不具有十分特殊的地理细分特点，这种交通广告形式会带来很大的覆盖率的浪费。交通广告还存在一个问题，即同一辆车不可能每天行驶不同的路线，为了减少交通工具的磨损和毁坏，有的公司将城市线路改为更长的城区路线，因此，一辆公共汽车可能第一天到市中心区并到达目标受众群体，第二天却在郊区行驶，那里就没有多少市场潜力可言。

（4）文案制作和广告创意的局限。在车厢上或座位上画上色彩绚丽、具有吸引力的广告似乎是不可能的。车内广告牌固然可以展示更多的文案信息，但车身广告上的文案信息总是一闪而过，所以文案诉求点必须简洁明了、短小精悍。

（5）受众的心情。当人们站在或坐在拥挤的地铁站候车时，可能很难被指引着去阅读地铁广告，更别说去产生广告主所期望他们产生的心情。同时，当乘客匆匆忙忙地穿过飞机场的，在这种焦急的心情之下很少会注意到飞机票上的广告或飞机场内放置的广告，这也会限制该广告的有效性。

（五）黄页广告

黄页被称为定向媒体，因为一般性广告并不能为商品或服务创造知名度；但是，一旦消费者决定购买，黄页广告就会告诉他们可以买到该产品或服务的地点。黄页是购买循环中的最后一环。黄页广告包括特种电话簿、声讯手段（谈话黄页）、交互式黄页等多种形式。

1. 黄页广告的优势。

（1）适用性广。黄页的种类多种多样，据美国黄页出版商协会统计，每年消费者查看黄页的次数多于 194 亿次。

（2）行为指导性强。当消费者正在考虑或已经决定购买某种产品和服务时，他们就会使用黄页。

（3）成本低。与其他媒体相比，广告的版面购买和制作成本相对较低。

（4）接触频度高。因为黄页的使用时间长（每年出版一次），消费者接触它的次数也多。一般的成年人要每周两次接触到黄页。

（5）无侵犯性。由于消费者会主动去使用黄页，他们不会感到广告给他们造成了侵犯。研究表明，消费者非常喜欢这种广告形式。

2. 黄页广告的劣势。

（1）市场零散化。黄页主要是地方性媒体，具有地方化特点。随着特种电话簿的出现,黄页上面所提供的信息均是非常特殊化的信息了。

(2) 时效性差。由于黄页每年只印一次,信息会很快过时。在再版之前,黄页上面的广告主可能已经改换地点、倒闭或改变电话号码。

(3) 缺少创造性。虽然黄页制作很灵活,但广告制作缺乏创造性。

(4) 延时性。在离印刷品出版还很久的时候就必须确定印刷日程,所以很难在最后期限以后再加入一个广告,而广告主则不得不等很长时间以期刊登广告,直到再版。

(六) 电影和电视中的植入式广告

植入式广告 (Product Placement),是指把产品及其服务具有代表性的视听品牌符号融入影视或舞台产品中的一种广告,给观众留下深刻的印象,以达到营销目的。植入式广告是随着电影、电视、游戏等的发展而兴起的一种广告形式,它是指在影视剧情、游戏中刻意插入商家的产品或表示,以达到潜移默化的宣传效果。由于受众对广告有天生的抵触心理,把商品融入这些娱乐方式的做法往往比硬性推销的效果好得多。

1. 植入式广告的主要形式。植入式广告的表现空间十分广阔,在影视剧和娱乐节目中可以找到诸多适合的植入物和植入方式,常见的广告植入物有商品、标识、招牌、包装、品牌名称以及企业吉祥物等。

(1) 影视剧中。最常见的植入方式有台词表述、扮演角色和场景提供。

①台词表述。即产品或品牌名称出现在影片台词中。代表性例子是《一声叹息》,徐帆扮演的妻子在电话里多次提到"欧陆经典",特别在影片结束前,徐帆在电话里再次说到,"过安慧桥,过了安慧桥左转,就是'欧陆经典',牌子很大,一眼就看见了!"

②扮演角色。商品或品牌在影视剧中不再是道具,而是一个角色,这属于深度嵌入型的广告形式。品牌或商品在影片中出现频率极高,更可以为品牌导入新的联想。《海尔好兄弟》则是用海尔的吉祥物做主演,在低龄观众心目中根植下对海尔品牌的广泛认同。

③场景提供。一部《刘老根》捧红了鸭绿江边河口的"龙泉山庄",仅在2002年"五一"黄金周期间便为其吸引了近万名旅客。

(2) 综艺类节目中。广告植入的形式更为丰富,也更为直接,主要有奖品提供和节目道具。

①奖品提供。综艺节目中嘉宾与现场观众、场外观众常常有获奖的机会。《幸运52》中主持人反复介绍所提供奖品和奖品的赞助商,这种情形下很少有人对广告提出异议,因为奖品正是节目的一个重要元素,更是场内外观众的关注

焦点。

②节目道具。这是把商品深度嵌入综艺类节目中，提高与受众的接触率的上佳方式。典型的例子是央视《幸运 52》，选手的成绩干脆用商标来代替，其中，《幸运挑战》环节商品竞猜以及在节目最后邀请观众参与的幸运商标竞猜都将植入式广告的功能发挥到极致。

(3) 网络中。网络原创小说中，广告植入信息可以体现为小说人物的某个嗜好、对某种品牌的看法、某个日常生活消费习惯等。网络新闻门户中，广告植入信息可以体现为对某个品牌或某个企业的新闻报道。个人博客或者网络论坛中，广告植入信息可以体现为博主对某个品牌的点评或推崇。文章植入式广告的投放有三种方式：第一种方式，广告主可直接联系网络媒体或者个人博客主洽谈广告投放事宜，这种方式广告发布位置的质量有保障，但是费用较高且发布效率低。第二种方式，广告主可以联系专业的网络软文广告发布机构，由它们将客户的广告信息投放到数以百计的新闻媒体上，这种发布方式效率较高，但是广告信息发布位置无保障且费用也高。第三种方式，广告主可以通过软文广告联盟自主和批量地选择要发布的广告媒体和广告位置，效率较高，广告位置有保障，费用也较为透明。

网络植入式广告形式还有网络游戏的植入式等。

2. 植入广告的优势。植入式广告更大的优势在于其"接触质量"，品牌可以争取到现有媒介状况下的稀缺资源——高度专注状况下的受众注意。隐性的广告由于其出现的不规律性以及与情节的高度相关性，很少会遭到受众的抵触与拒绝。正如业内人士指出的那样，"电视频道掌握在观众手中，而当他坐进黑漆漆的电影院时，就不能不接受你的广告"，这反映出植入式广告本质上是一种强制性广告。植入式广告在受众广告信息接收图谱中处于较高层次——专注接收层。在互联网领域就是，当你专注地乐此不疲地玩游戏时，大脑同样不会排斥遇到的广告商内置的信息，同样是在用户很专注的情况下。

从消费行为的角度考察，植入式广告对受众消费行为产生一种光晕式影响，特别在电视电影这样声像俱全的媒介中，强烈的现场感对消费者形成一种行为示范。如成龙片中的三菱汽车与"勇气与冒险"联系在一起，在深化品牌影响力的基础上，获得丰富的品牌联想，最终赢得广泛的认同与品牌价值的提升。这种潜移默化的影响力正是赞助商梦寐以求的。

3. 植入广告的劣势。

首先，品牌的适用性范围较小，多数情况下只适用于知名品牌，这是因为受众需要在相当短暂的时间内准确识别出商品包装、品牌或产品外形。因此，品牌有较高的知名度和认知度是投入植入式广告的第一道门槛。相对而言，综艺类节目更有可能利用植入式广告提高某些导入期产品或新进入品牌的知名度。

其次，植入式广告不适于深度说服，特别不适合做直接的理性诉求或功能诉求。港产片《难得有情人》是一个很好的例子，剧中舒淇借用吴大维的阿尔卡特手机与前男友联系，不巧手机缺电，吴大维便借此介绍了该手机的优越性能，说道："因为最近我们公司正在设计这种手机的广告，所以我比较了解它的功能，可以用普通电池替代锂电池，换上干电池——行了。"吴大维一边熟练地讲解着，一边熟练地拆装着手机电池，这种强行植入被评论为"俨然和电视直销现场一样"，这明显是对剧情的一种破坏，让观众感到生硬和不自然。

再次，一些前卫产品的功能性诉求甚至可能被受众当做影片的虚构。因此，品牌诉求一般停留在简单告知与提高特性认知度方面。基于上述原因，广告主可以考虑在同一档期发布硬性广告配合植入式广告，及时将潜在消费者的"兴趣"转化为"欲望"。

最后，在影视剧或节目中可供植入广告的容量有限，过度使用会引起受众反感。在现实中，受众倾向于把所有说服性讯息都理解为"广告"，他们对于"广告"高度敏感，一旦感觉到这是"广告"，就会条件反射性地把心灵之门关闭，最终影响到对影视剧或节目的态度。商业效益的过分追求，必然导致植入广告的泛滥。

植入广告容易对作品造成的最大伤害是使作品本身主题涣散，又因为这些品牌多与人们日常生活息息相关，很容易唤醒观众感官刺激而带来兴奋点，作品中过多互不相关兴奋点的突兀存在，必然对作品主线原本思路造成影响，降低作品的艺术价值，甚至会喧宾夺主而使主题不再明显，正因如此，植入广告常常会引起观众的反感和抱怨。

第三节 广告媒体的评估和整合

广告媒体的评估指标是广告主进行广告策划、选择广告媒体组合的主要依据，也是确保企业能够通过定量分析进行科学经营决策的必要条件。广告媒体的整合是将各广告媒体进行整合从而达到最佳沟通效果的过程。

一、广告媒体的评估方法

媒体的特点是媒体物质层面的属性，但媒体在经济社会中所起的作用效果是一个较为复杂的过程，一般在评估广告媒体时采取以下基本方法。

(一) 覆盖率/涵盖率 (Coverage)

覆盖率是评价某一媒体、某一广告或广告活动等在特定时期内传达到特定目标视听众程度的比例指标。较高覆盖率反映媒体较高的目标人群传达力。

其计算公式为:

媒体覆盖率 = 媒体到达目标受众的人数 ÷ 媒体目标市场的总人数

例如,某杂志在某地区的目标消费者为20~30岁的女性,共有1 000万人,经过发行推广,该杂志在该地区实际拥有20~30岁的女性读者300万人,则该杂志的目标受众覆盖率为30%。

某报纸发行量为45万份,发行区域内的家庭为300万户,其覆盖率为15%。

(二) 视听率 (Rating)

视听率是指媒体或某一媒介的特定节目在某一特定时间内特定对象占收视(听)总量的百分比。

其计算公式为:

$$视听率 = \frac{收视(听)电视(广播)节目的人数或户数}{覆盖域内的人数或户数} \times 100\%$$

例如,某地有500用户,共可收到的电视节目有3套,收看用户如表8-1所示,则可以计算出视听率。

表8-1

500户	节目A	节目B	节目C
	201户	100户	99户
视听率	40%	20%	20%

(三) 开机率

开机率 (Homes Using TV, HUT) 是指在一天中的某一特定时间内,拥有电视机的家庭中收看节目的户数占总户数的比例。开机率的高低,因季节、一天中的时段、地理区域和目标市场的不同而不同。这些变化反映了消费者的生活习惯和工作状态,如早晨因工作而降低,傍晚因回家而升高,深夜人们入睡再降低。

例如,5户家庭有电视,只有3户开机 (无论他们各自在收看什么节目),则开机率为60% (3/5)。

（四）毛评点

毛评点（Gross Rating Points，GRPs）是一个表示广告送达程度的百分数，指在一定广告排期内（一般为 4 个星期）特定的媒体广告所送达到观众处的收视率总数，即在特定频道（或若干频道）、特定时段（或若干时段）的广告播出后获得的收视率之和。毛评点表示广告收看的程度，是在分析媒体和购买媒体时极有用的工具。

毛评点回答的问题是：广告在不同时段插播结束后，总共获得了多少收视率。毛评点可用于广告投放量及其效果的统计和评价。毛评点还可用来统计在不同日期、不同频道、不同时段投放的广告效果。

1. 毛评点的计算公式。

毛评点 = 第一次的收视百分点 + 第二次的收视百分点 + … + 第 n 次的收视百分点

例如，一则广告在电视上播出 6 次，分别获得 40%、38%、32%、30%、20%、40% 的收视率，在广播电台播出 3 次，3 次都获得 15% 的收听率，在报纸上登载 4 期，每期的阅读率是 16%、16%、20%、24%，那么，这则广告的毛评点应该是：

电视毛评点 = 40% + 38% + 32% + 30% + 20% + 40% = 200%

广播毛评点 = 15% × 3 = 45%

报纸毛评点 = 16% + 16% + 20% + 24% = 82%

总毛评点 = 200% + 45% + 82% = 327%

2. 理解毛评点概念时应注意毛评点不关心重复。例如有人可能看了某广告一次以上，但无论他们与广告接触多少次，都会把次数计算在内。毛评点可以超过 100%。

（五）视听众暴露度

暴露度（Impressions）指某一特定时期内收听、收看某一媒体或某一媒体特定节目的人数（户数）总和。

视听众暴露度 = 视听总数 × 视听率 × 刊播次数
= 视听众总人数 × 毛评点

它是重复计算的，假如一位观众收看 3 次《非诚勿扰》电视节目和三位公众各收看 1 次《非诚勿扰》，均计算为 3 人次，共计 6 次。

（六）到达率

到达率（Reach）又称"接触率"，是指特定对象在特定时期内看到某一广告的人数占总人数的比率。它弥补了毛评点和视听众暴露度不能反映某一特定对象暴露在广告信息下的数量的缺点。

1. 计算公式。

$$到达率 = \frac{接触到广告的人数}{传播范围内的总人数} \times 100\%$$

2. 到达率的特点。有三个特点：接触某一则广告的人数不可重复计数；到达率是对传播范围内的总人数而言；到达率所表现的时间长短依媒体不同而不同。

一般来说，广播、电视以四周时间表示，报纸、杂志以某一特定发行期经过全部读者阅读的寿命期间作为计算标准，如美国《读者文摘》杂志的每期平均阅读寿命为 11~12 周。

（七）暴露频次

暴露频次（Frequency）也称"频次、频率"，是指在一定时期内每个人接到同一广告信息的平均次数。

1. 计算公式。

$$频度 = \frac{各人（户）收看电视节目的次数总和}{收看电视节目的（人）户数总和}$$

$$频度 = \frac{GRP（毛评点）}{到达率}$$

例如，假设一周内某广告在 2 个电视节目中插播，总计 1 万户家庭收看这两个电视节目 1 次或 1 次以上，其中，3 000 户只看 1 个节目，7 000 户看 2 个节目，则这 1 万户家庭所看节目总数为：

3 000 × 1 + 7 000 × 2 = 17 000（个）

平均每户家庭看到 1.7 次，即该广告一周的暴露频次为 1.7。

2. 对暴露频次的不同观点。

广告专家纳普勒斯（Michael J Naples）认为，广告宣传暴露一次没有任何价值。第二次暴露才会有一些效果。在一个月或一个购买周期中，需要三次暴露才能产生预期的广告效果。广告宣传在达到一定的暴露频次后，宣传效果递减。广告宣传在达到某一程度的频次时，广告效果为零，甚至会产生负效应。

现代理论研究认为，暴露频次在 3 次以下的广告宣传没有任何价值，最佳的暴露频次是 6 次。当暴露频次超过 8 次，媒体受众就可能对广告信息感到厌倦，其后的广告暴露将没有任何效果，甚至可能产生负效果。

二、广告媒体整合

媒体整合策略是广告媒介发布的一个策略。

（一）整合营销沟通

整合营销沟通（Integrated Marketing Communication，IMC）是用于计划、开发、执行和评估企业对大众的整体传播的一项战略性业务过程。整合营销沟通是发展和实施针对现有与潜在客户的各种劝说性沟通计划的长期过程，目的是对特定沟通受众的行为施加影响。

现代营销的特点之一就是对各种资源的整合运用。如何发挥各媒体的最大效果，其实就是整合各媒体优势的过程。

广告媒体整合是指在同一个媒体计划中使用两种或两种以上的不同媒体整合运用。采用这种策略的主要原因是每一种媒介都有其长处和短处，而将媒体整合起来加以运用可以加强媒体各自的优势，弥补不足，发挥媒体的最佳效果，就是整合的力量。

（二）媒体整合的作用

1. 媒体整合可以增强媒体广告效果。

首先，由于各种媒体覆盖的对象有时是重复的，因此，媒体整合的使用将使部分广告受众的广告接触次数增大，也就是增加广告传播深度。消费者接触广告次数越多，对广告的注意度、记忆度、理解度就越高，购买的欲求就越强。

其次，媒体整合可以更全面地发挥不同媒体的功效，使其使用的媒体成为一个相对完整、立体的信息网络，将商品或服务信息更全面地传递给受众，补充单一媒体的缺陷，从而形成较强的广告效果。媒体组合也可以通过媒体的交叉使用，充分发挥不同媒体的优势，提高媒体在一定时期内的作用，以达到最佳的影响效果。

2. 媒体整合可以扩大媒体影响范围。各种媒体都有各自覆盖范围的局限性，假如将媒体整合运用，则可以增加广告传播的广度，延伸广告覆盖范围，使得媒体组合产生 1+1>2 的放大效应，使更多的潜在消费群得到认知，加强对品牌及产品的印象，有效抑制及抗击竞争品牌的广告效果，提高产品品牌的知名度，保证在相对较短的时间内更快速、更直接地影响目标消费群，提高产品的占有率和使用率，以期占领更有利的市场机会。也就是说，广告覆盖范围越大，产品知名度越高。

3. 媒体整合可以节约广告费用并实现长期传播。媒体整合对于企业有效利用媒体资源，通过主要媒体获得最佳到达率后，再用较便宜的次要媒体得到重复暴露，避免长期使用费用较高的媒体，从而达到节省广告费用支出的目的；媒体整合利用短期媒体的不断积累，作用于相对长期的媒体，使品牌、产品的影响及冲击力得到迅速发展，不至于呈现信息的遗忘及信息曲线下降，在一定时期内维持消费者的忠诚，达到长期传播功效。

（三）媒体整合的方式

1. 同类媒体整合。把属于同一类型的不同媒体整合起来使用，刊登或播放同一广告，就是同类媒体的整合运用。例如，把同属于印刷媒体的报纸与杂志整合，把全国性报纸与地方性报纸整合等。

2. 不同类型的媒体整合。这是经常采用的一种方案，如把报纸与电视整合，把报纸与广播、电视整合等。这种整合，不仅能扩大接触的范围，而且可以有效地调动目标对象的感官。

3. 租用媒体和自用媒体整合。把需要购买的大众传播媒体与企业自用的促销媒体进行整合，如通过报纸、电视发布，同时还利用企业自备的销售点广告相配合。

（四）媒体整合的类型

1. 报纸与广播媒体搭配。这种整合可使各种不同文化程度的消费者都接受广告信息传播。

2. 报纸与电视媒体搭配。这种整合可以用报纸广告作先行，先将广告信息传播给广大受众，使之通过文字资料对本产品有个较为全面详细的了解，再运用电视媒体通过图像来展示产品的优良品质和产品形象，逐步扩大产品销售市场。

3. 报纸与杂志媒体搭配。这种整合可利用报纸广告作强力推销，而借助杂志广告稳定市场；或利用报纸广告进行地区性信息传播，而借助杂志广告做全国性大范围的信息传播。

4. 电视与广播媒体搭配。这种整合有利于城市与乡村的消费者能够普遍地接受广告信息传播。

5. 报纸或电视与销售现场媒体搭配。这种整合有利于提醒消费者购买已有印象或已有购买欲望的商品。

6. 报纸或电视与邮政媒体搭配。这种整合以邮寄广告为开路先锋，作试探性的广告宣传，然后利用报纸或电视广告作强力推销。这样，先弱后强，分步推出广告，可取得大面积的成效。

7. 邮寄广告与销售现场广告或海报搭配。这种整合可以对某一特定地区进行广告宣传，以利于巩固和发展市场。

第四节　广告新媒体发展

一、新媒体

新媒体是20世纪中后期以计算机的发明和网络技术的应用为支撑体系出现的媒体形态，是相对于传统媒体而言的媒体及各种应用形式，目前主要有互联网媒体、掌上媒体、数字互动媒体、车载移动媒体、户外媒体及新媒体艺术等。

二、新媒体的种类

1. 传统媒体的延伸，如数字电视。
2. 融合媒体：从通讯工具到新媒体。如手机媒体。
3. 交叉媒体：从网络到新媒体。如网络电视。
4. 群体移动载体媒体，如车载电视。
5. 户外新媒体，如楼宇电视等各种特定场所内的新媒体。

三、新媒体与传统媒体广告传播方面的优势比较

具体如表8-2所示。

表8-2

	新媒体	传统媒体
强制性	强制介入，但容易引起受众抵抗	非强制介入，传播信息的规模和深度容易受到限制
互动性	互动性强，更容易接近受众	互动性弱
传播状态	多点对多点	一点对多点
传播信息的规模	信息容量大，延伸面广，受众广泛	受众人群相对狭窄
传播信息的深度	针对受众精准传播，印象深刻	受传播信息量影响，深度有限
成本	成本低	成本高

四、新媒体的特点

对于新媒体而言，一般具有以下七个特点。

（一）隐蔽性

新媒体的许多形式隐身于日常环境的各种空间、物体中，它最低限度地减少

了与受众之间的抵触性，使广告同娱乐结合得更为紧密。

（二）价值性

就媒体本身意义而言，媒体是具备价值的信息载体。载体具备一定的受众，具备信息传递的时间，具备传递条件，以及具备传递受众的心理反应的空间条件。这些综合形成媒体的基本价值。这个载体本身具备其价值，加之所传递信息本身的价值，共同完成媒体存在的价值。这个也就是媒体存在的价值。即便理念上、形式上新科技进步具备一定的受众，但是，媒体成本远高于受众所带来的商业效益，亦不能形成媒体的有效价值。

比如，近几年来由于媒体的发展，各类媒体风暴市场，但是，经过市场考验留下来的却少之又少。其中有一些就是因为其没有深入调研媒体核心价值所在而盲目拷贝别人的理念导致失败。或者是由于理念过于超前而不能被市场认可，没有深度分析消费者形态而强加细分难以体现媒体的基本价值，或者基本价值与市场不协调导致失败。

（三）分众性

新媒体可以更有效地针对产品的消费群，加上一些新媒体属于主流媒体，信息传播率高，所以它能够很好地找到每个人单独的时间，通过这些零碎的时间得到传统广告难以获取的好环境。

（四）原创性

新媒体之所以称为新，就新在这里。应该具备基本的原创性。这里的原创性，区别于一般意义上个人或个别团体单独的原创性，是一段特定的时间内时代所赋予的新内容的创造，一种区别于前面时代所具备的内容上、形式上、理念上更革新的一种创新。更具备广泛意义的创新。比如，分众传媒就是一种新新媒体，具备原创性，它之所以可以称为原创是因为它把原有的媒体形式嫁接到特定的空间上，形式上是嫁接，理念上却是原创。但是，当时的"聚众传播"或者现在更多家类似媒体，都是新媒体典范，它们或者是不谋而合或者是复制，这个原创是这个特定的时间内时代的原创，仍可称其为具备原创性的一面。而这个原创是理念上创新的典范。

当时兴起的分众传媒、聚众传媒、框架传媒等细分受众的媒体都是在媒体理念上具有一定意义的原创性，以及后起细分到社区的安康、细分到医院的炎黄和互力等媒体，虽然复制了分众的细分概念，也不失为理念上创新应用成功的典范。

（五）科技性

新媒体具有鲜明的时代个性与广泛的应用性，适合于不同场所，可以产生更好的视觉效果；新媒体具有生动性和真实感，具备了较好地表现商品的各种特性；新媒体使商品的广告大大降低了整个环节的成本，而充分提高了广告的传达率。

（六）效应性

效应是在一定环境下因素和结果形成的一种因果现象。新媒体必须具备形成特定效应的特性。或者说，新媒体必须具备形成一种更新的效应的特性。新媒体必须具备影响特定时间特定区域内的人的视觉或听觉反应的因素，从而导致产生相应的结果。网络在20世纪90年代中期接入我国，属于一种新型的信息载体，而且形成了巨大的效应，在特定区域特定时间内几乎改变了人的生活方式。这种效应必然产生特定的结果。由于这个效应的变化发展，不排除新媒体可以发展成为主流媒体的可能，也就是说，新媒体在一定的时机可以脱离新媒体概念限制。所有的概念都是不断发展和变化的。

关于效应的说法，举一个例子即可言明。分众无线以手机信息为载体传播广告信息，这样的应时代需要而诞生的媒体，是新媒体。虽然是手机屏幕上的广告，但是却形成了一定的效应，惊动了央视315，可见一斑。对于无线媒体，将来市场空间不可限量，虽然分众无线遭遇滑铁卢，那是由具体执行上的原因所导致的，但这样一种媒体形式不会消失，而且会有更进一步的发展，会更绿色、更健康地发展。

（七）生命力

新媒体必须要有一定的生命力，或长或短必须有其存在期间的价值体现，而这个价值体现的长短，就是生命周期。由于近几年我国媒体发展迅速，新媒体的发展日新月异；由于各类媒体受这种细分思维的影响，各种形式的创意嫁接层出不穷。但是，就其形式新、技术新并不能决定其存在的价值，在无情的市场面前折戟沉沙的数不胜数。究其原因，就是它们没有把握住新媒体的核心价值是什么而盲目地生搬硬套，导致媒体不具备一定的生命力。因而这些在混乱中夭亡的媒体不能算是媒体，更不能称其为新媒体。

五、主要新媒体

（一）手机媒体——开创媒体新时代

1. 手机媒体概况。三网融合的大趋势背景下，手机成为与电视、计算机一样重要的媒体终端。人们通过手机不仅可以通话，还可以上网浏览、收发E-mail、游戏娱乐、订购商品与服务等。手机已不仅是现代通信工具，而且成为一个移动媒体。

随着网络科技的创新，彩信、WAP等一些新的技术得到广泛应用，手机的通讯功能渐渐被淡化，娱乐游戏、网络社区、信息服务等附加功能不断增加，继手机上网、手机游戏之后，手机小说、手机报纸、手机电视、手机电影等新业务都已出现，手机正在改变人们的生活。

移动广告业务的亮点在于把移动电话和广告结合起来，形成客户、商家和运营商三方受益的局面。

一方面，手机作为一种新型媒体，广告公司和商家通过移动通信网络发布广告信息，等于把握了本地具有消费能力的客户，广告效果好，针对性强，信息的抵达率可至100％，是一种行之有效的经营方式和促销手段；另一方面，对于移动公司来说，移动广告业务使网络承载的业务量大为增加，在获得丰厚业务收入的同时还提高了网络利用率。

2. 手机广告的主要形式。

（1）短信广告（现阶段最主要的形式）。

（2）彩信广告（短信广告的发展）。

（3）视频广告（未来的发展趋势）。

（二）车载电视广告媒体

1. 车载电视媒体概况。车载电视是通过无线数字信号发射、地面数字设备接收的方式进行电视节目的播放和接收。载体包括火车、公交车、出租车、轮船等移动交通工具。车载电视媒体播放的内容主要包括站点内容介绍、公交形象广告、服务用语FLASH、喜剧小品、流行MTV、儿童动画和近期上映的国内外大片的精彩预告等，可循环播放。

车载电视的功能已经由提供简单的VCD播放提升到DVD音响视觉效果，原来的CRT显示器正逐渐被更轻更薄的液晶显示器替代，有些产品已经与卫星导航系统融为一体。

2. 车载电视广告的特点和优势。

(1) 高关注度。车载电视使乘车的过程充满了乐趣,并且由于其传播方式的强制性使得受众接触和收看车载电视的时间较长。

(2) 高到达率。车载电视媒体有效到达率在90%以上,并且在车身狭小和相对封闭的空间观众对播放内容错过的相对较少。

(3) 低传播成本。车载电视广告的价格是电视台电视广告平均价格的10.24%左右。

(4) 有效提升品牌形象。受众更集中;相对于其他电视媒体,车载电视系统的观众与企业的目标消费人群更接近。

(三)交互网络电视——传受互动进行时

1. 交互网络电视——概况。交互网络电视(IPTV)一般是指通过互联网络特别是宽带互联网络传播视频节目的服务形式。

互动性是交互网络电视的重要特征之一。有人指出,"交互网络电视用户不再是被动的信息接受者,可以根据需要有选择地收视节目内容。"

网络电视迅速发展的同时也暴露出了一些制度上的弊端。业界人士提出,"网络电视不仅是电信运营商的一场盛宴,对节目制作商而言,也是一个巨大的市场机会。"然而,"在新媒体产业领域,广播电视已不再享有原先的政策保护和市场垄断优势,与市场接轨的企业制度安排至关重要。"

2. 交互网络电视媒体的特点。交互网络电视是集合了电视传输影视节目的传统优势和网络交互传播优势的新型电视媒体,它的发展给电视传播方式带来了革新。交互网络电视"颠覆了电视观众的'受众'定位与电视传媒的'传者'定位","交互网络电视的互动传播,使传播者与接收者之间的位置不再是固定的或事先规定的,而是不断在互相共享的、移动的。"交互网络电视的发展还使得"大众传播研究的重心"转移到了"信息使用者"身上。

(四)楼宇液晶广告媒体

1. 楼宇液晶媒体概况。楼宇视频媒体最早是由 Captivate Network Inc. 在北美及加拿大创立的一种新媒体形式。2002年开始在中国出现,并在近两年大行其道。

2. 楼宇液晶媒体的特点。楼宇液晶媒体能更有效地拉近与受众的距离,是一种无孔不入的信息传播方式。楼宇液晶媒体精准到达目标受众,受众价值相对较高。楼宇液晶媒体的总受众相对于传统户外广告媒体而言更精确,相对于传统电视广告而言又更为广泛。楼宇液晶媒体是一种强制传播,受众注意力更为集中(根据第三方调查机构的数据,在接触频率调查中,"每次乘坐电梯都会收看"

的比例高达45%）。楼宇液晶媒体的成本较低，其成本构成为：进入成本＋设备成本＋安装维护成本。

（五）播客

播客（Ipod＋broadcasting）是数字广播技术的一种，出现初期借助一个叫"iPodder"的软件与一些便携播放器相结合而实现。Podcasting录制的是网络广播或类似的网络声讯节目，网友可将网上的广播节目下载到自己的iPod、MP3播放器或其他便携式数码声讯播放器中随身收听，不必端坐电脑前，也不必实时收听，享受随时随地的自由。更有意义的是，还可以自己制作声音节目，并将其上传到网上与广大网友分享。

2001年，Dave Winer在RSS2.0说明中增加了声音元素。之后，Winer公司UserLandSoftware，把这项功能内嵌到其博客软件中来。

2004年年底2005年年初，美国国内的一些非营利性的广播电台发现，podcasting的形式很适合他们制作的讲故事、专访、评论、对话等节目。

Podcast节目订阅者可以通过多个来源订阅他们希望收听或观赏的节目。与之对比的是，传统广播只能在一个时刻内提供单一来源，广播依照节目时间表进行。Internet上的"流媒体"文档相对来说解放了受众的时间限制。通过不同来源"新闻聚合"得到节目是Podcast收听的特色和主要吸引力。任何数字音频播放器或拥有适当软件的电脑都可以播放Podcasting节目。相同的技术亦可用来传送视频文件、照片，文本档案之类的其他媒体文档亦可通过Podcast传送。

（六）微博

微博是微型博客（Micro Blog）的简称，是一个基于用户关系的信息分享、传播以及获取平台，用户可以通过WEB、WAP以及各种客户端组件个人社区，以140字左右的文字更新信息，并实现即时分享。

1. 三大特性。微博的草根性更强，且广泛分布在桌面、浏览器、移动终端等多个平台上，有多种商业模式并存，或形成多个垂直细分领域的可能，但无论哪种商业模式，应该都离不开用户体验的特性和基本功能。

（1）便捷性：平民和莎士比亚一样。在微博上，140字的限制将平民和莎士比亚拉到了同一水平线上，这一点导致各种微博网站大量原创内容爆发性地被生产出来。微博的出现具有划时代的意义，真正标志着个人互联网时代的到来。博客的出现，已经将互联网上的社会化媒体推进了一大步，公众人物纷纷开始建立自己的网上形象。然而，博客上的形象仍然是化妆后的表演，博文的创作需要考虑完整的逻辑，这样大的工作量对于博客作者成为很重的负担。"沉默的大多数"在微博上找到了展示自己的舞台。

（2）背对脸：创新交互方式。与博客上面对面的表演不同，微博上是背对脸的交流，就好比你在电脑前打游戏，路过的人从你背后看着你怎么玩，而你并不需要主动和背后的人交流。可以一点对多点，也可以点对点。当你 follow 一个自己感兴趣的人时，两三天就会上瘾。移动终端提供的便利性和多媒体化使得微型博客用户体验的黏性越来越强。

（3）原创性：演绎实时现场的魅力。微博网站现在的即时通讯功能非常强大，通过 QQ 和 MSN 直接书写，在没有网络的地方，只要有手机也可即时更新自己的内容，哪怕你就在事发现场。

2. 微博与手机的结合。微博的主要发展运用平台应该是以手机用户为主，微博以电脑为服务器、以手机为平台，把每个手机用户用无线的手机连在一起，让每个手机用户不使用电脑就可以发表自己的最新信息，并与好友分享自己的快乐。

微博之所以要限定 140 个字符，就是源于从手机发短信最多的字符就是 140 个（微博进入中国后普遍默认为 140 个汉字，随心微博 333 字）。可见，微博从诞生之初就同手机应用密不可分，更是其在互联网形态中最大的亮点。微博对互联网的重大意义就在于建立手机和互联网应用的无缝连接，培养手机用户使用手机上网的习惯，增强手机端同互联网端的互动，从而使手机用户顺利过渡到无线互联网用户。目前，手机和微博应用的结合有三种形式。

（1）通过短信和彩信。短彩信形式是同移动运营商合作，用户所花的短彩信费用由运营商支收取，这种形式覆盖的人群比较广泛，只要能发短信就能更新微博，但对用户来说更新成本太大，并且彩信限制 50K 大小的弊端严重影响了所发图片的清晰度。最关键的是这种方法只能提供更新，而无法看到其他人的更新，这种单向的信息传输方式大大降低了用户的参与性和互动性，让手机用户只体验到一个半吊子的微博。

（2）通过 WAP 版网站。各微博网站基本都有自己的 WAP 版，用户可以通过登录 WAP 或通过安装客户端连接到 WAP 版。这种形式只要手机能上网就能连接到微博，可以更新也可以浏览、回复和评论，所需费用就是浏览过程中用的流量费。但目前国内的 GPRS 流量费还相对较高，网速也相对较慢，如果要上传大点的图片，速度非常慢。

（3）通过手机客户端。手机客户端分两种。

一种是微博网站开发的基于 WAP 的快捷方式版。用户通过客户端直接连接到经过美化和优化的 WAP 版微博网站。这种方式下用户行为主要靠主动来实现，也就是说，用户想起更新和浏览微博的时候才打开客户端，其实也就相当于在手机端增加了一个微博网站快捷方式,使用操作上的利弊同 WAP 网站基本相同。

另一种是利用微博网站提供的 API 开发的第三方客户端。这种客户端在国内还比较少,国际上比较有名的是 twitter 的客户端 gravity 和 Hesine(和信)。gravity 是专门为 twitter 开发的,需要通过主动联网登录,但操作架构和界面经过合理设计,用户体验非常好,目前只支持 S60 的系统。和信是国内公司开发的,目前不但支持 twitter,还支持国内的各主流微博。与其他客户端不同的是,和信的客户端是利用 IP Push 技术提供微博更新和下发通道,不但能够大大提升用户更新微博的速度,更重要的是,能将微博消息推送到用户的手机,用户不用主动登录微博就能浏览和互动。和信支持的系统平台比较多,但缺点是在非智能机上的体验还不是很好。

相对于短彩信和 WAP 形式,客户端的形式更符合无线互联网的发展趋势。尽管目前手机系统平台比较复杂,客户端开发起来难度很大,并且各客户端在非智能机上的发挥和体验整体都不佳,但是,随着智能机逐渐平民化、无线网络速度的提升和流量资费的下调,手机和微博的结合肯定越来越密切,当山寨手机都能尽情地玩转微博的时候,相信那时候的微博会为互联网和 3G 应用带来很多革命性的变化。

本 章 小 结

媒体是把信息传输给大众的工具,广告媒体是运载广告信息、达到广告目标的一种物质技术手段,是传播广告信息的载体。广告媒体的分类方法有很多种,不同的分类标准可以有利于对广告媒体进行合理的选择。

不同的广告媒体特点明显,不足也很突出。现在我国广告界更多地还是依赖于电视、广播、杂志、报纸、互联网等媒介,本章着重对这几种广告媒介作详细介绍。

在广告活动中,广告媒体的选择是否恰当,直接关系到广告活动的成败。在整合广告媒体时要充分考虑媒体的视听率、毛评点、暴露率、到达率、千人成本等因素,以此来整合媒体,从而达到理想的广告效果。

广告媒体随着时代的发展而发展,本章最后简要介绍了几种新媒体的发展情况,以便于开阔广告媒体空间。

关 键 概 念

广告媒体　　到达率　　直邮广告　　广告新媒体　　微博

复习与思考题

一、选择题

1. CPM 指的是广告的（　　）。
   A. 到达率　　　B. 千人成本　　　C. 覆盖率　　　D. 传真度
2. 我国现阶段广告第一媒体是（　　）。
   A. 广播　　　B. 网络　　　C. 电视　　　D. 杂志
3. （　　）媒体最适宜做空气干燥机广告。
   A. CCTV－1　　　B. 广播　　　C. 专业杂志　　　D. QQ
4. POP 指的是（　　）。
   A. 销售点广告　　　B. 直邮广告　　　C. 专业广告　　　D. 橱窗广告
5. 把产品及其服务具有代表性的视听品牌符号融入影视或舞台产品中，给观众留下深刻的印象，以达到营销目的，这是一种（　　）广告。
   A. 情感　　　B. 电视　　　C. 商业　　　D. 植入

二、思考题

1. 如何进行广告媒体分析？
2. 传统广告有哪些？媒体的特点是什么？
3. 新兴广告媒体都有哪些？各自有什么特点？

三、案例分析

宝洁：央视新标王的媒体策略

　　媒介是企业的战略资源，企业在制定媒介计划时，首先，选择覆盖面大、收视率高、品牌力强的媒体作为广告的主力投放平台；其次，根据这些强势媒体在各目标市场的收视表现，参照企业的销售状况，再有针对性地决定追加广告投放的区域。如此规划广告媒体，一方面，可以节省广告经费；另一方面由于这些强势媒体往往具有良好的品牌形象和强大的说服力，可以在宣传商品的同时提升和维护企业的品牌。

　　1. 央视：独占的资源优势

　　中国的电视媒体与世界其他国家的电视媒体并不完全一样，如果按照欧美惯用的策略在中国投广告，效果不一定会理想。要准确把握中国电视媒体，就要了解中国电视媒体的三个鲜明特点：第一，在欧美国家，电视台基本都是商业运营，是为企业准备的，很多电视台与政府几乎完全无关；而中国的电视媒体是按行政层级架构的，一级媒体就代表不同的一级行政权威，它们发出的声音在受众中的影响力也不一样。中国的电视媒体主要为政府和公众服务，并不是为企业的商业需要而准备。目前中国有两三千家电视台，这些电视台都是自上而下，按照政府的层级架构构成一个金字塔式的结构，中央电视台处在这个金字塔的最顶部，接下来分别是省级电视台、城市电视台和县级电视台。第二，在西方，收取收视费的公共电视台是不播广告的，只有商业台才播广告，如日本的NHK，它是收视最好的电视媒体，但企业却利用不上；而中国的电视台没有商业台和公共台之分，所有的电视频道都可以插播广告，覆盖率和收视率最高的当属中央电视台，它可以播广告，对企业传播来说是任何一个国外电视台无法比拟的广阔舞台。第三，由于中国的电视媒体的层级关系，中国的强势媒体在优质资源的占有上拥有天然优势，甚至可以垄断资源，而且政府为维护这种层级关系，也支持着这种资源上的优先权。例如，作为国家电视台的中央电视台，就不仅在国际、国内新闻的发布权上处于垄断地位，而且在体育等大型活动中也是如此。国家需要这样的垄断性媒体，以便正确引导舆论，向全国发出权威声音，保持社会的一致性。在这样的媒体特色环境中，选择什么样的支撑媒体就非常关键，它决定了品牌传播的起点，决定了消费者心目中的品牌层级。

2. 宝洁：独到的螺体策略

有着166年历史的宝洁公司保持着很多企业营销创新的纪录，宝洁公司在发展过程中始终坚持与媒体建立策略型合作伙伴关系，保持着不断创新媒体资源的冲动。在中国市场，宝洁在品牌推广及与媒体建立战略合作伙伴关系以至于广告传播策略的本土化方面都堪称国际品牌的成功榜样。

宝洁自1988年进入中国之后，很快在这样一个庞大的新兴市场确立了领导品牌的地位，其重要原因就是宝洁与媒体深入沟通，对媒体全面了解，为广告传播的成功奠定了基础。宝洁充分认识到中央电视台作为中国唯一国家级电视媒体强大的传播价值，在媒体合作网络中一直重视与央视建立战略伙伴关系。过去几年里，宝洁公司与中央电视台频繁沟通，几乎每个月都保持与中央电视台广告部的面对面交流，电话交流更是接近每天一个的频次。

媒体投放着眼于长期市场目标，是一种战略行为。宝洁在业界被尊为"品牌教父"，它独到的媒介策略在其中具有特别的重要性。宝洁的媒体投放策略有一个重要原则，就是不以短期市场销售为目的，而是着眼于3～5年甚至更长远的市场目标，着眼于与消费者的深度沟通，着眼于品牌强势地位的确定和品牌资产积累，这一切使得宝洁的广告投放表现为一种市场战略行动。在央视的广告投放，作为宝洁整个媒体策略很重要的一环，在宝洁整个品牌策略中起到了非常重要的作用。这不光是因为中央电视台是一个全国性覆盖的中央级媒体，不能单纯地以购买央视广告时段这样一个简单的买卖概念去衡量。中央电视台对宝洁的价值，更多地体现在整合市场营销回报的价值上。宝洁希望央视成为培养其产品消费潜力的一个市场营销伙伴，能够真正帮助宝洁吸引到更多的消费者。宝洁对媒体的期望是："媒体不仅仅是我们的一个广告时间供应商，还应是真正的策略性合作伙伴，我们希望从媒体那里拿到的不光是一个广告时间，而更多的是理解和长久的策略支持。"

媒体就像超市里的货架，央视是其中最抢眼的位置。宝洁公司独创了自己的"媒体货架理论"："对企业来说，媒体也像沃尔玛、家乐福这样的零售伙伴一样，是展示我们产品的一个大货架，我们希望在这样的货架上能够拿到抢眼的位置，消费者能够特别关注和青睐我们的产品。"显然，宝洁加强与中央电视台的合作，特别是2003年突破多年的局限以30秒的主广告长度投放招标段，的确是把中央电视台看做了宝洁展示其众多产品和品牌的一个超级大货架，通过这个货架，宝洁可以更高效率地提升它对中国亿万消费者的吸引力。

宝洁与央视的长期沟通，使得宝洁的媒介资源创新想法与中央电视台的媒介资源之间寻找到了最佳契合点，在媒介资源创新上不断实现突破。《半边天飘柔女性记录》的成功就是一个最好的例证。2003年6月，《半边天》策划摄制一个"2003年女性记录"专题，正好飘柔提出来要做一个针对女性的全国性的推广、公关活动，帮助女性树立优雅自信的形象。作为宝洁的一个子品牌，双方很快达成了合作协议。当年10月，《半边天2003飘柔女性记录》节目正式播出，历时三个多月，以《半边天》独有的性别视角为切入点，以"记录生存状态、阅读女性成长"为宗旨，用50集的长度，讲述不同城市和地区的近60位女性的精彩故事，倡导飘柔提出的"自信优雅"的生活态度，在社会上引起了强烈的反响。

3. 联姻，谋求共同发展

宝洁公司发现，21世纪的市场营销正面临消费者日益分流和多元化的现状，消费者的品牌识别意识将越来越强。随着越来越多的品牌在市场上不断涌现，品牌间竞争的压力也越来越大。作为企业，宝洁同样面临着21世纪营销策略应如何创新的挑战。它们正在做哪些改变呢？

第一，强化整合市场营销的概念。整合营销的目的是为了让消费者获得更多选择的机会。消费者是至高无上的，是市场营销中最重要的因素。

第二，进行消费者认可的市场营销。宝洁希望市场营销不仅是单方面的销售，更是一个互动的过程，只有通过市场销售使消费者对宝洁的营销产生感应和认同。

第三，通过有效的评估手段来量化自己所做的一切。宝洁希望有效地评估广告和营销究竟在多大程度上影响了消费者的购买决定。

21世纪的市场营销正面临一个全新的价值链，宝洁所做的一切依然是从消费者开始，但在新的价值链里，在消费者和广告主之间，媒体和广告代理公司扮演着更加重要的作用，它们既充分了解广告主的需求，也充分了解消费者的需要。这种全新价值链的形成，在宝洁过去3年里与央视的合作之中完全实现了。

宝洁在全球应该是最善于创造和建设品牌的公司之一，在3年以前宝洁的全球销售额中，有10个品牌的销售额超过10亿美元，今天这个数量已经增加到13个。宝洁希望自身所做的市场营销的一切创新，都是在于捕捉消费者所需要的信息，是消费者所能够想像的；希望所做的沟通，尽可能多地覆盖到宝洁的消费者，希望能与他们心心相印。

在全球范围内，宝洁公司的创新始终没有间断，全球20多个研发中心7 000余名研发人员正不断为创新而努力。同时，宝洁的创新有很大一部分是来自于合作伙伴，数据显示，其50%的创新源于非宝洁员工的贡献，这其中也包括所有电视媒体合作伙伴，而央视正是它们创新伙伴非常重要的一员。2001年冬天，宝洁第一次举办了头脑风暴会，宝洁、代理公司以及央视节目和广告部的人员共同参与了讨论。经过一次又一次的沟通，宝洁与央视从此建立了长期的战略性伙伴关系，同时也选择和确立了部分优秀的创新项目。宝洁就是希望利用央视的平台，实现更广泛、更深层次的与消费者的沟通。

"亲近生活，美化生活"是宝洁公司的理念。宝洁希望所做的一切能够尽量贴近消费者，贴近客户和合作伙伴，贴近市场的变化，从而与世界发展同步。在这一过程中，央视以其覆盖率的深度和广度，帮助宝洁促进品牌知名度的增长。人们深信，宝洁与央视的合作只是一个开始，未来的机遇与挑战并存，在面向消费者的创新策略中，宝洁将会和央视一起创造更多机会，带给消费者更大的利益。

（资料来源：严学军，《广告策划与管理》，高等教育出版社 2006 年版）

案例思考

1. 你认为宝洁媒体策略最大的成功之处在什么地方？
2. 宝洁媒体策略对我国企业有何借鉴？

第九章 广告预算

【学习目标】
1. 了解广告预算的定义和意义。
2. 理解影响广告预算的因素。
3. 认识广告预算的内容。
4. 学会运用广告预算的方法编制广告预算。
5. 了解广告预算的分配方法与管理。

【案例导入】

某运动品牌广告费用预算

一、广告实施计划

(一) 时间

2005年6月1日——2006年1月1日

(二) 媒体组合

以电视 (CM) 为主，网络、报刊、杂志为辅，街头广告次之。

(三) 选用媒介

报纸：《人民日报》、《体坛周刊》，理由是报纸的权威性和发行量大。

杂志：《当代体育》、《体育画报》、《NBA时空》。主要安排封二、封三（专业杂志尽量争取封面封底）。

电视台：中央一套、中央三套、中央五套等收视率高且覆盖面广的电视台；CF广告主要安排在《新闻联播》、《体育新闻》、《同一首歌》等焦点节目前后的黄金时间播出。

网站：雅虎中国、搜狐、新浪、网易等浏览率较高的大网站（电子广告尽量争取作在网站的首页）。

二、广告费用预算

(一) 项目制作与媒介费用

总策划广告整体策划报告 80 000 元

广告制作电视 25s 胶片 200 000 元

报纸 1/4 版面 10 000 元

杂志彩色插页 5 000 元

因特网网站首页 50 000 元

(二) 广告发布费用

1. 电视

中央一套　60 天×2 次/天×5 000 元 = 600 000 (元)

中央三套　60 天×2 次/天×5 000 元 = 600 000 (元)

中央五套　60 天×2 次/天×4 500 元 = 540 000 (元)

2. 报纸

《体坛周刊》6 次×40 000 元 = 240 000 (元)

《人民日报》6 次×50 000 元 = 300 000 (元)

3. 杂志

《当代体育》25 次×10 000 元 = 250 000 (元)

《体育画报》25 次×10 000 元 = 250 000 (元)

《NBA 时空》25 次×10 000 元 = 250 000 (元)

4. 因特网

雅虎中国 60 天×5 000 元 = 300 000 (元)

搜狐 60 天×5 000 元 = 300 000 (元)

新浪 60 天×5 000 元 = 300 000 (元)

网易 60 天×5 000 元 = 300 000 (元)

(三) 营销活动

500 000 元

(四) 机动费用

100 000 元

(五) 总计

4 175 000 元

(资料来源：http://www.doc88.com/p-472398880368.html)

在广告策划中，广告目标说明广告策划人与企业想做什么广告、达到什么目的；而广告预算则限制广告策划人能做什么，要求以尽可能少的经费达到尽可能好的广告效果。确定广告预算，是广告策划的重要内容，不仅直接影响到广告产品的效益，而且影响到企业的整体效益。

第一节　广告预算概述

一、广告预算的定义

广告预算是企业广告计划对广告活动费用的匡算，是企业投入广告活动的资金费用使用计划。它规定在广告计划期内从事广告活动所需的经费总额、使用范围和使用方法,是企业广告活动得以顺利进行的保证。

广告预算不仅是广告计划的重要组成部分,而且是确保广告活动有计划顺利展开的基础。广告预算编制额度过大,就会造成资金的浪费;编制额度过小,又无法实现广告宣传的预期效果。广告预算也是企业财务活动的主要内容之一。广告预算支撑着广告计划,它关系到广告计划能否落实和广告活动效果的大小。

广告预算不同于企业的其他财务预算。一般财务预算包括收入与支出两部分内容,而广告预算只是广告费支出的匡算,广告投入的收益由于广告目标的不同而有不同的衡量标准。它或许反映在良好社会观念倡导上,或许反映在媒体受众的心理反应上,也有可能体现在商品的销售额指标上。有许多广告主错误地认为,广告投入越大,所取得的效果也就越好。广告策划者通过对大量广告活动效果的实证分析得出:当广告投入达到一定规模时,其边际收益呈递减趋势。美国广告学家肯尼斯·朗曼（Kenneth Longman）经过长期的潜心研究,也得出了类似的结果。

肯尼斯·朗曼认为,任何品牌的产品,即使不做广告也有一个最低销售额,即临限。广告的效果不会超过产品的最大销售额,产品的最大销售额是由广告主的经营规模、生产能力、销售网络以及其他因素综合决定的。朗曼认为,理想的广告宣传活动应该是以最小的广告投入取得最好的广告效果。当广告效果达到一定规模时,广告投入就会成为一种资源的浪费。

二、广告预算的内容

(一) 广告费的范围

编制广告预算,必须要先确定广告费的范围,也就是广告预算的内容。

广告费的内容主要包括广告活动中所需的各种费用,如市场调研费、广告制作费、广告媒体使用资金、广告机构办公费与人员工资等项目。

1. 市场调研费。市场调研费主要包括广告活动前期的市场调查、资料分析与研究、咨询管理费用和广告播出后的广告效果调查费用。它在广告预算的总额中只占到较少的比例,一般为5%~10%。

2. 广告制作费。广告制作费主要包括广告在拍摄、录音、制版、文案设计、美术创作、印刷等方面与广告制作有关的所有费用。它在广告预算的总额中所占比例与市场调研费相同,一般为5%~10%。

3. 广告媒体使用资金。广告媒体使用资金主要包括广告在播出和发布时所租用电视、广播的时间费用,购买报纸、杂志的版面费和使用户外广告的场地费等。它在广告预算的总额中所占比例高达70%~80%,是广告预算费用的主体部分。

4. 广告机构办公费与人员工资。这部分费用也叫广告管理费,主要包括广告机构员工的工资、出差费用、办公费及办公的设备设施费等。

(二) 广告费的类别

依据其用途,可以把广告费分为直接广告费和间接广告费、自营广告费和他营广告费、固定广告费和变动广告费。

1. 直接广告费和间接广告费。直接广告费是指直接用于广告活动的设计制作费用和媒介租金;间接广告费是指企业广告部门的行政费用。在管理上,应当尽量压缩间接广告费,增加直接广告费的比例。

2. 自营广告费和他营广告费。自营广告费是指广告主本身所用的广告费,包括本企业的直接与间接广告费。他营广告费则是委托其他广告专业部门代理广告活动的一切费用。一般而言,他营广告费在财务上比自营广告费要节约,使用效益也更好。

3. 固定广告费和变动广告费。固定广告费是自营广告的人员组织费用及其他管理费,这些费用开支在一定的时期内是相对固定的。变动广告费是因广告实施量的大小而发生变化的费用,如随着数量、距离、面积、时间等各种因素的影响而变化的费用。变动广告费又因广告媒介不同可分为递增变动和递减变动。递增广告费是随同广告实施量的增加而递增;递减广告费则相反,是反比例变化的,广告费用随广告实施量的增加而递减。

(三) 广告预算项目

有些公关活动、促销活动虽然与广告活动紧密相连,有时还需要广告活动的密切配合,但严格来说它们还不属于广告活动。这就涉及广告费用界限的划分问题。1981年,美国学者查尔斯·帕蒂和文森特·布拉斯科对100家著名的广告主作了一次详细调查,了解其通常将哪些费用列于广告项下。最后,他们把调查结果分为白表、灰表和黑表三类,见表9-1。

三、影响广告预算的因素

编制广告预算时,除了确定广告费用的范围、明确广告预算的内容外,还必须了解影响广告预算的因素。一般来说,影响广告预算的因素主要有以下方面。

表 9-1

分类及列支情况		主要费用项目
白表	购买广告媒介及其他广告费用	报纸、杂志、电视、广播、户外、剧场、POP、邮寄广告、商品目录、电影、幻灯片、宣传性印刷品、出口、经销商广告
	管理费用	广告部门人员的工资、办公费用、付给广告代理和广告制作者以及顾问的手续费、出差费等
	制作费用	美术设计、文字编辑、印刷、制版纸型、照相、电视、录像、广播录音及包装广告设计等
	杂费	广告材料的运费（包括邮费以及其他投递费），陈列橱窗的装修服务费，设计白表各项活动的杂费
灰表	能否列入须酌情而定	样品费、推销表演费、商品展览费、广告部门存货减价处理费、电话费、广告部门其他各项经费、推销员推销费用、宣传汽车费用、有关广告协会和团体费用、商品目录费用、调查研究费用等
黑表	不能列入的费用	免费奉送品、邀请游览费、商品陈列场所的目录费、给慈善、宗教、互助组织的捐献品和费用、包装费、标签费、新闻宣传员的酬金、推销员的名片费、订阅报刊费、行业工会接待费、陈列室租金、推销会议上推销样品费、生活福利费、娱乐费

（一）产品的生命周期

大多数产品在市场上都要经过导入期、成长期、成熟期和衰退期四个阶段，产品处在生命周期的不同阶段，其广告费用的预算有很大差别。一般情况下，在新产品的导入期，企业经营者为了提高产品品牌的知名度，树立品牌形象，必须投入大量的广告费用，充分利用各种媒体进行广告宣传，以增加产品的暴露度。当产品进入成熟期，企业的利润达到最大化。由于利润的诱惑，市场上涌现出大量替代产品或类似产品，竞争达到白热化的程度。由于竞争的加剧，企业的广告费用又开始增加，企业利用多种媒体进行广告宣传，以突出"人无我有，人有我新，人新我全，人全我精"的特征。而一旦进入衰退期，广告费用将会大幅度削减。

（二）市场竞争状况

市场竞争状况也是影响广告费用开支的一个主要因素。同类产品竞争者的数量与实力也影响企业的广告预算。如果竞争对手进行大规模的广告宣传，本企业必然要扩大广告宣传的规模，广告预算也随之增加。否则，本企业的广告活动就收效甚微，达不到预期的目标。

目标市场上的广告拥挤度大小也影响企业的广告预算规模。广告拥挤度是指单位时间内某一特定媒体刊播的广告数量。如果广告拥挤度非常大，较小的广告预算则无法与竞争企业抗衡。只有在企业的广告是众多广告中最有吸引力的情况下，才有可能引起媒体受众的注意，诱使其产生购买欲望。比如，在一间有30多位同学的教室里，每一个人都向老师（只有一位老师）诉说，这种吵闹的无秩序的环境里，如果想让老师听清你的话，声音只有比其他人的响亮才会达到目的，而响亮的声音需要花费更多精力，这个道理在广告爆炸年代里同样适用。

（三）产品品牌的市场地位或市场占有率

产品品牌的市场地位或市场占有率也影响企业的广告预算。一般而言，保持现有的市场占有率的广告费用远远低于扩大市场占有率的广告费用。如果品牌属于领导型品牌，由于它有成熟的销售网络，有较高的品牌知名度和美誉度，老顾客对产品品牌的忠诚是领导型产品独有的一份经营优势，其广告宣传活动的目的只是为了维持老顾客的重复购买，这就决定了企业没有必要进行大规模的广告推广。如果品牌处于挑战型的市场地位，不太高的知名度与不太成熟的销售网络都迫使企业进行大规模的广告宣传，以提高目标市场上媒体受众对产品品牌的认同意识。据研究，如果维持一名老顾客需要花费1元钱，那么，吸引一名新顾客则需要花费6元钱。对挑战型品牌的经营者来说，进行广告宣传是企业将挑战型品牌发展成为领导型品牌的主要手段之一，这一发展过程中，较大规模的广告预算是不可避免的。

（四）广告频次

广告频次是指在一段时间内某一广告在特定媒体上出现的次数。次数越多，其广告支出也就越大。广告频次与广告预算额呈正比关系，较大的广告频次需要较多的广告费用，因为广告需要购买广告时间。广告重复出现的次数越多，广告占用的时间也就越多，就需要花费越多的费用。

（五）品牌的替代性

产品的替代品牌越多，就需要进行较多的广告宣传来突出产品的个性，树立品牌形象。

有些产品，例如香烟、化妆品等，产品之间的同质性使消费者很难将它们区分开来，广告策划者必须通过艺术化的广告促销，将品牌中的文化附加值突现出来，使该品牌显得与其他品牌不同，为媒体受众识别产品创造条件。这一形象塑造过程需要大量的广告投入，否则，产品品牌的个性不足以成为媒体受众辨别不同品牌产品的标志。

（六）不可控制的外部因素

不可控制的外部因素是指广告主、广告经营者不能自主控制的外部条件，如国家或国际政治情况、社会宏观经济情况、国家或地区法律法规、社会文化背景等。企业虽然对这些因素不能控制，但在进行广告预算时要充分考虑这些因素的影响，尽可能降低这些因素对广告的预算与广告活动的开展所形成的负面影响，从而取得更好的广告效果。

（七）其他因素

此外，销售量和利润对广告预算也有影响，一般情况下，广告费增加了，企业的销售量和利润也相应地有所增加和提高。企业的实力也是影响广告预算的重要因素。企业的规模大、实力强、产量高、资金雄厚，就可以把广告预算制定得更合理、更科学。

在编制广告预算时，媒体也是一个影响因素。不同的媒体，其权威性、覆盖范围、收视（听）率、发行量大小、最佳播出时间和最佳版面不同，因而广告的价格费用也有明显的差别。另外，一般来说，电视广告的费用最大，其次是报纸、广播、杂志，互联网的广告费用相对较低。

消费者也是影响广告预算的一个因素。当消费者对某种商品反应较为冷淡时，企业应该加大广告的宣传力度，刺激消费者，使消费者逐渐认识商品。

四、广告预算的意义

广告预算作为对广告活动所需费用的匡算，对广告活动具有计划和控制作用。作为计划手段，广告预算是以经费的形式说明广告计划；作为控制手段，广告预算在财务上决定广告计划执行的规模和进程。因此，广告预算在广告策划中具有以下重要意义。

（一）有效控制广告活动

广告预算为企业的广告活动和广告计划的实施提供了控制手段。广告计划的实施要以广告预算来支持。广告传播的时间与空间、广告作品的设计与制作、广告媒体的选择与使用等，都要受广告预算的支配。通过广告预算，广告主可以对广告活动进行管理和控制，从而使企业广告目标与企业的营销目标协调一致，使广告活动按计划开展。

(二) 有效评估广告效果

广告预算为企业广告效果的评估提供了经济指标。广告预算对广告经费的使用提出了明确的目标，可以使广告活动的每一步骤尽可能达到较理想的效果。同时，由于广告预算对广告经费的每一项具体开支都做出了规定，在广告计划实施结束后，就可以把每一项具体费用与广告效果作比较。因此，广告预算可以成为衡量广告效果的经济标准，并可以评估广告活动的经济效益。

(三) 有效规划经费使用

广告预算可以有效地规划经费使用。一项科学合理的广告预算，明确规定了广告经费的使用范围、项目、数额及经济指标，可以使广告经费的投入保持适度，避免盲目投入造成的浪费；还可以使投入的广告经费有计划地分配，使广告费合理有效地使用。

(四) 提高广告效率

广告预算可以提高广告活动的效率。一方面，通过广告预算可以增强广告人员的责任心，监督广告费用的开支，避免出现经费的滥用或不良使用的现象；另一方面，通过广告预算，对广告活动的各个环节进行财务安排，发挥广告活动各个环节的工作效率，从而促成广告活动的良好效果。

第二节 广告预算的编制

一、广告预算的编制程序

编制广告预算主要包括以下六个步骤。

(一) 广告预算调研

广告预算调研的内容较丰富，包括搜集有关产品的市场销售额、广告形式、营销计划、渠道、市场竞争状况等方面的历史资料以及现在的情报信息。

广告预算的调查研究对象具体来讲一般包括以下八个方面。

1. 目标市场的大小及潜力。
2. 目标市场的性质及区域分散程度。
3. 目标市场的竞争关系、品牌忠诚度。
4. 企业营销战略与广告目标的关系、产品的竞争手段（质量、价格、售后服务)。
    5. 广告的媒介形式。
    6. 企业预期的销售额及销售利润目标。
    7. 企业财力的经济基础及承受能力。
    8. 产品生命周期及其变化情况。

(二) 确定广告投资量

通过分析企业整体营销目标计划与市场环境，特别是分析影响广告费投放的各种要素对广告活动的可能影响，提出需要考虑的主要参考因素，确定广告投资总额的计算方法及其依据。

(三) 制定广告总预算

广告总预算即广告预算的时间分配，主要是确定一个年度的广告经营的总体分配方案，按季度、月度将广告费中的固定开支进行分配。

(四) 制定广告的分类预算

在总预算的指导下，将总预算确定的广告费用具体分配到不同产品、地区及媒介上。

(五) 拟订控制与评估标准

必须确定各笔广告支出所要达到的效果，以及对每一时期每一项广告开支的记录方法，以确保广告活动能够取得预期的效果。

(六) 设置预留机动经费

广告预算中除确定固定开支外，还应对一定比例的机动开支做出预算，此为预留机动经费。同时，还应界定预留金的投入条件、投入时机及效果评估办法。

二、广告预算的编制原则

广告预算作为广告计划的重要组成部分，承担着广告活动费用的预算、分配、控制和协调的管理职能，对于广告预期效果的实现意义重大。要实现广告费用效果最大化，必须遵循以下原则。

(一) 可行性原则

企业的广告活动必须以企业自身的经济实力为基础，故在制定广告预算时要充分考虑企业的财力水平,在营销目标的指导之下,根据营销组合制定不同产品的广告支出费用,量力而行,遵循可行性原则。广告预算编制额度要适量,如果太多就可能造成资金浪费,而如果太少又达不到广告宣传的预期效果。

(二)科学性原则

广告预算是建立在对产品生命周期、销售量、市场占有率、市场竞争情况等影响因素的科学分析基础之上的科学预算。广告预算的编制要运用许多科学的定性与定量分析决策方法,必须遵循科学性原则,切忌凭个人主观臆断的随机性预算决策。

(三)灵活性原则

广告预算本质上属于广告计划的内容,因为预算是数字化的计划。企业的计划本身就是针对未来所制定的,但未来又有许多不可预测的可变因素存在,所有企业在制定计划时要留有余地,计划要有弹性,要有灵活性。

市场在变,消费者在变,媒体在变,产品日新月异,企业的竞争环境也在变。广告预算必须考虑这些因素,编制的预算要足以应付可能出现的各种突发事件的影响,留足预备金,使之能适应因市场发展变化需做出的广告投入调整。

三、广告预算的编制方法

编制广告预算不仅要分析其影响因素,遵循一定的原则,按照一定步骤操作,还必须采取正确的方法,以保证广告预算编制的科学性。目前,常用的编制广告预算的方法主要有以下几种。

(一)销售额百分比法

它是广告主以一定时期内产品销售额的一定比例匡算出广告费用总额的一种方法。这种方法是最常用的一种广告预算编制方法,根据形式、内容的不同又可将它分为两种。

1. 上年销售额百分比法。这是指根据企业上一年度产品的销售额情况确定本年度广告费用的一种方法。这种方法的优点是,确定的基础实际、客观,广告预算的总额与分配情况都有据可依,不会出现大的失误。

广告策划者在运用这种方法时,可以根据广告主近几年的销售趋势,按一定比例来调整下一年度的广告预算,以适应企业发展的需要。

2. 下年销售额百分比法。该法与上年销售额百分比法基本相同,都是根据产品销售的情况按一定比例来提取广告费用总额。它们的区别在于,下年销售额百分比法有一定的预测性，经营者在预测下一年度销售额情况的基础上来确定企业的广告费用。它以上一年度产品销售情况为基础，按照发展趋势预测出下年度的销售额，再以一定比例计算出广告费用总额。

这种方法适合企业的发展要求，但也有一定的风险。在市场上，有许多因素都是未知的，这些因素对企业经营活动的影响有可能是突发性的，预测本质上是对事物发展趋势的一种合理推断，而突发性因素常常具有破坏性，它们改变事物的发展规律，使市场处于无序状态。例如，当经济不景气时，再多的广告宣传也无法阻止产品销售额下降的趋势，在这种情况下，执行广告预算就是一种"非理性"经营行为。

其计算公式为：

广告预算＝上年度销售额（下年度销售额）×广告费占销售额的比例

例如，如果某企业上一年度的销售额为 800 万元，决定今年要投入的广告费用占销售总额的 4%，那么，今年的广告预算为：

广告预算 = 800 万元 × 4% = 32（万元）

销售额百分比法计算简单方便，但过于呆板，不能适应市场变化。比如，销售额增加了，可以适当减少广告费；销售量少了，也可以增加广告费，加强广告宣传。

（二）销售单位法

销售单位法是以每单位产品的广告费用来确定计划期广告预算的一种方法。这种方法以产品销售数量为基数来计算，操作起来非常简便，适用于那些薄利产品确定广告费用。通过这种方法也可以随时掌握企业广告活动的效果。其计算公式为：

广告预算＝（上年广告费/上年产品销售数量）×本年度产品计划销售数量

或者是：

广告预算＝单位产品分摊广告费×本年计划产品销售数量

例如，某企业上年销售产品 10 万件，广告投入 10 万元。今年计划销售 20 万件，则广告预算为：

广告预算 =（10/10）× 20 = 20（万元）

销售单位法适用于两种类型的商品广告预算：一种是价格较高的耐用消费品，如汽车、冰箱、电视、机械设备等；另一种是销售单位明确的商品，如酒类、水果、化妆品等。

销售单位法对于经营产品比较单一或者专业化程度比较高的企业来说，非常简便易行。相反，对于经营多种产品的企业，这种方法比较烦琐，不实用。而且这种方法灵活性较差，没有考虑市场上的变化因素。

（三）目标任务法

目标任务法是指根据广告主的营销目标，确定企业的广告目标，根据广告目标编制广告计划，再根据广告计划具体确定广告主的广告费用总额。美国市场营销专家阿尔伯特·费雷（Albert Fery）将目标任务法的操作程序归纳为七个步骤，具体如下。

1. 确定企业在特定时间内要达到的营销目标。

2. 确定企业的潜在市场的基本特征，包括：(1) 值得企业去争取的消费者对广告产品的知晓程度；(2) 消费者对广告产品的态度；(3) 现有的消费者购买产品的情况。

3. 计算潜在消费者对广告产品的知晓程度和态度变化情况，以及广告产品销售增长状况。

4. 选择恰当形式的广告媒体，以提高产品的知名度，改变消费者对产品所持有的不利于产品销售的态度。

5. 制定恰当的广告媒体策略。

6. 确定为达到既定广告目标所需要的广告暴露次数。

7. 计算实现上述暴露频次所需的最低广告费用，这一费用就是广告主的广告预算总额。

其计算公式为：

$$广告预算 = 目标人数 \times 平均每人每次广告到达费用 \times 广告次数$$

例如，某企业广告目标是要增加 100 万名消费者收看本企业的广告，经调研发现，每增加 1 名消费者需要花费 0.2 元，每个月重复 10 次，那么该企业每月广告费用为：

$$100 \times 0.2 \times 10 = 200（万元）$$

再如，为了增加某商品的知名度，要扩大广告的视听率。设广告目标设定要增加 1 000 名妇女收看到广告。经调查，计算出每增加 1 名妇女收听到广告，平均要花 1 元钱，1 个月预计重复 10 次，则每月广告费为：

$$1\ 000 \times 1 \times 10 = 10\ 000（元）$$

目标任务法是在调查研究的基础上确定广告主的广告预算总额，它的科学性较强，但比较烦琐。在计算过程中，如果有一步计算不准确，最后得出的广告预算总额就会有较大的偏差。

（四）竞争对比法

竞争对比法是指广告主根据竞争对手的广告费开支来确定自己的广告预算的一种方法。在市场经济下，企业面临的是开放的信息系统，企业必须与竞争对手开展竞争，以赢得竞争优势。企业开展广告宣传在一定意义上是为了赢得市场占有率，因此，企业在编制广告预算时，必须要考虑竞争对手的广告规模。

运用竞争对比法的关键是要了解主要竞争对手的市场地位与广告费用额，计算出竞争对手市场占有率的广告投入，再依此来确定企业的广告预算。如果企业想保持与竞争对手相同的市场地位，则可以根据竞争对手的广告费率来确定自己的广告规模；如果企业想扩大市场地位，则可根据比竞争对手高的广告费率来匡算自己的广告费用总额。

1. 市场占有率法。其计算公式为：

广告预算 =（对手广告费总额/对手市场占有率）× 本企业预计市场占有率

例如，某企业的竞争对手在某地区市场占有率为10%，广告投入为200万元，该企业希望在该地区保持20%的市场占有率，则该企业的广告预算为：

广告预算 =（200/10%）× 20% = 400（万元）

2. 增减百分法。其计算公式为：

广告预算 =（1 ± 竞争对手企业广告费增减率）× 本企业上年广告费

例如，某企业竞争对手上一年度广告预算为200万元，今年计划投入300万元，较上一年度增加了50%，该企业上一年的广告投入为300万元，那么该企业今年的广告预算为：

广告预算 =（1 + 50%）× 300 = 450（万元）

这种方法最大的优点是，编制的广告预算具有针对性，适合市场竞争的需要，有利于企业在竞争中赢得主动权。最大的缺点是，竞争对手的广告预算的具体资料不容易取得。广告预算总额属于企业的经营秘密，大多数企业都不愿将它公布于众，这就给本企业编制广告预算造成了困难。甚至有些企业会故意散布一些假情报，诱使竞争企业做出错误的决策。

（五）量力而行法

量力而行法是指企业根据自己的经济实力即财务承受能力来确定广告费用总额。这种方法也称为"量体裁衣法"，许多中小型企业都采用这种方法。"量力而行"是指企业将所有不可避免的投资和开支除去之后，再根据剩余来确定广告费用总额。

其计算公式为：

广告费用 = 销售总额 − 销售成本 − 管理费用 − 销售纯利润

例如，某企业 2011 年实现销售总额为 200 万元，销售成本为 120 万元，销售费用为 40 万元，广告费用为 20 万元，现在预计 2012 年销售额为 225 万元，同时假定销售成本按比例增加，则 2009 年的销售成本为：

120 ÷ 200 × 225 = 135（万元）

如果纯利润占销售额比例仍是 10%，则 2012 年的纯利润额为 13.5 万元，同时企业管理人员的奖金和销售费用也增加到 45 万元，则企业在下一年度的广告预算为：

225 − 135 − 45 − 13.5 = 31.5（万元）

这种方法一般适用于必须进行广告宣传而又缺乏企业长期规划的中小型企业。

（六）经验法

经验法是指企业决策者以前一时期的广告费为基础，综合考虑市场动向、竞争状况、本企业的财务能力、顾客忠诚度、产品可替代性以及生命周期等因素，凭经验对广告预算总额适当增加或减少。例如，许多生产老年用品的企业为了将广告信息全面覆盖目标消费群体，纷纷选择中央电视台的《夕阳红》栏目，而避免选择央视黄金时段。这主要是因为《夕阳红》的节目主题是围绕老年人展开的，从而在老年观众中的收视率较高，而央视黄金时段的广告费用较高，而且那个时段老年观众的收视率不一定是最高的时候。

这种方法完全凭借决策者的主观直觉与实践经验决定其广告预算的总额，故又称为任意投入法、武断法。

优点是，简单易用，适用于一些会计制度不健全的中小型企业。

缺点是，缺乏科学依据，完全凭经验及直觉办事，容易出现偏差，当企业决策者缺乏实践经验时这种偏差就会更明显。

（七）通讯订货法

通讯订货法是指依据特定的广告所能够带来的咨询和订货的统计总人数来测算广告费的方法。该方法常被用于邮购广告预算费用的计算。在计算过程中，将商品目录印刷费、信件邮费和邮购广告印刷费相加之和除以销售总量得出已销售的单位商品平均支出的广告费。依据单位商品广告费，得出要实现一定的销售量需支出的广告总费用。

其计算公式为：

单位产品的广告费 =（产品目录印刷费 + 邮购广告印刷费 + 信件邮寄费）/ 已销售产品的数量

（八）支出可能额法

支出可能额法是指依据企业财力可能支付的余额来设定广告预算总额的做法。这是一种适应企业财务支出状况的预算方法。企业投入的广告费越多，广告活动就越容易开展，而且在新产品推销时采用支出可能额法效果往往比较明显。

以上是一些常用的广告预算方法，事实上没有哪一种方法能完全适应于任何一个企业。理论往往趋于理想化，实践中需要根据特定企业的产品、市场、竞争状况等特定因素来选择最适合的预算方法。同时，要以其他方法作为辅助，尽量减少因方法自身而可能造成的失误，使广告预算更趋于精确化、科学化。

四、广告预算书的编制

广告预算书，一般而言，应该以图表形式列明广告预算的项目列支、分配和项目内费用的分配等内容。

（一）项目列支

项目列支的主要内容有七项：
1. 市场调研费。
2. 广告设计费。
3. 广告制作费。
4. 广告媒体租金。
5. 广告机构办公费及人员工资。
6. 广告促销与公关活动费。
7. 其他杂费（邮电、运输、差旅、劳务费等）。

（二）项目的费用分配

项目的费用分配主要指广告预算列支项目的细分项目分配列支，或不同工作阶段的广告费用分配列支。这是为了保证广告工作顺利进行并实施对广告费用使用的阶段性控制的重要手段。分配内容如表 9-2 所示。

表 9-2

列支项目	开支内容	费用	执行时间
市场调研费 1. 文献调查 2. 实地调查 3. 研究分析			
广告设计费 1. 电视 2. 报纸 3. 电视 4. 电台 5. 其他			
广告制作费 1. 印刷费 2. 摄制费 3. 工程费 4. 其他			
广告媒介租金 1. 电视 2. 电台 3. 报纸 4. 杂志 5. 其他			
服务费			
促销与公关费 1. 促销 2. 公关			
机动费用			
管理费用			
总计			

（三）文字说明

此外，在广告预算书后，一般还要附加一段文字说明，对广告预算书的内容进行解释说明。

第三节 广告预算的分配与管理

要保证广告计划顺利实施，广告活动能取得预期的良好效果，只做合理的广告预算还不行，必须在此基础上对广告预算做出合理的分配，对广告预算的使用进行严格的管理。

一、广告预算分配

一般来说，广告预算的分配主要有以下方法。

（一）按广告时间分配

按时间分配是指按照广告各项活动的时间安排有所侧重地分配广告经费。它又可以分为两种情况。

1. 按广告活动期限进行经费分配。不同的广告活动，对时间长短有不同的要求。长期的广告活动，有年度广告经费的分配；中短期的广告活动，则有季度、月度的广告经费分配。

2. 按广告信息传播时机进行经费分配。许多产品的销售经常随着时间和季节的变化而变化，尤其是服装、空调、冰箱、热水器、冷饮等季节性产品。对这类产品合理地把握广告时机是抢占市场制高点的关键。因此，广告经费的分配要满足市场销售时机的要求。

（二）按市场区域分配

按市场区域分配是指企业将整个目标市场分解成若干部分，而后按各个区域来分配广告经费。一般来说，广告经费在产品销售有基础的地区要比在新开发地区少，在人口密度大的地区要比在人口密度小的地区多，全国性市场的广告经费要大于地方性市场的广告经费。当然，由于各地区情况不同，企业在每一地区的广告目标也有所区别。因此，最基本的广告预算分配要以保证企业在该地区预计实现的广告目标为基础，其最低界限不应少于维持产品在该地区竞争地位所需要的基本费用。

例如，A企业电视广告费用的区域分配情况如表9-3所示。

表9-3

市场名称	占销售总额的比例（%）	视听众暴露度（千次）	每千人成本（元）	广告费用（万元）	费用比例（%）
甲区域	50	32 000	500	1 600	45.7
乙区域	30	28 000	500	1 400	40.0
丙区域	20	10 000	500	500	14.3
合计	100	70 000	500	3 500	100

(三) 按产品类别分配

按产品类别分配是指在对其生产产品组合进行评价分析之后，针对不同类型的产品分别确定相应的广告预算。

影响不同产品广告预算分配的主要因素有市场竞争状况、产品生命周期、市场占有率、利润率等。

1. 市场竞争状况。广告是产品促销策略中的有效途径和手段，在激烈的市场竞争中，企业通常会用打广告的形式赢得消费者，树立品牌形象，增加自身的竞争力。一般而言，市场竞争越激烈，企业所花的广告费用就越多。

2. 产品生命周期。产品处在生命周期的不同阶段，其广告费用的预算有很大差别。一般情况下，在新产品的导入期，企业经营者为了提高产品品牌的知名度，树立品牌形象，必须投入大量的广告费用，充分利用各种媒体进行广告宣传，以增加产品的暴露度。产品进入成熟期，企业的利润达到最大化。由于利润的诱惑，市场上涌现出大量替代产品或类似产品，竞争达到白热化的程度。由于竞争的加剧，企业的广告费用又开始增加，企业利用多种媒体进行广告宣传，以突出"人无我有，人有我新，人新我全，人全我精"的特征。而一旦进入衰退期，广告费用将大幅度削减。

3. 市场占有率。一般而言，市场占有率高的产品，分配的广告费用就应该高一些；市场占有率低，广告费用自然就低。但某一产品在特定的市场中市场占有率达到一个饱和点时，如果通过增加广告费的形式来提高其市场占有率就有点不切实际。

4. 利润率。利润率高的产品，广告费用就可以多分配一些，因为广告带来的销售数量的增加能创造更多的利润空间；利润率低的产品，若广告费用超出产品盈利，企业就会无利可图。

5. 产品销售额。销售额与广告费用呈正比关系，同利润率和广告费用的关系一致。

6. 市场范围。产品市场范围大，广告费用应该多；反之就少。

不同的产品，由于其行业发展前景不同、市场占有率不同、市场竞争状况不同以及产品所处生命周期不同，其销售潜力、利润水平和产品在企业产品体系中所处的地位也是不一样的，这就使得企业在分配广告经费时应有所侧重，不能一视同仁。一般来说，广告预算的这种分配方法对企业的发展具有战略意义。

例如，美国宝洁公司洗涤剂产品有汰渍、快乐、Gain、Dash、Bold、象牙、Dreft、Oxydol、Exa、Solo 等品牌，其中，象牙品牌是一个成熟品牌，其广告投入可以相对少一些，Exa、Solo 等品牌是新品牌，需要大量的广告投入来推广，以提高品牌的知名度,其广告费用就需要多一些。一般来说,当产品或品牌处于上市期时,需要较多的广告投入;当产品或品牌处于成熟期和衰退期时,其广告费应该少一些。

(四)按广告对象分配

按广告对象分配是指企业按照广告计划中的不同广告对象,即广告产品的消费者,分别确定相应的广告预算。一般来说,以工商企业、社会团体用户为对象的广告,可以少使用广告费;而以最终消费者为对象的广告,所占广告预算费用比重较大。

(五)按广告传播媒体分配

按广告传播媒体分配就是根据广告计划所选择的广告媒体以及媒体刊播频次计划分配广告经费的方法。这种预算分配的目的在于使用综合的传播媒体来实现广告规划所预期的信息传播范围和效果。

这种分配方法一般有两种形式:其一,传播媒体之间的分配,即根据广告计划所选定的各种媒体进行广告费用的分配;其二,传播媒体之内的分配,即根据对同一媒体不同时期的广告需求来分配广告经费。

按广告传播媒体分配广告费用,要根据产品的种类和定位、产品的销售区域以及媒体的使用价格等综合考虑,在广告预算中,首先应该保证的是广告媒体的使用经费。

(六)按广告环节分配

一次完整的广告活动包括诸多环节,如广告调查、广告计划、广告制作、广告发布、广告效果评估等,按每一个环节所需要的费用来分配广告预算的方法,也是实践中经常采用的广告预算分配方法。

对于整体广告活动而言,虽然每个环节都很重要,但在广告预算分配上应有所侧重,不能平均分配。一般来说,在广告发布环节,广告媒体所占的费用最高,占广告预算总额的80%左右;调研、策划、效果测定的费用占预算总额的5%;广告制作和广告管理费用占10%左右;另外还要预留5%的机动费用。

二、广告预算管理

广告预算是企业下一阶段广告活动经费开支的计划,是即将执行的书面计划。

广告预算的职能作用在于草拟计划与管理的宏观作用,为了使广告活动能获得预定的成效，广告预算就要充分发挥其应有的计划管理职能作用，许多广告主（特别是小企业）在拟订广告预算之后便以为完事大吉、任其自然，缺乏为保证广告预算顺利实施而进行的必要跟踪、查询、拜访，实际上，这样的广告预算没有能够发挥其管理的职能作用，如此一来，对广告活动进行科学化管理就会成为一纸空谈，广告预算的管理作用不仅仅是在本广告预算有效期内对广告活动开展提供必要的资助和管理。通过循环往复的评估，广告主可以不断丰富经验并在此基础上日臻完善。但不管是什么样的广告预算，都必须充分发挥其计划与管理职能的作用。

（一）广告预算管理

从某种意义上讲，广告预算的管理就是一个行动方案，而这个行动方案一旦得以制定、肯定，那么各个环节均应照此办理。在企业中，每一个管理层次都应在广告预算的有效期内严格按照广告预算的各个项目、数额负责具体实施。

对于广告预算的管理，重点主要集中在两个方面。

1. 监督和规范广告预算经费的使用，使之能够按照广告预算的目标和要求进行使用。

2. 广告活动中随时可能碰到不可测因素，可能会影响到广告预算的正常使用，因而需要对广告预算使用进行必要的修正和调整。同时，也要在拟订广告预算时留有一些伸缩性，在正常情况下，各个环节应严格按照广告预算计划的内容开展工作，并且要经常性地对广告预算实施进行检查。

（二）广告预算审计

通过审计可以保证企业能够以良好的业绩持续经营，避免不恰当的广告费的开支，同时使广告相关人员的工作更富有效率和效果。

一般来说，广告预算审计主要应注意以下四方面问题。

1. 向广告公司支付的金额和支付内容是否恰当。
2. 与广告内容相比较，人员的使用、外景的选择等是否合适。
3. 是否选择了与广告目标一致的媒体。
4. 使用传媒时在时间段上是否一致等。

审计一般分为两种：（1）内部审计，是由本企业内部的相关职能部门进行审计；（2）外部审计，是由没有利害关系的第三方，一般是会计师事务所，进行审计。

本章小结

广告预算是企业广告计划对广告活动费用的匡算，是企业投入广告活动的资金费用使用计划。广告预算的主要项目有市场调研费、广告制作费、广告媒体使用资金、广告机构办公费与人员工资等。编制广告预算是广告计划的主要内容，在编制过程中不仅要遵循一定的原则，按一定步骤操作，还要分析其影响因素，采取正确的方法编制，这样才能保证广告预算编制的科学性。影响广告预算编制的因素主要有产品生命周期、市场竞争状况、产品品牌的市场地位、广告频次、品牌的替代性和不可控的外部因素等。常用的广告预算编制方法主要有销售额百分比法、销售单位法、目标任务法、竞争对比法、量力而行法等。科学的广告预算可以有效控制广告活动，评估广告效果，规划经费使用，提高广告效率，对广告策划实施具有重要的意义。

要保证广告计划顺利实施，只做合理的广告预算还不行，必须在此基础上对广告预算做出合理的分配；对广告预算的使用进行严格的管理和审计。在实践中，广告预算主要按时间、产品、市场区域、广告对象、传播媒体、广告环节来进行科学合理的分配。

关键概念

广告预算　销售额百分比法　销售单位法　目标任务法　竞争对比法　量力而行法　广告预算书　广告预算分配　广告预算管理

复习与思考题

一、选择题

1. 在广告预算的各种方法中，从理论上来讲最好，但实践中运用却不多的方法是（　　）。
   A. 量力而行法　　　　　　　　B. 销售单位法
   C. 目标任务法　　　　　　　　D. 竞争对比法
2. 在广告预算总额中，广告媒体使用资金所占比例应是（　　）。
   A. 70%～80%　　　　　　　　B. 5%～10%
   C. 50%～70%　　　　　　　　D. 60%

二、思考题

1. 什么是广告预算？广告预算主要有哪些内容？

2. 影响广告预算的因素有哪些？你认为哪一个因素最重要？为什么？
3. 广告预算的编制方法有哪些？请比较说明各自的优缺点。
4. 处于产品生命周期不同阶段的产品在编制广告预算时有什么不同？
5. 2000年5月，国家税务总局发布了关于企业广告费纳税的新规定：纳税人每一纳税年度发生的广告费用不超过销售收入的2%。2001年8月，此规定又作了调整，把部分行业2%的限额扩大到8%。你怎样理解国家对企业广告费用开支进行限制的政策调控？

三、案例分析

新朝阳商业城媒体计划预算表

第一部分：项目广告传播持续时间
（一）时间跨度
2002年11月~2004年4月
（根德商业街2004年元旦开业，塔楼2004年4月入伙）
（二）总工作月数
总共17个工作月（68个星期）
（三）项目总体推广费用
RMB16 000 000.00元
第二部分：各广告媒体费用一览表
（以下仅为大致数值，供根德投资发展公司、南宁国际置业顾问公司以及合作广告公司参考）
（一）报纸媒体报

报纸媒体

项目属性	版面属性	投放费用	投放次数	基本费用	备注
软性文稿	3 000字软文	3 000.00元/篇	30次	90 000.00元	
硬性广告	彩色整版	65 000.00元/每整版	25个	1 625 000.00元	
	彩色半版	32 000.00元/每半版	120个	3 840 000.00元	
	1/4版	16 000.00元/每1/4版	60个	960 000.00元	
报纸总体费用		6 515 000.00元			

在17个工作月里，保持平均每周2~3个版面，在《南国早报》、《广西市场报》、《南宁晚报》、《当代生活报》等报纸上进行投放。

(二) 电视媒体

电视媒体

项目属性	使用属性	播放格式	制作费用	投放费用	投放次数	基本费用
电视专题篇	整体形象简介	10分钟胶片	3 000.00元/分钟	5 000.00元/分钟	10次	530 000.00元
电视形象广告	商场形象塑造	1分钟胶片	300 000.00元	25 000.00元/分钟	20次	800 000.00元
	塔楼形象塑造	1分钟胶片	300 000.00元	25 000.00元/分钟	50次	1 550 000.00元
电视总体费用			2 880 000.00元			

专题篇播放时间放在电视台专题节目中（例如《商讯》）；形象广告建议插播在19：00——22：00时间段。频道选择主要集中在《广西电视台》、《广西卫视》和《广西电视文体频道》上。

(三) 电波媒体

电波媒体

项目属性	使用属性	播放格式	制作费用	投放费用	投放次数	基本费用
电波标头广告	节目赞助	15秒档	免	150元/次	17个工作月共投放1 200次（约平均每天3次）	180 000.00元
电波告知广告	常规广告	30秒档	免	150元/次		
电台总体费用			180 000.00元			

(四) 主要媒体

主要媒体

项目属性	规格	材质物料	制作印刷费用	购买（租用）费用	数量	基本费用
大型路牌	6米×18米	360DPI精度网格布	7 500.00元/个	500 000.00元/年	2个	1 015 000.00元
公交站路牌	2.5米×4米	720DPI精度网格布	2 500.00元/个	50 000.00元/年	6个	315 000.00元
车体广告	2.3米×5米	高精度喷绘胶贴膜	2 500.00元/条	70 000.00元/条	3条路线	217 500.00元
楼书	16开（待定）	210克铜版纸加其他工艺	10.00元/册		3 000册	30 000.00元
投资手册	16开（待定）	210克铜版纸	5元/册		2 000册	10 000.00元
招商手册	16开（待定）	210克铜版纸	10.00元/册		1 000册	10 000.00元
消费生活手册	22开G（待定）	210克铜版纸	3元/册		2 000册	6 000.00元
VCD	标准	标准	15元/张		1 000张	15 000.00元
展板	2米×80厘米	360DPI精度喷绘胶膜	1 000元/张		10张	10 000.00元
小型礼品	玻璃杯、吊牌等赠品		平均3.00元/个		5 000个	15 000.00元
VI视觉系统开发		根据详细项目制定价格，目前价格乃暂定数目				100 000.00元
主要媒体总体费用			1 743 500.00元			

（五）销售系统开发（1）

销售系统开发（1）

项目属性	规格	材质物料	制作印刷费用	购买（租用）费用	数量	基本费用
充气拱形门	15米跨度	高强度压膜	购买费用已含	1 200.00元/条	2	2 400.00元
高空气球	2~3平方米	标准	购买费用已含	500.00元/个	10	5 000.00元
工地围墙喷绘	3米×8米	720DPI精度喷绘布	1 200.00元/幅		10	12 000.00元
工地横幅、竖幅	5米×30米	红底黄字	700.00元/幅		5	3 500.00元
工地横幅、竖幅	20米×15米	蓝底白字	900.00元/幅		5	4 500.00元
售楼处横幅	2米×8米	丝质喷绘	300.00元/幅		5	1 500.00元
售楼处墙面喷绘	约5米×10米	720DPI精度喷绘板	700.00元/张		5	3 500.00元
售楼处外面立柱喷绘	约3米×10米	720DPI精度喷绘板	700.00元/张		6	3 200.00元
售楼处室外彩旗	80厘米×150厘米	丝质喷绘	50.00元/幅		100	5 000.00元
商业城情景模型	10平方米	塑胶模型	25 000.00/个		1	25 000.00元
商业城户型模型	1平方米	塑胶模型	4 500.00/个		2	9 000.00元
塔楼户型模型	1平方米	塑胶模型	4 500.00/个		3	13 500.00元
项目导向牌	3米×1.5米	压缩木版	2 000.00/个		5	10 000.00元
销售系统（1）总体费用			总体费用：98 100.00元			

（六）销售系统开发（2）

销售系统开发（2）

项目属性	规格	材质物料	制作印刷费用	购买（租用）费用	数量	基本费用
男销售人员服装	冬、夏	棉质	100.00 元/套		30	3 000.00 元
女销售人员服装	冬、夏	棉质	100.00 元/套		30	3 000.00 元
销售人员胸牌		钢质	30.00/件		100	3 000.00 元
销售人员文具	笔、文件夹、笔记本		50.00/套		100	5 000.00 元
购买意向书	A4 单张	150 克铜版纸	0.9 元/张		3 000	2 700.00 元
认购书	A4 夹页	150 克铜版纸	1.5 元/份		3 000	4 500.00 元
价单	A4 夹页	150 克铜版纸	1.5 元/份		3 000	4 500.00 元
销售系统（2）总体费用			25 700.00 元			

（七）广告公司代理佣金

按照广告推广费用之 5% 抽取佣金。

广告公司代理费用

项目属性	内容	基本费用
项目推广设计	VI 设计	550 000.00 元
	项目推广广告平面设计	
	销售系统设计	
	工地现场设计	
项目推广企划	电视广告创意	250 000.00 元
	促销活动、事件行销策划	
	项目整体推广企划	
广告公司代理佣金总体费用		800 000.00 元

第三部分：广告推广费用总结报告

（一）七大项媒体投放总费用

人民币 12 250 000.00 元

（人民币壹仟贰佰贰拾伍万圆整）

（二）七大项费用乃属常规量化报价，是根据南宁"新朝阳商业城"之项目属性进行分析而得出的初步媒体投放计划表，供三方合作商作参考探讨。具体媒体投放计划和内容，将以项目销售期间，我公司进行对广告效果的监测结果而作最优化的调整，特此说明。

（三）项目销售推广期间所进行的行销事件（EVENT）、促销活动（SP）所需之费用，将在剩余费用中进行合理分配。由于行销事件有极强的突然性、机动性，难以对行销事件进行详细费用预算，因此，本媒体投放计划书并没有针对行销事件进行费用统筹。具体安排将根据项目的销售状况、行销事件确认而调整费用预算。

（附件）行销事件一览表

行销事件一览表

项目属性	具体事件	基本费用	备注
EVENT	开盘剪彩现场活动		各种行销事业具体时间安排在互联公司所提供之"新朝阳商业城"整合行销策划案中有详细列明
EVENT	开盘新闻发布会		
EVENT	"21世纪商铺投资视界"论坛		
EVENT	"南宁第一树历史典故征集"活动		
EVENT	"国际民歌节"活动		
EVENT	"垃圾时装秀"环保活动		
EVENT	"老业主千人酒会"活动		
EVENT	"六一亲子画画比赛"活动		
EVENT	塔楼"商务互动生活空间开放日"活动		
EVENT	"首届青少年假日歌艺表演"活动		
EVENT	"缤纷南宁、动感朝阳"晚会（商场正式营运）		

案例思考

1. 结合案例解释广告预算的重要意义。
2. 结合案例说明广告预算的内容。

第十章 广告效果评估

【学习目标】
1. 掌握广告效果的基本含义和特征。
2. 掌握广告效果测定的主要方向。
3. 了解并能够初步运用广告效果测定的基本方法。
4. 初步了解网络广告效果测定的特征和方法。

【案例导入】

苹果 iPod 广告歌曲——听出来的广告效果

One, Two, Three, Four,
Tell Me That You Love Me More。
Sleepless, Long Nights。
Sighs, What My Youth Was For。
……

想必 iPod 迷们都对这首歌曲非常熟悉,也非常喜爱,如果把这首歌曲播放出来,它那轻松优美的旋律也会吸引很多人侧耳倾听,对于营销人而言,它可能还意味着更多。

Compete 最近披露了一则有趣的广告成功案例。苹果最近投放了一系列电视广告,主角分别是它的三个新产品 iPod Nano、iPod Touch、Macbook Air。这三则电视广告的配乐分别找来三个不怎么出名的小乐团。虽然歌手不出名,但歌曲却显然经过精挑细选,非常好听,好听到观众看完这则广告连忙回到计算机前去搜寻这些歌曲的名字。

Compete 捕捉了从 2007 年 8 月到 2008 年 1 月 5 个月时间搜索引擎的关键字,发现其中关于这三则广告的关键字,加起来一共有 100 万次以上的搜索。其中最好听的 iPod Nano 广告中的 Feist 所唱的《1-2-3-4》一曲,单单 9 月份 1 个月就吸引了 42 万次的搜索。可是,问题来了,由于观众并不知道这首歌是谁唱的,所以观众搜索的字符串大多是"iPod Nano Commercial Song"(iPod Nano 的广告歌),其次是"iPod Nano Commercial"(iPod Nano 广告),然后是"iPod Commercial song"(iPod 的广告歌),然后是"iPod Commercial"(iPod 广告),你可以感受到这些观众急于找这支好听的歌,却不知道该怎么查,只好模棱两可地去搜索"iPod 那则广告的好听歌曲"之类的关键字。

观众看到线下的广告,然后到线上去"延伸阅读",这种广告模式在美国还不常见,因此,他们对于苹果这次广告成功有点大惊小怪，但在台湾地区，这种"线下广告引到线上官网"的模式已经常见于公车广告、高速公路广告及电视广告了，比如搜索"二代宅"，就是直接在公车广告上告诉观众：来，到线上搜寻"二代宅"三个字吧。观众到计算机前慢慢搜索，搜索引擎回复了一大堆关于"远雄二代宅"的广告，点击进去就到官方网站，可以马上得到更详尽的信息。

更令人兴奋的是，台湾地区这种"具名英雄"的广告法，效果肯定不如苹果的"无名英雄广告法"。"无名英雄"广告法显然高明许多，为什么？因为观众看到"二代宅"广告，他一定要对这个产品有兴趣，才会真地到 Yahoo 搜索"二代宅"，因此，可能有 300 万人看到这个广告，但最后只有几千人真地去搜索。

但苹果的广告则不同，它在广告 iPod 的同时，播放一首很好听的无名歌曲给你听；歌曲这种东西很通俗，喜欢一段美妙旋律的人，肯定远比喜欢 iPod 的人还多很多；想再听一次这首美妙歌曲的人，肯定比想知道 iPod Nano 在做什么的还多很多。所以，300 万人看到这则广告，可能有高达 100 万人都共同觉得"这首歌真好听"，然后，他回家后，就会跑去搜索"iPod 的那首好听歌曲"，想认识认识这位"无名英雄"。在这个过程中，问题的关键是，买广告的企业能不能抓到这些从线下到线上进行搜索的人呢？假如企业可以在这些可能的搜索字符串的结果页面都预先"铺好版位"，至少也买足相关的关键字广告，它就不只抓住 1 万人，而是抓住 100 万人；它可以抓住一群更大的族群，让他们第二次看到 iPod 的广告。

更妙的是，这种"无名英雄"的广告思维，其实可以在广告中埋入好几个兴趣点，例如，其中有好听的歌曲，也有好看的美女，美女说一个谜语，谜语再提到 6 月份山上的一场爬山活动，一个广告就会制造出好几个"兴趣点"。每个观众的喜好不同，男生爱看美女，女生爱猜谜语，老人爱参加山上的活动，无论是喜欢什么，看到这则广告后，回家通通会到搜索引擎乖乖地搜索；无论是搜索"那则某某广告的美女"、"那则某某广告的谜语"，通通都会链接到广告主所设置的网站去。这些"无名英雄"加总的吸引力，远比具名的"二代宅"的广告力量大。

那么，除了广告公司可以快点开始设计这样的广告或者媒体可以快点宣扬这样的广告策划以外，我们通用网络创业家，除了开一家顾问公司专门做这方面的设计外，能不能从这种有效的广告模式想到创业的点子？我们可以想到的是，做一个网站，让企业能填入广告可能带来的几个关键字，然后让这些关键字出现在 Google 里面。

另一个点子是，用网虫共制方式做出一个"广告大百科"，广告才 20 秒，但里面的所有东西，包括无名歌曲、无名建筑甚至无名模特儿身上所有的无名饰品，通通具有极强的吸引力。用这个广告大百科来捕捉所有想要搜索广告相关内容的网民，只要搜索"那则某某广告的那位不知道叫什么名字的美女"，都会搜到这个网站来。

总之，既然人们的好奇心和求知欲源源不绝，从中潜在的商机与财富当然也会跟着源源不绝了。

二代宅：这是在台湾地区很流行的概念，强调营造住宅小区环境以及数字生活。房地产商利用环境共生的概念，运用绿荫和艺术造景，让环境变得更有美感，并且强调数字科技安全，以增强建筑在地段和价格之外的竞争力。

（资料来源：http://search.cnad.com/）

"我知道我们至少一半的广告费是白花了,但问题是我不知道是哪一半。"这是19世纪成功企业家约翰·瓦纳梅克(John Wanamaker)的一句名言。企业为了查清究竟在广告费里有多少是浪费掉了,有多少是起了一定的作用,广告人员要花费大量的时间、精力、体力和金钱进行调查工作。也就是说,他们在设法调查自己企业的广告是否达到了预期的效果。而广告效果的评估或测定在整个广告活动中占有很重要的地位,企业的广告活动必须要落实到广告效果上。广告活动的属性是以效益最大化为基准的经济行为,任何一项广告活动都要投入一定的物力、财力和人力,并使其"产出",即广告效果最大化。在西方许多国家,一个完整的广告策划案必须包含广告效果评估这一部分,如果缺少了广告效果评估的办法和指标,广告代理商必将受到痛斥。在我国,随着市场竞争的加剧以及广告主对广告的认识越来越成熟,广告效果的测定也越来越受到重视,其测定方法也不断走向科学和成熟。广告效果的评估已经成为广告策划的重要内容之一。企业只有有效地测定广告效果,才能选择最好的诉求点,才能创作最有力的广告,从而达到预期的效果。

第一节 广告效果概述

一、广告效果的含义及特性

(一)广告效果的含义

广告效果是广告活动或广告作品对消费者所产生的影响。狭义的广告效果指的是广告取得的经济效果,即广告达到既定目标的程度,就是通常所包括的传播效果和销售效果。从广义上说,广告效果还包含了心理效果和社会效果。心理效果是广告对受众心理认知、情感和意志的影响程度,是广告的传播功能、经济功能、教育功能、社会功能等的集中体现。广告的社会效果是广告对社会道德、文化教育、伦理、环境的影响。良好的社会效果也能给企业带来良好的经济效益,广告效果的测定一般是指广告经济效果的测定。

(二)广告效果的特性

1. 时间的滞后性。广告活动对媒体受众的影响程度受经济、文化、风俗、习惯等多种因素综合制约。有的媒体受众可能反应快一些,有的则慢一些;有的可能是连贯的、续起的,有的则可能是简短的、迟效的。一般来说,广告效果在时间上具有明显的滞后性,这种滞后性使广告宣传的效果不能很快、很明显地显示出来。

2. 效果的积累性。广告宣传活动往往是连续不断或反复进行的。某一时点的广告效果都是这一时点以前的多次广告宣传积累的结果。媒体受众从接受广告活动到产生购买行为可能需要一个较长的时期,这段时间就是广告效果的积累期。广告主通过连续不断地、反复地进行广告宣传,不断加深印象,不断激发受众产生购买欲望,最终产生消费行为。

3. 效果的复合性。首先,广告活动由于应用不同的媒体组合,广告效果往往是各种媒体广告共同作用产生的,具有复合性;其次,广告活动也受表现手法的影响,如同样是互联网广告,有文字广告、图片广告、动画广告、旗帜广告、走马灯广告、弹出式广告等,广告效果是不同表现手法共同作用的结果,具有复合性;最后,广告主在一个时期有时同时发布观念广告、企业广告、产品广告等不同类型的广告,甚至是不同产品的广告,其效果往往是不同类型的广告共同作用的结果,具有复合性。此外,同业竞争、营销整合甚至社会政治、文化、伦理、道德等因素都能够影响广告效果。由此可见,广告效果带有复合性的特点。

4. 效果的间接性。广告效果的间接性也称为二次或多次传播性,主要表现在两个方面:一方面,受广告宣传的消费者在购买商品之后的使用或消费过程中,会对商品的质量和功能有一个全面的认识,如果消费者认为商品、服务或企业值得信赖,就会产生安全感,会重复消费;另一方面,消费者还可能会将自己信赖的产品、服务或企业推荐给亲朋好友,从而间接地扩大了广告效果。

5. 效果的两面性。效果的两面性是指广告不仅具有促进产品和服务销售的功能,还具有延缓产品或服务销售下降的功能。在企业的营销活动中,广告是基本的促销方式,促销效果是测定广告效果的一项重要内容。但从企业在营销活动中的实际情况来看,在产品生命周期的不同阶段,广告所起的作用是不同的。比如,在产品的导入期或成长期,企业的广告能起到扩大产品知名度、促进产品销售、提高市场占有率的作用,而在成熟期以及衰退期,广告虽然能延缓产品销售的下降,但是促销效果就不太明显。因此,如果仅从销售量上评估广告的效果,显然是不全面的、不科学的。

6. 竞争性。广告的竞争性强、影响力大,就能加深广告商品在消费者心目中的印象,树立形象,扩大市场份额。由于广告的激烈竞争,以及同类产品的广告大战,会使广告效果相互抵消。因此,要从多方面考虑广告的竞争力大小。

广告的这些特性,决定了企业在评估广告效果时必须从实际出发,全面考虑影响广告效果的各种因素,从而正确有效地评估广告的效果。

二、广告效果的类别

(一)按涵盖内容和影响范围划分

按涵盖内容和影响范围划分,广告效果可分为销售效果、传播效果和社会效果,这也是最常见的划分方法。

1. 广告的销售效果,也称为经济效果,是指广告活动促进产品或者服务的销售,增加企业利润的程度。广告的经济效果是企业广告活动最基本、最重要的效果,也是测评广告效果的主要内容。

2. 广告的传播效果,也称为心理效果,是指广告传播活动在消费者心理上的反应程度,表现为对消费者的认知、态度和行为等方面的影响。广告活动能够激发消费者的心理需要和动机,培养消费者对某些品牌的信任和好感,树立良好形象,起到潜移默化的作用。

3. 广告的社会效果,是指广告在社会道德、文化教育等方面的影响和作用。广告能够传播商品知识,可以影响人们的消费观念,会被视为一种文化而流行推广。

(二)按产生效果的时间划分

一项广告活动展开后,从时间关系上看,广告产生影响和变化会有多种情况。

1. 即时效果。广告发布后,很快就能产生效果。如商场里的POP广告会促使顾客立即采取购买行动。

2. 近期效果。广告发布后在较短的时间内产生效果。通常是在1个月、1个季度最多1年内,广告商品的销售额有了较大幅度的增长,品牌知名度、理解度等有了一定的提高。近期效果是衡量广告活动是否取得成功的重要指标。

3. 长期效果。这是指广告在消费者心目中所产生的长远影响。消费者接受一定的广告信息,一般并不是立即采取购买行为,而是把有关信息存储在大脑中,在需要进行消费的时候产生效应,广告的影响是长期的、潜在的,也是逐步积累起来的。

在广告活动中,不仅要追求广告的即时效果和近期效果,而且应该重视长期效果。在市场竞争加剧、需要运用整合传播的现代营销战略中,广告的长期效果更为重要。

(三) 按对消费者的影响程度和表现划分

主要可分为到达效果、认知效果、心理变化效果和促进购买效果。

1. 到达效果。广告能否被消费者接触,要看有关广告媒体的"覆盖率"如何。如印刷媒体的发行量、电子媒体的视听率等的测评,为选择广告媒体指出方向。

2. 认知效果。测定消费者接触了广告信息后对广告的印象和记忆的程度,反映了广告受众在多大程度上"听过或看过"广告。这主要通过测评消费者对广告的知晓率、理解率、喜爱度、购买欲望率等。

3. 心理变化效果。消费者接触广告时所产生的心理变化,只能通过调查、实验室测试等方法间接得到。

4. 促进购买效果。这是指消费者响应广告诉求所采取的有关行为。这是一种外在的、可以把握的广告效果,一般可以采取"事前事后测定法"得到数据。

三、广告效果测定的意义

广告主通过各种媒体传播了大量广告信息,也投入了数额巨大的广告费用。全世界一年约投放广告费 3 570 亿美元,排在一、二位的,美国每年约投入广告费 1 886 亿美元,日本的广告费每年约达 331 亿美元。我国自改革开放以来广告投入约以年均 40% 的速度增长。到 20 世纪末,一年已有 620 多亿元人民币(不到 75 亿美元)的广告费投放。花这么多费用来做广告,其目的就是要取得一定的效果。因此,很有必要对广告效果进行测定。

(一) 有利于加强广告目标管理

通过对广告活动的每个过程、每个阶段所产生的效果进行评估,与广告策划方案中的目标进行对照比较,衡量其实现的程度,全面而准确地掌握广告活动的现状,能够及时发现问题、总结经验,控制和调整广告活动的发展方向,确保广告活动能始终按照预期目标运行。

(二) 有利于筹划广告策略创新

测定广告效果,是对广告活动的总结评价,通过检验广告目标、广告主题、广告媒体是否得当,与企业目标和营销目标、营销组合策略是否配合,使广告筹划建立在符合客观规律的基础之上。同时,也为今后的广告活动提供经验教训,为策划新的广告战略发挥作用。

（三）有利于增强企业的广告意识

对广告效果的评估，摒弃了单凭经验和感觉主观地判断效果大小的做法，使企业广告活动规范化、严密化、精细化，做到胸中有数。另外，通过具体的数据资料，使企业切实感受到广告所带来的效益，增强运用广告促进企业发展的信心。

四、广告效果测定的原理

（一）广告效果测定的原则

1. 针对性原则。这是指广告效果测定必须要有明确而具体的目标。确定了具体的测定目标，才能选择相应的测定手段和方法，测定的结果也才能准确、可信。如检查产品销售变化、消费习惯变化、知名度提高。

2. 可靠性原则。在测定过程中，要求抽样的调查样本有典型意义和代表意义；调查表的设计要合理，汇总的方法要科学、先进；考虑的影响因素要全面；测定要多次进行，反复验证。这样，测定结果才可靠。

3. 综合性原则。影响广告效果的因素有可控因素（如广告预算、媒体选择、刊播时间、播放频率等）和不可控因素（如国家法律法规、消费者风俗习惯、目标市场的文化水平等）。这些因素对广告效果的影响是综合性的，要予以重视，测定时，除了要对影响因素进行综合性分析外，还要考虑媒体使用的并列性以及广告播放时间的交叉性。

4. 经常性原则。由于广告效果具有时间上的滞后性以及效果上的积累性、复合性和间接性等特征，因而广告效果测定要定期或不定期地进行。

5. 经济性原则。广告效果测定所选的样本数量、测定模式、地点、方法以及相关指标等，既要考虑测定本身的要求，也要考虑广告主的经济实力，用较少的成本投入取得较高的广告效果。

（二）广告效果测定的程序

广告效果测定的程序如图10-1所示。

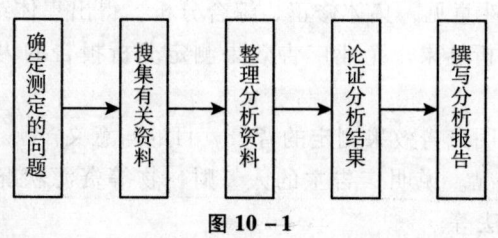

图 10-1

1. 确定效果测定的具体问题。要把广告主在广告宣传中存在的最关键和最迫切需要了解的效果问题作为测定的重点。如企业或产品的形象、产品的知名度和销售量等。

2. 搜集有关资料。

（1）制定计划。由测定单位制定搜集资料的计划，计划内容包括调查步骤、调查范围与内容、人员组织等。同时，广告主与测定单位还要就双方的权利义务签订正式的合同。

（2）组建调查研究组。测定研究组是由各类调查人员组成的优化组合群体，做到综合与专业测定人员、高中低各层次测定人员、理论部门与实际部门专家、老中青不同年龄的测定人员相结合。只有这样分工负责，才能产生高质量的测定成果。

（3）搜集企业内、外部资料。一是企业外部资料（与广告活动有关的政策、法规、计划统计资料、当地经济、市场供求变化、主要媒体、消费者的媒体习惯以及竞争企业的广告促销状况）；二是企业内部资料（企业近年来的销售、利润状况以及广告预算、广告媒体选择等情况）。

3. 整理和分析资料。对所搜集到的大量信息资料进行分类整理、综合分析和专题分析。资料归纳的方法有：按时间序列分类、按问题分类、按专题分类、按因素分类等。在分类整理的基础上进行初步分析。

分析方法有：（1）综合分析，从企业的整体出发，综合分析企业的广告效果；（2）专题分析，根据效果测定的要求，对企业广告效果的某一方面进行详尽的分析。

4. 论证分析结果。即召开分析结果论证会。邀请社会上有关专家、学者参加，广告主负责人出席，运用科学的方法，对广告效果的测定结果进行全方位的评议论证，使测定结果进一步科学合理。由广告效果测定研究组负责。

常用的方法有以下两种。

（1）判断分析法。根据参加讨论人员的身份、工作性质、发表意见的权威程度等因素确定一个综合权数，对分析结果进行修正。

（2）集体思考法。由与会的专家、学者对广告效果测定的结果进行讨论研究，各自发表独创性意见，集体修正，综合分析，得出集体结果。

5. 撰写测定分析结果。企业广告效果测定分析报告的内容主要包括以下六部分。

（1）序言。阐明广告效果测定的背景、目的与意义。

（2）广告主概况。说明广告主的人、财、物等资源状况，广告主广告促销的规模、范围和方法等。

(3) 广告效果测定的调查内容、范围与基本方法。
(4) 广告效果测定的实际步骤。
(5) 广告效果测定的具体结果。
(6) 改善广告促销的具体意见。

第二节 广告效果评估的方法

一、广告的心理效果评估

(一) 广告心理效果评估的内容

广告心理效果又称广告沟通效果，如知晓度、认知度、偏好等变化方面的效果。

1. 广告知晓度和了解度的评估。广告知晓度指媒体受众通过多种媒体了解某则广告的比例和程度。

$$某则广告的知晓度 = \left(\frac{被调查者中知晓该广告的人数}{被调查者总人数}\right) \times 100\%$$

$$某则广告的了解度 = \left(\frac{被调查者中知晓并了解该广告的人数}{被调查者中知晓该广告的人数}\right) \times 100\%$$

例如，广告公司发放对某则广告知晓度调查问卷10 000份，在10 000个媒体受众中，有8 000人知晓该广告。在知晓该广告的8 000位媒体受众中，如果有3 000人对该广告宣传的产品有较深的了解。那么：

$$该广告的知晓度 = \left(\frac{被调查者中知晓该广告的人数}{被调查者总人数}\right) \times 100\%$$

$$= 8\,000/10\,000 \times 100\% = 80\%$$

$$该广告的了解度 = \left(\frac{被调查者中知晓并了解该广告的人数}{被调查者中知晓该广告的人数}\right) \times 100\%$$

$$= 3\,000/8\,000 \times 100\% = 37.5\%。$$

广告知晓度和了解度用于测定不同阶段广告效果的有效指标和内容。

2. 对广告内容回忆状况的评估。这是指借助一定的方法评估媒体受众能够重述或复制出其所接触广告内容的一种方法。"回忆"常被用来确定消费者记忆广告的程度。

对广告回忆的方法有两种：

(1) 无辅助回忆（纯粹回忆）。媒体受众独立地对某些广告进行回忆，调查人员只如实记录回忆情况，不作任何提示。

（2）辅助回忆。调查人员在调查时，适当地给被调查者某种提示。常见的提示有商标、品牌、色彩、标题或插图等。

3. 受众偏好状况的评估。在一些竞争产品中，消费者较固定地购买某种品牌产品的心理特征。偏好在一定时期内是相对稳定的，在较长时期内会产生一系列的重复购买行为，因此，企业要重视品牌偏好的培养。

（二）广告心理效果评估的方法

1. 广告心理效果的事前评估方法。心理效果的事前测定是在广告作品尚未正式刊播之前，邀请有关专家和消费者团体进行现场观摩，审查广告作品存在的问题，或进行各种试验，以对广告作品可能获得的成效进行评价。一个有效的广告作品是能够产生心理效果的作品，即能够影响消费者心理变化、引导消费者态度朝着既定的广告目标转变。因此，对广告作品应进行广告主题、创意、文案、表现手法等方面的测试，根据消费者的意见选择、修改广告作品，也可发现更好的创造广告作品的构想。

常用方法有以下几种。

（1）专家意见综合法。在广告文案设计完成之后，邀请有关广告专家、心理学家和营销专家进行评价，对广告文案及媒体组合方式将会产生的效果做出预测，然后综合所有专家的意见，作为预测效果的基础。该方法是事前测定中比较简便的一种方法，邀请的人数以 10~15 人为宜。应为专家准备的材料有已设计的广告方案、广告产品的特点、广告主生产经营状况、企业及市场的前景资料等。

（2）直接测定法。把供选择的广告展露给一组消费者，并请他们对这些广告进行评比打分。该方法用于评估消费者对广告的注意力、认知、情绪和行动等方面的强度。如表 10-1 所示。

表 10-1

广告评分项目	得分	满分
本广告吸引消费者注意力的能力如何		20
本广告使消费者往下继续阅读的能力如何		20
本广告主要的信息或利益的鲜明度如何		20
本广告特有的诉求效能如何		20
本广告建议激起实际购买行动的强度如何		20

评分标准：80~100 分为优秀；60~80 分为好；40~60 分为较好；20~40 分为中等；0~20 分为差。

(3）仪器测试法。这是借助仪器测试广告作品效果，是一种辅助手段。

第一，视向测验法。人们的视线一般总是停留在关心与有兴趣的地方，越关心、越感兴趣，视线驻留的时间就越长。视向测验器是记录媒体受众观看广告文案各部分时的视线顺序以及驻留时间长短的一种仪器。根据测知的视线移动图和各部位注目时间长短的比例可以预知：广告文案文字字体排列的易读性；广告各要素位置安排的合理性；广告画面中须突出或最吸引人的部分的实现性。阿瑟和康（Asher & Kahn）早在1947年曾用眼动记录仪来研究学生阅读和浏览全页广告的差异。研究发现，浏览的人花较多时间在插图上，而阅读的人花较多时间在文本上，但没有统计意义上的差异。

该方法也有不少缺点，比如实现运动是根据眼球移动的，但不能保证视线移动与眼球移动是一致的，消费者对某事物注意时间的长短并不能说明他就对该事物感兴趣，简单的事物会一目了然，花费时间短，抽象难懂的事物可能会花费比较多的时间。再加上邀请的消费者不一定具有很强的代表性和典型性。而且这种评估方法需要高昂的费用，所以一般情况下并不可取。

第二，皮肤测试法。人在受到诸如兴奋、感动、紧张等情绪起伏的冲击后，人体的出汗情况会随之发生变化，进而引起皮下电流的变化。皮肤反射测验器就是根据这种变化来测量媒体受众的感情变化，分析受众的心理感受。该方法主要用于对电视广告和广播广告效果的测定。可以检查测定最能激起受众情感起伏的地方，即检查"高潮"是否符合广告经营者的意图。

该方法也有一定的缺点，比如，由于个体差异，每个人的情绪反应并不相同，每个人的条件反射重点是不同的，有的人对色彩比较敏感，有的人对音乐比较敏感，有的人对动作表演比较敏感，这会导致情绪的波动产生很大的差异性，从而使评估结果出现较大的误差，所以要配合其他方法综合考虑，得出比较客观的结论。

第三，瞬间显露测试法。利用电源的不断刺激，在一段时间内（1/2秒或1/10秒内）呈现并测定广告各要素的注目程度。该方法的作用和用途是：测试印刷品广告中各要素的显眼程度；测试各种构图的位置效果，以决定大标题、图样、文案、广告主名称的适当位置。

第四，记忆鼓测试法。在广告策划中，记忆鼓是专门用来研究在一定时间内人们对广告作品的记忆程度。该方法是：被调查者在一定时间内经由显示窗看完一则广告后，主持测试者立即用再确认法测验被调查者对广告文案的记忆，从而评估出品牌名称、广告主名称、广告文案的主要内容等易于记忆的程度。

第五，瞳孔计测试法。瞳孔受到明亮光线的刺激要缩小，在黑暗中要张大。对感兴趣的事物长时间的凝视，瞳孔也会张大。瞳孔计测试法，就是根据这个道理，用有关设备将瞳孔伸缩情况记录下来，以测定瞳孔伸缩与受众兴趣反应之间的关系。这种方法多用于电视广告效果的测定。对所测的结果也不要过分相信，因为瞳孔变化会受到很多因素的影响。

（4）组群测试法。让消费者观看或收听一组广告，对时间不加限制，然后要求他们回忆所看到（或听到）的全部广告以及内容。他们的回忆水平表明广告的突出性以及信息被了解或记忆的程度。在群组测试中，必须用完整的广告以便能做出系统的评估。群组测试可以测试 5～10 则广告，在调查中，通常询问的问题有以下几个：

您对哪几则广告感兴趣？

您喜欢哪一则广告？

这则广告宣传的是什么？您明白了吗？

您觉得广告中的文字和图案有没有进一步改进的地方？

您看过广告后对您影响最深刻的是什么？

您看过广告后有没有想进一步了解广告中所介绍产品的兴趣，或者有近期购买该产品的打算？

2. 介绍广告心理效果的事中评估方法。这是在广告已开始刊播后进行的。事中测定可以直接了解受众在日常生活中对广告的反应，得出的结论也更加准确可靠。常用的方法有以下几种。

（1）市场试验法。先选定一两个试验地区刊播已设计好的广告，然后再同时观察试验地区与尚未推出广告的一般地区，根据受众的反应情况，比较试验地区与一般地区之间的差异，就可以测出广告促销活动的心理效果。采用实验法必须选择与目标销售区域或对象具有类似特征的实验范围与对象。对于接受实验者来说，一切都必须是全新的，不带任何假想地，甚至是一无所知地接受实验，这样才能使所获结果尽量接近真实。

对电视、广播广告效果的事中测定，可用以下四种方法。

第一，家中测试。将小型屏幕放映机安置在具有代表性的目标消费者家中，让这些消费者观看电视广告节目。这种方法虽然可以让消费者集中注意力观看广告，但是，这种观看是可以营造的环境，而不是由于广告的吸引自愿观看，所以结果会有很多的有意识行为。

第二，汽车拖车测试。以汽车拖车作为临时的工作试验室，对现场消费者进行试验。在这种模拟的购买环境中，向消费者展示评估的产品以及选择品牌的机会，然后邀请消费者观看一系列广告片，同时发给他们可以到郊区商业商店购买产品的购物券，企业可以根据购物券的回收率来判断广告的有效性。

第三，剧场测试。邀请被调查者到剧场看电影和广告片。放映之前，请被调查者简述在不同商品类别中他们比较喜欢的品牌；观看之后，再让被调查者在不同类别商品中选择他们喜欢的品牌。

第四，播放测试。在电视台或有线电视节目频道播放电视节目和广告，播放后，再询问观众能够回忆多少广告片中的内容。

（2）函询法。函询法一般采用调查问卷的形式进行。把设计好的调查问卷寄给被调查者，填写后收回分析。一般情况下，为了提高问卷的回收率，广告效果的评估者要给回答问卷的消费者一定的报酬。问卷一般采取不记名的方式进行，要求回答者填写个人的基本信息，比如年龄、职业、文化程度、家庭住址、家庭年均收入等。调查表中所列问题尽量详细并具有代表性，一般是开放性问题居多。比如，可以设以下问题：

您看过或听过某品牌产品的广告吗？

您通过什么媒体接触到这些广告？

该广告的内容是什么？

您认为该广告有特色吗？

您认为该广告最吸引您的是什么？

您认为该广告还有什么不足之处？

您经常够买什么品牌的商品？

3. 广告心理效果的事后评估方法。广告心理效果的事后评估有两层含义：一是一则广告刊播过程一结束，就立即对其心理效果进行评估；二是一则广告宣传活动结束后过一段时间再对其心理效果进行评估。

效果评估与广告刊播结束之间的时间间隔主要由媒体的性质决定，同时也要考虑目标市场上消费者自身的特点。如果评估的时间过早，广告的时间滞后性效果没有发挥出来，得出的结论就不准确；如果评估的时间过晚，间隔时间过长，就会导致广告效果的淡化，这样得出的结论也不准确。心理效果进行事后评估的方法有以下几种。

（1）要点打分法。请被调查者就已刊播过的广告的重要方面进行打分，各项得分之和就是该广告的实际效果。

（2）雪林测定法。该方法又分为以下三种方法。

第一，节目效果测定法——召集一定数量并有代表性的观众到剧场，观众被要求按照个人的意见对被测验的广告表演节目进行评分定级。

第二，广告效果测定法——邀请具有代表性的观众到剧场欣赏被测定的各种广告片。在未看广告之前和看完广告之后分别凭票选择自己喜欢的商品。然后看广告商品品牌的选择度高低，选择度高出部分就是该广告片的心理效果。

第三，基本电视广告测验法。目的在于客观地评价和判断电视广告片的优劣,以及用标准化的程序测验电视广告的效果。基本电视广告测验的项目主要有：趣味反应、回忆程度、理解程度、广告作品诊断、效果评定、购买欲望、广告片的整体效果。

二、广告的经济效果评估

广告的经济效果是广告活动最佳效果的体现,它集中反映了企业在广告促销活动中的营销业绩。广告经济效果评估是衡量广告最终效果的关键环节。

(一) 广告经济效果测定的含义

广告经济效果评估就是评估在投入一定广告费及广告刊播之后所引起的产品销售额与利润的变化状况。这种产品销售额与利润的变化有两层含义：一是指一定时期的广告促销所导致的广告产品销售额以及利润额的绝对增加量；二是指一定时期的广告促销活动所引起的相对量的变化,即是广告投入与产出结果的比较。这种投入产出指标对提高企业经济效益具有重要意义。

但是,导致企业销售额和利润增加的因素可能有多种。在整个信息传播过程中,促使购买行动发生的原因有很多。商品销售额的提高,可能与广告有直接关系,也可能受间接的影响,有时是各种营销战略的综合效果。消费者接触到有关信息,采取购买行为,并不仅仅通过广告一个渠道。企业开展营销活动,可以运用多种促销方式和策略,如价格策略、流通策略、产品策略等,来促进商品的销售。因此,简单地用销售结果来衡量广告效果,是不够准确客观的。

然而,通过销售和利润指标的变化来测定广告效果,比较简易直观,广告主也乐于接受。

一般情况下投入产出指标要求有：

1. 每增加一个单位产品的销售额和利润额,要求广告投入最小,销售增加额最大。

2. 每增加一个单位的广告经济效益相对指标,要求广告主获益最大。即经济效益的提高与企业品牌知名度的提高和形象的塑造是同步的。

3. 这种相对指标的提高,要有利于形成一个良好的结构与良性循环。这种良好的结构是指企业内在的生产经营结构与市场需求趋势以及消费者的偏好是相适应的,从而有利于企业开展促销活动。良性循环是指广告活动有利于企业调整生产经营结构、开发新产品、生产出适应市场需求特点的产品。这一循环成为企业内在的自律机制。

（二）广告经济效果测定的方法

广告的销售效果一般比沟通效果难以测定，因为销售效果除了受广告影响外，还会受到产品特色、价格和服务等很多因素的影响。这些因素影响程度越小，可控程度越高，广告对产品销售效果的影响就越容易评估。

常用的广告经济效果测定的方法主要有以下六种。

1. 广告费用比率法。它表明广告费支出与销售额之间的对比关系。其计算公式为：

$$广告费用率 = \left(\frac{本期广告费用总额}{本期广告后销售总额}\right) \times 100\%$$

广告费用率的倒数称为单位广告费用销售率，它表明每支出 1 单位的广告费用所能实现的销售额。其计算公式为：

$$单位广告费用销售率 = \left(\frac{本期广告后销售总额}{本期广告费用总额}\right) \times 100\%。$$

广告费用率越小，或单位广告费用销售率越大，说明广告经济效果越好。

2. 单位广告费用销售增加额法。它利用单位广告费用销售增加率衡量。其计算公式为：

$$单位广告费用销售增加率 = \left(\frac{本期广告后的销售额 - 本期广告前销售额}{本期广告费用总额}\right) \times 100\%。$$

该指标数值越大，广告经济效果越好。

3. 广告效果比率法。它利用广告销售效果比率等指标衡量。其计算公式为：

$$广告销售效果比率 = \left(\frac{本期销售额增长率}{本期广告费用增长率}\right) \times 100\%$$

$$广告销售利润效果比率 = \left(\frac{本期销售利润增长率}{本期广告费用增长率}\right) \times 100\%。$$

例如，某企业为了配合旺季销售，第三季度投入的广告费比第二季度增长了 40%，同时，第三季度的销售额比第二季度增长了 20%。由此我们可以算出该企业广告销售比率为 50%。

上述两个指标数值越大，广告经济效果越好。

4. 广告效益法。它利用单位费用销售（或利润）增加额衡量。其计算公式为：

$$单位费用销售（或利润）增加额 = \frac{\left[\begin{array}{c}本期广告后销售\\（或利润）总额\end{array} - \begin{array}{c}上期广告后（或未作广告前销售\\（或利润）总额\end{array}\right]}{本期广告费总额}$$

例如，某企业第二季度销售额为 1 800 万元，第三季度投入广告费 8 万元，销售额上升为 2 000 万元，则该企业单位费用销售增加额为 250 万元，即每元广告费取得 250 元效益。由此看来，单位费用销售（或利润）增加额越大，说明广告效果越好。

5. 盈亏临界点法。这种方法的关键是确定平均销售广告费用率。其计算公式为：

$$平均销售广告费用率 = （广告费用额/产品销售额）\times 100\%$$

则有：

报告期广告费增加额 = 平均销售广告费用率 × 报名期销售额 − 基期广告费

该指标值大于零，说明广告费用使用合理，经济效果好；该指标值小于零，说明广告费用使用不合理，需要压缩广告预算规模。

例如，有甲、乙、丙三家公司，其广告投入和销售额情况如表 10 − 2 所示。

表 10 − 2　　　　　甲、乙、丙三家公司广告投入和销售额情况

	平均销售广告费用率（%）	报告期销售额（万元）	基期广告费（万元）
甲	1.3	1 000	15
乙	1.1	2 000	18
丙	1.2	1 800	14

则各公司的报名期广告费增加额为：

甲公司：$1\ 000 \times 1.3\% - 15 = -2$（万元）

乙公司：$2\ 000 \times 1.1\% - 18 = 4$（万元）

丙公司：$1\ 800 \times 1.2\% - 14 = 7.6$（万元）

由此可见，丙公司广告费利用情况最好，乙公司次之，而甲公司的广告费投入超过了前期平均投入，但销售效果却没有太大的变化，因而需压缩广告费。

6. 广告效果指数研究法，也称为 AEI 法（advertising effectiveness index）。在广告刊播后，调查有无看过广告和有无购买广告商品。假定调查结果如表 10 − 3 所示。

表 10 − 3

	看过广告	未看过广告	合计
购买广告商品	a	b	a + b
未购买广告商品	c	d	c + d
合计	a + c	b + d	n

表 10-3 中，a 表示看过广告而购买的人数；b 表示未看过广告而购买的人数；c 表示看过广告而未购买的人数；d 表示未看过广告也未购买的人数。n 表示被调查的总人数。从表 10-3 中可以看出，即使在没有看过广告的人当中，也有 b/(b+d) 比例的人购买了广告商品，所以要从看到广告而购买的 a 人中除去因广告以外影响而购买的 $(a+c) \times [b/(b+d)]$ 的人数，才是真正因广告而引起购买的效果，将这个人数以全体人数除之所得的值，称为广告效果指数（Advertising Effectiveness Index），可表示为 AEI，其计算公式为：

$$AEI = \{a - (a+c) \times [b/(b+d)]\}/n \times 100\%$$

$$AEI = (a - e \times b/f)/n \times 100\%$$

其中，$e = a + c$，$f = b + d$。

利用上列的四分割表，将实际调查人数分别代入以下各指数方程，即得到该项指数的大小。广告效果指数方程有不同设计，但其结果殊途同归，并无二致，可以比较演算。按照这种分割法，其他的广告效果指数也可以计算出来，如表 10-4 所示。

表 10-4　　　　　　　　　广告效果指数计算表

指数名称	指数含义	计算公式
UP（Usage Pull）	使用上的吸引力	$UP = a/(a+c) - b/(b+d)$
PFA（Plus For Ad）	因广告增加的销售额	$PFA = (ad - bc)/(b+d)$
NAPP（Net Ad Produced Purchase）	纯粹的广告销售效果	$NAPP = \{a - (a+c) \times [b/(b+d)]\}/(a+b)$

除此之外，还可以用这个分割表计算出广告的相关系数，其计算公式为：

$$相关系数 = (ad - bc)/(a+b)(c+d)(a+c)(b+d)$$

算出来的相关系数关系如图 10-2 所示：

（低效果）0.2　　（中等效果）　　0.4　　　较高效果　　　0.7　　　（高效果）

图 10-2

三、广告的社会效果评估

广告对社会道德、文化、教育、伦理、环境等社会环境产生的影响也是复合性和累积性的。一则广告有可能立即产生轰动的社会效果，也可能潜移默化地影响社会的各种道德规范或行为规范等。在测定广告的社会效果时，一般要把握以下三个主要方向。

（一）是否有利于树立正确的社会道德规范

广告的劝服、诱导性行为容易激发消费者的注意和学习，甚至以实际行动相迎合。因此，测定广告的社会效果，要看它是否与社会的道德观念、伦理价值、文化精髓等社会道德体系的规范相悖，如果广告产生了违反社会道德规范的不良效果，就应该立即停止。

（二）是否有利于培养正确的消费观念

广告的属性是取得最大利益的经济行为，广告的最终目标就是吸引消费者更多地购买或使用广告产品。但是，在达到这一目的的过程中，如果广告歪曲了正确的消费观念或者蛊惑不健康的消费理念，那么，对消费者个人、社会、国家都会造成很大的伤害，不利于我国社会主义市场经济的建设和发展。因此，不利于培养正确消费观念的广告应该勒令停止。

（三）是否有利于社会市场环境的良性竞争

同类广告之间的商家竞争是非常激烈的，即使是在这种情况下，广告也要维护市场的良性竞争。类似于发布假信息、模糊信息压制对方或完全不顾市场规范的广告行为都将产生恶劣的社会效应，理应禁止。广告社会效果的测定方法分为两种情况。一是测量广告的短期社会效果时，可采用事前、事后测量法。通过接触广告之前之后的消费者在认知、记忆、理解以及态度反应方面的差异比较，可测定出广告的短期社会效应。具体的操作手段与测定广告传播效果的方法大体相同。二是测定广告的长期社会效果，这需要运用较为宏观的、综合的、长期跟踪的调查方法来测定。长期社会效果包含对短期效果的研究，但是还远不止这些，同时要考虑广告复杂多变的社会环境中所产生的社会效果。这方面的研究更多地属于人文科学范畴。

第三节　网络广告效果的测定

通常所说的网络广告效果，是指网络广告作品通过网络媒体刊登后所产生的作用和影响。目前，网络广告效果的测定方向与传统媒体的测定方向大体一致，评价体系都是建立在传播效果和销售效果的两个主方向之上。《Internet 广告》（Advertising on the Internet）的作者罗宾·杰夫和布瑞德·阿隆森把网络广告可达到的目标概略归纳为四项：提高知名度；认知产品；名单收集；达成交易。前三项目标即通常所说的传播效果的测定，后一项目标即所谓的销售效果的测定，网络媒体即时交互性的特点使得网络广告效果的测定呈现出新的技术方法和操作导向，特别是在销售效果的测定方法上较之传统媒体有独到的优势。测定网络广告效果的方法大致有三种技术层次。

一、点击率和转化率

点击率是网络广告最基本的评价指标，也是反映网络广告最直接、最有说服力的量化指标。这种方法主要是通过消费者对网络广告的点击率或者回应率，以测定消费者对广告的接触效果。点击率的测定有利于广告主计算网络广告成本，例如千印象费用（Cost per Thousand Impressions，CPM），指网络广告产生每1 000个广告印象（显示）数的费用。但是，随着网络广告的增多以及人们对网络广告了解的深入，网民不会盲目点击广告，除非个别富有创意和吸引力的广告，也有可能网民浏览广告后已经形成一定的印象而无须点击广告或者保存链接的网址，以后经常直接到该网站访问等。因此，平均不到1%的点击率已经不能充分反映网络广告的真正效果。目前的统计数字显示，网络广告的平均点击率已从30%降到0.5%以下。但这也不能说明这一方法完全不可采用或操作，只要广告主科学地制定广告目标的测定方案，点击率仍然能够说明问题。

转化率是指观看而没有点击网络广告所产生的效果。"转化率"最早由美国的网络广告调查公司AdKnowledge在"2000年第三季度网络广告调查报告"中提出。AdKnowledge将"转化"定义为受网络广告影响而形成的购买、注册或者信息需求。该公司高级副总裁David Zinman认为，这项研究表明浏览而没有点击广告同样具有巨大的意义，营销人员更应该关注那些占浏览者总数99%的没有点击广告的浏览者。

AdKnowledge在调查中发现，尽管没有点击广告，但是，全部转化率中的32%是在观看广告之后形成的。该调查还发现了一个有趣的现象：随着时间的推移，由点击广告形成的转化率在降低，而观看网络广告形成的转化率却在上升。点击广告的转化率从30分钟内的61%下降到30天内的8%，而观看广告的转化率则由11%上升到38%。但是，转化率的监测在操作中还有一定的难度，仍然要参照其他的方法进行执行。

二、对比分析法

对比分析法主要是运用传统媒体的效果测定方法，结合网络广告目标测定广告效果。例如，可以把收到email的顾客的态度与没有收到email的顾客的态度进行比较，也可以测量用户对不同类型email的心理反应。测定网络广告产生的传播效果。对比方法也可用于测量投放在不同站点的广告效果。操作方法有以下三种。

1. 看同样数量的 CPM 在哪个站点先完成。

2. 在编写指向链接的 URL 标签时，稍微增加一点东西。例如，站点网址为：www.xgcd.com，那么，在 A 站点的广告链接可以写成 http：//www.xgcd.com？a，在 B 站点的广告链接你可以写成 http：//www.xyz.com？b，依次类推，或者设定特别的标签，如讨论组等。最后，在各网页设定一个单独的 ID 地址，用安装在相关网页上的网络计数器测量来自 A、B、C 各网站的访问数量。

3. 在编写电子邮件的指向链接时，在自动弹出新回邮件窗口时，自动填好"主题"一栏。在 A 站点的回邮件主题栏中加上 a 汽车广告，在 B 站点的回邮件主题栏中加上 b 汽车广告，依次类推。在统计总体回函时，就可以从 A 站点和 B 站点的回函数量中清晰地判断哪个站点的汽车广告接触率高。

三、加权计算法

所谓加权计算法就是在投放网络广告后的一定时间内，对网络广告产生效果的不同层面赋予权重，以判别不同广告所产生效果之间的差异。这种方法实际上是对不同广告形式、不同投放媒体或者不同投放周期等情况下的广告效果进行比较，而不仅仅反映某次广告投放所产生的效果。加权计算法要建立在对广告效果有基本监测统计手段的基础之上。下面以一个例子来说明。

某企业在宣传方面选择了网络广告，并在一段时间内同时实施了三种方案，投放效果各有不同，基本情况如表 10 - 5 所示。

表 10 - 5

方案	投放网站	投放形式	投放时间	广告点击次数	产品销售数量
方案一	A 网站	BANNER	1 个月	2 000	260
方案二	B 网站	BANNER	1 个月	4 000	170
方案三	C 网站	BANNER	1 个月	3 000	250

从表 10 - 5 中的数据可以直接看出方案一获得了最高销售量，似乎是最好的效果。但是，衡量网络广告投放的整体效果涉及很多方面，比如要考虑广告带来多少注意力、注意力可以转化为多少利润、品牌效应等问题。针对上例情况，就应该进行科学的加权计算从而分析其效果。

这种计算方法很简单。首先，可以为产品销售和获得的点击分别赋予权重，权重的简单算法是①：(260＋170＋250)/(2 000＋4 000＋3 000)≈0.07。由此可得，平均每100次点击可形成7次实际购买，那么，可以将销售量的权重设为1.00，每次点击的权重为0.07。然后将销售量和点击数分别乘以其对应的权重，最后将两数相加，从而得出该企业通过投放网络广告可以获得的总价值。

方案一，总价值＝260×1.00＋2 000×0.07＝400；
方案二，总价值＝170×1.00＋4 000×0.07＝450；
方案三，总价值＝250×1.00＋3 000×0.07＝460；

由计算结果可见，方案三为该企业带来最大的价值（见图10－3）。虽然第一种方案可以产生最多的实际销售量，第二种方案可以带来最多的注意力，但从长远来看，第三种方案更有价值。

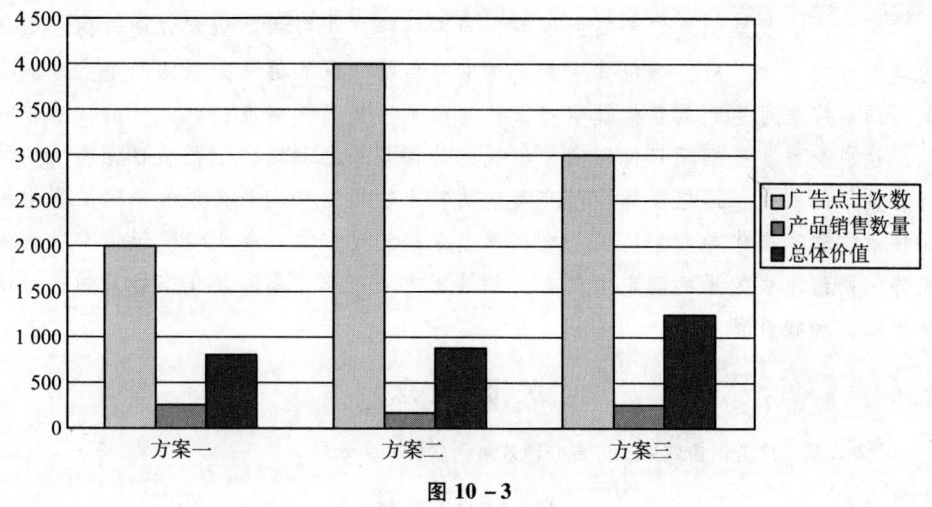

图 10－3

本 章 小 结

广告效果的评估和测定是广告策划案中的重要内容之一。广告效果有广义和狭义之分。狭义的广告效果指的是广告的经济效果，通常包括广告的传播效果和销售效果；广义的广告效果还包含了心理效果和社会效果。广告效果具有累积性和复合性两大特点，它的主要测定方向通常是广告传播效果的测定和广告销售效果的测定，测定方法和技术也较为成熟。虽然广告的社会效果测定的具体方法和技术鲜为讨论，但这并不说明广告的社会效果不重要，只有取得良好的社会效

---

① 精确的权重算法需要应用大量资料进行统计分析。

果，广告的经济效果才能长久持续。

广告作品效果测定是对广告作品的主题、创意、文案、表现手法等内容进行测试；广告媒体效果测定主要是测定受众对广告媒体的接触效果，主要通过阅读率调查和视听率调查来进行；广告心理效果测定是指广告对消费者的心理变化的影响程度。DAGMAR 理论（根据广告目标测定广告效果的目标管理理论）和 ARF（Advertising Research Foundation）理论成为测定广告心理效果的基本模式。广告销售效果的测定通常要准确设计，在确定广告是唯一影响销售的因素、其他因素能够暂属于不变量的条件下进行，常用方法有实地考察法、实验法和统计学三种方法。广告社会效果的测定一般要把握三个主要方向：是否有利于树立正确的社会道德规范；是否有利于培养正确的消费观念；是否有利于社会市场环境的良性竞争。

网络广告效果的测定是新的课题，目前网络广告效果的测定方向与传统媒体的测定方向大体一致，评价体系都是建立在传播效果和销售效果的两个主方向之上。网络广告可达到的目标被概略归纳为四项：提高知名度；认知产品；名单收集；达成交易。前三项目标即通常所说的传播效果的测定，后两项目标即所谓的销售效果的测定。网络媒体即时交互性的特点使得网络广告效果的测定呈现出新的技术方法和操作导向，特别是在销售效果的测定方法上较之传统媒体有独到的优势。网络广告效果的测定主要有三种技术方法：点击率和转化率计算法；对比分析法；加权计算法。

关 键 概 念

广告效果　　广告销售效果　　广告心理效果　　广告社会效果

复习与思考题

一、选择题

1. 下列广告效果不属于按涵盖内容和影响范围来划分的是（　　）。
   A. 广告的销售效果　　　　　　B. 广告的传播效果
   C. 近期效果　　　　　　　　　D. 广告的社会效果
2. 下列属于按对消费者的影响程度和表现来划分的广告效果是（　　）。
   A. 到达效果　　B. 长期效果　　C. 即时效果　　D. 传播效果
3. 作为一种外在的、可以把握的广告效果，一般可以采取"事前事后比较测定法"得到有关的数据是（　　）。
   A. 到达效果　　B. 认知效果　　C. 心理变化效果　D. 促进购买效果

二、思考题

1. 广告效果的含义和特征是什么？
2. 广告效果的测定方向是什么？
3. 广告传播效果的测定方法有哪几类？具体方法有哪些？
4. 广告销售效果的测定方法有哪几类？具体方法有哪些？
5. 广告社会效果的测定要把握哪几个方向？
6. 目前网络广告效果的测定有哪三种技术层次？

三、案例分析

国内互联网广告效果调查

《计算机世界》刊登的一次网络广告效果评估调查显示，59%的广告从业人员会向广告主推荐制作互联网广告。但由于互联网广告的接受主体目前仍以较低收入的人群为主，因此，网络广告的实际效果并不是特别理想。在互联网广告劣势"名单"中，可信度、效果评估及记忆率差位居前三，由此不难发现，网络广告离真正的主导成熟还有一段路要走。

1. 基本调查数据。

（1）调查共发放问卷150份，收回129份，其中有效问卷114份，废卷15份。

（2）被调查的114位从业者中，设计制作人员36人，客服人员27人，文案人员14人，媒体计划人员11人，其他工作人员10人，中高层管理人员7人，策划人员9人。

2. 中国网络使用者的特征结构。

性别：男女比例基本持平。

年龄：低龄化明显。

月平均收入：中低收入者占主体。

3. 网络广告效果评估。

问题1　是否会向广告主推荐制作互联网广告。

调查结果显示，59%的广告从业人员会向广告主推荐制作互联网广告，21%的犹豫不决，20%的表示不会推荐。

问题2　互联网广告的优势、劣势

在对114位广告从业人员进行的调查中，其调查结果显示，位居互联网广告优势前三位的分别为：发布成本低（22%）、交互性强（22%）、定向化（17%）。位居互联网广告劣势前三位的分别为：可信度低（26%）、效果评估不可靠（18%）、记忆率低（18%）。

基于对"互联网广告的优、劣势"的调查，不难看出，及时将受众的信息反馈，定期更新广告的信息，保持新鲜感与实用资讯，将是网络广告制作的向导。

问题3　对目前网络广告最不满意的原因

由于目前互联网广告的创意和制作水平参差不齐，使得不少劣质广告大行其道，因此，36%的被调查者认为网络广告的出现已对其网上活动形成了一种干扰。

通过对"最有可能吸引受众注意的表现形式"以及"对目前网络广告最不满意的原因"的调查,可以得到一些启示:可以通过提高网络广告的创意、制作水平来减少其对人们上网活动的干扰。

问题4 会使得网络广告更为有效的因素

由于目前有些网站发布虚假广告欺骗消费者,有的网站发布法律、法规禁止或限制发布的商品或服务的广告等,因此,有49%的被调查者认为网站只有提供给人们更可靠的信息才能使其广告更为有效。

由此项调查结果我们不难看出,加强法律与业界规章的结合、完善网络广告业的监管体系势在必行。

4. 总结。

网络广告是新生代的广告媒介,它随着国际互联网的发展而逐步兴起;既具有传统媒介广告的所有优点,又具有传统媒介广告所无法比拟的优势,并且已经被越来越多的广告从业人员所认可。基于上述数据,我们的分析如下:

(1) 因为网络广告不能像电视广告那样给受众产生巨大的视觉冲击,因此,广告从业人员要了解消费者的心理活动,针对受众需求提高广告信息,与受众建立长久的网络关系,及时向他们提供最新的广告信息,并通过他们向更多的人传递这些信息。

(2) 网络广告要有创意。如提供让受众参与的广告,使受众觉得开心而又无法拒绝你的产品,这才是电子网络广告真正迷人之处。

(3) 网络广告内容要具体、真实,不能提供虚假的信息。如在网络上刊登产品目录,让客户进行"线上订货",实现直接销售时应提供具体、真实的产品目录,并应对每一种产品作简单的介绍,客户对产品有个基本的了解。如可以在线试用的(软件、音乐、书籍等),可适当提供一些免费试用。

(4) 提供"有偿广告",用付费的方式吸引人们来看广告。大公司建立网站后要充分运用其固有的优势,让更多的受众进入其网站获取公司的各种产品信息。同时,应与一些知名度较高的网站进行网站联接,或参与广告网站交换联盟,提供更多的让潜在消费者了解企业和产品的机会。

(5) 利用传统媒体进行广告站点的宣传。如在报纸、电视上登广告以使更多的受众了解和熟悉广告站点。通过传统媒介的宣传,以提高广告站点或公司站点的知名度。传统媒体与互联网的结合,将进一步促进网络广告的发展,使更多的潜在消费者了解产品的信息。

(资料来源:http://www.people.com.cn/)

案例思考

根据上述调查结果,结合现实生活中手机短信等新闻媒体兴起的现象,谈谈网络在新老媒体的竞争中,如何利用自身优势提高广告效果。

第十一章　广告公司

【学习目标】
1. 了解广告公司的含义及类型。
2. 了解广告公司的发展历史及发展趋势。
3. 认识广告公司在现代广告中的地位和作用。
4. 理解广告公司组织设计的原则、主要组织形式、内部职能划分和各职能部门间的关系。
5. 掌握广告公司的业务流程。
6. 熟悉广告公司代理收费制与财务管理。
7. 了解广告公司客户服务制度。

【案例导入】

奥格威的广告准则

大卫·奥格威（David Ogilvy）是著名的奥美国际广告公司创始人，1911年生于英国苏格兰，早期曾做过厨师、厨具推销员、市场调查员、农夫及英国情报局职员。于1948年在美国创立奥美广告公司。随后以创作许多富有创意的广告而赢得盛誉。奥美公司在其经营管理下发展迅速，现今已经成为在世界53个国家或地区设有278个分公司的国际性跨国广告公司。

一、奥格威的广告信条

1. 绝对不要制作不愿意让自己的太太、儿子看的广告。诸位大概不会有欺骗自己家人的念头，当然也不能欺骗自己的家人，己所不欲勿施于人。
2. 在美国一般家庭，每天接触1 518件广告，要引起消费者注意，竞争越来越激烈。如果大众倾听广告者的心声，则其心声必须别具一格。
3. 广告是推销技术，不是抚慰，不是纯粹美术，不是文学，不要自我陶醉，不要热衷于奖赏，推销是真刀真枪的工作。
4. 绝不能忘记——你是在花广告主的钞票，不要埋怨广告创作的艰难。
5. 不要打"短打"，你必须努力，每次都要全垒打。

6. 时时掌握主动,不要让广告主支使才去做,要用出其不意的神技,让他们惊讶。

7. 一旦决定广告活动的实施,不要徘徊,不要妥协,不要混乱,要单刀直入地进行,彻底地猛干。

8. 不要随便地攻击其他广告活动,不要打落鸟巢,不要让船触礁,不要杀鸡取卵。

9. 每一个广告,都是商品印象(brand image)的长期投资,丝毫不允许有冒渎印象的行为。

10. 展开新的广告活动以前,必须研究商品,调查以前的广告,研究竞争商品的广告。

11. 说什么比如何说更重要,诉求内容比诉求技巧更为重要。

12. 如果广告活动不是由伟大的创意构成,那么,它不过是二流品而已。

13. 广告原稿,必须是具体地表现商品的文案规范(copy platform)。堂堂地、明确地传达商品的功用,寻找商品最大功用,是广告作业中最大的使命。

二、奥格威的广告文本原则

1. 不要期待消费者会阅读令人心烦的散文。

2. 要直截了当地述说要点,不要有迂回的表现。

3. 避免"好像"、"例如"的比喻。

4. "最高级"的词句、概括性的说法、重复的表现,都是不妥当的。因为消费者会打折扣,也会忘记。

5. 不要叙述商品范围外的事情,事实即是事实。

6. 要写得像私人谈话,而且是热心且容易记忆的,也像宴会对着邻座的人讲话似的。

7. 不要令人心烦的文句。

8. 要写得真实,而且要使这个真实加上魅力的色彩。

9. 利用名人推荐,名人的推荐比无名人的推荐更具有效果。

10. 讽刺的笔调不会推销东西。卓越的撰文家不会利用这种笔调。

11. 不要怕写长的文本。

12. 照片底下,必须附加说明。

三、奥格威广告标题准则

1. 平均而论,标题比文本多5倍的阅读力,如在标题里未能畅所欲言,就等于浪费了80%的广告费。

2. 标题向消费者承诺其所能获得的利益,这个利益就是商品所具备的基本效果。

3. 要把最大的消息贯注于标题当中。

4. 标题里最好包括商品名称。

5. 唯有富有魅力的标题,才能引导阅读副标题及文本。

6. 从推销而言,较长的标题比词不达意的短标题,更有说服力。

7. 不要写强迫消费者研读文本后才能了解整个广告内容的标题。

8. 不要写迷阵式的标题。

9. 使用适合于商品诉求对象的语调。

10. 使用情绪上、气氛上具有冲击力的语调，如心肝、幸福的、爱、金钱、结婚、家庭、婴儿等。

四、奥格威广告插图准则

1. 据统计，普通人看一本杂志时，只阅读 4 幅广告。因此，要引起读者之注目，越来越困难。所以，为了使人发现优越的插图，我们必须埋头苦干。

2. 把故事性的诉求（story appeal）放进插图中。

3. 插图必须表现消费者的利益。

4. 要引起女性的注目，就要使用婴孩与女性的插图。

5. 要引起男性的注目，就要使用男性的插图。

6. 避免历史性的插图，旧的东西并不能替你卖东西。

7. 与其用绘画，不如用照片。使用照片的广告，更能替你卖东西。

8. 不要弄脏插图。

9. 不要去掉或切断插图的重要因素。

（资料来源：中国平面设计圈，http://www.100365.com）

第一节　广告公司概述

广告公司又称为广告代理公司，是专门从事广告经营的企业，包括广告公司、广告代理商和广告制作部门。这是一种从事广告经营和制作的商业性劳务服务行业。广告公司是广告业的核心组织，是市场经济的重要参与者。

一、广告公司的发展历史

广告公司是历史的产物，是伴随着贸易发达、市场成熟及广告产业化浪潮而逐步产生并发展起来的。

美国《现代经济词典》对广告公司进行了这样的界定：广告公司是"以替委托人设计和制作广告方案为主要职能的服务性企业"。

《中华人民共和国广告法》中将广告公司界定为广告经营者，它接受广告主的委托，为其设计、制作、代理相关的广告业务，它是市场经济的重要参与者，对市场经济的发展起重要作用。

（一）国外广告公司的产生和发展

国外广告公司的产生和发展主要经历了版面代理时期、版面经纪人时期、客户代理时期、全面代理时期和整合传播代理时期五个时期。

1. 版面代理时期。广告公司的产生，是广告业发展阶段性成熟的标志。随着报纸传播业的发展，在欧美出现了早期的广告公司形式。1800年，詹姆斯·怀特在英国伦敦建立了世界上第一个广告公司。1812年，劳森挤巴克广告公司成立，即欧洲十大广告公司之一查尔斯巴克广告公司的前身。在美国，沃尔尼·B. 帕默（Volney B. Pdmer）最早为各家报纸招揽广告，他于1841年在费城开办了一家广告公司，自称是"报纸广告代理人"。帕默在1845年和1847年又先后在波士顿、纽约开办了公司。他不仅是报纸和广告的中介人，而且常为客户撰写文案，并向报社抽取25%的佣金（后逐渐减至15%）。这些人被称为"报纸掮客"或"版面批发商"，他们与报社关系密切。他们的代理活动宣告了广告代理制的产生，被视为"现代广告代理的萌芽"。

这个时期的广告公司是媒体公司的代理者，通过出售版面来收取佣金，广告公司在业务上并不独立，从属于报社。

2. 版面经纪人时期。1865年，乔治·P. 罗威尔（George. P. RoWell）在波士顿成立了罗威尔广告事务所，他与百家报纸签订合同，第一个出版了《罗威尔美国报纸目录》，他通过预先购买版面再分割零售给客户的方式来赚取差价。他的广告活动在当时很受出版商的欢迎。1888年罗威尔又创办了美国第一家广告专业杂志《印刷者油墨》（printers lnk）。后来，他的这种经营方式成为广告代理经营的共同原则。

这个时期广告公司虽是独立的，但仍是广告主和媒介之间的中介，在职能上仍是媒介的代表。它与现代的提供全面服务的广告公司有很大差别。

3. 客户代理时期（技术服务时期）。1869年，F. 魏兰德·艾耶（F. Wayland Ayer）在美国成立了艾耶父子广告公司，标志着现代广告公司的出现。当时年仅20岁的青年人F. 魏兰德·艾耶向他父亲借了250美元开办广告公司，由于害怕别人认为他年轻不可信，便打出了他父亲的名义，即艾耶父子广告公司。起初，艾耶也是做中介生意，1890年左右，他设计了一份公开的广告费率，告诉客户自己购买版面的底线和包括自己佣金在内的底价。他为客户提供设计、撰写文案、建议和安排媒体、制作广告等专业化服务。19世纪末，广告公司雇佣专业广告作家撰写广告文稿，为客户提供专业服务，服务范围扩大。因此，艾耶父子广告公司被广告历史学家称为"现代广告公司的先驱"。

4. 全面代理时期。20世纪初，企业转向市场营销导向，面对激烈的竞争，需要更专业、全面的广告代理公司。20世纪20年代是美国广告大发展的年代，一些现代化通讯传播手段应用于广告。广告公司的广告经营活动向着全职能型、全面服务发展。广告公司管理水平、服务水平、技术水平大大提高，广告代理制在美国基本形成，逐渐成为国际通行的广告经营机制。

5. 整合传播代理时期。20世纪末，美国西北大学教授舒尔茨提出整合营销传播（IMC）理论。"整合营销传播是一个业务战略过程，它是指制定、优化、执行并评价协调的、可测度的、有说服力的品牌传播计划，这些活动的受众包括消费者、顾客、潜在顾客、内部和外部受众及其他目标。"整合营销传播也成为广告公司经营的重点和发展方向，并进行拓展和改革。

广告公司更注重整合传播和各阶段广告活动的相互配合，利用多种媒体向消费者传达一致的信息，为客户提供广告传播、公共关系、形象策划、直销、CI等服务。

（二）我国广告公司的发展

我国最早的广告出现在1872年《申报》和1893年《新闻报》上。20世纪20年代，我国就出现了广告社、广告公司等专业广告组织。20世纪30年代，上海就有广告公司近20家，规模最大的是华商广告公司和联合广告公司。新中国成立后，政府改造调整，将分散的私营广告社合并成美术设计公司。"文革"期间，广告公司主要承办政治宣传牌和画稿设计，不做商业广告。1979年以前，全国专业广告公司不到10家，主要经营户外广告。1979年，上海电视台上映了我国第一条电视广告，标志着我国广告业的复苏。到1983年，已有广告公司181家；到1998年，增加到3.3万多家。2005年，广告公司有近10多万家，从业人员达100多万。广告公司的经营业务从单项业务逐渐向以策划、创意、咨询为主的全面服务型转变。

广告业在国民经济中已初具规模。从产业结构看，中国广告业集中度低，中小广告公司占总体的绝大多数，并呈高度分散、高度弱小的局面。2006年，排在中国广告经营单位100强以外的大量中小广告公司，在总营业额中仅占有23%的份额，与其数量占比严重不匹配。另外，广告市场主体即媒体、广告主、广告公司三者间的关系极不平衡，"强媒体、弱公司"的格局依旧没有改变。从2007年广告业统计数据来看，四大传统媒体广告经营额占总经营额的49.1%，专业广告公司的广告经营额占39.55%。中国广告产业的这种结构性失衡直接导致广告公司在市场主体三方的博弈中居于弱势地位。

2007年中国广告业全年营业额为1 471亿元，占GDP的0.706%。德国广告中央协会2008年发布的一项调查结果显示，中国广告业规模已跃居世界第二位，仅次于美国。从历史的发展过程来看，中国广告业正处于产业成长阶段，中国广告业是一个极具成长性和推广潜力的新兴产业。

二、广告公司在现代广告中的地位和作用

广告活动是在广告主、广告代理公司、广告媒介、广告受众四者之间的互动中展开的。广告主是广告信息的发布者,广告受众是信息的接受者,广告媒介是广告信息的传播载体,而广告公司则是这三者的连接体。

在广告代理制度得以发展并日趋完善之后,专业广告公司的功能越来越齐全,所发挥的作用也越来越大。它们为企业进行广告调查、广告策划和进行广告创作,并为广告的发布选择合适的媒介。专业广告公司承担着广告信息的加工、处理任务,是联系广告主与广告媒介之间的桥梁和纽带。对广告主而言,广告公司是广告活动的承办者,帮助广告主完成整体广告运作,为广告主节省大量的人力、物力和财力。对于媒介而言,广告公司是媒介的销售者,它可以帮助媒介公司销售媒介的版面与时段,并在广告发布之后向广告主收取广告费用。对于广告受众而言,广告公司的广告活动使受众能接受各种各样的广告信息,获得许多产品与品牌的信息,这有利于他们提高自己的消费质量,做出更科学的消费决策。

具体来讲,广告主委托专业广告公司承担广告工作,有以下好处。

1. 制定较完善的广告策划。功能齐全的广告公司具有丰富的广告经验,拥有专业的和经验丰富的广告人才,与广告媒介联系密切,与其他地区的广告代理业有业务往来,并拥有齐全的和完备的广告调查机构,掌握着商品市场动态,能为广告客户制定完善的广告计划,设计制作高水平的广告作品。

2. 及时了解广告效果。广告公司可以为广告主进行广告效果测试,并进行反馈处理,总结经验,修订计划,提高广告作品制作水平。

3. 节省广告费用。在委托广告公司负责办理广告业务之后,多数工商企业都只需设立精简的广告机构来处理日常的广告事务,这样既节省广告开支又能收到较好的广告效果。

三、广告公司的种类

(一) 广告公司按其功能划分

广告公司按其功能划分可以分为四类,即全面服务型广告公司、有限服务型广告公司、广告制作公司和广告代理商。

1. 全面服务型广告公司。全面服务型广告公司,即一般人所谈及的广告公司。这种广告公司为客户提供全面性的服务,包括市场调查、广告策略拟订、广告创意、广告的设计与创作、选择媒介、制定预算、广告监测、广告效果预测、信息反馈处理、公关服务等。

全面服务型广告公司一般规模较大，对于大的广告活动具有较强的把握能力，广告公司拥有一批专业人员，能够为客户提供较全面的广告服务，具有一套完善的服务机制。全面服务型广告公司一般来说成本较高，故收取的代理费用也较高，广告主在选择全面服务型广告公司时也较谨慎，需要考虑到广告公司的规模、信誉、专业化程度、专业人员的从业素质以及在相关领域的服务经验。

全面服务型广告公司的业务具有以下七大服务标准内容。

（1）调查客户的产品和服务情况，弄清楚产品本身的优点和缺点以及客户与竞争对手的关系。

（2）分析产品目前所面临的市场以及将要进入的市场。

（3）了解产品销售渠道及其方法。

（4）利用可以应用的媒介，以便有效地应用它们向消费者、批发商、中间商等传达产品或服务的信息。

（5）制定明确的广告计划并向客户演示该计划。

（6）实施广告计划：制作广告脚本、设计与演示；签订广告所用的版面、时间或其他手段的合同；将信息合成传输至媒体；检查与核实广告的刊登、播放及展示等情况；稽核、支付广告的服务和版面费用。

（7）与客户的推销人员合作。

随着广告公司业务的扩展，除去以上服务内容外，广告公司还承揽诸如CI设计、包装设计、公共关系、销售培训、销售展台设计等工作。

2. 有限服务型广告公司。有限服务广告公司只承担广告活动中的部分工作，例如，有的广告公司只负责承担广告的创作、制作和发布，不承担或只承担简单的广告策划与广告调查。这类公司只能帮助企业广告部门解决某些特别需要。

有限服务广告公司主要有两种类型。

（1）广告调查和监测公司。这类公司专为广告主提供有关广告活动的信息。调查和监测的内容主要有：市场信息（如广告对象的特点及分布、主要竞争对手的信息）；媒体信息（如发行量调查、媒体的主要特点等）；广告效果调查监测（如对广告作品的分析、对广告效果的评价等）。

（2）广告策划公司。这类公司专为广告主进行广告及营销整体策划和提供相关咨询服务。从世界范围看，这类公司数量不多，但仍有发展前景。在我国，近年来出现了一些类似的公司。这类公司一般由各类专家学者组成，策划具有一定的权威性。

3. 广告制作公司。广告制作公司的业务范围较小，只负责广告的设计、创作和制作，而不负责广告的策划和发布，只收取制作费用。由于广告制作业务的专业性，广告制作从开始就与广告代理分开，成为独立的广告业务服务机构。广告制作公司的类型很多，如影视广告制作公司、平面广告制作公司以及霓虹灯、喷绘等专兼营制作机构都属于这类。多数广告制作公司是以工作室的形式出现的，如美术社、摄影社、装潢社等，它们履行的只是广告代理的部分业务，也就是全面服务型广告公司的制作部门所承担的工作。广告制作公司最大的优势就是精良的设备和人员技术的专业化。

4. 广告代理商。广告代理商，也是专业广告组织的组成部分之一。它们本身不承担广告的创作和制作任务，只承担广告主与广告媒介之间的联系工作，负责为广告主寻找广告媒介，或为广告媒介寻找广告主，从中收取佣金。它们就是通常所说的广告经纪人或广告中间商。

（二）广告公司按其经营范围划分

1. 全国性广告公司。这类公司主要在全国范围内各大城市、较大区域内开展广告活动。其特点是，规模较大，业务能力较强，服务功能健全。在发达国家，全国性广告公司大多是跨国性的广告公司，它们多在世界各地设有分公司，为客户提供国际化的综合广告业务服务。

2. 地方性广告公司。这类公司主要为地方性企业提供广告专业服务。其特点是，规模较小，经营范围限定在某一区域，承揽预算不大的广告业务。这类公司虽小，但也有一定的生存空间，能够为大型广告公司拾遗补缺。有实力的地方性广告公司甚至有能力为地方性广告主提供全面的综合广告业务服务。

（三）广告公司按其规模划分

广告公司规模的大小通过广告公司的员工数量、营业额、服务范围和综合实力等指标来衡量。

1. 大型广告公司。在我国，广告公司拥有员工百人左右、营业额达到5 000万元人民币的全面服务型广告公司就可算为大型广告公司。在美国，大型广告公司的营业额标准为5亿美元以上。

2. 中型广告公司。在美国，中型广告公司的营业额标准为大于1亿美元而小于5亿美元。这类公司在一定范围内从事广告服务业务，经营上往往以某个专项见长，有一定的经济实力、技术实力、人员实力、创作实力、客户实力，有较好的发展前景。

3. 小型广告公司。这类公司只为客户提供单项的、部分的业务服务，只能在本地区有限的范围内开展广告活动，往往是几个人集体作业，公司缺乏科学的管理机构设置，随意性很强，经营业绩更是无法与大、中型公司相比。美国的标准为营业额小于1亿美元。

第二节 广告公司组织结构

一、广告公司组织结构设计原则

对于组织结构的理解，应从狭义与广义两个角度来认识。狭义的组织结构是对组织内部进行分工，分配任务，形成部门间横向和纵向的联系以及纵向的职位结构，一般用组织的结构图来表示。广义的组织结构还应包括组织的运行机制。这里所讲的组织结构是狭义的组织结构。

广告公司组织结构是指广告公司中针对工作任务进行合理的分工、分组和协作的结构安排。广告公司的组织结构设计应遵循以下七项原则。

（一）权责对等原则

权力是在规定的职位上行使的权力。责任是在接受职位、职务后必须履行的义务。为了更好地进行指挥领导，组织中主管人员必须拥有一定的权力，同时承担相应的责任，并应当得到与其权、责相对等的利益。组织中必须避免有权无责或有责无权的现象。权责对等原则还要求管理者要承担下属的工作责任，授权不授责，即更高主管对下属的行为负责。

（二）命令统一原则

命令统一原则又称统一指挥原则，指组织中的下级只能接受一个上级的直接领导，否则就会出现多头领导，无法保证统一的指挥和命令关系，组织目标、工作任务也就难以实现。因为如果一个下级要对两个或两个以上的上级负责，他在工作过程中就会无所适从，当其出现工作失误时，还会导致共同负责的上级无法分清责任。

（三）因事设职与因人设职相结合原则

组织中的每个部分都与其特定的工作任务和目标有关。组织机构设计以事为中心，因事设机构、设职务并配制人员。组织中的人与事高度配合，才能实现组织目标。

（四）精简高效原则

组织中机构要精简，队伍要精干高效。精简高效原则要求对组织中的工作业务进行具体分析，减少业务中的重复设置，并配备能胜任工作的人员，使组织能高效运转。

（五）分工协作原则

分工协作原则不仅强调组织的各部门、各层次、各岗位要有明确的分工，还强调它们之间的协调与配合。职能部门之间若有业务上的互补性或上、下游关系时，更需要保持高度的协调与配合，以实现公司的整体目标。

（六）适度管理层次与管理幅度原则

管理层次是指机构分设的自上而下或自下而上的管理阶梯。管理幅度是指一个主管能够直接有效地指挥下属的数目。组织中的管理层次与管理幅度要遵循适度原则。在总量一定的情况下，管理层次和管理幅度呈反向变化。管理幅度越小，管理层次越多；相反，管理幅度越大，管理层次越少。

（七）稳定与灵活相结合原则

稳定性是指组织结构设计完成之后不能频繁地变革，以免产生人心不稳和业绩下滑的现象。灵活性是指企业的组织结构必须能适应内外条件及环境的变化，做出相应的调整，满足生产、技术、管理、市场等各方面的需要，以增加企业对环境的适应能力。稳定与灵活相结合的原则，就是在保持相对的稳定性的前提下，考虑多种实际因素，灵活处理。

二、广告公司内部职能划分

（一）广告公司的机构设置

广告公司的机构一般根据业务工作的不同需要而有不同的设置形式，但总的来说，其基本模式是一致的。以下主要介绍两种常见的组织结构形式。

1. 职能型广告公司。职能型广告公司又叫部门制度或部门组织，即按职能分设部门，各部门都要为客户开展广告工作。如广告公司可以设立管理部、业务部、技术部、企划调研部、媒体部、公共关系部、市场开发部和财会部等，各部门专门做某一项工作，各部门分工协作共同完成组织目标。具体结构如图 11－1 所示。

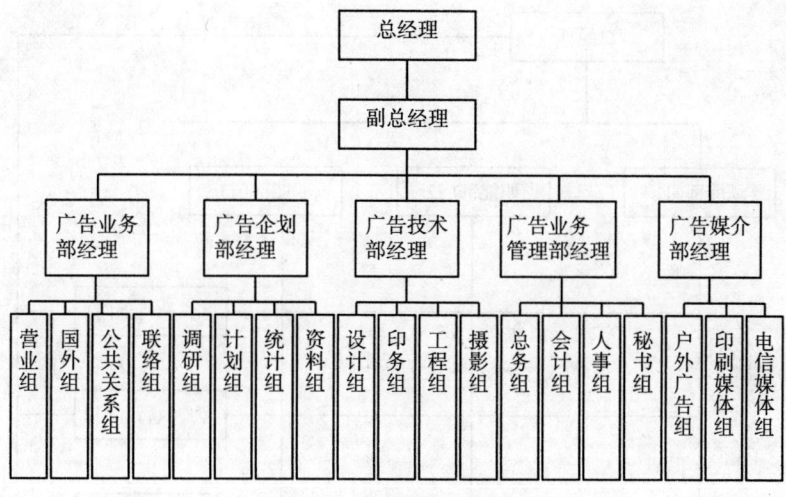

图 11-1 职能型广告组织

2. 群体型广告公司。群体型广告公司又叫小组制度，是在公司内部设立共同部门与独立小组。共同部门按职能分工设立，为客户进行广告业务，主要包括市场调研部、媒体部、制作部、财会部等职能部门。独立小组按客户的需要设立，每个小组单独从事广告的联络、文案、编排、企划等业务活动。一个小组负责一个以上客户的联络与设计，策划和设计好广告，交由上级部门审核通过，然后交由各个职能部门实施。每个小组一般设有一人以上的撰文员、美术员、联络员、创作员。每个小组可以为广告客户制定广告计划、选择媒体、创作广告，并要接受职能部门的监督与指导。这种组织形式适用于规模较大广告公司。具体结构如图 11-2 所示。

（二）广告公司内部职能划分

在现代广告市场中，广告公司有不同的规模和组织形式，广告公司内部的职能划分也存在差异。最大的广告公司如全面服务型广告公司，雇员达数百人，每年的营业收入达几亿元，公司内部职能划分细致、全面。而最小的广告公司却只有几个员工，内部职能划分模糊，界限不明。

以组织结构最健全的全面服务型广告公司为例，广告公司的内部职能可划分为客户服务部、市场调研部、创意制作部、媒介部、营销服务部和行政管理部六个部门。

1. 客户服务部。客户服务部是直接与客户发生接触的专职部门，负责接洽客户，协调广告客户与广告公司之间的关系。客户服务部的最主要任务就是开拓客户并保持联络，与客户共同决定如何使客户的产品或服务最有效地利用广告。

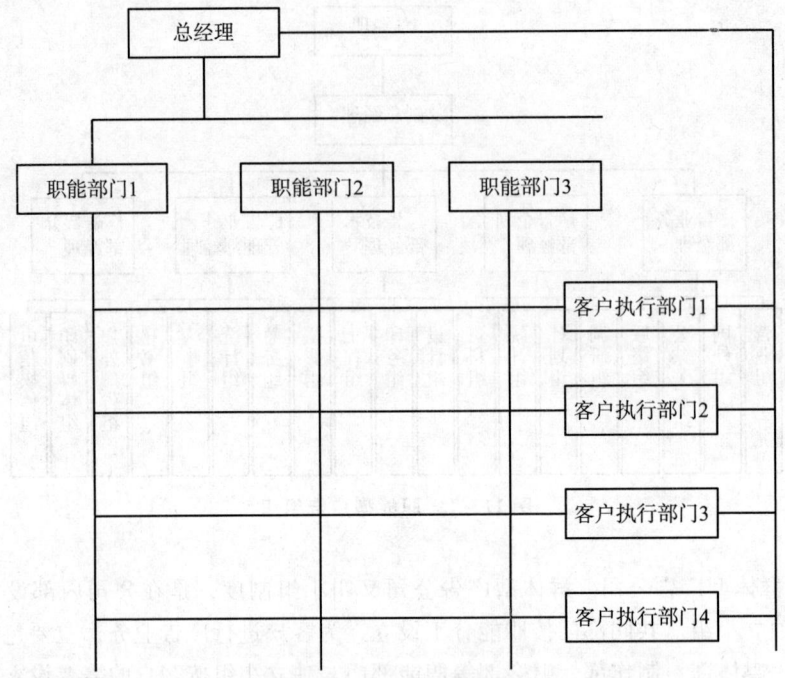

图 11-2 群体型组织

在广告公司接触到一位客户时,先由客户服务部作初步接洽,向广告客户提取有关资料,明确客户的产品或服务所能提供的利益,确定潜在目标受众以及这种产品或服务的最佳竞争定位,然后设计出一套完整的广告计划。

在广告活动进行过程中,客户服务部还负责与广告客户的联络工作和信息反馈,提供基本的营销和消费行为调查。同时,还代客户负责对广告的设计、制作和实施过程进行监督。最后,客户服务部还要与媒介部一道制定出有效的媒介战略,以便以最佳的方式发布广告,到达目标受众。客户服务部的一项重要任务就是使公司内的不同部门在预算内按计划完成广告任务。

广告公司的客户服务部在职能上扮演着双重角色:对外代表着广告公司的整体利益;对内代表着广告客户的利益。此外,在广告公司内无公关部的情况下,客户服务部还应承担公司的公共关系方面的工作。该部门由客户联络、客户总监或客户经理带领,统筹整个广告活动。

2. 市场调研部。市场调研部主要负责按照广告活动的要求对目标市场开展调查,对广告计划、营销计划和广告作品进行事中测验,并就有关问题向广告主和广告公司提供咨询意见与建议,为广告决策和广告主的市场决策提供客观依据。因此,它的工作贯穿于整个广告活动的始终。

该部门由调研总监领导，带领部门制定调研方案和执行调研计划，在规定时间和预算内负责搜集资料以及确定需要调查的内容，然后由调研小组执行实施细则，包括调查的时间、地点、方式以及人员安排等。最后将调研所得数据编入电脑进行统计分析，形成调查报告，并以书面的形式交于相关部门，作为它们进行当前或今后广告决策的依据。

3. 创意制作部。创意制作部的任务是负责广告的创意、设计和制作。它对客户服务部、市场调研部提供的有关资料和意见加以分析，依照广告计划的要求，配合消费者的心态，完成创意方案，然后会同客户服务部和市场调研部制定出整套广告方案，供客户审核，并在客户审核同意后进行制作，包括拍片、配音、印刷或摄影、绘画等。

该部门又可具体地细分为创意、文稿、美工、摄影和制作合成等专职小组或人员，各司其职。创意人员一般由创意指导、艺术指导和文案人员组成，负责搞创作意图。文稿负责广告内容的撰写。美工负责广告绘画和版式设计。摄影人员负责广告摄影、摄像。制作合成人员则专门负责物色场地、招聘导演、寻找合适的演员以及与制作公司签订合同。另外，制作人通常要对广告的制作进行管理和监督。有些广告公司还拥有专门的辅助性媒介制作人。这些辅助性媒介包括路牌、招贴、交通广告和礼品广告（例如带有企业标志的赠品）等。

4. 媒介部。媒介部的任务是根据广告计划制定有效的媒介组合，负责选择媒介、发布广告，以及与有关媒介单位接洽和联络。在广告实施过程中，负责对广告的实施进行监督，检查印刷质量或播放效果。在广告实施后，代理媒介单位向客户服务部收取广告费。

目前，广告公司正协助客户在互动媒介、网络以及众多的新媒介中进行选择。不少广告公司都已经应客户的要求设计了网站。媒介部的人员配备主要有媒介策划、媒介采购人员和媒介调查员。

5. 营销服务部。随着广告公司对整合营销传播的重视和应用，有些全面广告公司在机构设置上专门设置了营销服务部，主要负责销售推广、活动赞助、直销营销和公共关系活动。广告公司提供的销售推广和活动赞助营销服务包括为客户设计竞赛、抽奖、奖金或特别赠送活动以及为商业开发预备资料等。这些营销专家协助客户确定是否应该开展赞助活动、如何开展赞助活动。有些广告公司设了专属营销部直接进行营销活动的策划，并将这些活动与企业的主要广告活动整合起来。

在当今这个整合营销传播盛行的时代，广告公司发现越来越多的客户要求将所有的传播形式与广告努力整合为一体。有些全面服务型广告公司正在自己的营销业务范围内增加公共项目，希望能够更多地控制客户的营销传播，确保整合营销传播真正实现。

6. 行政管理部。同其他行业一样，广告公司也必须对自己的商业活动进行科学的管理。广告公司行政管理部门负责对公司的日常事务进行全面的管理，同时，对各个业务部门进行行政监督，提供完善的后勤服务保障。

具体来说，行政管理部门又可分为计划、人事、财务、审计和后勤等分支部门。这些分支部门在一些大型广告公司中通常被单独列为正式的一级行政辅助机构。计划部具体负责制定公司的长远发展规划、年度工作计划和经营计划，以及执行各项计划的监督管理。人事部主要负责公司内部员工的绩效管理、薪酬福利、激励和奖惩，还要随时为公司注入新鲜"血液"，保证公司人员的正常流动，围绕选才、育才、用才、留才制定相关的人力资源管理制度，激励公司员工发挥自身的最大价值。财务部除了对自身公司财务进行管理和监控外，还要对每次广告策划活动的经费预算进行核查和控制。审计部门的工作任务是对公司的财务制度执行情况实施监督，防止公司在经营中出现不规范行为或违法行为，实施广告公司经营中的自律约束。后勤部门的工作任务是协助公司业务部门的工作，为各业务部门开展广告活动提供物质支援和后勤保障。

三、广告公司的变化趋势

(一) 广告公司组织结构的变化趋势

广告公司是以智力劳动维持与发展的。在市场经济与知识经济的背景下，员工素质不断提高，市场竞争愈演愈烈，以及客户逐渐成熟与理性化，要求广告公司不断调整自己的组织结构以适应社会对广告公司的要求，从20世纪80年代开始，一些广告公司的高级主管为了加强企业的核心竞争力，开始设计新型的组织结构。这里主要介绍四种新型的组织结构：团队组织、虚拟组织、无边界组织和女性化组织。

1. 团队组织。当管理人员以团队作为组织活动的主要方式时，其组织结构即为团队化组织。这种组织结构的主要特点是：打破了部门界限，并把决策权下放到工作团队队员的手中。小型广告公司可以把团队化组织作为广告公司的整个组织结构形式。大型广告公司可以将其作为行政组织的补充。一些跨国广告公司中，往往是团队组织与行政组织并存。

2. 虚拟组织。虚拟组织是一种区别于传统组织的以信息技术为支撑的人机一体化组织。虚拟组织在形式上没有特定的空间和时间限制，成员通过高度的自律和价值取向共同实现团队目标。这种广告公司具有广告从业人员在业内互相借用的特点，很灵活。虚拟组织适应于具有较强业务能力的独立法人公司，是广告行业的有益补充。

3. 无边界组织。无边界组织由杰克·韦尔奇提出，是指组织横向、纵向或外部边界不由某种预先设定的结构所限定的组织结构。无边界组织力图取缔指挥链，保持合适的管理跨度，以授权的团队取代部门。充分发挥无边界组织的职能，有助于打破广告公司与广告客户之间的外在界限及地域障碍。

4. 女性化组织。20世纪80年代初，一些组织理论学家开始探索女性的价值观与组织结构之间的关系。他们最主要的发现是，女性偏爱那些重视人际关系和人际交往的组织。据这些理论家所言，这是由女性社会化的方式决定的。在一些广告公司中，女性化组织体现出分享权利、非投机性、能创造相互关心的社区氛围等更多的优势。

（二）广告公司集团化趋势

在经济全球化的大背景下，跨国广告集团的经营重心随其全球客户的战略转移而向中国倾斜。近年来在中国出现的一系列并购行为表明跨国广告集团在中国的扩张和渗透力度逐年加大。面对跨国广告集团的大举进攻，本土广告公司急需改变力量分散、各自为战的现状。集团化是中国广告业进一步发展的必然选择。

目前，中国本土广告公司高度分散、高度弱小，缺乏有核心竞争力的品牌，广告服务水平整体不高。通过建立广告集团，可以实现规模化经营，降低经营成本，提高本土广告公司的核心竞争力，提升广告业的整体服务水平。21世纪以来，面对跨国广告集团对本土广告市场的激烈争夺，本土广告公司已经开始出现集团化的趋势。2006年我国广告集团纷纷并购重组。2006年1月8日，分众传媒在纳斯达克上市，合并主要竞争对手聚众传媒，形成楼宇广告领域的霸主。广告公司间的并购合作成为扩大规模的主要途径。

有研究者认为，中国广告业的集团化主要有三种模式：一是广告公司跑马圈地、抢占广告媒体；二是广告公司自主经营、逐步扩张；三是强势媒体向广告延伸。第一种模式主要表现在户外广告领域，某些户外广告公司通过对户外广告媒体的垄断形成网络和集团，白马广告集团和TOM.COM是最典型的代表；第二种模式主要是广告公司依靠自身力量进行投资和资源整合，形成传播集团；第三种模式是强势媒体依托媒体优势组建广告公司、公关公司、直销公司等形成传播集团。集团化已成为中国广告业发展的主流，是未来中国广告业发展的大趋势。

（三）广告公司专业化趋势

目前广告行业的内部分工已经高度细分化，市场调查、策划创意、设计制作、媒体发布等已有专门的分工，但各领域的专业化程度不高，还处于粗放式的发展阶段。要在日益激烈的竞争环境中取胜，更好地满足客户的需求，只有以专业取胜，通过充分的专业化赢得客户的信任。目前，不少中小广告公司为了在更加激烈的竞争中生存下去已经开始寻求业务转型、改变经营战略，以某一专业服务见长，或专注于某些行业，为客户提供更加专业化的服务从而提高竞争力。

（四）广告公司与客户的关系将明确并趋于合理

目前一些广告公司生存困难，其症结之一就是广告公司与客户的关系不明确。广告公司与客户相互抱怨，双方互不信任，合作不长久。在未来发展中，面对激烈的市场竞争，有必要重新构建客户与广告公司的关系。广告公司与客户是共创利润的伙伴，是朋友和伙伴关系，如果广告公司不能给客户带来利润，将无法生存。更进一步说，是共担风险的朋友。未来核心的变化是客户在选择媒介和广告公司时将由现在的价格判断转向价值判断。

（五）广告与营销传播一体化趋势

由于新媒体不断出现，传播环境空前复杂；产品竞争更加激烈，市场环境复杂多变；单一的广告已无法有效地到达消费者。在这样的背景下，广告主急需采取新的传播模式、整合各种营销传播工具来到达消费者，以实现品牌传播的需求。为了在新的营销传播环境下帮助广告主更加有效地与消费者沟通，广告公司不仅要能够提供传统的广告服务，还需要整合公关、促销、直销、互动行销等多种传播工具，以实现传播效果的最大化。目前，一些跨国及本土广告公司和媒介购买公司均已意识到广告主的整合传播需求，开始由专业广告代理或媒介购买向整合营销传播代理转型。事实上，中国广告公司的这种业务转型并非首创，而是顺应全球范围内广告公司战略转型的大趋势。20世纪90年代，在全球营销传播环境发生重大转变的背景下，随着"整合营销传播"观念的提出，美国广告专业代理公司率先向整合营销传播代理转型。一批整合营销代理公司应运而生，有实力的广告公司也逐渐整合成为规模巨大的营销服务集团。因此，在新的营销传播环境下，广告公司和媒介购买公司的业务转型将突破传统的广告概念，广告与营销传播将逐步融为一体。

第三节 广告公司业务运作流程

一、广告公司业务流程

一次完整的广告活动包含的环节应有营销研究、广告策划与创意、广告作品制作、媒介购买与执行,以及贯穿整个广告活动的业务沟通。整个广告代理公司的业务流程以完成上述五个方面的服务而展开,需要经过以下基本流程:客户接洽与客户委托—代理议案—广告策划—广告提案—广告执行—广告效果评估与总结。

(一) 客户接洽与客户委托

这是广告公司业务开始运作的起点,以得到客户的代理委托书为工作目标。广告主需要广告公司对其产品或服务进行代理,达到广告主预期的效果。首先,广告公司通过客户服务人员与客户进行接触和沟通,了解客户委托代理的意图和愿望、委托代理的业务内容及其欲达到的目标,并向客户全面推介本公司;其次,广告公司调研部开始初步收集相关的市场资料,为具体代理业务活动的开展做好初步准备;最后,召开由双方高层管理人员和相关业务人员共同出席的客户说明会,由客户代表正式说明委托代理的业务内容,并详细通报有关客户的基本情况,包括产品、通路和市场状况以及客户的营销状况和营销目等,完成客户与广告公司高层的沟通和交流。

(二) 代理议案

广告公司得到客户的正式代理委托书后,就要确定具体的工作计划,为紧接着的广告策划做好充分的准备。这个阶段的工作主要是召开业务工作会议,对客户委托代理的业务项目进行具体的讨论和分析,确认这项业务推广的重心和难点,检查相关资料的收集是否齐全。如资料不够详备,还需对该种资料进行市场调研以及结论分析。资料收集详备后确定开展此次业务的具体工作计划,包括制定该项目的客户联系人与业务负责人,以及具体工作内容与工作进度的安排。

(三) 广告策划

这一阶段的工作是广告公司业务运作的重点,是广告公司代理水平与服务能力的集中体现。其主要工作内容是建立具体的广告目标以及为达成这一目标的策略手段。也就是具体规划如何以最适当的广告讯息,在最适当的市场时机,通过最适当的传播途径,送达最适当的广告受众,最有效地实现预定的广告目的。其重要的工作方式就是广告策划会议、广告创意与表现会议。完整的广告策划方案或广告计划书是这一阶段需达成的工作目标,如果广告公司还为广告主代理整合营销传播的其他内容,则需要同样制定详细的执行计划。

(四)广告提案

广告提案是指广告策划阶段所形成的广告策划方案或广告计划书。进行广告提案包括两个内容：(1)广告公司对提案的自我审核与确认；(2)客户对该提案进行审准与确认。因而这一阶段的工作方式是公司的提案审核会议以及对客户的提案报告会。公司的业务审核，由公司的业务审核机构执行，或由公司资深的业务人员组成临时会议，具体负责在正式向客户提交前对该提案的科学性与可执行性进行审核。提案报告会上，由公司向客户具体报告已形成的广告方案，并接受客户对该方案的审核和质询，最终获得客户对该方案的认可。

(五)广告执行

这一阶段的工作内容是具体执行获得客户认可的广告策划方案或广告计划书。一方面，依据方案所确认的广告创意表现策略进行广告制作，可由本公司制作部门执行，也可委托专门的外援执行，并对已制作完成的广告作品进行发布前的效果测试和刊播试验；另一方面，依据方案所确定的市场时机、媒体策略和媒体计划，进行媒介购买、媒介投放与发布监测。此外，还需执行属于广告公司代理范围内的其他整合营销传播的内容，例如人员促销，就要事先物色促销地点和促销人员，进行活动洽谈和人员培训，安排时间进度和经费预算，同时考虑是否要配合媒介广告等。

(六)广告效果评估与总结

依据广告公司与客户双方的评估方案，对此次整个广告活动进行事后评估。广告公司还应以报告会的形式对客户进行评估报告和业务总结。至此，广告公司的一次完整运作才算结束。当然，随着广告公司在市场中的竞争和发展，广告公司的业务运作都是反复循环进行的，并且根据特定情况做出相应的修改和经验总结。

二、广告公司客户服务制度

广告公司的业务管理是以各种客户服务制度为依托的。广告公司客户服务制度主要有：客户执行制度、业务档案制度、工作单制度、业务审核制度、业务保密制度。

(一)客户执行制度

客户执行(Account Eexecutive，AE)制度即广告公司指派特定的客户负责人为客户提供服务的一种制度。这是广告公司在长期的业务运作中逐渐形成的与客户"品牌经理制"相对应的一种代理服务制度。如果客户同时委托多品牌的广告代理，可上设客户监督（Account Supervisor）为客户总负责，AE 则为客户多品牌中某品牌的客户执行人，还可下设副 AE 或助理 AE，协助 AE 工作。广告公司的客户代理服务涉及公司各业务职能部门，工作环节众多，即使采取专门小组服务制度，也涉及小组内各类专业人员的协调。AE 作为广告公司对客户提供的不同服务功能的总负责和总协调者，能确保公司业务的协调运作、服务效能的有效发挥。

（二）业务档案制度

广告公司代理所有的广告业务，必须逐项建立业务档案。从客户接洽开始，直至评估总结完成，所有有关业务资料都得一一归案存档。业务档案的建立，便于公司管理人员和具体业务参与人员的业务自查，便于控制业务按计划开展，随时检查业务中的疏漏，发现和修正业务中出现的偏差，是公司业务管理的重要手段；同时，也是公司进行业务总结的重要依据，以及处理各类业务纠纷的重要法律凭证。

（三）工作单制度

工作单又叫工作任务单，一般由公司的业务总监和项目负责人签发，将代理服务的各项业务工作分别向有关业务部门或业务人员下达。其主要内容有：需具体完成的工作任务以及规定完成的时间和有关质量的要求，工作任务接受者的签收，任务完成结果的信息反馈。要求接受工作任务单的有关业务部门和业务人员，在所下达的工作任务完成后，填写好任务完成结果信息反馈栏，将工作任务单连同完成的工作任务一并返回工作单下达者，由工作单下达者一并签收。实践证明，工作单制度是广告公司实施业务管理和控制的有效方法，是确保公司业务高效、有序运作的重要手段，也是执行部门和员工业务考核的重要依据。

（四）业务审核制度

按照业务审核制度的规定，广告公司在业务运作过程中所完成的调查报告、策划书、计划书、广告创意文案、制作广告作品等工作，在报告提交考核之前都要经过公司业务主管或审核机构的严格审核。在审核中如果质量不达标，则一律不通过。实施这一制度的目的是把好业务关，就像生产型企业的产品质量检测制度一样，最终要确保广告公司高质量的广告产品策划。

（五）业务保密制度

广告公司在为客户提供广告代理服务的过程中会接触和掌握许多相关客户的商业信息，未经客户允许，不得向任何一方泄露。广告公司在为其他业务关联客户提供广告代理服务时，也应以不损害该客户的利益为原则，即使该客户转寻其他广告公司作代理，也应如此。广告公司为客户所做的一切广告代理策划，在未公开实施之前，也应为其严守秘密。业务保密制度是一切商务活动的通则，广告代理业也须无条件地执行。

三、广告公司代理收费制与财务管理

广告公司的代理收费范围、收费标准、收费方式和财务管理，是广告公司经营的重要组成部分，直接关系到广告公司的生存与发展。一般来说，广告公司的财务管理主要包括广告代理收费管理、广告预算管理和广告成本与利润管理。

（一）广告代理的收费项目

1. 媒介代理费。媒介代理费是广告代理主要的收入来源，约占整个广告代理收入的3/4。这项收费在广告代理业萌生之初确立，逐步演进而形成了制度，这就是通常所说的代理佣金制。

关于媒介代理费有三点需要说明：

（1）最初的媒介代理费，由广告主按实际媒介费用的一定比例向广告公司支付，后转而由媒介向广告公司支付。从目前的实际运作情况看，出现了由广告主向广告公司支付的倾向，或者在广告公司购买媒介的价格折让中实现。

（2）最初的媒介代理费，主要是用来支付广告公司从事媒介代理的佣金或劳务费用的。随着媒介刊播费用在整个广告费用中所占比例的扩大和增长，这项费用不仅包括广告公司从事媒介代理的劳务费用，还包括广告公司为实现媒介代理而向广告主提供的其他广告代理服务的酬金，如广告策划、广告文案等代理服务的酬金。

（3）不是所有广告公司都有资格从事媒介代理并能从媒介获取代理佣金，媒介仅对被认可并正式签订代理协议的广告公司支付佣金。

2. 其他服务费。广告调查、广告策划、广告创意、广告设计与制作、广告媒介调查、广告效果测定都属于广告代理公司的基本代理服务。这些代理服务，如何收取费用，是否属于广告代理的收费范围，情况更为复杂。

广告调查包括市场调查、媒介调查、广告事前与事中测试和广告效果调查。

对于其费用的承担，一般的原则是：为制定广告的运作策划所进行的必需调查，费用由广告代理公司承担；如果是受广告主专项或特别委托而专为广告主所进行的调查，则调查成本和费用由广告主支付。广告代理公司本身不从事市场调查，必须通过专门的调查机构进行时，其费用也由广告主承担。

广告创意费的收取，可参照广告策划费用收取的情况执行。广告设计与制作，依惯例均在收费范围之内。这里有两种情况：一是由广告公司自行完成设计制作；二是由广告公司完成创意设计后，委托专业制作公司执行制作。如属后者，则广告主必须全额支付制作公司收取的制作费用，另向广告公司支付一定比例的费用，作为广告公司在这一过程中所付出的监督制作执行、控制制作作品质量等劳务的佣金。如属前者，则广告公司一并向广告主收取制作成本及制作劳务佣金。

3. 特别服务费。特别服务是指广告代理服务之外的其他服务项目，如公共关系、促销活动等代理，包括为企业所进行的企业形象识别策划，均在正常的收费范围之内。

（二）广告代理的收费标准与方式

1. 佣金制。广告公司为广告主所提供的媒介代理之外的许多非免费服务项目，如上述调查、广告制作以及诸多杂项服务和特别服务，广告主都得向广告公司支付实际成本之外的服务佣金，标准原则上仍为 15%，只是计算方式有所不同。

例如，一项非免费服务项目的成本支出总额为 8 500 元，广告主除如数支付外，还要按 17.65% 的加成惯率向广告公司支付服务佣金，计算方法如下：

成本总额 = 8 500（元）

加成 = 8 500 × 17.65% ≈ 1 500（元）

广告主应付给广告公司的金额 = 8 500 + 1 500 = 10 000（元）

加成惯率之所以定为 17.65%，原因是广告公司该项服务所得 1 500 元的服务酬金，恰好是广告主支出总额 10 000 元的 15%，与 15% 的代理佣金标准恰好一致。

2. 协商佣金制。在佣金比率固定不变的情况下，媒介刊播费用越高，广告公司所得就越多，而其所付出的劳务却不因媒介的增加而增加多少。因而广告主的不满逐渐增长，尤其是一些媒介费用支出较大的广告主，对广告公司因此所得超出其劳务付出的报酬常抱抵触情绪。与此同时，广告公司在为广告主制作的广告计划中，出于自身的利益，也倾向于增大刊播费用，倾向于使用比较昂贵的媒介。这样，广告主与广告公司为佣金的事常起纷争。于是，20 世纪 60 年代，一种新的计费方法——协商佣金制在美国广告界出现。协商佣金制主要是针对一些媒介费用支付较大的广告代理业务，由广告主与广告公司经过协商，确定一个小于15%的佣金比率。按照协定的比率，广告公司把从媒介得到的佣金超出该比率的部分退给广告主。

这种新的计费方法对广告主比较有利，它是建立在广告主与广告公司协商基础上的，在这种新的计算方法出现之后，通行的以15%为标准的佣金制依然保留着，虽说15%不再是绝对标准，但依然是一个常用的参照系数和参考标准。

3. 实费制。实费制与协商佣金制的兴起同是20世纪60年代的事，由奥美广告公司总裁大卫·奥格威率先实行。

所谓实费制，就是不采取按一定比率来支付代理佣金的形式，而是采取按实际的成本支出与实际的劳务支出来支付整个广告代理费用的方式。

按照实费制，广告公司在整个代理过程中，一切外付成本，包括媒介费用、调查费用、广告制作费用，以及印刷、差旅等各项杂费，均按实际付款凭证向广告主结算。而广告公司为此所付出的一切劳务，则按实际工时和拟订的工时单价向广告主收取酬金。

这就要求一切外付成本必须具有收款机构的收款凭证，广告公司机构内的各项花费，如无需外付成本的，也必须具有广告公司本身的财务凭证，一并提供给广告主审核，广告主审准后方能据此支付。如果广告活动持续的时间较长，可按月结算。

此外，广告公司所有参与此项代理的作业人员必须每天记录自己在各项业务上花费的时间。全体参与此项广告作业的人员的合计工时乘以工时单价，或者再加上双方议定的利润比例，就是广告主应支付给广告公司的劳务酬金。

4. 效益分配制。在以往的广告代理中，广告公司只向广告主要求代理权力，却一般不承担实际的代理责任。效益分配制，将代理的权力与责任联系在一起，把代理的利益与销售效果联系在一起，要求广告公司承担代理的销售风险。广告公司从广告主所产生的实际销售中分取一定的利润，如不能产生实际的销售，则不能取得相应的利润。

5. 议定收费制。所谓议定收费制，就是根据具体的广告活动个案，对代理的时间成本和外付成本作事先的预估，在预估的基础上，广告主和广告公司共同议定一个包括代理酬劳在内的总金额，一并交付广告公司，在运作过程中，或盈利或亏损，广告主不再过问。

(三) 广告公司的财务管理

广告公司的财务管理是对广告公司经营活动中各种资金的来源、使用、利润的形成，进行计划、组织、调节、监督和核算。财务管理的内容主要包括两部分：一是对广告预算的管理；二是对广告公司运作成本和目标利润的管理。

广告预算的管理是对广告活动各项费用的预先估算和分配，是广告主投入广告的依据，也是广告公司从事广告代理的财务执行依据。广告预算的管理在广告预算章节已论述，在此不再赘述。

广告公司运作成本和目标利润的管理的目的是，研究广告公司如何运作才能最大限度地降低成本、增加利润。广告经营的成本主要包括从事广告业务的外付成本（如向专门制作机构支付的广告制作费、向媒体支付的媒介刊播费等）和各项内付成本（如员工工资、管理费用、设备折旧等）。广告公司的经营总额减去上述成本，才是广告公司的税前利润，再减去税金才是纯利润。广告公司要扩大利润，从根本上来说，必须提高工作质量和效率，扩大经营规模，同时还要加强成本管理，这样才能提高利润率。

本 章 小 结

广告公司是专门从事广告经营的企业，包括广告公司、广告代理商和广告制作部门。广告公司是广告业的核心组织，是市场经济的重要参与者。国外广告公司的产生和发展主要经历了版面代理时期、版面经纪人时期、客户代理时期、全面代理时期和整合传播代理时期。

广告公司在现代广告中具有无可替代的地位和作用。现代广告公司的种类很多，最具代表性的是按其功能划分的广告公司，主要有四类：全面服务型广告公司、有限服务广告公司、广告制作公司和广告代理商。广告公司的组织结构设计要遵循一定的原则，组织形式呈现多样化。以组织结构最健全的全面服务型广告公司为例，广告公司的内部职能可划分为客户服务部、市场调研部、创意制作部、媒介部、营销服务部和行政管理部六个部门。现代广告公司从组织结构、集团化、专业化、一体化等方面呈现出新的发展趋势。

广告公司的业务是有章可循的，其基本流程是：客户接洽与客户委托—代理议案—广告策划—广告提案—广告执行—广告效果评估与总结。广告公司客户服务制度主要有客户执行制度、业务档案制度、工作单制度、业务审核制度、业务保密制度。一般来说，广告公司的财务管理主要包括广告预算的管理以及广告公司运作成本和目标利润的管理。

关键概念

广告公司　广告代理商　AE制　佣金制　广告业务流程
广告代理收费制　　客户服务制度

复习与思考题

一、选择题

1. 在美国，大型广告公司的营业收入要（　　）美元。
   A. 大于 5 亿　　　　　　　　　　B. 达到 1 亿
   C. 大于 3 亿而小于 4 亿　　　　　D. 达到 3 亿
2. 世界上第一个广告公司的创立者是（　　）。
   A. F. 魏兰德·艾耶　　　　　　　B. 沃尔尼·B. 帕默
   C. 詹姆斯·怀特　　　　　　　　D. 乔治·P. 罗威尔
3. 通常人们所说的广告经纪人是指（　　）。
   A. 全面服务型广告公司　　　　　B. 有限服务广告公司
   C. 广告制作公司　　　　　　　　D. 广告代理商

二、思考题

1. 广告公司有哪些类型？
2. 简述广告公司的发展历史及发展趋势。
3. 广告公司在现代广告中有怎样的地位和作用？
4. 广告公司的内部职能是怎样划分的？它们之间的关系如何？
5. 广告公司的业务流程有哪几个步骤？请分别阐述。
6. 简述广告公司代理收费制的内容。
7. 广告公司的客户服务制度有哪些？

三、案例分析

奥美整合传播：业务众多的"360 度品牌管家"

奥美环球（Ogilvy & Mather Worldwide）于 1948 年由"现代广告之父"大卫·奥格威（David Ogilvy）在纽约始创。在中国、韩国和越南市场，奥美是第一家成立分支机构的外资广告代理商，并拥有亚太区最大的关系行销集团。2002 年排名全球第 11 位。

过去 50 多年来，奥美帮助许多跨国企业建立了品牌，如美国运通、西尔斯（Sears）、福特、壳牌、芭比、旁氏、多芬（Dove）、麦斯威尔、IBM、摩托罗拉、联合利华和柯达等。

1991 年，奥美与中国内地最大的国有广告公司上海广告公司合资成立了"上海奥美"。

目前,"奥美中国"已在上海、北京、广州、香港、台湾等地开设办事处,员工达1 500余名。目前其在中国的客户包括 IBM、摩托罗拉、宝马、壳牌、中美史克、柯达、肯德基、上海大众、联合利华和统一食品等。

为更好地向奥美的国际客户提供中国策略咨询,2003年2月,奥美公关国际集团在香港地区聘请麦健陆(James McGregor)为亚太区资深顾问。16年来,麦健陆在中国内地、台湾地区和印度担任过记者、编辑和高级管理职务并从事过个人投资业务,他曾出任《华尔街日报》中国分社负责人、道琼斯公司中国区首席代表及在华美国商会主席等职。

2003年3月,原台湾奥美集团董事长庄淑芬出任北京奥美集团董事长。庄于1985年加入奥美,1990年赴奥美伦敦分公司工作,2000年升任台湾奥美整合行销传播集团董事长。宋秩铭期望庄淑芬的加入能对奥美在北京的发展产生深远影响。

在杜邦委任奥美为其全球整合市场行销与品牌管理代理商不久,奥美顾客关系行销(Ogilvy One Worldwide)于2003年5月在亚太区的印度、中国、泰国和印度尼西亚推出新服务 OneReach,以开拓当地城镇市场。OneReach 将奥美顾客关系行销在电子媒体及数据库行销方面的技能与 Outreach(隶属于奥美集团)在二三级城市及乡镇的行销网络相结合,在这一个新市场中开发新的高端客户。据悉,OneReach 已在印度服务于联合利华。

(资料来源:百度文库)

案例思考

结合奥美整合传播案例,分析现代广告公司的发展趋势。

第十二章 广告管理

【学习目标】
1. 理解广告管理的含义和特征。
2. 熟悉广告管理的内容和方法。
3. 了解国外广告管理的情况。
4. 了解我国广告业法规的基本内容和特点。

【案例导入】

"贝芙美"涉嫌虚假广告

没有科学依据的甩脂减肥广告被禁播后,一种宣称"一身春装过寒冬"的热能塑身衣广告又在电视上热播。北京一名被电视广告忽悠上当两次的消费者,将一家名为"贝芙美"品牌的销售商和生产商告上了法庭,北京市朝阳区人民法院受理此案。

据消费者刘女士介绍,几个月前,她经不起电视广告的诱惑,购买了一台"贝芙美"甩脂机。当时,广告上画面显示,震动能甩掉脂肪,通过皮肤排出的油可以渗透20层的报纸。但甩脂机买回来没用几天,就有专家指出,甩脂减肥缺乏科学依据,可能对人体造成损害,刘女士被吓得赶紧停用。

几个月后,刘女士又一次经不起电视广告的诱惑,购买了一套"贝芙美"热能塑身衣。电视广告称,这种热能塑身衣"面料发热、运动加热、蜂巢储热"、"又薄又暖又苗条,一身春装过寒冬"。谁知刘女士花了近千元购买的"贝芙美"热能衣根本不保暖,仅穿用一天就把她冻得患了感冒。

"两次上当完全是被电视广告给忽悠的。没想到的是,这种根本不保暖的热能衣和退货无门的甩脂机竟然是同一个品牌。"于是,刘女士将"贝芙美"销售商北京网捞商务服务有限公司、生产商上海腾慧信息技术有限公司一起告上了法庭。

2006年国家广电总局、国家工商总局联合发布了《关于整顿广播电视医疗资讯服务和电视购物节目内容的通知》,明确要求"电视购物节目内容,应当真实、合法,标明推销产品的经营、销售企业名称及有关产品审查批准文号"。然而,"贝芙美"的广告只有订购电话,没有标明销售企业——北京网捞商务服务有限公司的全称。

按照广告法规的有关规定,广告发布者明知或应知广告违法仍发布的,要依法承担连带责任。有关专家表示,除了要求出具广告审查单、对广告发布人的资质严格审查外,电视台还要严格执行国家相关"禁播令"的规定，否则电视台要承担发布虚假广告的责任。

刘女士的委托代理人表示，虚假广告屡屡骗人，广告主负有法律责任，电视台也不能免责。因此，他搜集相关证据，要把播放忽悠广告的相关电视台告上法庭。据了解，刘女士以侵犯消费者权益为由要求两被告双倍赔偿，并承担医药费和诉讼费用。

（资料来源：http://www.110.com/ziliao/article - 46793.html）

法规是市场经济发展的保证，广告法规是广告业健康发展的保证。广告业作为运用艺术手段将商品与商品生产者的各种信息传递给广告对象并力求给广告对象的消费行为以某种影响的产业，为了保证该产业能健康有序地发展，不仅要通过国家的法规来管理和约束，还需要社会的监督，同时还要不断地完善和提升自身的职业道德规范。

与广告的产生相比，广告管理的出现要晚很多。18世纪末至~19世纪初，英、美等国家爆发了工业革命，带动了经济的快速发展。繁荣的社会经济与工商业的发展为广告业的出现和发展创造了条件。然而，由于没有正确的管理制度的出现，广告业的竞争出现了混乱和无序，对西方经济生活的健康发展产生不利的影响。因此，西方各国于20世纪以后着手广告的立法和监督工作，这可谓是近代广告管理的开端。本章主要介绍广告的宏观管理。

第一节 广告管理概述

一、广告管理的含义及特征

（一）广告管理的含义

广告管理属于经济管理的范畴。它是国家工商行政管理机关同广告行业协会和广告社会监督组织，依照广告管理法律、法规和有关政策规定，对广告行业和广告活动实施的指导、监督、协调与控制。一般来说，把广告管理分为广义的广告管理和狭义的广告管理。广义的广告管理包括广告公司的经营管理和广告行业及广告活动的社会管理两方面的内容。前者是广告公司对自身内部及经营活动的管理；后者则是政府职能部门、广告行业自身和社会监督组织对广告行业及广告活动的指导、监督、控制和查处，是对广告本身的管理。狭义的广告管理专指对广告行业及广告活动的社会管理。本章主要介绍狭义的广告管理，即政府职能部门、广告行业自身和社会监督组织对广告行业及广告活动的管理。

(二) 广告管理的特征

广告管理是对广告行业和广告活动的管理,广告管理的对象、方法、内容以及范围的独特性决定了广告管理具有自己独特的特征。这些特征包含以下四个方面。

1. **行政性**。国家对广告的管理主要是通过各级工商行政管理部门来履行的。工商行政管理的职能是经济行政管理,是国家为了保证社会经济健康发展而进行的一种管理活动。广告管理是工商行政管理职能的重要组成部分。广告管理主要是通过制定和实施广告法规、制度等手段来管理、指导和监督广告活动,使广告活动在国家法律和政策许可的范围内活动。

2. **强制性**。广告管理作为国家经济管理和信息传播管理的一部分,是严格依法进行的,具有强制性的特点。第一,广告法规是国家法律制度的组成部分,与所有法律一样,是由国家强制力保障执行的,对所有广告活动及其当事人都具有普遍约束力;第二,广告管理属于工商行政管理,这种管理在行政执法上具有较大的强制性,通过强制手段来维护广告活动的正常秩序和健康发展。

3. **广泛性**。广告活动涉及面广、范围大,它与社会各个方面都有联系。一是广告影响具有广泛性,广告对社会的道德舆论、意识形态、价值观念、生活习惯等都产生重要影响;二是广告主具有广泛性,既有生产领域,又有流通服务领域,既有公民个人,又有法人和其他组织;三是广告内容具有广泛性,比如有经济广告、社会广告、文化广告等各类广告;四是广告媒体具有广泛性,广告不断采用新媒体、新技术。

4. **综合性**。由于广告活动运用多种媒体,广告内容日益广泛,因而广告管理不是对广告活动某一环节或某一方面的管理,而是贯穿于广告活动全过程的全方位管理。

二、广告管理的意义

(一) 规范广告活动,保证广告业健康发展

广告是社会经济生活的重要组成部分,因此,必须对广告进行必要的管理,才能维护广告市场秩序,使其在经济发展、社会进步中发挥积极作用。反过来说,针对我国广告业快速发展过程中出现的违背广告活动基本要求的现象,我们迫切需要通过行政、法律以及其他手段对广告活动进行管理,抑制广告业的各种消极现象,排除阻碍广告业发展的障碍,维护广告业的健康发展。

（二）保护消费者合法权益，维护社会经济秩序

广告对消费者的购买行为有着重要影响。虚假广告可能对消费者的身心、财产造成重大伤害，因此，必须从保护消费者权益的角度进行严格的广告管理。广告管理的目的就是，对广告传播行为进行监督，对广告活动主体的各方严格要求，使广告主、广告经营者、广告发布者在思想上能够认识违法广告的危害，震慑和打击各种广告违法分子，从而保障消费者和用户的合法权益。

广告作为一种竞争手段，其形式与内容是否合法对社会经济秩序有着直接的影响。如果广告活动混乱无序，那么必然会扰乱市场秩序，危害社会经济生活。广告管理就是依法管理广告市场，使合法经营和社会经济秩序得到保护。我国需要进一步完善广告法规，通过行政、社会和行业等多方面加强广告管理，以此保护各个市场主体的合法权益，促进良性竞争，推动市场经济快速发展。

（三）促进社会主义精神文明建设

广告的信息传播，发挥的作用是多方面的，不仅在经济领域产生影响，也在社会文化领域起到日积月累、潜移默化的作用。这种传播效果，如果不引起注意，产生偏差，其后果是很严重的。因此，保证广告从形式到内容都能健康向上，也是推动我国社会主义精神文明建设的重要组成部分，需要重视和加强。应该说，我国恢复广告活动以来，在防止广告内容和表现形式不健康、不道德、可能带来消极后果等方面做了大量工作，但仍有许多不尽如人意的地方。比如，虚假广告给消费者和社会带来经济的、精神的危害，还有一些表现龌龊、容污秽不堪的各类广告，也是屡禁不止，利用大众传播媒体和其他传播渠道毒化社会空气，污染生活环境。再如一些涉及性病的广告，有些传媒机构为了增加广告资源，明知不可为而为之。至于街头、巷尾传散的小广告，更是亟待严格管理的事情。但这仅仅依靠行政主管部门是不够的，需要全社会投入，加大管理的广度和力度，为社会文明做出贡献。

加强广告管理，不是限制广告行业的发展，而是促使广告事业在正常的、健康的轨道上良性发展，推动广告行业加快自身建设，不断提高层次，与国民经济和社会发展相适应，为我国社会主义建设事业发挥更大的积极作用。

三、广告管理的对象

一般来说，广告管理的对象包括对广告主的管理、对广告经营者的管理、对广告发布者的管理、对广告信息的管理以及对广告收费的管理和对户外广告的管理。

（一）对广告主的管理

对广告主的管理是指广告管理机关依照广告管理的法律、法规和有关政策规定，对广告主参与广告活动的全过程进行的监督管理行为。由于广告主是广告活动的最初提出者，是广告及服务费用的实际支付者，故其对是否做广告，做多少广告，何时、通过何种方式做广告，以及选择哪家广告代理商和广告发布者设计、制作、代理、发布广告等，都有绝对的自主权，所以广告主的广告意识和广告行为将直接对广告活动产生决定性的影响。因此，对广告主进行切实有效的管理，实质上是实现对广告活动源头的管理，是真正的"正本清源"。这无疑对保证广告的真实性与合法性，防止和杜绝虚假、违法广告的产生，进而净化整个广告行业，具有十分重要的意义。

广告管理机关对广告主的管理主要表现在两个方面：其一，保护广告主依法从事广告活动的权利；其二，保证广告主的广告活动必须遵守国家广告管理的法律、法规和有关政策规定，对于违法广告行为，广告主应依法承担相应的法律责任，并接受广告管理机关的制裁。

根据《广告管理条例》、《广告管理条例施行细则》、《广告法》及其他广告管理法律、法规的有关规定，广告管理机关对广告主管理的内容主要包括以下九个方面。

1. 要求广告主提供主体资格证明。
2. 广告主的广告活动应在其经营范围或国家许可的范围内进行，不得超过其经营范围或者国家许可的范围从事广告宣传。
3. 广告主委托他人设计、制作、代理、发布广告，应委托具有合法经营资格的广告经营者、广告发布者进行。
4. 广告主必须提供保证广告内容真实性、合法性的真实、合法、有效的证明文件或者材料。
5. 广告主应依法申请广告审查。
6. 广告主在广告中使用他人名义、形象的，应当事先取得他人的书面同意。使用无民事行为能力的人以及限制民事行为人的名义、形象的，应当事先取得其监护人的书面同意。
7. 广告主发布烟、酒广告，必须经过广告管理机关批准。
8. 广告主设置户外广告应符合当地城市的整体规划，并在工商行政管理机关的监督下实施。
9. 广告主应合理编制广告预算，不得把广告费用挪作他用。

(二）对广告经营者的管理

广告经营者是连接广告主和广告发布者的中间桥梁，它是广告活动的主体，因而其广告行为是否规范对广告活动的影响至关重要。所以，加强对广告经营者的管理是广告管理中最为重要的内容。对广告经营者的管理主要包括：广告经营者的审批登记管理制度、广告业务员证制度、广告合同制度、广告业务档案制度和广告经营单位的年检注册制度。

1. 广告经营者的审批登记管理制度。对广告经营者的审批登记管理，是广告管理机关依照广告管理法律、法规对广告经营者实施管理的开始，属于政府的行政管理行为。广告经营者只有在获准登记、注册，取得广告经营资格后，才能从事广告经营活动。否则，即为非法经营。严格地说，广告经营者要取得合法的广告经营资格，必须符合《民法通则》中的有关规定和企业登记的基本要求，必须具备广告法规中规定的资质条件，必须按照一定的法律程序依法审批登记。

广告经营者的审批登记程序主要包括受理申请、审查条件、核准资格和发放证照四个阶段。

2. 广告业务员证制度。广告业务员是专职从事承揽、代理广告业务的工作人员（以下称广告工作人员），而"广告业务员证"则是广告业务人员外出开展广告业务活动的有效凭证。为了加强对广告宣传和广告经营活动的管理，保障其健康发展，国家工商行政管理局在1990年10月19日颁发了《关于实行〈广告业务员〉制度的规定》，决定在全国广告行业中统一实行"广告业务员证"制度。该《规定》自1991年1月1日起执行。因此，凡经批准经营广告业务的经营单位，其广告业务人员都必须按照国家工商行政管理局颁发的《关于实行〈广告业务员〉制度的规定》，领取《广告业务员证》后，方可从事广告业务活动。

广告业务人员申请办理广告业务员证，必须接受专业培训与考核，然后向所在地的工商行政管理机关提出书面申请，并提交本单位证明文件和有关材料，经省、自治区、直辖市或其授权的省辖市工商行政管理机关审核批准后，发放《广告业务员证》。

3. 广告合同制度。所谓广告合同制度，是指参与广告活动的各方，包括广告主、广告经营者和广告发布者，在广告活动前，为了明确相互的权利和义务，必须依法签订协议的一种制度，以保护参与广告活动的各方的正当权益不受侵害。广告合同一经依法订立，就具有法律效力，合同各方都应认真履行。订立经济合同，必须遵守法律、行政法规，必须遵循平等互利、协商一致的原则。

广告合同纠纷是参与订立广告合同的各方当事人在依法订立广告合同后，对合同履行情况和违约责任承担等所产生的争议。它包括广告合同履行情况争议和违约责任承担问题争议两方面的内容。解决广告合同纠纷的主要办法有协商、调解、仲裁和诉讼四种。

4. 广告业务档案制度。所谓广告业务档案制度，是指广告经营者（包括广告发布者）对广告主所提供的关于主体资格和广告内容的各种证明文件、材料以及在承办广告业务活动中涉及的承接登记、广告审查、广告设计制作、广告发布等情况的原始记录材料，进行整理、保存，并建立业务档案，以备随时查验的制度。

广告业务档案是在广告业务活动过程中建立起来的，它是广告经营者（包括广告发布者）从承接登记，到收取和查验各种广告证明、材料，再到广告设计、制作、代理、发布等情况和结果的总汇，是广告业务活动的正式记录。因此，建立广告业务档案的作用主要有两个：一是业务参考作用；二是法律凭证作用。

5. 广告经营单位的年检注册制度。所谓广告经营单位的年检注册制度，是指广告管理机关依照国家广告管理的法律、法规和政策规定，对广告经营单位一年来的经营状况进行检查验收的一种管理制度。它是各级工商行政管理机关对广告经营单位实施规范化管理的重要内容之一。任何广告经营单位都必须经过年检注册，取得《广告经营单位年检注册证》后，才有资格继续经营广告业务，否则即为非法经营。

（三）对广告发布者的管理

对广告发布者的管理，又叫广告媒介物管理或者广告媒介管理，是指广告管理机关依照国家广告管理法律、法规的有关规定对以广告发布者为主体的广告发布活动的全过程实施的监督管理行为。换言之，对广告发布者的管理是广告管理机关依法对发布广告的报纸、期刊、电台、电视台、出版社等事业单位和户外广告物的规划、设置、维护等实施的管理。

广告管理机关依法对广告发布者实施管理的主要内容包括以下三个方面。

1. 对广告发布者经营资格的管理。以广播电台、电视台、报纸、期刊和出版社等为主体的广告发布者（或广告媒介），其主要职责是宣传党的路线、方针、政策，发布信息，传播新闻，同时兼营广告发布业务、传播经济信息。而广告发布者以收费的形式兼营广告发布业务、传播经济信息，属于一种广告经营行为，所以，广告管理机关必须对其实行专门管理。广告发布者在发布广告前，必须到当地县级以上工商行政管理局办理兼营广告业务的登记手续，并由其审查是否具备直接发布广告的条件。对符合条件的广告发布者，广告管理机关依法予以登记，并发给广告经营者资格证明。广告发布者只有办理了兼营广告业务的登记手续，并取得广告经营资格证明后，才能经营广告发布业务，否则，即为非法经营。

2. 对广告发布者提供的媒介覆盖率的管理。媒介覆盖率是媒介覆盖范围和覆盖人数的总称。它随媒介的不同而有不同的名称。其中，有广播电台的覆盖范围与收听率，电视台的覆盖范围与收视率，报纸、期刊等印刷媒介的发布范围与发行量，以及户外场所的位置和人流量等。真实的媒介覆盖率是广告主、广告经营者实施广告战略和广告发布者确定收费标准的重要依据。因此，广告管理机关应该加强对广告发布者提供的媒介覆盖率的真实性进行管理，这对于维护广告发布者的声誉、树立媒介自身形象、拓宽广告发布业务来源，以及保护广告主、广告经营者的合法权益，有着积极重要的作用。

3. 对广告发布者利用媒介时间、版面和篇幅的管理。广告发布者虽然拥有对媒介的使用权，但是并不能无限制地扩展广告刊播的时间、版面和篇幅。国家行政管理机关往往利用其行政职能对媒介刊播广告的时间、版面、篇幅做出限制性的规定和控制，以确保媒介履行更为重要的社会职能，实现健康有序的发展。

（四）对广告信息的管理

广告信息包括广告信息的内容及其表现，它以广告作品的形式，经媒介的发布完成传播。对广告信息的管理是世界各国广告管理中尤为重要的内容。

1. 广告内容的管理。广告内容的管理，集中到一点，即对广告内容的真实性、合法性进行的管理，以确保广告内容的真实、合法与健康。

《广告管理条例》第3条规定："广告内容必须真实、健康、清晰、明白，不得以任何形式欺骗消费者。"《广告法》第7条规定："广告内容应当有利于人民的身心健康，促进商品服务质量的提高，保护消费者的合法权益，遵守社会公德和职业道德，维护国家尊严和利益。"《广告法》第7条对广告中不得出现的内容，《广告法》第14条和第17条对药品、医疗器械和农药广告中不得出现的内容，都作了明确规定。此外，《药品广告管理方法》、《医疗器械广告管理方法》、《化妆品广告管理方法》、《食品广告管理方法》、《酒类广告管理方法》、《关于加强体育广告管理的暂行规定》、《关于加强融资广告管理的通知》、《关于加强对各种奖券广告管理的通知》等单项法规，还对相应的广告内容的管理做出了明确规定。

2. 广告表现的管理。广告作为一种"劝说"的艺术，必须借助一定的表现方法和形式才能将商品或服务的信息传达给广告受众，并尽可能使其留下深刻的印象，以促进购买行为的实现。广告的表现方法和形式就是广告表现。

由于广告表现是针对社会公众所开展的宣传活动，又是为了追求赢利目标所采取的宣传手段，所以它必须受到广告管理的法律、法规和道德的约束，必须符合一定的社会规范。广告表现管理的内容主要包括：对广告表现真实性的管理；对广告表现合法性的管理；对广告表现道德性的管理；对广告表现公益性的管理；对广告表现独创性的管理；对广告表现可识别性的管理；等等。

（五）对广告收费的管理

广告收费是指广告经营者、广告发布者在承接和完成广告主委托的广告业务后，所收取的广告设计费、制作费、代理费和发布费。

广告收费管理是指广告管理机关会同物价、城建、公安等职能部门，依照广告管理法律、法规的有关规定，对广告经营者和广告发布者在设计、制作、代理、发布等广告业务活动中收费行为的合法性进行的管理。目前，我国对广告收费的管理主要实行国家定价管理和备案价格管理相结合的原则。

我国对广告经营者收取的广告设计、制作费的管理，主要实行备案价格管理，即广告经营者可以根据广告设计、制作成本和自身信誉、服务质量、制作水平等因素制定自己的收费标准，然后报当地工商行政管理机关和物价部门备案。

对广告代理费主要实行国家定价管理，其标准是法定的，全国统一，即：广告经营者承办国内广告业务的代理费，为广告费的10%；承办外商来华广告的广告代理费，为广告费的15%。

对广告发布者收费的管理，基本上实行备案价格管理，即：以广播电台、电视台、报社、杂志社四大媒介为主的广告发布者，根据自身的收听率、收视率和发行量，以及在全国或地方的覆盖率和影响，制定自己的收费标准，然后报当地工商行政管理机关和物价管理部门备案。

户外广告场地费、建筑物占用费的收费标准，必须由当地工商行政管理机关会同物价、城建部门，根据当地经济发展的程度，户外广告的设置区域、场地，建筑物的位置好坏，人流量大小，是否在商业中心和闹市区等因素，共同协商制定，并报当地人民政府批准。它一经制定并获得当地人民政府批准，就必须严格依照执行，任何单位或个人不得随意更改。

（六）对户外广告的管理

户外广告是指张贴、设置、绘制在城镇繁华地段、商业闹市中心、交叉道口、旅行沿线、机场、车站、码头、高大建筑物等露天场地和交通工具上的广告。户外广告的数量多少，质量如何，设置的地点和场所是否合理、恰当，在一定程度上反映了一个城市或地区的经济发达程度、整体精神面貌和文化、城市美化、环境保护的程度。一般来说，户外广告的设置不得妨碍交通，不得有损市容和风景地区的优美环境，不能破坏古物建筑等。户外广告要与社会人文环境、自然环境相适应。

与其他户外形式的管理相比，户外广告的管理较为复杂，它涉及工商行政管理、城建、环保、公安等部门，其规划管理也主要由这些部门负责。在当地县级以上人民政府的组织下，上述部门共同就城市或者地区户外广告设置的区域、地点、规格、质量和安全等问题做出统一规划，报当地人民政府批准后，由工商行政管理机关负责监督实施。

对户外广告必须实行登记管理，即县级以上广告管理机关会同城建、环保、公安等有关部门，依照当地人民政府批准的户外广告设置规划和管理办法，对申请经营户外广告的单位或个人的经营资格、条件和设置户外广告的区域、地点等进行审查核准。对具备经营资格、条件的单位或个人，在核准户外广告设置区域、地点符合当地户外广告规划和管理办法后，准予登记。未取得核准登记的单位或个人，不得经营户外广告，否则即为非法经营，将被依法取缔。户外广告的内容必须真实、合法。

户外广告发布后，并不意味着发布活动的结束。户外广告在设置、安装过程中和完毕后的安全问题，以及平时的维修、整饰，即维护问题，仍是其发布活动的继续。广告管理机关应会同城建、环保和公安等有关部门，对户外广告设计、安装所用材质和抗风、抗震等级以及与原建筑物的连接等问题、环节，进行切实有效的管理，把户外广告的安全问题落到实处，同时应加强对户外广告的维修装饰管理，对那些残缺不全、影响市容市貌的户外广告，该维修的应及时维修，该更换的应及时更换，该清理的应坚决清理，还城市以和谐、美丽。

四、广告管理方法

所谓广告管理方法，是指为了达到管理目的，在广告管理过程中，由管理系统（管理主体）对被管理系统（管理客体）进行有明确目的的活动方式的综合。它是广告管理人员执行管理职能的手段，是管理主体对客体施加影响和作用的方式，是广告管理机构、管理人员协调管理对象共同活动的各种措施、手段、办法、途径的总和。

（一）行政管理方法

所谓行政管理方法，就是依靠广告行政管理机构的职权，通过直接对管理对象下达命令、指示、决议、规定等具有强制性质的行政手段和指令性文件来管理广告活动的方法，它是广告管理机构最常用的管理方法。在我国，广告行政管理机关是国家工商行政管理机关和地方各级工商行政管理机关。广告业内各广告经营系统、部门、单位以及广告客户也都有自身的行政组织，它们虽不行使国家授权的广告管理权力，但也行使自上而下不同层次的行政领导权力。

（二）法律管理方法

所谓法律管理方法，是指人们常说的"法治"，是指以国家制定或认可的法律、法令、条例等来处理、调解、制裁广告活动中有关方面经济纠纷、经济关系和违法犯法行为的一种强制性方法。

对于现代广告管理来说，法律管理方法是一种科学有效的管理方法，也是世界各国特别是广告业发达的国家和地区普遍采用的一种广告管理方法。

（三）广告行业自律方法

所谓广告行业自律，是指广告行业组织机构、广告经营者和广告客户，根据国家法律、法规、社会道德和职业道德的要求，针对本行业的实际情况，自行制定约束本行业或企业从事广告活动的公约、准则和规则，并据此对自身从事的广告活动进行自我约束和管理，以保证所发布的广告奉公守法、真实可信。

（四）舆论监督方法

在现代信息社会，舆论对社会经济生活的各个环节、各个主体具有监督作用，因为它在受众中有巨大的公信力和影响力。可以通过舆论的广泛影响来赞扬真的、善的、美的广告行为，鞭挞假的、恶的、丑的广告行为。

（五）消费者监督方法

消费者是广告的接受者和广告产品的最终使用者，广告行为的受益者和受害者也都是消费者，因此，对广告的管理必须要有消费者的参与。但是，单个消费者的力量是有限的，因此，在现实的操作中，消费者往往通过一个消费者组织来行使自己的权利，维护自己的合法权益。这个消费者组织就是消费者协会，它是一个由消费者组成的群众组织，在广告管理中发挥着巨大的作用。

（六）经济管理方法

所谓经济管理方法，就是广告公司内部根据广告活动规律的要求，利用各种经济杠杆，通过经济组织正确处理广告活动中各方面经济利益与广告经营、宣传成效的办法来管理广告的一种方法。它也是广告管理系统广泛地运用于管理广告活动的一种基本方法。

运用经济方法管理广告，是经济发展规律和广告活动规律的客观要求，也是经济杠杆的特点所决定的。从经济角度看，广告管理同其他经济管理一样，其基础和核心是物质利益，管理的内容大都是围绕经济利益来展开的。所以，经济方法实质上就是贯彻效益原则，以物质利益作为内在动力和外在压力来管理广告活动的方法。广告经营和广告宣传都是同人、财、物打交道的，都是同生产、流通、消费等社会各方面紧密联系的。广告设计、制作、代理、发布等各环节活动要实现最佳的经济效益，不能不讲经济利益、经济成果、经济效率和经济责任。这就不能不严格地按照客观经济规律办事，不能不运用经济杠杆。实践证明，只有科学地运用经济方法管理广告并使之与行政方法、法律方法有机结合起来，才能实行有效的管理。运用经济方法管理广告，对于广告管理机构来说，就是要寻找和完善能协调与兼顾各方经济利益的措施、办法、对策、途径。

（七）广告管理中的其他方法

当代社会，广告活动千姿百态、日新月异。广告活动的广泛性、复杂性、多变性决定了广告管理方法的多样性。为了管理好广告业、广告活动，除了上述常用的方法之外，还应当运用其他方法作为配合，并把各种方法有机地结合起来。这些方法包括教育方法和咨询顾问法等。

1. 教育方法。这是指对人们进行思想、道德、品质方面的教育，提高人们的政治思想觉悟，以便能自觉地认识和遵守各种管理法规的广告管理方法。

2. 咨询顾问法。这是指由咨询顾问机构或广告咨询顾问人员针对广告活动及其管理中存在的问题，进行诊断，提出各种合理化建议，供广告管理机构决策人员参考的一种方法。

总之，广告管理方法是多种多样的。各种方法在广告管理中的作用虽各不相同，但都是达到管理目的、贯彻管理原则、执行管理职能的一种特殊方式，因而各种方法即相互联系又相互补充。在广告管理实践中，必须注意各种方法的灵活运用，并不断地丰富和完善。

第二节　广告法规管理

一、广告法规管理的含义与性质

（一）广告法规管理的含义

广告法规管理是指国家机关、社会团体或其他组织和个人，运用国家的法律法规对广告活动进行的监督管理。简而言之，广告法规管理就是以广告法律法规为依据进行的广告监督管理活动。

（二）广告法规管理的性质

对于广告法规管理性质的理解，直接关系到对广告法规管理的特点、内容及方法等的全面而科学的把握，因此，这是构成人们认识、把握广告法规管理活动的基础。根据马克思主义的观点，监督管理活动作为一种社会活动，具有自然属性和社会属性的双重性质。自然属性是人类社会所共有的，是在监督管理活动的社会实践中不断积累、日渐丰富的经验和技能等，代表了监督管理的共性；社会属性则体现了一定社会和时代监督管理活动所特有的特征，反映了监督管理的特性。广告法规管理作为一种特定的监督活动，同样体现了上述双重性质的结合。

广告法规管理的自然属性主要体现在通过广告监督管理对广告科学性、真实性、艺术性的维护；广告法规管理的社会属性主要体现在通过广告管理对广告思想性、政策性和民族性的维护。广告法规管理的双重性还决定了我国的广告监督，既要借鉴古今中外广告发展历程中被证明行之有效的广告监管的理念、制度和方法等，又要结合中国广告业发展的特点和中国具体的国情以及社会主义市场经济的体制特征等，不断探索符合中国的广告监督管理方法。

二、广告法规管理的特点

（一）普遍的约束力

广告法规管理是广告管理的方式之一，而广告法规具有国家意志的属性，决定了其对广告主、广告经营者以及广告的发布者具有普遍的约束力。因此，在从事广告经营活动时要符合广告法规的要求，否则被视为违法行为，不仅要承担相应的法律责任，而且会受到法律的制裁。

（二）强制性

对广告活动进行法规管理时具有形式上的强制性，无论何时何地都会存在。如果广告活动的主体违反了广告法规的要求，广告管理的相关机构就会通过国家政权的力量来保证广告法规的实施，并处以相应的惩罚，强制该主体承担相应的法律责任。

（三）明确的规范性

我国广告法规的条文，每一条都是明确具体的，解释都是唯一的，因此，在运用广告法规管理广告活动时，什么可为、什么不可为，都有明确的规定，这不论对广告主体还是对广告管理者都有章可循，从而规范广告各方面的行为。

（四）相对的稳定性

广告管理的各项法规都是法制化了的、经过实践充分证实了的广告政策措施，一旦制定便在一个较长的时期内保持不变。这就使得广告法规管理也具有相对的稳定性。

三、广告管理法规体系及其构成

广告法规体系的构建方式可以归纳为两种：一种是以宪法为根本、以广告法为总的规范性文件，其他相关法规作为补充性文件，它们共同对广告进行法律规范。采用这种体系的国家比较少，其中以英国和日本为代表，我国的广告法规体系也属于这种类型。另一种是没有专门广告法作为总的规范性文件，有关广告的法律规定散见于经济法、民法等相关法规中。西方绝大多数国家的广告法规体系属于这种类型，其中以美国和法国为代表。由于没有专门的广告法，所以涉及广告问题的法规非常多，负责该法规的政府管理部门也相应地担负起处理本部门范围内的广告违法行为的职责，因而参与广告法规管理的部门也较多。

我国的广告法规体系有一个总的规范性文件——《广告法》，同时包括一系列同类的规范性文件，形成以《广告法》为核心和主干、以《广告管理条例》和《广告管理条例施行细则》为必要补充、以工商行政管理总局单独或会同有关部门制定的行政规章和规定为具体操作依据、以地方行政规定为针对措施的多层次法规体系。另外，其他法律、法规中涉及的规定也在规范广告活动方面起着直接或间接的作用，它们是广告法规的外围支持。

（一）基本法——《广告法》

《广告法》是新中国成立以来第一部全面系统地规范广告内容及广告活动的法律。它由第八届全国人民代表大会常务委员会第十次会议于1994年10月27日通过，并于1995年2月1日起正式实施。它不仅仅是进行广告活动和实施广告管理行为应遵循的基本法，也是其他广告法规、规章和地方性法规的立法依据。在广告法规体系中，《广告法》具有最高的法律效力。

《广告法》的管理对象侧重商业、服务性广告，其主要内容包括以下六方面。

1. 总则。总共 6 条内容,规定了《广告法》的立法宗旨、调整范围、商业广告的概念、广告内容的基本要求、广告活动应遵循的原则以及《广告法》的执行机关等。

2. 广告准则。共有 13 条内容,规定了广告发布的一般标准,凡是《广告法》禁止的内容都不能发布。同时,还对特殊商品如药品、医疗器械、农药、烟草、食品、化妆品的广告内容做出了相应的特殊规定。

3. 广告活动。共有 14 条内容,规定了广告主、广告经营者、广告发布者进行广告活动的行为规范。包括广告主的主体、广告经营者、广告发布者三方之间的权利义务关系等。还对户外广告的设置规划和管理方法做出了明确的规定,并明确提出禁止广告活动的不正当竞争行为。

4. 广告的审查。共有 3 条内容,规定了广告的审查制度、审查范围和审查程序。

5. 法律责任。共有 12 条内容,规定了广告的各种违法行为及应承担的法律责任,同时规定了行政复议与行政诉讼的基本程序。广告违法行为的法律责任主要包括民事责任、行政责任和刑事责任三种形式。

6. 附则。有 1 条内容,规定《广告法》自 1995 年 2 月 1 日起施行。《广告法》施行前制定的其他有关广告的法律、法规的内容与《广告法》不符的,以《广告法》为准。

(二) 主要的广告法规——《广告管理条例》和《广告管理条例施行细则》

《广告管理条例》于 1987 年 10 月 26 日由国务院颁发,自 1987 年 12 月 1 日起施行,共有 22 条内容。

《广告管理条例施行细则》是根据《广告管理条例》第 21 条的规定制定的,申请经营广告业务的企业,除符合企业登记等条件外,还应具备有负责市场调查的机构和专业人员、有熟悉广告管理法规的管理人员及广告设计、制作、编审人员等条件。该细则自 2005 年 1 月 1 日起施行。

(三) 一系列行政规章和规范性文件

在我国,有一系列的规定、章程、办法、标准、制度、通知等管理广告。如《医疗器械广告管理办法》、《化妆品广告管理办法》、《食品广告管理办法》、《医疗广告管理办法》、《医疗器械广告审查办法》、《药品广告审查办法》、《烟草广告管理暂行办法》、《临时性广告经营管理办法》、《户外广告登记管理规定》、《广告语言文字管理暂行规定》等,它们都是依据《广告法》和《广告管理条例》的原则制定的具体规定,有很强的针对性和操作性,对我国广告法规管理起着非常重要的作用。

（四）其他法律、法规中涉及广告的规定

在我国，还有其他一些法律法规对广告的某些方面做出了规定和要求。比如《中华人民共和国消费者权益保护法》、《中华人民共和国知识产权保护法》、《中华人民共和国商标法》、《中华人民共和国食品卫生法》、《中华人民共和国药品管理法》等，这些法律都从不同的角度对同一类行为做出规定。

第三节 广告行业自我管理

一、广告行业自我管理概述

广告行业自我管理，又叫广告行业自律，是指广告业者通过章程、准则、规范等形式进行自我约束和管理，使自己的行为更符合国家法律、社会道德和职业道德要求的一种制度。

广告行业自律主要通过建立、实施广告行业规范来实现，行业规范的贯彻落实主要依靠行业自律组织进行。广告行业自律是目前世界上通行的一种行之有效的管理方式，并逐渐发展成为广告行业自我管理的一种制度。

二、广告行业自我管理的积极作用

广告行业自律是广告业发展到一定阶段的必然产物，它对于提高广告行业自身的服务水平、维持广告活动的秩序都有着不可替代的作用。世界上广告业比较发达的国家都十分重视广告行业自律对于广告业发展的积极意义，行业自律逐步形成系统和规模，不断得到加强和完善。我国的广告业正处在初级发展阶段，随着社会主义市场经济的运转，广告管理法规在进一步完善和健全之中。在这种状况下，广告行业自律的作用显得更加重大。实行行业管理，加强广告法规的管理研究和确定行业自律准则，是我国社会主义市场经济发展的需要。

广告行业自律是在广告行业内建立起来的一种自我约束的道德伦理规范，因为这种自我约束是以遵守各种法律为中心而建立起来的自我限制。这种做法，既可以起到补充政府法规的指导作用，又表现了广告行业自觉尊重法规的意愿。因此，自我约束对推动广告事业的发展起着积极的作用。

三、广告行业自我管理的特点

1. 自发性。广告行业自律的自发性表现在：广告行业组织不是政府的行政命令和强制行为的结果，而是由广告主、广告经营者和广告发布者自发成立的；广告行业组织用于进行自我管理的依据是广告行业自律规则，都是由广告主、广告经营者、广告发布者及广告行业组织共同商议和自行制定并自觉遵守的，体现出广告行业的共同愿望。这是一种完全自愿的行为，并不带有强制性。

2. 灵活性。广告行业自律的灵活性，是指广告主、广告经营者、广告发布者及广告行业自律组织在制定广告行业自律章程、公约和会员守则等自律规则时，具有较大的灵活性。只要参与制定该自律规则的各方同意，可以随时制定自律规则，而且还可以根据客观情况的变化和现实需要随时对自律规则进行修改和补充。

3. 道德约束性。这是就广告行业自律的运作方式而言的。广告行业自律作用的发挥，一方面，来自于广告主、广告经营者、广告发布者自身的职业道德和社会公德等内在修养与信念，即它们不仅主动提出了广告行业自律规则，而且还要自觉遵守；另一方面，则来自一些具有职业道德和社会公德等规范作用的广告自律章程、公约、会员守则等对广告主、广告经营者和广告发布者的规范与约束。它主要借助职业道德和社会公德的力量以及社会舆论、广告行业同仁舆论的力量来发挥其规范与约束作用。即使广告主、广告经营者和广告发布者有违反广告自律规则的行为，也只在广告行业内部，通过舆论谴责和批评教育等方式，对其行为加以规范与约束。

四、中国广告行业自我管理的规则

中国广告协会作为全国性广告行业组织，承担着"提供服务、反映诉求、规范行为"的重要职能。中国广告协会在 2008 年发布了关于广告行业自律规则的文件。内容由六部分构成，包括：总则、广告内容、广告行为、自律措施、规则体系和附则。

第四节 国外广告管理

主要介绍比较有代表性的相关国家的广告管理情况。

一、美国的广告管理

美国的广告管理严而有法，主要分为三个体系，即：完备又严密的法律法规管理；依法进行的严格的政府管理；健全、完善的行业自律管理。

美国有关广告方面的法律法规很多，也很完善。全国性的广告立法制定得比较原则，而州立法律则较具体详细。早在 1911 年美国就颁布了《印刷物广告法案》。随后又颁布了《联邦贸易委员会法》、《惠勒——李对联邦贸易委员会的修正案》、《克莱顿法案和罗宾逊—帕特曼法案》、《侵权行为法（第二次）重述》、《统一欺骗性贸易活动法令》、《商标法》、《联邦食品、药物和化妆品法》、《公共卫生吸烟法案》等重要的法律法规。其中最重要的是《联邦贸易委员会法》，该法规定了虚假广告的含义、法律责任和虚假广告的管理机关等。而《惠勒—李对联邦贸易委员会的修正案》则进一步严格了虚假广告的界限。

美国政府管理广告的机构很多，但分工明确、依法管理、严格有效。其中，联邦贸易委员会（FTC）是官方广告管理最权威的机构，是根据《联邦贸易委员会法》建立的，依法对欺骗性广告进行认定和处罚。除FTC外，美国重要的官方广告管理机构还有：管理电视和电台广告的联邦通讯委员会（FCC）；管理食品、药品、化妆品、医疗器械方面广告的食品药物管理局；管理烟酒广告的烟酒税务司；管理种子广告的粮食局；管理证券广告的证券交易委员会；管理航空运输广告的民航局；管理涉及商标广告的专利局；管理涉及版权方面的广告的国会图书馆以及司法部。

美国政府依据法律如《联邦贸易委员会法》、《联邦食品、药物和化妆品法案》、《商标法》、《邮政法》等对广告实行严格管理，其管理重点是欺骗性的广告和证据不足或暗示性的广告。需要订正广告、证实广告信息或是停止播出广告时，如果广告客户、广告商同意则免于处罚，否则将采取正式的法律程序予以处罚。

美国广告业的行业管理组织十分健全，自我管理很完善、很有成效。行业组织的自我管理成了美国广告管理的重要组成部分。

美国广告联合会（AAF）是最重要的行业自我管理机构，是代表国内广告商、广告客户、广告媒体的联合组织，包括广告公司联合会、广告主联合会、广播电视联合会、报纸杂志联合会等，下设全国广告审查委员会（NARB）、广告工作局和儿童广告审查委员会。它不但对本行业的广告进行监督管理，而且还对国家的广告活动提出意见，对政府制定的有关广告的法律法规做出反应。由于有了这样的一个机构，美国广告中的不真实问题和其他违背消费者利益的广告绝大多数在广告行业内部就得到了解决。

美国广告代理商协会（4A协会），由专业广告公司组成，自我管理相当有成效。为了获得媒体承认，凡美国境内的广告代理商都必须申请加入该协会，但事先要经过各种审查和投票决定，并遵守自律守则。

美国的广告行业自律守则也十分完备、严肃。在国会和政府制定的法律、法规没有具体涉及的部分，多数的行业自律守则、条例、制度都作了更为具体的规定，对行业管理起到了很好的规范作用。如著名的《广播电视准则》，虽然已经于1982年被撤销，但因其规范具体又严肃，仍被绝大多数广播电视广告经营者自觉地遵守着。

除了政府、法律、行业管理外，美国的广告公司、广告媒体单位、广告主也都十分注重自我约束，有着很完善的自律守则。大企业一般都设有专门的法律部门或配有法律顾问，对自己的广告先进行自审，然后再委托广告公司办理。广告媒体单位、广告公司一般也都设有法律部门或是法律顾问，对承接的广告及其内容进行严格审查，其中以电视广告的审查最为严格。

二、日本的广告管理

日本的广告管理主要表现在以下两个方面。

1. 日本政府管理广告主要是通过法律规范广告行为、调节广告活动所产生的各种社会关系。日本广告立法完善，各种广告立法密切配合国家的产业发展。广告法律一般由国会制定，政府也制定大量法规。日本民法中的有关条款规定了广告主、广告代理公司及广告媒体三者之间的权利与义务，为调节这三者之间的关系确立了基本法律规范。有关广告方面的立法主要有：

（1）《防止不正当竞争法》，从制止经济活动中不正当竞争行为角度对生产经销企业虚假广告内容作了严格的法律责任的规定，包括商品的原产地、质量、制造方法、用途或数量等方面的广告不正当竞争都有体现。

（2）《不当赠品及不当表示防止法》，规定禁止做诱售的有奖广告和旨在引诱顾客、阻碍公平竞争的非法比较广告及其他含有上述意图的广告。《户外广告物法》规定了户外广告的基本原则和限制。

（3）《消费者保护基本法》，对消费者在广告方面的权利及其权利的保护做出了规定。此外，有关专业法律，如《药品法》、《食品卫生法》、《家庭用品质量表示法》等，分别对药品、食品、家庭用品等具体的商品或事项的广告传播做出了明确规定。

另外，日本为保护在国际竞争中的日本企业的利益，还制定了《进出口保险法》，对日本企业到国外做广告的效果给予"海外广告保险"。

2. 在广告法的原则指导下，日本广告业的自律发达而严密。其特点是，广告行业组织团体多，自律规则条文严整。

全日本广告联盟是日本全国性的自律机构。该联盟制定的《广告伦理纲领》是广告界制作广告必须遵守的最高准则。其他如日本新闻协会、日本广告主协会、日本民间广告联盟、日本国际广告协会等各类专业自律机构也十分健全，遍及日本广告行业的各个角落和部门，形成一个多层次的、完整的行业组织。

这些行业广告团体都有着各自的纲领和守则，如《广告伦理纲领》、《广播的基准》等行业自律规则都是本行业广告活动应该遵守的。各行业广告团体主要执行行业自律和担负行业管理任务,并为广告行业的发展做出具体规划。其中,广告主的自律较之其他国家更为全面、具体。除此以外,日本各行业协会也制定了本行业广告所应当遵守的准则。

对广告客户进行管理的是日本广告审查机构,其主要任务是,提供咨询和处理、审查有关广告的意见;协调消费者团体与政府主管机关之间的关系;在广告客户、媒体、广告各自律团体间起联系和沟通的作用;对广告内容进行审查,如果发现问题立即与有关广告客户联系,责令整改;等等。

三、英国的广告管理

英国最大的广告代理商都集中在伦敦。广告代理商的主要任务是为客户提供全面的服务。一般都设有经理、计划、创作、媒介、财务等部门。另外,还有一些专业的广告代理公司专门从事某一行业的广告。英国刊登广告最多的主要有办公设备、汽车、金融机关、服务行业、公司、政府、出版社等。

英国的广告形式多样,主要有报纸广告、电视广告、广播广告、商业杂志广告、名录广告、邮政和运输广告以及消费者杂志与职业杂志广告等。在各类广告媒体中,报刊广告占有举足轻重的地位。英国由于教育水平高,多家报纸都有不同的读者群,全国性的报纸有 10 余家,如《泰晤士报》是政界人士、知识分子阅读的,《每日快报》、《每日邮报》是一般读者阅读的,《每日镜报》、《太阳报》的主要读者是蓝领工人等。因此,印刷媒体的广告费,特别是报纸广告费,所占的比例很高。面对电视等具有强大竞争力的广告媒体的挑战,报纸纷纷采用电子化的印刷技术和编排手段,以提高报纸的吸引力。此外,还出现了被称为"家庭信息回收系统"的电视报纸,颇受欢迎。

除报刊媒体外,广播、电视仍是主要的广告媒体。尽管英国政府对电视广告的限制较多,运用电视媒体传播广告信息仍是广告客户热衷选择的手段之一。在英国,政府规定国家主办的广播电视不办理广告。电视广告和广播广告是由独立广播局所属的地区性电视台和广播电台承办。广告收入和出售电视节目片成了独立广播局及其电视广播网的经费来源。

广告是一种有益的投资而不是一种社会浪费,这一观念已经成为现代英国人的一种普遍认识。广告行业仍然是当今英国社会一个充满活力的行业。

在欧洲,英国是广告管理极为成功的国家。英国的广告管理由政府管理和行业自律两部分组成。

政府对广告的管理主要是制定法律。其法律规范包括判例法和成文法这两种形式。判例法是英国广告管理法规的主要形式。有关广告方面的限制,体现在反对不正当竞争判例法中。以成文法形式出现的广告法规大多散见于有关的法律、法规中，如《消费者保护法》、《公平贸易法》、《食品和药物法》等。

《广告法》和《广告标准与实践》是最重要的专门管理广告的法律、法规。

《广告法》是规范户外广告的成文法，颁布于1907年。由英国独立广播局制定的《广告标准与实践》，详细规定了各类广告的规则，涉及面非常广泛。

政府管理广告的机构主要有：（1）管理电视广播广告的独立广播局，它不享受政府津贴，依据国会法案，有权禁止任何广告，决定广告的等级、种类、手法和播出量等。该局还直接审查电视广播广告。（2）管理路牌、印刷、剧院广告的广告标准局，是由广告主出资建立的机构。它对消费者投诉的广告进行处理、裁定，裁定结果每月发布一次。另外，广告由地方政府控制，同时受建筑广告准则的制约。

除上述管理机构外，英国的广告自律团体也构成自我管理系统。英国公众对广告的自我管理还是很信任的。自律团体如广告人协会（代表广告客户）、广告商协会（代表广告代理公司）、独立电视公司协会（代表媒体）、报纸出版者协会、期刊出版者协会等分别对本行业的广告进行管理。

此外，还有电视广告研究联合会和发行量审计局负责稽查并公布电视广告收视率和报刊发行量。该组织的审核较严格、公正，它所公布的数字也较客观，可信度高，是权威的审计机构。

以上仅简要介绍了几个有代表性的国家的广告经营和管理情况。总之，西方发达国家广告业的发达和经营管理的完善，是与它们经济的高度发展、科技的迅猛进步密切相关的。完善的广告代理制度的实行，广告公司的国际化、集团化发展，广告媒体、广告形式的日益多样化，以及广告经营中视服务为生命、视创意为灵魂、视策划为基石、视人才为根本的理念，都值得我们好好研究和借鉴。

本 章 小 结

广告组织是指承担广告经营活动的机构，主要包括专业广告组织、媒体广告部门、企业广告部门、广告团体等机构。作为行业组织之一，广告组织具有不同于一般组织的行业特点。广告组织是为了对广告工作实行有效管理，以便更好地完成各项广告业务而设立的对广告活动进行计划、实施和调节的经营机构。广告组织包括广告公司、媒介广告组织、企业广告部门和广告团体等。目前在我国从事专业广告的组织主要有三类，即专营单位、兼营单位和代理单位。

广告管理是指国家、社会组织或社会舆论等对广告活动进行指导、控制和监督，不仅仅包括国家行政管理机关依据有关法规对广告经营和传播活动进行管理，而且还包括社会舆论、消费者组织、行业协会对广告运作的管理。广告管理可以规范广告活动，保证广告业健康发展；可以保护消费者的合法权益，维护社会经济秩序；可以促进社会主义精神文明建设；等等。

关 键 概 念

广告管理　广告准则　广告审查　行业自律

复习与思考题

一、多项选择题

1. 广告行业自律的特点包括（　　）。
   A. 自发性　　　B. 灵活性　　　C. 道德约束性　　　D. 强制性
2. 广告管理的特征包括（　　）。
   A. 行政性　　　B. 强制性　　　C. 广泛性　　　D. 综合性

二、思考题

1. 简述广告管理的意义。
2. 广告管理的对象有哪些？广告管理的方法又有哪些？
3. 行业自律管理与政府管理有何差异？
4. 你认为外国政府机构广告监管有哪些值得我们学习？

三、案例分析

2010年鄂尔多斯市十大虚假违法广告

2011年3月，鄂尔多斯市工商局公布了2010年全市十大虚假违法广告典型案例，涉及房地产广告、医疗广告、保健食品广告等领域。通过曝光、点评典型严重违法广告，警示、震慑发布违法广告的行为，提示消费者识别虚假违法广告。

【案例1】

奥巴马被代言楼盘广告

美国总统奥巴马一夜之间忽然成了鄂尔多斯市某房地产置业公司的"形象代言人"。2010年12月，执法人员在市场巡查中发现，该公司在位于东胜区一处楼盘户外围挡广告中，以"领袖会晤、领先国际"的宣传语加上美国总统奥巴马的肖像做广告，推销楼盘。经立案调查，该广告未经登记，擅自发布，同时涉嫌虚假违法宣传，鄂尔多斯市工商局依法对广告发布方做出停止发布、消除影响和罚款的处罚决定。

【工商点评】能否使用国外政要的形象做广告？目前我国确实没有明确的法律条文规定。

但是,《广告法》第 25 条规定:"广告主或者广告经营者在广告中使用他人名义、形象的,应当事先取得他人的书面同意。"该房地产置业公司在未取得奥巴马本人同意的前提下,擅自使用他人肖像权,是对当事人的人格不尊重,已构成虚假违法宣传行为。同时,该广告未经登记,擅自发布,也违反了国家《户外广告登记管理规定》的规定。

【案例 2】

国家免检产品已成过去式

2010 年 4 月,鄂尔多斯市工商局执法人员在市场巡查中,发现某电器经销公司在经营场所内悬挂着"热烈庆祝欧和照明荣获国家免检产品殊荣"的广告宣传横幅。经调查核实,该公司为佛山欧和照明在鄂尔多斯市的代理商。欧和照明曾经是国家免检产品,但国家质检总局早在 2008 年 9 月 18 日就已公告废止了《产品免于质量监督检查管理办法》。因此,国家免检产品的称号已经没有法律法规上的依据。

广告发布方对于已明令废止的国家免检产品进行广告宣传,属于误导消费者的虚假宣传行为。执法人员依法要求其立即停止该广告宣传,消除影响,经立案调查依法给予其相应的罚款处罚。

【工商点评】由于产品宣传对消费者选购具有很大的影响,对经营者促销具有重要的作用,因此,有的经营者为了赢得消费者,争取交易,扩大市场份额,往往违背诚实信用的市场交易准则,未对商品进行真实宣传,在一定程度上欺骗了消费者,使消费者无法了解商品的真实情况,从而做出与商品真实情况不符的判断。这样一来,不但侵犯了消费者的合法权益,而且使诚实经营者受到了不正当的排挤,损害了诚实经营者的利益。

国家工商总局《关于禁止在广告中使用"免检"内容的通知》要求,各级工商行政管理机关要加强对广告中涉及的质量免检内容进行监测检查,对广告中已经出现的质量免检内容应立即责令停止发布。对继续违法发布的,要依照《广告法》和《反不正当竞争法》等有关规定给予处罚。

【案例 3】

处方药做客健康讲座

2010 年 4 月,鄂尔多斯市工商局执法人员在广告监测中发现,某广播电台以热线的方式在健康讲座中为贵阳德昌祥药业有限公司生产的杜仲降压片做广告。该广告通过专家和患者的现身说法,宣称杜仲降压片可以根治高血压,且服药不反弹。

经立案调查,执法人员发现杜仲降压片为处方药,通过大众媒介发布,且未经审查,夸大疗效,利用患者名义对疗效进行证明,违反了《药品管理法》、《广告法》、《药品广告审查办法发布标准》的有关规定,依法对广告经营者做出责令停止发布、没收广告费用和罚款的处罚决定。

【工商点评】《药品管理法》中严格规定,处方药可以在国务院卫生行政管理部门和国务院药品监督管理部门共同指定的医学、药学专业刊物上介绍,但不得在大众传播媒介发布广告或者以其他方式进行以公众为对象的广告宣传。同时,药品、医疗器械广告发布必须事先报省级以上卫生食品药品监管部门审查才能发布，广告上禁止使用医疗机构、专家和患者的名义证明产品功效，不得含有不科学的表示功效的断言或者保证。如果药品、医疗器械广告中含有这些内容，均构成违法广告。

【案例4】

合成照片暗示减肥效果

2010年6月，鄂尔多斯市工商局执法人员在广告监测中发现，某固定形式印刷品广告为东胜区某美容院发布了"健康减肥，一次见效，12小时最少减2～5斤，一疗程可以减25斤，想减哪儿就减哪儿，签约保证，无效退款"的瘦身广告，同时采用照片对比暗示了减肥效果。

经调查核实，该广告中的对比照片为电脑合成的，而美容院对减肥效果进行了不切实际的夸大保证，违反了《广告法》第4条"广告不得含有虚假内容，不得欺骗和误导消费者"以及《广告管理条例》的相关规定。经立案调查，工商部门依法对该广告发布方做出责令停止发布、没收广告费用和罚款的处罚决定。

【工商点评】瘦身广告对爱美心切的女士会产生强烈的诱惑和误导，但是减肥瘦身类产品、服务的价格往往较高，虚假广告宣传会对消费者的健康和经济造成双重损害。因此，消费者应慎重对待减肥瘦身类广告，不要盲目轻信广告的宣传和承诺。

【案例5】

非法印刷品植入无证医疗广告

2010年12月，鄂尔多斯市某医院自行设计印制了名为《新闻纵横》的非法印刷品，其中含有大量未经卫生行政管理部门审查的无证医疗广告，如3分钟微管可视无痛人流术、10分钟清除宫颈糜烂等。执法人员发现后，立即进行布控，共扣留非法印刷品2 000余份。经立案调查，工商部门依法对广告发布方做出责令停止发布、罚款的处罚决定。

【工商点评】在大众传媒普遍加强对医疗广告审查把关的同时，部分医疗机构热衷于自行印制印刷品发布未经卫生行政管理部门审查批准的医疗广告，免费赠阅受众。同时，为增强可读性和隐蔽性，它们往往刊登一些时事新闻、生活轶事和医疗资讯等，在广告中植入大量的虚假违法内容，对医院的诊疗技术、诊疗方法、诊疗效果进行夸大不实的宣传，欺骗和误导广大患者。在此，执法人员提醒广大经营者和消费者：医疗广告必须事先经卫生行政管理部门审查同意，取得《医疗广告审查证明》才能发布；发布广告的媒介要合法；按照《医疗广告管理办法》的规定，医疗广告不允许宣传诊疗技术、诊疗方法、疾病名称、药物和诊疗效果，凡医疗广告中含有这些内容的，均属于违法医疗广告。

(资料来源：http://www.anhuinews.com)

案例思考

1. 上述五个案例违法广告各自违背了《广告法》的哪些规定？
2. 请关注身边是否还有类似的违法广告。

第十三章 国际广告策略

【学习目标】
1. 理解国际广告的含义及特点。
2. 理解国际广告在国际营销中的作用。
3. 掌握阻碍国际广告能否成功的因素。
4. 理解国际广告的标准化与本土化策略的基本内容。
5. 掌握阻碍国际广告成功的主要原因以及规避文化风险的策略。
6. 了解国际广告的发展趋势。

【案例导入】

高露洁牙膏的标准化广告策略

高露洁棕榄公司的知名品牌高露洁牙膏在全球实行标准化的广告策略。为了在全球范围内树立和维护"口腔护理专家"的品牌形象,高露洁一直采取在全球统一投放广告的做法。它在中国市场使用的儿童代言广告和对比式广告与在欧洲市场使用的广告几乎没有什么差别,只是相应地将英文转换为中文。这种做法不但维护了高露洁全球统一的品牌形象,同时节省了广告成本。该公司在40多个国家销售高露洁牙膏,在每个采用统一广告的国家,广告制作成本能够降低100万~200万美元。

(资料来源:http://course.cuc.edu.cn)

第二次世界大战以后,国际广告意味着将美国广告在国外播放。美国将货物出口到欧洲和亚洲,那时这些地区正在进行艰难的战后重建。如今,美国不再统治全球贸易,广告和营销真正全球化了。30年前,地球村只是一个概念,如今变成了现实。世界范围内的广告是地球村发展中的一个重要因素。国际市场变成一个全球大市场,使得企业之间的竞争表现出国内竞争国际化、国际竞争国内化。同时,无论是在发达国家还是发展中国家,广告都是促销的主要工具。也就是说,跨国公司在进入其他国家时面临与这些国家消费者沟通的问题,而与全世界的消费者沟通是一种特殊的挑战。

国际广告是为了配合国际营销活动,在目标国或目标地区所做的商品广告。它是以本国的广告发展为母体,在进入世界市场时进行的广告宣传,使产品能够迅速地进入国际市场,赢得声誉,扩大产品的销售,实现销售目标。当一个企业的经营活动超出一国范围,试图通过广告把产品或者服务介绍给国外消费者时,它采取的这种促销方式就称为国际广告。可以看出,国际广告是企业在国际营销活动中的一种行为,其作用的对象是世界市场,其目的是将企业有关产品或服务的信息传递给目标市场的消费者。

在国际市场上做广告或进行推销活动,其基本活动规律与国内市场是相同的,有些做法也是通用的。但由于国际市场的环境比较复杂,各个国家的经济发展水平和民族文化习惯不同,其对广告所持的态度也各不相同。例如,在美国,各个公司都把广告作为市场经营活动的一项重要决策;而有的国家则把广告当做一种经济上的浪费。所以,在制定国际广告计划时,就要了解各国的具体情况以及其对广告的不同态度,从而采取相应的做法和策略。文化风险是国际广告的主要风险之一,要避免文化风险主要通过牢固树立以受众为中心的广告沟通观。

第一节 国际广告概述

一、国际广告的特点

国际广告同国际营销有着密不可分的联系,并且也具有广告的一般特点。国际广告与国内广告在原理和实际操作中具有许多共性,例如,根据广告目的的不同也可以分为商品广告、企业形象广告等类别。在具体实施中,也必须先进行市场调研,寻求广告代理公司,做出全面的广告战略规划和具体的广告策划与执行等。在广告发布后,也需要广告信息传播效果的反馈和评估。

但与国内广告相比,国际广告因其实施范围不同、服务对象不同、所产生的影响与作用不同、面临的环境不同,因而具有更大难度和更高要求,这就决定了国际广告有着自己的特殊性。

1. 从宏观层面上,国际广告的特点主要表现在以下三个方面。

(1) 国际广告运作时面临的市场更广更复杂。随着国际市场的日益开放,运用国际广告参与国际市场竞争的企业越来越多,它们逐步放弃旧有的生产经营模式,开始采取全球化的营销战略,向国际化、集团化方向发展,极大地改变了原有的世界贸易格局,其广告活动也大大地超越了一般广告活动区域、国别市场的地域限制。国际广告的一大特点是服务于国际市场营销,满足国际化广告主的全球营销和整体营销的需要，在一个极为广大而又复杂多元的国际市场范围和环境中进行广告运作。因此，在具体展开国际广告活动之前，对相关产品的市场适应性、市场容量、市场前景进行分析和预测，是成功开展国际广告活动的前提和基础。国际广告必须具有对目标国市场的高度适应性，才能充分发挥其配合对外贸易、国际营销的作用，实现成功开拓国际市场的目标。

（2）国际广告活动面临的环境和背景不同。国际广告活动面临的环境和背景与国内广告不同，主要体现在各国的政治、经济、文化、科技发展状况不同，其生产方式、生活方式、文化习俗、宗教信仰等具有极大的差异性。尤其是社会文化背景的差异，不同国家的社会文化背景不同，风俗习惯、教育水平、语言文字、宗教信仰、价值观念差异也很大，各种社会力量的影响程度也有差别，不同国家的法律、政策也有很大的区别。由于环境的影响而形成了不同国家消费者的消费方式和需求的侧重点不同，因此，对同一产品或信息的理解也就不同，这就直接影响到广告的设计、广告被理解和接受的程度等。

国际广告活动要取得成功，并有效地规避市场风险，就不能不考虑到目标国这些具体市场环境。因为这些环境要素都将深刻地影响到国际广告的传播方式和传播效果，也加大了国际广告运作的难度。例如，宝洁公司的佳洁士牙膏在墨西哥做广告时，仍然采用在美国做广告时的主题，遭遇了失败的厄运。因为墨西哥人根本不考虑如何预防牙齿方面的疾病，因此，与宣传科学道理有关的广告，对于墨西哥人而言一般是毫无吸引力的。

（3）国际广告所运用的广告策略和手段不同。国际市场环境较之国内市场环境更复杂多变，对企业国际广告策略的制定和实施的影响也更强烈。因此，企业必须根据不同国家、不同民族、不同目标市场的营销环境采用不同的广告策略。

例如，广告策略的标准化和差异化的选择；个性化和民族化问题；在制作广告时各个要素的文化差异化问题，如色彩的运用、图画的运用、广告语言的差异化问题等，这些要素在国内广告就不存在障碍。

2. 从微观层面上，国际广告的特殊性主要有以下四个方面。

（1）广告主不同。一般国内广告主要是生产企业或经营企业，而国际广告是出口商品生产企业或进出口企业，它们的经营方式是完全不同的，这就决定了其采取的促销与广告方式的不同。

（2）广告对象不同。国际广告除了面对国外不同的消费者外，其贸易广告的对象主要是国外的进口商、批发商，这也决定了国际广告的特殊性。

（3）广告诉求方式不同。一般来说，面对消费者的广告多侧重于感性诉求；而当国际广告以进口商和批发商为目标对象时，则多侧重于理性诉求，着重传播有关产品客观特性的信息。

（4）广告媒介选择不同。因广告诉求方式的不同，国内广告多选择大众化媒介和新兴媒介，如电视、报纸、杂志、网络等媒介；而国际广告中的贸易广告，由于广告对象是企业决策人士或经营专门人士，媒介的选择就多考虑专业性杂志和经济贸易性杂志。

二、国际广告的意义

国际广告的特殊作用与意义主要体现在以下四个方面。

1. 有利于开拓国际市场，塑造国际品牌。由于国际市场与国内市场的巨大差异性，国际广告需要做更多的市场调研和更周密的广告策划，才能使消费者对产品有新的认识和较详尽的了解，并形成深刻印象。成功的国际广告使广告主同消费者之间有了良好的沟通，提高了产品的知名度和美誉度，建立起良好的品牌形象，为产品真正进入国际市场奠定基础。

2. 有利于配合商品出口贸易计划的实施，增强国际贸易的竞争能力。对外贸易是一个国家或地区经济发展的重要组成部分。国际广告的中心任务就是为外贸出口商品进行促销推广，降低企业成本，为国家多创外汇。西方发达国家为配合其对外贸易，投入国际广告宣传的费用每年高达上千亿美元。我国对外贸易的广告费用，虽然在近年有较大发展，但比起世界贸易强国来说，差距还是很大。因此，开展有效的国际广告信息传播，是一个国家或地区成功实施外贸商品出口贸易计划的必要条件和有力保障。国际广告可以不断增强外贸出口商品的竞争能力，加速一个国家或地区对外贸易的发展，从而不断提升其国际经济地位和经济实力。

3. 有利于促进国际商品信息的交流和国际新产品的开发。国际广告活动从本质上来说，是一种国际商品的信息传播与交流活动。在国际市场上，新商品、新技术不断涌现，国际广告活动可以通过经常的市场调研来捕获有关世界商品生产和商品消费的现状以及最新发展趋势的信息，以利于广告主适时调整、改进自己的产品策略和广告策略；同时，也可以从国外经销商和消费者方面得到有关自身产品信息的反馈。这些对出口商品的企业和经营单位都是十分必需的。

4. 有利于促进世界经济的活跃和发展，推动全球经济一体化的进程。随着国际贸易和国际营销的发展，全球一体化的进程使世界各区域逐渐融合成一个较为统一的大市场。越来越多的国家参与国际经济活动和日益激烈的国际竞争。从国际广告在世界经济中的地位和作用来看，国际广告是应国际贸易和国际营销的需要而产生的，但它也极大地激活了世界经济的发展，将更多的贸易国纳入一体化的范畴，推动了全球一体化的进程。

三、阻碍国际广告成功的因素

跨国公司在做国际市场营销时,国际广告的失误在广告中占有相当大的比重。上网浏览一下,就会发现许多这样的例子。

在进入中国之初,Coca-Cola的中文译名为"可口可蜡"(音译),遗憾的是,直到几千份标志都已经印刷完毕,Coca-Cola公司才发现那几个汉字表达的意思是"味同嚼蜡"。于是,Coca-Cola公司调查研究了40 000个汉字,最终找到了读音比较接近的对应汉字,意思大致相当于"口中的快乐"。

在台湾地区,百事可乐的口号"充满活力的百事一代"被译成了"百事会使你的祖先起死回生"。

当派克制笔公司在墨西哥推出圆珠笔时,按理说,派克的广告应该许诺"它不会流到衣袋里让你尴尬",但广告没这么说,而是说:"它不会流到衣袋里让你怀孕"。

幽默不幽默暂且不用管它,这些故事提醒我们,与全世界的消费者沟通是一种特殊的挑战。有很多跨国公司在走向国际市场时,国际广告只是对国内广告的翻译版,这些翻译,往好来说没什么效果,往坏来说往往还会得罪受众。如日本丰田在南非销售一吨位卡车,为了表示车平衡、牵引性能优良等特点,丰田汽车在广告上画出汽车和站稳的猪蹄。很快南非相当数量的穆斯林提出抗议,为了挽回声誉,公司公开道歉,并把猪蹄换成了鸡。

因此,对广告主来说,阻碍国际广告能否成功的因素很多,主要有以下三个方面。

(一)政治法律因素

这主要是指各个国家对外贸易政策和其他相关的政策法令,以及国家政局变化对国际广告的左右和影响。这种影响包括:

1. 对于广告内容的限制。例如,在德国,与竞争者产品比较的广告是被禁止的;在美国和英国,不能在电视上做香烟广告;在泰国,则禁止做药品广告。广告内容不能损害当地的民族尊严,不能违背当地的民族习惯。

2. 对于广告媒介的限制。例如,在北欧的丹麦和挪威等国,没有商业性广播和电视;在荷兰,每周只许可有127分钟的广告节目;在法国,每天只允许有几分钟的广告时间。户外广告的设置、张贴,要遵守当地城市管理机构的规定,不能妨碍交通或影响观瞻。霓虹灯广告的大小和设置地点,要按当地的有关规定。

3. 对于广告费支出的限制。例如,印度政府规定企业的广告费用不得超过销售额的4%。

4. 对于广告支出的课税。意大利政府规定对报纸广告征 4% 的税,对广播和电视广告则征 15% 的税;在奥地利,对电视和印刷广告征 10% 的税,对广播及影院广告则征 10%~30% 不等的税。

各个国家的广告法对广告的各个方面都做出了严格的限制,因此,企业在走向国际市场时,对目标国的政治法律环境要作深入的研究和分析,以免遭遇不必要的麻烦,给企业带来损失。

(二) 社会文化环境

社会文化环境包括进口国的风俗习惯、宗教信仰、价值观、审美观及心理因素等。广告界要重视对社会文化环境的研究,认识和适应目标市场的社会文化环境,这是广告宣传成败的重要环节。不同的国家与地区有不同的风俗习惯,形成对广告表现不同的心理要求。如法国人喜欢素洁的白色,认为白色象征纯洁;中国人喜欢红色,认为红色是吉祥之兆;有的国家则禁止红色,如统一前的联邦德国不喜红色;非洲有些国家忌讳黄色;而东南亚国家喜欢明快的浅色。因此,广告在运用色彩时要特别注意当地人的好恶。

不同的国家和地区,消费者有不同的消费观念。而且,随着时代潮流的变化,旧的消费观念被淘汰,新的消费观念形成。有的消费者希望购买价格低廉的商品,讲究实惠;有的消费者却购买高价商品以显示其地位与威望。有的国家和民族,喜欢新奇。如日本,追求新奇商品已形成社会风气,私人汽车平均使用二三年后便购买新的。而德国和法国的消费者比较保守,接受新产品比较慢。对有些国家,广告图案和商标设计要特别注意其宗教信仰和习俗。如在罗马尼亚,三角形和环形的图案更能吸引消费者;在柏林,方形比圆形效果更佳。凡绘有猪或猪形状的图案在伊斯兰教国家是严格禁止的。非洲一些国家对狗和猫头鹰的形象很不欢迎。在阿拉伯国家登广告,如果画面是一个男人和一个女人在一起吃东西,不仅被禁止,还要罚款。

教育水平的高低也会影响国际广告的效果。因为教育程度不同,对广告的欣赏与理解水平也不同。如果不按照广告地区的实际情况设计广告,广告制作再好,也不能引起共鸣。例如,在文化教育程度高的国家可以多用报纸、杂志做广告,而在文化教育程度低的国家则不行。文化教育程度较高的国家,其对广告的创意要求也高,而对不够水准的广告是不会重视的,当然也会影响购买行为。

语言在国际广告中也很重要。广告语言的使用和翻译一定要得当,要了解双方的习惯语言和方言。否则,不但不能有效地表达原意,甚至还可能闹出笑话。在某个国家是赞扬的语言,在另一个国家则可能是一种讽刺。尤其是习惯语、成语、暗示语、俚语、笑话、双关语,在翻译时更应特别注意,尽可能符合当地的民情风俗。如"芳芳"化妆品商标，汉语拼音是"Fang"，英文的意思是"毒蛇的牙齿"、"狼牙"、"狗牙"等。外国记者写文章说，这种商标用在小儿爽身粉上，使人感到恐怖。所以对外广告的用语一定要谨慎，要尊重别国的语言和习惯用语。也有一些国家和地区是几种文字和语言并存，应该选择最通用而占人口比例大的文字和语言做广告。如在香港、澳门地区，广东方言比普通话更能赢得听众和观众。

价值观是文化的主要基石，是文化历史及其全部经验的产物（虽然在一个国家内存在着多种不同的文化，但是，共同的价值观仍然足以形成有意义的"民族文化"，如"美国文化"）。例如，个人主义的价值观在美国具有悠久的历史，享有显著的地位。而日本把集体需要看重于个人需要，在日本忠于组织和社会互相依赖这两个价值观加重了日本人的从众心态。例如，香港地区曾播放过一则美国香烟广告，广告词是"想做就去做"。这一广告主题在标榜个性自由的美国是不会大惊小怪的。但香港地区毕竟是个华人社会，注重自律的传统心理占优势，因此，不少消费者认为该广告有诱导青少年干坏事之嫌，纷纷向有关部门投诉。后来，广告词改成"应做就去做"，方才平息这场风波。这一事件看似偶然，实则是中西文化背景差异导致的不同价值观念撞击的必然。中国几千年来深受儒家文化的影响，由此建立了儒家系统的伦理道德观念。提倡"仁"、"礼"，注重内省、自我约束，以达到修身、齐家、治国、平天下，也由此形成中国人内倾的性格。而西方哲学思潮是人本主义，所谓人本主义，是以人为本，就是试图以人或人格为中心来解释一切，侧重于人和事业在认识论上的中心地位，由此形成西方人外倾的性格。所以，从"想做就去做"到"应做就去做"，虽然只是一字之差，却反映了深刻的文化内涵。

宝洁公司在我国刚刚推出"安儿乐"纸尿裤时，由于不了解中国的文化传统和价值观念，将主要诉求点放在"方便妈妈"、免除年轻妈妈洗尿布这点上，结果造成产品销路不畅通。后来通过市场调研才发现，在中国这个提倡勤劳节俭的国度，父母应该为子女辛苦操劳，花钱买纸尿裤的妈妈容易被人误认为是懒惰。特别是中国自古就有婆媳难处的传统，一个主要的原因就是婆婆总误会媳妇懒，在这种文化背景下，那些想买纸尿裤的妈妈也会因避嫌而放弃购买。最后公司把主要的诉求点改为"能更好地保护宝宝更加健康成长，同时方便妈妈"。这样年轻妈妈就可理直气壮地购买该产品，享受"安儿乐"纸尿裤带来的舒适和给自己带来的方便。于是"安儿乐"纸尿裤很快就打开市场，被广大消费者接受。由此可见，在国际广告策划中，尊重并体现目标受国的价值观念何其重要。只有做到这一点，消费者才不会对广告产生抵触情绪，才会顺利接受其宣传的产品。

有些研究人员相信，这种对个人主义或集体主义的重视已经在全世界成为一种稳定而明显的文化差异，所以国际广告也要体现这种差异，在美国的广告表现可以针对个人主义的诉求，而在日本的广告表现则要针对集体主义的诉求。

宗教信仰也是文化价值观的突出表现，比如，在严格遵守伊斯兰戒律的国家（包括大部分阿拉伯国家），传统的宗教信仰根本不允许做某些产品的广告，如烈酒和猪肉的广告。其他一些限制则与宗教和别的文化价值观有关，包括不允许妇女在广告中出现，不允许在广告中表现儿童。因此，广告主必须判断每个市场在多大程度上允许将普遍的习惯或仪式转换成产品选择和其他消费行为。

（三）自然环境

应注意了解出口国经济地理情况、自然资源分布情况以及气候和季节变化情况等。比如，向北极地带推销冷气机、向非洲推销毛皮是不适宜的，对这些情况都应有足够的了解。

影响国际广告能否成功的因素是很多的，在这些因素中，文化因素所起的阻碍作用更大。有些跨国公司在异国的广告促销中取得了成功，是因为这些公司能很好地利用异国的文化特征，促销广告失败的公司主要是因为没有很好地分析当地的文化特征，尤其是当地文化中的隐含文化。所以跨国公司一定要充分分析文化风险带来的障碍。

四、文化风险产生的主要原因

在国际广告中，文化风险产生的直接原因是广告主与广告受众之间的文化距离（Cultural Distance）。在跨文化传播中，文化距离是客观存在的，文化风险的产生则是广告主体漠视、不重视以及不尊重广告发布地的文化差异，甚至违背广告发布地的文化特征，没有从主客观范畴去探究国际广告文化风险的成因。在此对于国际广告文化风险的形成作简单分析。

1. 缺乏较强的文化风险意识。广告主缺乏文化风险意识或者文化风险意识不强，是造成国际广告文化风险的根本原因。如果广告主缺乏文化风险意识，就不可能事先发现文化风险和规避文化风险，而文化风险意识不强就容易忽视风险，更谈不上防范风险。所以，文化风险意识不强或者缺乏是导致国际广告文化风险的根本原因。"丰田广告风波"后广告代理公司出来解释道歉，丰田中国投资公司总经理致歉，都证明了这一点。

美国"骆驼"牌香烟在开拓泰国市场时，由于缺乏较强的文化风险意识，最后退出了泰国市场。公司为了开拓泰国市场，特意将电视广告画面设计成一位烟民高跷二郎腿坐在泰国风景优美的神庙前，皮鞋底下磨穿的两个窟窿格外醒目，再配上广告词："我宁愿为骆驼行一里路。"广告创意不可谓不好。哪曾想，该广告在泰国一播出,引起举国上下强烈抗议,认为它触犯了泰国的宗教禁区。可想而知,"骆驼"牌香烟广告最后只能以退出泰国市场告终。

(资料来源:彭红利,《国际广告中的跨文化因素》,载《重庆交通学院学报(社科版)》2006年第6卷第1期)

2. 对异文化认识不够。国际广告是跨文化的传播与沟通。在面临文化差异时广告主体必须要跨越两道坎:一道坎是对异国文化的认识;另一道是如何准确地在广告中表现这种认识。认知心理学揭示,一个人认识新事物是凭借已有的知识和经验来实现的。广告主体以特定文化背景下的知识经验去认识异文化现象和异文化受众。所以,广告主对异文化的认识和了解在客观上存在距离,也容易出现偏差。国际广告代理商拥有的国际广告运作经验有助于减少认识上的偏差,但不可能从根本上改变以有限的、特定的文化去认识差异的、多变的和无限的异文化的客观现实。这就决定了他们对异文化的认识和理解有一定的局限。另外,即使是本土的国际广告代理商,由于自恃对文化的熟悉,在文化风险意识不强的情况下,往往容易产生麻痹的心理倾向,从而丧失了对文化风险的警惕。广告主对本土或国际广告代理商的信任和广告代理商的局限与麻痹心理妨碍了广告主体深入认识异文化。因此,国际广告主体对异文化的认识不深、理解不透是容易出现的现象,也是导致文化风险的重要原因。广告表现是国际广告沟通的重要环节。由于国际广告主体对异文化的认识、理解不深,运用的表现符号容易出现异文化人群不理解或者不能正确理解的问题。

一切缘起一汽丰田销售公司的两则刊登在《汽车之友》2003年第12期、由盛世长城广告公司制作的广告:一辆霸道汽车停在两只石狮子之前,一只石狮子抬起右爪做敬礼状,另一只石狮子向下俯首,背景为高楼大厦,配图广告语为"霸道,你不得不尊敬"。"丰田陆地巡洋舰"在雪山高原上以钢索拖拉一辆绿色国产大卡车,拍摄地址在可可西里。

看到这两则广告后,立即有人在网上留言,表示了疑义和愤怒,认为石狮在我国有着极其重要的象征意义,代表权利和尊严,丰田广告用石狮向霸道车敬礼、作揖,极不严肃。更有网友将石狮联想到卢沟桥的狮子,并认为,"霸道,你不得不尊敬"的广告语太过霸气,有商业征服之嫌,损害了中华民族的感情。

网友的声音迅速扩大,大多数网友把抨击的矛头指向了丰田公司、广告制作公司和刊登广告的杂志,要求它们赔礼道歉。

(资料来源:http://zhidao.baidu.com/question/77119305.html)

中国"丰田广告风波"和美国"丰田广告风波"也证明了这种认知心理倾向性的存在。另外，异文化人群受认知心理规律的作用，他们不可能站在广告主体的文化角度，以广告主体的文化价值观以及与广告主体相同或相近的知识和经验去理解国际广告的表现。所以，国际广告主体与广告受众之间存在较大的文化和心理距离，它增加了广告表现和沟通的难度。这也是造成国际广告主体对异文化认识不深、理解不透的又一客观原因。

五、国际广告规避文化风险的策略

1. 牢固树立以"受众为中心的广告沟通观"。国际广告的沟通是以跨文化为特点的，广告主体只有树立以"受众为中心的广告沟通观"，才能从思想上规避国际广告的文化风险。国际广告的受众对广告主体而言是异文化受众。以异文化受众为中心的观念就要求广告策划、创意和发布要充分考虑并尊重异文化受众的需要、价值观、情感和习惯等特点。树立正确的国际广告沟通观，要求放弃广告"请消费者注意"的倾向，转为"注意消费者"，使国际广告沟通以异文化受众为出发点和归属点，以他（她）们受尊重和满足为中心。坚持正确的广告沟通观，广告主体必须从根本上肃清"广告主体的民族中心观念"、"由内向外的观念"、"产品中心观念"以及"以创意为中心的观念"。因此，坚持和落实以"受众为中心的广告沟通观"是规避国际广告文化风险的根本措施。

2. 加强对异文化和国别文化差异的研究。市场营销的全球化是现代国际营销的重要特点，国际文化的趋同倾向虽然是一种潮流，但国别文化差异仍然是文化主体和主流。国际广告沟通是以对异文化的尊重和认同为前提的，是以异文化和国别文化差异研究为基础的。国际广告文化风险的产生直接表现为对异文化和国别文化差异缺乏认识或认识不深，因此，加强对异文化和国别文化差异的研究，是从知识上和认识水平上规避国际广告文化风险的重要措施。深入研究异文化和国别文化差异，应从如下三方面入手：第一，根据不同文化差异的特点和对文化刺激反应的不同敏感与激烈程度建立全球国别文化差异分类体系，以便广告主体更好地策划和实施跨文化广告，减少文化风险。第二，建立全球国别文化禁忌和文化风险核对表，为减少和消除国际广告文化风险提供方便。第三，建立全球国别文化风险评价体系和确立国别文化风险等级，为规避国际广告文化风险打造预警系统。

3. 建立风险作业和实施上的规避机制。国际广告文化风险在作业上的规避机制指的是，国际广告在主题和创意表现领域必须设立文化风险的检查环节。检查者按照异文化的风俗、习惯、价值观、禁忌和民族情感等具体指标进行专项的反思与评估，以便查出可能存在的问题。另外，在国际广告制作完成后，必须组织各方代表观看并进行文化风险查找,清查潜在的文化风险;在正式发布之前,还可以将广告在一定范围试验,对观众进行文化风险的专项检测,在更大的范围查找隐藏的文化风险,把它消除在未发之前。广告正式发布后,建立风险的适时监控机制,随时检测风险,一旦发现异常情况就及时处理。

第二节 国际广告标准化与本土化策略

目前国际上关于国际广告策略的选择主要有两种观点:标准化观点和本土化观点。事实上,从事国际化经营的企业都面临着国际广告标准化和本土化的选择。所谓标准化,是指企业在不同国家的目标市场上使用主题相同的广告宣传。而国际广告的本土化是指企业针对各国市场的特性向其传递不同的广告主题和广告信息。国际广告标准化策略有两大理论基础,即人性的共通和全球的趋同。国际广告本土化策略的理论基础缘于不同的国家均有自己独特的文化,世界经贸、文化交流尽管频繁,可是经贸发展却处于不平衡状态,文化的交流并未达到充分的融合,消费者不能理解和接受外来的文化。它基于各国文化的特异性,认为若不遵从各国的文化差异、国民的差异必将使广告活动受挫。

实施标准化国际广告策略,如肯德基与麦当劳快餐店的宣传基本上采取标准化策略,使不同国家的消费者看到 KFC 以及拱形的大 M 标志时就会联想到薯条、汉堡、炸鸡等快餐。

1997 年,可口可乐的广告策略发生了显著的变化,其在中国推出的电视广告,第一次选择在中国拍摄,第一次请中国广告公司设计,第一次邀请中国演员拍广告。可口可乐开始大踏步实施广告本土化的策略。可口可乐广告本土化策略,首先体现在其广告与中国文化的结合。中国人喜欢热闹,尤其是春节这个合家团聚的日子,而可口可乐广告引人注目的手笔就是 1997 年、2002 年一系列的春节贺岁片了。可口可乐贺岁片选择了典型的中国情境拍摄,运用对联、木偶、剪纸等中国传统艺术,通过贴春联、放烟花等民俗活动来表现中国浓厚的乡土味。可口可乐还就北京申奥成功、中国"入世"大打广告宣传,还大力赞助中国足球队,声称喝可口可乐"分享世界杯精彩"。可口可乐俨然成了中国本地产品,而这种乡土形象确实达到了与中国消费者沟通的效果。同时,可口可乐积极选择华人新生代偶像作为形象代言人,比如张惠妹、谢霆锋、张柏芝、伏明霞、刘翔、滕海滨、姚明,这些都是新时代中国人的偶像。

企业采用国际广告的标准化或本土化策略取决于消费者购买产品的动机,而不是广告的地理条件。当不同市场对相同广告做出相同程度的反应时,即对同类产品的购买动机相似，或企业采取全球营销战略时就可采用标准化的广告策略。当然标准化并不排除就地区差异所作的一些修改。当消费者对该企业产品购买动机差异性很大时，或企业采取差异化国际营销战略时，应采用本土化广告策略。荷兰皇家壳牌公司在美国成功地进行了"到壳牌来要答案"的广告诉求，使壳牌在各国建立了一个良好的公共形象。利比公司也是通过有效的技巧而成功地进行了标准化广告。该公司的广告节目被用于世界各地的子公司，它以一个扮演哑剧的小丑为特征，描述该小丑津津有味地品尝利比公司所生产食品的简单故事。

国际广告本土化的主要优点有：

（1）可以降低企业广告促销活动的成本。企业只需确定一个广告主题，就可以在目标市场国将其不加修改或稍作修改后进行宣传，从而节省很多相关的开支。

（2）有利于企业整合资源、发挥效益。企业可以集中人、财、物来设计和开发一流广告，广告费用也可以集中使用，充分利用科学技术的最新成果，形成企业的竞争优势。

（3）以统一的整体形象传递给目标市场国，从而增强消费者对企业及产品的印象。

（4）集中管理全球广告业务，实现规模经济。

国际广告标准化的主要缺点是没有考虑各国市场的特殊性，因而广告的针对性比较差，广告效果会受到很大影响。所以很多企业采用本土化的广告策略。

由于不同国家和地区存在不同的政治、经济、文化、法律环境，消费者对产品需求动机差异较大，因此，不同的市场特点应设计不同的广告主题，传递不同的信息，这样才能迎合不同消费者的需求。

"莱威牌"牛仔裤在70多个国家打开销路，就采用了地区性和区域性的差异性广告策略。例如，在美国，广告突出"莱威牌"牛仔裤是美国货，塑造全美英雄——充满神奇色彩的西部荒漠中的"西部牛仔形象"。在日本，商业广告主题是"英雄穿莱威"，放映詹姆斯·丁这样的偶像影片片段，这项广告活动使认识莱威的日本人由35%增加到95%。在巴西主要受欧洲大陆潮流影响比较突出，所以就让巴黎身穿莱威牛仔的时髦青年做广告，屏幕上出现了巴黎交通混乱的镜头。在澳大利亚，商业广告的目的在于树立商标威信并带来利益，"合身不紧身，一夜好逍遥"这个广告词突出了莱威的舒适特点，莱威牛仔裤一直销路大畅。

（资料来源：甘碧群主编，《国际市场营销学》，高等教育出版社2007年版）

国际广告本土化策略的优点有：

（1）适应不同文化背景的消费需求。如宝洁公司在巴西推销汰渍洗衣粉时，广告宣传中没有强调洗衣粉的"增白"这一主题，因为巴西人较少穿白色衣服。

（2）针对性强。不同国家的消费者对同一种产品的看法不尽相同，因此，广告宣传就要有不同的侧重点。

本土化策略的不足是企业总部对各国市场的广告宣传较难控制，甚至出现相互矛盾，从而影响企业形象。例如，西方某航空公司采用国际广告的本土化策略，在一国的广告中，宣传该公司服务的高级和内部设施豪华，而在另一国的广告中，宣传该公司机票的实惠，结果损害了公司的整体形象。

国际广告标准化和本土化策略各有自己的优缺点，因此，无论是标准化策略还是本土化策略，在具体实施过程中，如果过分强调本土化，则将造成广告信息的分散和损耗，不利于建立统一的品牌形象；而过分强调标准化，广告信息又会难以被各目标市场国所接受。国际标准化策略有利于建立全球性的产品形象、品牌形象、企业形象，而且便于执行。但实施国际广告标准化策略是有前提条件的，那就是广告的产品自身的特点，即：它必须具备世界性的共同主题，能符合各地消费者较一致的需求和期望。如万宝路、麦当劳这些产品本身就具备了实施标准化广告策略的先决条件。在具体实施过程中，由于各目标市场国实际存在的差异性，国际广告标准化更多地是广告主题和广告基本模式的标准化，就是企业总部统一提出广告信息传播的主题和原则，确定广告的基本模式，由各市场国分部根据当地的具体情况来执行和实施。这实际上是标准化策略和本土化策略的融合与变通。

第三节　国际广告的发展趋势

随着国际贸易的迅速扩大和增长，国际广告越来越受到各贸易国的重视。国际广告业的发达程度，取决于各国或地区的经济发展水平和国际贸易的发展状况。就目前的全球形势来说，发达国家或地区与发展中国家或地区之间的广告业发展极不平衡。发达国家或地区的国际广告业高度发达，在全球国际广告业中占绝对优势。世界排名前50名甚至前100名的广告公司，几乎清一色的都是发达国家或地区的广告公司。相比之下，发展中国家或地区的国际广告业过于弱小。发达国家或地区对发展中国家或地区广告市场的全面进军，使得发展中国家或地区本来就很弱小的广告业面临着更大的市场冲击和压力，随着国际广告业的整体发展和国际广告业务的日趋集中化，两者之间的差距将越来越大。

由于全球经济一体化趋势不断加强，作为国际贸易开路先锋的国际广告，也正有力地支持着发达国家或地区参与全球性的市场竞争,有力推进着发达国家或地区对发展中国家或地区的全面经济渗透。在这样的国际背景下,国际贸易的新格局、高科技的新发展与信息传播的新方式都对国际广告的发展具有重大而直接的影响。

经济利益的驱动,使得国家和地区间的区域性市场壁垒与贸易障碍被突破,促进了世界区域经济集团化发展趋势,如欧洲统一市场的建立、北美自由贸易区的形成、环太平洋经济圈的出现等,而这最终又必将推进世界经济贸易一体化格局的形成。与此同时,中国、印度等发展中国家新的大商品市场的进一步开放,使全球性的市场变得更加复杂、竞争更加激烈。

国际传播技术和传播媒介也获得极大发展。现代科学与技术的快速发展和应用,为全人类建立了"天涯若比邻"的传播模式;电视、广播、传真、电脑的应用,使人们的联系更加密切。尤其卫星传播更加开拓了国际传播空间,是改变全人类关系的最重要的工具,它代表着一种全新的沟通方式和信息传递技术,促进着全人类一体化进程。

在这样的国际背景下,国际广告的总体发展趋势将表现为:全球一体化趋势、世界经济贸易的新格局及信息传播的全球化,将使国家、地区、民族之间的价值观念和生活方式等方面的差异逐渐缩小,为国际广告的一体化运作创造了前提条件,国际广告业也将朝着大广告公司的方向发展。

以国际互联网为代表的信息传播网络的高速发展、以卫星传播为代表的信息传播手段的不断进步、世界市场的不断扩大,将导致国际广告从运作方式到传播内容与形式的深刻变革,国际广告业将面临全方位的挑战,全球广告市场的竞争将更为激烈。

当今世界信息技术的不断发展,将使新兴广告媒体不断涌现。传统媒体将与新兴媒体共存,两者相互融合、取长补短、共同繁荣。处于多元化的媒体时代,国际广告传播会有更大的媒介选择空间。

特别是网络作为一种最具活力的新兴媒体迅速崛起,发挥着巨大的传播能量和影响力,为国际广告、营销及服务提供了一个潜在的大市场和渠道。随着网络在全世界的风行和普及,借助网络媒介进行的广告传播将显示出巨大的传播能量和影响力。网络广告传播也将对传统的广告思维模式产生新的冲击,广告信息策略将日益向个性化、咨询化方向发展。

但由于国际或地区间的发展极不均衡,国际广告业在国家或地区间的发展也极不均衡。发展中国家或地区与发达国家或地区在国际广告业上的差距将会进一步拉大。如何防止由于发展不均衡而造成的发达国家或地区对发展中国家或地区伴随广告传播而来的文化浸染,是发展中国家或地区应该充分关注和重视的问题。

本 章 小 结

国际广告是为了配合国际营销活动，在目标国或地区所做的商品广告。它是以本国的广告发展为母体，在进入世界市场时进行的广告宣传，使产品能够迅速地进入国际市场，赢得声誉，扩大产品的销售，实现销售目标。当一个企业的经营活动超出一国范围而试图通过广告把产品或者服务介绍给国外消费者时，它采取的这种促销方式就称为国际广告。

国际广告的特点，从宏观层面上主要表现为：国际广告运作时面临的市场更广更复杂；国际广告活动面临的环境和背景不同；国际广告所运用的广告策略和手段不同。从微观层面上看：广告主不同；广告对象不同；广告诉求方式不同；广告媒介选择不同。

国际广告的特殊作用与意义主要体现在以下方面：有利于开拓国际市场，塑造国际品牌；有利于配合商品出口贸易计划的实施，增强国际贸易的竞争能力；有利于促进国际商品信息的交流和国际新产品的开发；有利于促进世界经济的活跃和发展，推进全球经济一体化的进程；有利于开拓国际市场，塑造国际品牌；有利于配合商品出口贸易计划的实施，增强国际贸易的竞争能力；有利于促进国际商品信息的交流和国际新产品的开发；有利于促进世界经济的活跃和发展，推进全球经济一体化的进程。

阻碍国际广告成功的因素主要有政治法律因素、社会文化环境、自然环境。

文化风险产生的主要原因：缺乏较强的文化风险意识；对异文化认识不够。

国际广告规避文化风险的策略：牢固树立以"受众为中心的广告沟通观"；加强对异文化和国别文化差异的研究；建立风险作业和实施上的规避机制。

目前国际上关于国际广告策略的选择主要有两种观点：标准化观点和本土化观点。事实上，从事国际化经营的企业都面临着国际广告标准化和本土化的选择。所谓标准化，是指企业在不同国家的目标市场上使用主题相同的广告宣传；而国际广告的本土化是指企业针对各国市场的特性向其传送不同的广告主题和广告信息。

关 键 概 念

国际广告　标准化的广告策略　本土化的广告策略　文化障碍

复习与思考题

一、单项选择题

1. 国际市场因为各国语言、风俗习惯的不同而各有特性，因此，国际广告比国内广告更具（　　）。
   A. 复杂性　　　　　B. 代理性　　　　　C. 目的性　　　　　D. 普遍性
2. 在国际广告策略的实施中，文化风险产生的原因是（　　）。
   A. 文化的相同性　　B. 文化的差异性　　C. 文化的不确定性　D. 文化的稳定性

二、思考题

1. 什么是国际广告策略？
2. 标准化的国际广告策略与本土化的国际广告策略有何区别？各自的优缺点是什么？
3. 请结合当代国际大环境，谈谈当代国际广告的发展现状及发展趋势。
4. 跨国公司实施国际广告成功与否的决定因素有哪些？
5. 请谈谈克服跨文化障碍的具体策略。

三、案例分析

可口可乐的中国广告策略三阶段

第一阶段："润物细无声"阶段

1972年中美关系解冻，1979年可口可乐进入中国，成为最早进入中国的跨国公司之一。这一时期，可口可乐主要采取了委托寄售的方式，广告相当低调，仅限于告知性广告，如《新民晚报》1982年7月13日第八版的这则广告，"现有美国可口可乐等饮料二十余种在锦江饭店出售，价格自1.5元至2.0元不等。"这则广告只占整个报纸版面的1/16，它所能达到的效果只能使中国的大众知道可口可乐的存在，获得一种高档次、外国货可口可乐的印象。

可口可乐在这一时期采用这种广告策略，有其深层次的原因。当时的中国社会正处于摸着石头过河的阶段。尽管中国在向一个开放的、充满活力的方向努力，但当时整个社会还很僵化、封闭。在政治上，政府的政策还很保守，对于市场经济和计划经济与社会制度的关系还没有澄清，对于外资的相关政策、法规还没有完善。在经济上，计划经济体制仍是经济主体，相当一部分市场经济行为还不能被社会所接受认同。而可口可乐很可能会因为非经济上的原因被扫地出门，所以可口可乐采取了相当低调的"润物细无声"的广告策略。

第二阶段："拿来主义"阶段

从1981年起，可口可乐美国总部先后向北京、广州等地赠送灌装用的生产设备，但条件是必须进口可口可乐公司配方保密的原浆，再掺入水和糖，用中国的瓶子灌装，再贴上可口可乐的标志。当时中国灌浆量达万吨以上，进口原浆所用的外汇最多年份达100万美元。1988年中美合资的上海津美饮料食品有限公司成立，建立了两个生产车间：一个由美方独资管理生产配方保密的原浆;另一个由原浆配入糖和水,然后灌装。可口可乐公司致力于进一步占领中国市场,将可乐推上碳酸类饮料领导者的宝座。

这一时期,在对中国市场调查研究的基础上,可口可乐在广告上采用了配上中文解说的、美国亚特兰大总部制作的电视广告版本。1980年的"这就是可口可乐",就是由"IT IS COKE"翻译而来的。1985年的"可口可乐添欢笑"也是"SMILE WITH COCACOLA"的中文直译。这一时期的可口可乐广告是典型的"拿来主义"。

第三阶段:"本土化"的广告策略阶段

从1999年开始,可口可乐的广告策略开始发生巨大变化。可口可乐广告一改前一阶段纯粹的美式风格。中国年轻人的面孔、本土两岸三地明星、传统中国吉祥物出现在了广告上。这一时期的广告,实际上是随市场变化对前一阶段广告策略在某种程度上的修正。可口可乐的广告主题没有变,它与前一阶段的广告策略主题一脉相承,仍旧是"年轻、激情、时尚",但在表现方式上,本土化的因素取得了优势体现。

20世纪90年代末至今可口可乐广告策略的本土化主要可以划分为三种类型。

(1)在平常时期推出的电视广告。完全以本土人物为主角、本土环境为场景,而情节的设置往往是年轻人的狂欢、年轻情侣的浪漫约会等与年轻人生活息息相关的事物。1999年可口可乐成功推出了一则"年轻的成分"的电视广告。这则广告一改以往的美国面孔,而以全新的本土形象展现可口可乐的年轻心态和健康活力。整个广告以百分之百的中式场景、最中国化的面孔和活力四射的音乐一下子拉近了与中国年轻人的距离。虽然整个广告中选择的都是最普通的任务和最平常的情景,但是,那份自然和健康还是让很多人产生共鸣。更为吸引人之处在于,这则广告是可口可乐抛出的一块敲门砖、探路石。在这则广告取得颇多好评之后,可口可乐开始大胆融入更多中国本土因素。

2000年年末可口可乐公司又推出"谢霆锋、林心如、张震岳"三人组的《月亮滑板篇》。2001年4月谢霆锋《活出真精彩——激情后台篇》和由麦肯光明广告公司制作的中国队《梦想永在》广告片在各主要电视台同时上映。在《活出真精彩——激情后台篇》中,谢霆锋在后台与工作人员共享成功的喜悦,品味生活的精彩。同时,中国国家足球队将第5次向世界杯发起冲击,所有的中国球迷再次燃起希望,期盼中国足球队在米卢的带领下打入世界杯。中国队《梦想永在》广告片就是在这样关键的时刻创作的。当年,可口可乐希望通过各种方式来支持中国队,因此,这个广告表达了可口可乐和中国球迷的祝福,同时也凝聚了球迷为中国队加油的热切之情。广告真实反映了普通球迷的生活,足球让他们忘却工作辛劳,让他们欢欣鼓舞。无论胜负,球迷们都会一如既往、永不放弃,无条件地支持中国队。这则广告表达了可口可乐对中国球迷的祝福,同时也凝聚了球迷为中国队加油的热切之情。广告真实反映了普通球迷的生活,是可口可乐与中国消费者一次极为有效的沟通。在这一类型的广告中,可口可乐一方面注重体现中国地区的文化区域性,即便是表现年轻人的浪漫约会这一几乎全球年轻人都可以共享的主题,仍然注意其中东西方的微妙差别。在拍摄的张柏芝与一个男孩约会的可口可乐广告中,它较好地把握了东方人处理感情的含蓄、内敛的特征,惟妙惟肖地展现了一对情侣的浪漫约会,而且可口可乐在这一约会中起到了巧妙的推波助澜的作用。整则广告表达出可口可乐融入中国年轻人生活的信息。

另外，这些广告选取了可口可乐重度消费者——中国年轻人关注和感兴趣的主题，例如，张柏芝这则广告所选取的年轻人的浪漫约会是对年轻人更为关注爱情的体现；"谢霆锋、林心如、张震岳"三人组的《月亮滑板篇》是对年轻人热爱交际、崇尚勇敢的体现；谢霆锋《活出真精彩——激情后台篇》则是对年轻人崇拜偶像、爱追星心理的体现。

（2）与国人高度关心事件同步的广告。在国人非常关心的事件（如中国申奥、中国队冲击世界杯）发生的非常时期，可口可乐推出了表现可口可乐与国人共同关注、共同参与的场景的广告。

在众多的品牌运作中，可口可乐的奥运赞助无疑是最吸引人的，也是最成功的，多年与奥运联姻，既使得这一人类体育盛会更加精彩辉煌，也使得赞助者可口可乐品牌声名鹊起，如日中天。如果可口可乐没有与奥运这个全球最吸引眼球的体育赛事进行这场持久的"恋爱"，可能不会有其今天的品牌影响力。可口可乐购买奥运体育赞助权，从而将可口可乐品牌与奥运会、与寄托于其上的奥运精神作了很好的链接，使自身的形象得以升华。现在的可口可乐似乎成为现代、自由、拼搏、活力等的象征，这自然得益于与奥运会的长期合作，可以说，可口可乐创造了一个体育赞助的神话。

2001年申奥期间，可口可乐适时推出了奥运金装，与中国消费者共庆中国申奥成功。2002年，时值中国队出击世界杯，可口可乐公司又适时推出了两款以世界杯为主题的包装。其中一款绘有世界杯吉祥物形象，而另一款则绘有中国足球运动员驰骋球场的身影。2002年年初，可口可乐推出了可口可乐与中国消费者同观世界杯小组赛的电视广告。可口可乐通过一次次参与中国人共同关注的大事件的宣传，拉近了其与中国消费者的距离。

对于这种带有公关性质的广告，可口可乐运用得可谓得心应手。在美国，可口可乐就是通过在两次世界大战期间所做的可口可乐与美国大兵同在的宣传，使可口可乐与美国人民在情感上紧密地结合在一起。谁可以忘记患难与共的朋友呢？中国是一个看重人情的社会，可口可乐此举可谓是融入中国文化、进行本土化转变的一个颇为取巧的举措。

（3）贺岁广告。可口可乐推出了一系列贺岁广告。从1999年开始，可口可乐公司在每年的春节期间都会推出新年贺岁广告大片。1999年推出"风车篇"。整个外景全部在我国黑龙江省哈尔滨市附近的牛角沟村拍摄，以中国东北村民庆农历新年为题材，以欢笑的孩童及迎风转动的风车烘托幸福、如意、喜悦、甜美、团圆的气氛，并且请村民做演员，制作道具（一千多个风车），在冰天雪地完成。在片中，插着纸风车的可乐瓶子浅埋在雪堆下，造成红白相映的视觉效果，使人印象深刻。2000年春节，可口可乐公司推出"舞龙篇"。龙是中国传统吉祥物，舞龙更是中国传统节日的庆典节目之一。中国传统元素在片中得到淋漓尽致的展现。

2001年新年，可口可乐继"大风车"、"舞龙"广告之后又一次专为中国市场推出新年贺岁广告"泥娃娃阿福篇"——一款深显中国文化特色的广告片：一个富有中国特色的北方小村庄，覆盖着新年的冬雪。一对可爱的小兄妹正在贴对联。可是门太高了，他们使劲也够不着，雪团摔下来砸在他们的笑脸上。爸爸、妈妈听到门外的声音，走出来鼓励小兄妹加油，美味怡神的可口可乐终于使他们想出了解决办法，最后全家人一起在新年的鞭炮声中欢庆新年。剧情外环境包括小村庄、积雪的远山和天空中的烟花。广告通过小兄妹贴春联、放烟花等行为传达了可口可乐和大家一起过春节的信息。近几年春节期间推出的可口可乐外包装也让消费者惊喜连连、印象深刻。2001年春节，可口可乐推出泥娃娃阿福贺年的外包装：一对怀抱可口可乐的金童玉女笑容可掬，向大家拜年。据可口可乐中国有限公司总裁克安先生介绍，可口可乐在推出阿福新年特别包装之前，曾就若干不同的中国新年主题进行了广泛的调查，结果发现，喜洋洋的泥娃娃阿福形象深受中国消费者的喜爱和推崇。因此，可口可乐新年期间推出的阿福特别包装，正是取其"年年庆有余，岁岁添欢乐"的寓意，把可口可乐与中国传统文化相结合，希望以新年吉祥的本土形象达到与消费者进一步沟通的效果。而另一款是12生肖的新包装：一套12生肖的易拉罐（是可口可乐公司首次在全球运用中国文化设计的具有收藏价值的纪念性包装）具有浓郁本土特色，在一套12听可口可乐包装上印制了生动可爱的12生肖卡通形象设计，包括"魔术蛇"、"正义狗"、"柔道虎"等具有个性的生肖形象。

作为贺岁之作，可口可乐公司可谓独具匠心。在这些广告中，可口可乐公司运用了中国传统的场景，如2001年《泥娃娃阿福篇》中的四合院、1999年《风车篇》中的中国北方农村的外景、2000年《舞龙篇》中热闹的中国南方集市场景。也采用了中国传统人物形象，如《泥娃娃阿福篇》中泥娃娃阿福、同一年春节期间推出的外包装中的十二生肖的形象。采用了中国的传统服饰，如2000年《舞龙篇》中舞龙者们的传统舞龙装束、2001年《泥娃娃阿福篇》中的金童玉女所穿长袍马褂、传统旗装。这些都表现了中国的传统习俗，如1999年《风车篇》就是对风车转动可以使人时来运转的习俗的体现；而2001年《泥娃娃阿福篇》中的放鞭炮、贴春联，2000年《舞龙篇》中的舞龙，都是中国传统节日的庆典节目。

（资料来源：http://wenku.baidu.com）

案例思考

1. 可口可乐的广告有什么特点？对你有什么启发？
2. 可口可乐为什么在中国的广告经过了三个阶段？说明了什么问题？

参 考 文 献

1. ［美］Philip Kotler：《Marketing Management》，上海人民出版社2003年版。
2. 陈培爱：《中外广告史》，中国物价出版社2002年版。
3. 范鲁彬：《中国广告25年》，中国大百科全书出版社2004年版。
4. 苗杰：《现代广告学》（第三版），中国人民大学出版社2004年版。
5. 张岱年：《中国文化概论》（修订版），北京师范大学出版社2004年版。
6. ［美］大卫·奥格威：《奥格威谈广告》，机械工业出版社2003年版。
7. 吴建安：《市场营销学》（第三版），高等教育出版社2007年版。
8. ［美］唐·舒尔兹等著，吴怡国等译：《整合营销传播》，内蒙古人民出版社1998年版。
9. 陈培爱：《广告学概论》，高等教育出版社2004年版。
10. 卫军英：《整合营销传播：观念与方法》，浙江大学出版社2005年版。
11. 饶德江：《广告策划》，武汉大学出版社2002年版。
12. 高渠：《电视广告创作学》，中国台湾华视出版社1986年版。
13. 何佳讯：《广告案例教程》，复旦大学出版社2002年版。
14. 严学军、汪涛：《广告策划与管理》（第二版），高等教育出版社2006年版。
15. 张勤：《广告理论与实务》，科学出版社2006年版。
16. 迈克尔·波特：《竞争战略》，华夏出版社2005年版。
17. 黄合水：《广告调查技巧》，厦门大学出版社2003年版。
18. 倪宁：《广告学教程》，中国人民大学出版社2001年版。
19. 江林：《消费者心理与行为》，中国人民大学出版社2002年版。
20. 肖鹏：《成在广告》，中国水利水电出版社2005年版。
21. 陈培爱：《广告策划艺术》，中国财政经济出版社2002年版。
22. 符国群：《消费者行为学》，高等教育出版社2001年版。
23. 余明阳、陈先红：《广告策划创意学》，复旦大学出版社2003年版。
24. 郭国庆、钱明辉：《市场营销学通论》（第三版），中国人民大学出版社2008年版。

25. 丁俊杰、康瑾：《现代广告通论》（第二版），高等教育出版社 2006 年版。
26. ［美］大卫·奥格威：《一个广告人的自由》，中国物价出版社 2003 年版。
27. 王建：《广告创意教程》，北京大学出版社 2004 年版。
28. 丁邦清、程宇宁：《广告创意》，中南大学出版社 2003 年版。
29. 王肖生：《现代广告设计》，复旦大学出版社 2003 年版。
30. 孙日瑶：《品牌经济学原理》，经济科学出版社 2007 年版。
31. 赵玉晶：《广告设计与制作》，高等教育出版社 2005 年版。
32. 刘瑛、徐阳：《版面与广告设计》，上海人民美术出版社 2009 年版。
33. 邵培仁：《媒介管理学》，高等教育出版社 2004 年版。
34. 王一川：《大众文化导论》，高等教育出版社 2005 年版。
35. 所罗门·杜卡：《广告目标与效果测定》，内蒙古人民出版社 1999 年版。
36. 崔晓文：《广告学概论》，清华大学出版社 2009 年版。
37. 杨文京：《灵活运用新型广告媒体》，载《销售与管理》2006 年第 2 期。
38. 梁绪敏、石束：《广告策划》，山东大学出版社 2004 年版。
39. 朱立：《品牌文化战略研究》，经济科学出版社 2006 年版。
40. 韩辉：《现代广告学》（第四版），首都经济贸易大学出版社 2006 年版。
41. 陶应虎、徐立刚等：《广告理论与策划》，清华大学出版社 2007 年版。
42. 李宝元：《广告学教程》（第二版），人民邮电出版社 2008 年版。
43. 刘林清：《广告监督与自律》，中南大学出版社 2003 年版。
44. 《中华人民共和国广告法》，法律出版社 1995 年版。
45. 李景东：《现代广告学》，中山大学出版社 2010 年版。
46. 黄合水：《广告心理学》，高等教育出版社 2005 年版。
47. 纪华强：《广告策划》，高等教育出版社 2009 年版。
48. 王学军：《市场营销学》（第 2 版），经济科学出版社 2012 年版。